本丛书系国家哲学社会科学基金项目"现代性的维度及其当代命运"(04BZX009)成果

微观政治哲学研究丛书

衣俊卿　主编

现代性的维度

衣俊卿◇著

黑龙江大学出版社
中央编译出版社

图书在版编目(CIP)数据

现代性的维度 / 衣俊卿著. ——哈尔滨：黑龙江大学出版社；北京：中央编译出版社，2011.5
（微观政治哲学研究丛书 / 衣俊卿主编）
ISBN 978-7-81129-400-2

Ⅰ.①现… Ⅱ.①衣… Ⅲ.①政治哲学-研究 Ⅳ.①D0

中国版本图书馆CIP数据核字(2011)第057258号

书　　　名	现代性的维度
著作责任者	衣俊卿 著
责 任 编 辑	管小其　杜红艳　梁　秋
出 版 发 行	黑龙江大学出版社　中央编译出版社
经　　　销	新华书店
印　　　刷	北京瑞哲印刷厂
开　　　本	787×1092　1/16
印　　　张	23.25
字　　　数	323千
版　　　次	2011年5月第1版　2011年5月第1次印刷
书　　　号	ISBN 978-7-81129-400-2
定　　　价	48.00元

版权所有　侵权必究

目 录

总　序　自觉地开启社会历史理论的微观视域 …………… 衣俊卿 1
引　子　现代性是具体的 ……………………………………………… 1
第一章　现代性研究的理论预设 ………………………………………… 18
　　第一节　作为文化的现代性 ……………………………………… 19
　　第二节　作为历史解释模式的文化哲学 ………………………… 29
　　第三节　文化哲学的基本理论预设 ……………………………… 37

第二章　现代性研究的方法论选择 …………………………………… 69
　　第一节　微观政治哲学的方法论 ………………………………… 70
　　第二节　理性"沉积层"中的现代性 …………………………… 92
　　第三节　社会历史理论研究范式的丰富与完善 ………………… 101

第三章　现代性的精神性维度 ………………………………………… 109
　　第一节　基于个体自由和主体性的自我意识 …………………… 110
　　第二节　超越性的和进步性的时代意识 ………………………… 117

第三节　理性化的和契约化的公共文化精神 …………… 122
　　第四节　科学化的和普遍化的宏大历史叙事和世界图景 …… 128

第四章　现代性的制度性维度 ……………………………… 143
　　第一节　经济运行的理性化 …………………………… 146
　　第二节　行政管理的科层化 …………………………… 160
　　第三节　公共领域的理性化和自律化 ………………… 166
　　第四节　公共权力的民主化和契约化 ………………… 179

第五章　现代性维度的"知识考古" ………………………… 191
　　第一节　理性化进程的非连续性、曲折性和跳跃性 …… 196
　　第二节　现代性维度历史生成的非同步性 …………… 214
　　第三节　现代性维度历史生成的多样态性和多通道性 … 220

第六章　现代性维度的内在张力结构 ……………………… 235
　　第一节　神圣与世俗、宗教与理性的张力 …………… 236
　　第二节　制度性和精神性的张力 ……………………… 267
　　第三节　具体维度内在的张力 ………………………… 298

余　论　现代性的潜能 ……………………………………… 308

参考文献 ……………………………………………………… 322
后　记 ………………………………………………………… 340

>>> 总序

自觉地开启
社会历史理论的微观视域

衣俊卿

如何能够比较集中地、比较清楚地展示微观政治哲学的初步样态,自觉地开启社会历史理论研究的微观视域,是我近年来在从事国外马克思主义文化批判理论、文化哲学理论,特别是现代性语境中的日常生活批判等问题研究时,常常思考的问题。① 2006 年我在第六届马克思哲学论坛上作了题为"论微观政治哲学的研究范式"的大会发言,开始有意识地探讨这一问题,此后又陆续发表了几篇关于这一主题的论文②。然而,这些工作还是很初步的,自觉意义上的微观政治哲学尚未露出地平线,要建立相对成熟的微观政治哲学还面临着诸多困难,任重而道远。其中的困难和问题是多方面的。直接的或者表面的困难在于,这一问题尚未引起学术界足够的重视,很少有学者自觉地关注或者投身到这一问题的阐发上。

---

① 微观政治哲学是我主持的黑龙江大学文化哲学研究中心近年来的主要研究方向之一。这套丛书是研究中心在这一研究领域的第一批比较集中的学术成果。

② 衣俊卿:《日常生活批判与社会科学范式转换》,《光明日报》2006 年 2 月 14 日;衣俊卿:《论微观政治哲学的研究范式》,载《中国社会科学》2006 年第 6 期;YI Jun-Qing, On Micro-political Philosophy, In *Diogenes*, February 2009 vol. 56 no. 1, 41 – 52;衣俊卿:《作为社会历史理论的文化哲学》,载《哲学研究》2010 年第 2 期;衣俊卿:《历史唯物主义与当代社会历史现实》,载《中国社会科学》2011 年第 3 期等。

而深层的原因则在于,微观政治哲学不是一个独立的哲学研究领域,更不是政治哲学的一个分支,而是一种蕴涵于当代哲学社会科学诸多研究领域之中,对当代社会历史理论的发展具有重要影响的研究范式或者理论方法论的东西。换言之,微观政治哲学作为社会历史理论研究范式重要的当代转换,与哲学社会科学诸多领域都处于交叉、交融、渗透、内在化等复杂的关系之中,而我们的研究工作不是去新建一个理论研究领域,而是促使当代社会历史理论中已经自觉或者不自觉地包含着的某种趋势性的东西走向自觉,走向整合。

  这显然是一个十分困难、十分复杂的理论任务,我们在从当代社会历史理论文献中进行这种理论提炼和理论建构的时候,面临着许多需要回答和澄清的问题,例如,把哲学社会科学不同领域中的一些思想和趋势性变化提炼整合起来,表述为一种重要的社会历史理论的研究范式,是否具有合理性或合法性?会不会存在某种理论"强迫症"的问题?把哲学、历史学、政治学等领域的一些共同的或相近的理论趋势用"微观政治哲学"这一范畴来统摄,是否合适?会不会有以偏概全的问题?进而,这种研究是否符合马克思的思想传统?对于社会历史理论微观视域的强调和凸显会不会导致对社会历史理论宏观视域的忽视或削弱,从而导致否定社会历史规律的后果?如此等等。因此,我在丛书的序言中,除了对我们所理解的微观政治哲学的基本内容进行一般的介绍和基本限定外,还尽量对我们近年来在探讨中遇到的一些理论困惑和某些理论质疑作一点有针对性的讨论。① 当然,无论如何限定和解答,目前的研究肯定是初步的、不成熟的,因为这一理论研究本身注定是开放性的。

---

  ① 需要说明的一点是,为了在丛书一开始比较清晰地介绍与微观政治哲学相关的一些基本问题,我这篇比较长的序言并非是一篇完全的"新作",而是把近几年我的相关论文中的基本观点重新梳理综合而成。为了保持对于微观政治哲学或者微观社会历史理论范式的基本问题前后一贯的阐述,我对自己相关论文中,包括收录到这套丛书中的《现代性的维度》对一些基本问题的概括和表述,没有作大的修改,基本上是直接在这里搬用。考虑到一种新的理论形态或者理论范式的建立,大多需要反复的描述、阐发和强调,才能给读者或者研究者留下印象,因此,对于序言中的类似重复,敬请读者理解。

一、关于"微观政治哲学"的称谓辨析

从该丛书所收录的三本专著和一套文集,我们不难看出,虽然我们把它们都冠以"微观政治哲学",但是实际上,它们所涉及的领域不仅包括传统意义的政治学和政治哲学,而且还包括哲学、历史学等其他社会历史理论领域。这样概括或者命名的依据是什么,会不会导致以偏概全的理论误差?

我们必须承认的是,微观政治哲学的兴起,首先是当代政治学和政治哲学研究的重大进展之一。一般说来,20世纪70年代以来,政治哲学研究在西方全面复兴并很快在中国学术界引起了政治哲学研究的热潮,这是一个不争的事实。罗尔斯的《正义论》发表后,诺奇克等人的自由至上主义、哈贝马斯的话语政治理论和社群主义等同罗尔斯的新自由主义正义理论展开了全方位的争论;福柯、德勒兹、加塔利等后现代理论家对于知识权力、欲望政治等问题开展了政治哲学分析;拉克劳、墨菲、雅索普等后马克思主义者通过领导权、社会主义策略、资本主义国家等问题的研究在西方马克思主义中实现了政治哲学转向。这些不同侧面、不同流派的共同努力,推动了当代政治哲学的复兴和发展。

问题不在于如何判定政治哲学当代复兴这一事实,而在于如何把握这一复兴的深层意蕴,如何在当代哲学研究中为政治哲学进行定位。应当说,这样的思考在我国目前的政治哲学研究中相对比较少。关于政治哲学的复兴所带来的转变和当代政治哲学的定位,国内外学者从不同的角度有一定的涉猎。例如,有的学者注意到在罗尔斯等人的新自由主义政治哲学中,西方政治哲学主题发生了从"自由"到"正义"的重大变换;有的学者关注到当代政治哲学与伦理学或价值哲学不可分割的联系。也有的学者通过对现代性批判理论和西方马克思主义的"后现代"转向的分析,概括出从文化批判向政治批判回归的基本理论逻辑。

然而,我认为,上述分析还不足以揭示当代政治哲学的重要性,我们应当在研究范式的层面上把握当代政治哲学复兴的深刻意义。首先必须

承认西方政治哲学在许多方面呈现出多样化的特征,我们不能强制地把各种政治哲学流派纳入一个统一的模式之中。然而,换一个角度看,我们又必须承认,无论这些政治哲学流派有多大差异,它们当中的确存在着某些不同于传统政治哲学的共同的特征和重要的发展趋势,这些特征和趋势在深层次上以特有的方式折射出我们时代理论和实践的一些重大变化。因此,捕捉这些特征和趋势应当是当代政治哲学研究的一个重要的任务。我认为,在当代西方政治哲学的许多流派中正在自觉不自觉地发生着研究范式的转变:从宏观政治哲学向微观政治哲学转变。我们不能断言这是西方政治哲学的唯一发展趋势和基本特征,但可以断定,这肯定是不容忽视的重要特征和发展趋势。对于这一趋势作认真的分析,可以为我们的政治哲学研究开启新的地平线。

对于微观政治哲学的具体内涵,我们需要逐步展开,在这里,可以围绕着权力的类型作一点基本的概括。一般说来,政治哲学是对人类社会的政治现象或政治事物的本质规定性和政治体制的合法性基础进行形而上的反思,对政治体制的建构和政治活动的开展进行价值判断,并提供理念基础的哲学反思活动。政治具有丰富的内涵,但它的主要功能是调节人与人之间的关系,通过不同形式的制度安排调控社会秩序,因此,政治的核心是权力和控制。所谓宏观政治是指国家制度的安排、国家权力的运作等宏观的、中心化的权力结构和控制机制;而所谓微观政治是指内在于所有社会活动和日常生活层面的弥散化的、微观化的权力结构和控制机制。在现代性的视域中,宏观政治主要表现为理性化的权力运作和制度安排,而微观政治既包括不同形式的知识权力,也包含自发的文化权力。

当我们把所讨论的问题集中于权力和控制,特别是集中于微观权力问题时,我们的研究就开始在新的层面上拓展和深化:一方面,它使政治哲学研究的理论范式意义更加突出;另一方面,它开始突破传统政治学和政治哲学的阈限,进入社会历史理论的更广阔的视野。我们对微观权力的类型稍加分析和分类,问题就会更加清晰。应当说,在不同文明时代、不同历史条件下,微观权力的形态和作用都有很大的差异。在以自然经济为基础的传统社会中,微观权力主要表现为日常生活世界中的各种控制机制,例如,氏族、家庭、家族、宗族、血缘网络、乡里制度、民间组织及与此相适应的家规家法、习俗习惯、礼俗乡约、道德纲常等自发的规范体系。这些控制机制既表现为政治权力,也表现为文化权力。随着人类社会的理性化进程的不断深化,在现代社会中,除了不同程度地保留着日常生活权力之外,又产生了其他各种类型的微观权力结构,其中最为重要的体现在两个基本方面:一是宏观的、中心化的理性权力机制向社会生活和个人生活所有层面的渗透所形成的微观控制机制;二是随着公共领域的扩大、非政府组织的增加、新社会运动的兴起而产生的各种边缘化的微观权力结构。

关于微观权力的这种分析和分类,不仅使我们对当代人类社会的权力和控制问题有了更为丰富的理解,看到当代社会运行的权力机制的新变化,而且使我们的研究从政治哲学进入了其他社会历史理论领域,在研究范式的层面上打通了政治学、历史学、哲学等多个学科领域。核心的问题在于,如上述展示的那样,在微观权力层面上,政治权力、文化权力,以及其他各种类型的权力开始"合流",相应地,政治哲学、文化哲学、历史学、社会学等领域也呈现出交汇交融的态势。对于当代社会历史条件下权力特征或者政治特征的这种变化,其他一些研究者也已经有所认识。例如,佩里·安德森在《思想的谱系——西方思潮左与右》中就指出:"政治不是一种自我封闭的行为,不能够自行孕育出一个内部的概念体系。与某一时期一系列被视为政治冲突有关的观念的东西,是因时因地而变化的。时至今日,它已经远远超出了政治科学的范围。哲学、经济学、历史学、社会学、心理学,更不要说地理学、生命科学和艺术,在经典定义中都与政治领域有着各自不同的相交点。正式的政治理论虽然远远谈不上消失,但它也只占据一部分领地。"①近年来,中国学者也在高度关注政治学和政治哲学的复兴问题。例如,赵汀阳在自己的新作《每个人的政治》中断言,"政治哲学在今天变得如此重要,几乎成为哲学中最突出同时也是最活跃的部分,以至于成为当下哲学体系中的'第一哲学',这一变化可以称为哲学的政治学转向"②。

对于上述现象和上述观点,既可以说是对政治领域、政治学领域、政治哲学视域的进一步拓宽和延伸,也可以说是对传统政治学和政治哲学的限度的突破。对此如何评价并不重要,重要的是这种现象和态势让我们看到开启一种能够真正有效地面对今天的社会历史现实,并且贯通哲学社会科学不同学科领域的理论范式的可能性。因此,我们虽然使用或者"借用"了政治哲学的术语,把我们的研究称之为微观政治哲学,但是,实际上我们在探讨一种重要的社会历史理论的研究范式。

二、传统宏观社会历史理论研究范式的局限性

在探讨这一问题时,首先必须加以说明和限定的是,我们只是在相对的、有限的意义上区分宏观权力和微观权力,区分社会历史理论的宏观视域和微观视域。实际上,微观权力和宏观权力是相互交织的,同样,绝对排斥微观视域的宏观社会历史理论和绝对排斥宏观视域的微观社会历史理论也是不存在的。我们不能用绝对的、非此即彼的态度来把二者对立起来。在上述限定的基础上,我们必须承认,在不同社会历史时期,社会的宏观权力和微观权力的发达程度、活动机制、相互关系是不同的,相应地,不同时期、不同类型的社会历史理论,并不能确保在任何时候都能够合理地、辩证地处理对社会历史现实的微观透视和宏观把握。特别需要指出的是,在人类历史的不同时代,不同的社会历史理论的确会出现由于无法提炼出社会历史运动的宏观发展趋势和规律而停留于对纷繁杂乱的

---

① (英)佩里·安德森:《思想的谱系——西方思潮左与右》,袁银传、曹荣湘等译,社会科学文献出版社2010年版,"前言"第1~2页。
② 赵汀阳:《每个人的政治》,社会科学文献出版社2010年版,第9页。

微观现象进行描述的状态,或者由于把社会历史规律的普遍适用性强调到极端而完全忽略或者否定微观权力的作用机制的问题。因此,当我们今天批评宏观社会历史理论范式及其"宏大叙事"时,并非一般地拒斥或否认对于社会历史现实进行宏观解释的合理性,更不是完全不承认建构宏大叙事和把握历史规律的价值,而只是批判那种完全遮蔽了微观视域,完全忽视了微观权力的社会历史理论范式,我们习惯地称之为传统社会历史理论。①

我在这里作一个假定性的判断②:今天我们在这里重新关注的微观权力和重新开启的社会历史理论的微观视域并不是全新的东西,只是它们在历史演进中,经历了被遗忘、被遮蔽的过程。实际上,在漫长的传统农业社会和自然经济时代,人类生存和活动的主要寓所和平台是自在自发的衣食住行、饮食男女、婚丧嫁娶、生老病死、礼尚往来的日常生活世界,这个世界,以及那时尚未从日常生活世界中彻底分化出来的政治、经济以及精神生产等非日常生活世界,都主要是由异常丰富的、日常的、微观的文化权力和政治权力编织而成的。与这种社会历史现实的基本状况相适应,那个时代的相对不发达、不够自觉的社会历史理论,也充满了对于微观社会现象的描述和体悟。随着航海时代对地理空间的扩展,及其现代性所逐步开启的世界历史进程,加之近现代自然科学范式的深刻影响,明晰的历史感和自觉的宏大叙事在哲学社会科学领域中逐步占据主导地位,而微观权力要素和微观历史描述逐步退居次席或者退隐到背景世界之中。我们可以对这一理论转型的后果加以简要的分析。

西方马克思主义创始人卢卡奇在《审美特性》中曾把日常生活比做一条长河,他认为,科学、艺术等更高的对象化形式都是从这条生活长河中分化出来的。他的学生赫勒在《日常生活》中明确把日常生活界定为

---

① 实际上,"传统社会历史理论"是一个很模糊的概念,并非代表着前此一切社会历史理论,而是特指受自然科学普遍化和抽象化范式支配的、极端排斥和否认微观权力的差异性和多样性的宏观社会历史理论。

② 之所以说这是"一个假定性的判断",并非指这一判断属于没有任何史实和文献根据的臆想,而是说对这一判断的内涵我们在本文中不去展开具体的历史考证和论证。

"那些使社会再生产成为可能的个体再生产要素的集合"。她认为,如果没有个体的再生产,任何社会都无法存在。然而,与每一个体的生存息息相关,而又无言地孕育和滋养着人类社会的衣食住行、饮食男女的日常生活世界,却长期处于哲学社会科学的视野之外,成为人们熟知的但又熟视无睹的背景世界,一种与物换星移、花开日落无异的自然氛围。把日常生活世界从背景世界中拉回到理性的地平线上,使理性自觉地向生活世界回归,是20世纪哲学的重大发现之一,胡塞尔、维特根斯坦、许茨、海德格尔、列菲伏尔、哈贝马斯、赫勒等许多理论家从不同层面推动了这一哲学转向。对我国哲学界而言,生活世界的概念已经不再陌生,但是,回归生活世界的真实含义以及这一转向对于哲学社会科学范式转换的重大意义,还远远没有开展出来。

生活世界之被遗忘是在两个层面上完成的:首先,在社会结构层面上,历史的进展呈现出从日常向非日常的演化趋势,即从原初的、未分化的衣食住行、饮食男女、婚丧嫁娶、礼尚往来的日常生活世界中逐步分化出哲学世界、艺术世界、科学世界、政治系统、经济体系等非日常世界。相应地,人类社会和历史发展的重心也由日常向非日常转移。其次,在理性反思的层面上,哲学和历史科学的关注点越来越被非日常世界所吸引。近现代,哲学社会科学经历了"自然科学化"的过程,习惯于把自然科学所揭示的因果现象、必然性、线性决定特征、还原性、可计算性、普遍性等,放大为统一的、一元的、无限的世界的普遍规律,由此建立起以理性逻辑、绝对真理、普遍规律为核心的形而上学、认识论和各种社会科学体系,人真实地生活于其中的日常生活世界则被完全从理性的视野中放逐。一种遗忘生活世界的社会科学理论范式生成了:围绕着在社会历史现实中越来越占据主导地位的宏观的政治权力、经济权力及其宏观的政治体系和经济体系,哲学成为描述普遍精神和绝对理性的纯粹意识哲学,历史学表现为环绕着政权更迭和国家兴亡的宏观史学,政治学表现为以政治权力和制度安排为核心的宏观政治学,经济学成为揭示基本经济运动规律的国民经济学,等等。

应当说,这种以追逐普遍性的宏大叙事为特征的哲学社会科学范式有其存在的合理性,因为,理性的反思性本身就具有抽象性和普遍性的本质特点。在人类历史由自发走向自觉的时代,对日常的微观的生活现象进行理论抽象,有助于在偶然的、差异的、个别的、多样化的社会现象中把握人类历史运行中的某些规则性和普遍性的机制。但是,当宏观的哲学社会科学把人具体地生存于其中的生活世界完全视做无足轻重的、平庸的日常琐屑而加以蔑视时,当以价值和意义为特征的人的生活世界完全被以必然性和普遍性为特征的自然世界所消解时,这种遗忘生活世界的社会科学理论范式之弊端就充分显现出来。

弊端之一:否定差异性和个体性。李凯尔特曾分析过,自然科学是一种排斥特殊性和个别性,强调同质性和规律性的"普遍化的方法",而文化科学则是探讨文化的价值和意义内涵,强调个别性和差异性的"个别化的历史方法"。遗忘生活世界的社会科学理论范式的根本缺陷是用普遍化的方法来研究文化和社会现象,从而否认差异性、个别性、主体性和自由。黑格尔在《精神现象学》中甚至断言,在精神的普遍性已经大大地加强的时代,"个别性已理所当然地变得无关重要",而绝对理念的普遍性要求统治一切。

弊端之二:忽略社会发展的文化内涵。遗忘生活世界的社会科学理论范式对差异性和个体性的否定,实际上是对生活世界的内在文化内涵和意义结构的排斥。结果,在这种宏大的哲学社会科学体系中,不仅生活世界和伦理道德世界的特殊性和个别性被抽象掉,变成数学化和理念化的无限自然世界图景中的一个案例,而且,从原初的生活世界中分化出来的经济领域、政治领域、科学世界等非日常世界,也变成没有内在文化规定性和价值约束的机械的、冷冰冰的自然领域,历史成为"无主体的"自在运动。

弊端之三:理论研究的抽象化顽症。马克思关于从抽象上升到具体的方法论强调思维中的具体,即思维中包含"许多规定的综合"和"多样性的统一"。恩格斯曾断言,任何一种社会哲学,它的研究结论如果没有包括"使它得以成为结论的发展过程"就毫无价值。我们发现，遗忘生活世界的社会科学理论范式的根本特征正是在普遍的知识和原理中抽象掉这些多样性和过程性，从而形成空泛的、大而化之的理论结论。目前，这种抽象化的毛病不仅在哲学研究中而且在社会科学各个领域中普遍存在，例如，在社会学和人类学研究中，人们开始习惯于不必亲自动手开展"田野工作"，而从现成的原理和结论出发，使用现有的各种思想资料和实证材料，进行逻辑推演或范畴排列。甚至回归生活世界在许多理论研究中也与现实的日常生活的文化意义结构无关，变成一种理论标签和理论口号，变成关于生活世界的基本特征、功能、规律等的抽象概括。关于实践的研究，也往往热衷于争论实践的规定性、功能、要素、形式等理论思辨，而与具体的、历史的、现实的实践无关。结果，我们的哲学社会科学研究提供的许多原理和结论往往没有明确的"所指"，呈现为"能指的狂欢"。

三、当代社会历史理论微观视域的逐步开启

在某种意义上可以说，这种忽略或者遮蔽微观权力要素和微观视域的，传统哲学社会科学的宏观的和抽象的理论范式，在黑格尔的泛理性化的和泛逻辑化的绝对精神的普遍运动中达到了登峰造极的地步。黑格尔的哲学范式显然受到自然科学的普遍化方法的支配，他对精神和理论的普遍化的强调和对体系的完整性或者完美性的追求已经走到了极端。他在《精神现象学》"序言"中强调作为科学的体系和科学的认识的真理。按照他对普遍性的重视，在真理的体系中，个人的认识以及个别性的东西，是微不足道的或者没有任何位置的。"在我们现在生活着的这一个时代里，精神的普遍性已经大大地加强，个别性已理所当然地变得无关重要，而且普遍性还在坚持着并要求占有它的整个范围和既成财富，因而精

神的全部事业中属于个人活动范围的那一部分,只能是微不足道的。"①

也正是由于黑格尔哲学的这种鲜明的特征和独具的地位,他的哲学构成了哲学社会科学基本研究范式的一个重大的拐点。不难发现,黑格尔身后,许多重要的哲学流派和其他理论领域都从不同的侧面批判黑格尔,特别是拒斥他的泛理性化和泛逻辑化的理论体系的宏大叙事和极端思辨化、抽象化的宏观研究范式。从叔本华开始的人本主义哲学思潮和由孔德开启的科学主义或者实证主义哲学思潮,从不同侧面批判和超越黑格尔哲学的这种普遍化和抽象化特征,例如,艾耶尔《二十世纪哲学》讨论罗素和摩尔的逻辑实证主义的一章(即该书的第二章),就使用了"叛离黑格尔"的标题②。不过,必须指出的是,真正自觉地、深刻地批判传统哲学社会科学的抽象化和思辨性的是马克思和恩格斯。他们都深受黑格尔哲学的影响,但是,他们真正从黑格尔那里继承的只是巨大的历史感、基于劳动和实践的辩证法和批判的革命的精神,他们对黑格尔哲学的思辨体系和过分抽象化特征,则持彻底批判的态度。正如恩格斯指出的那样:"黑格尔本人,虽然在他的著作中相当频繁地爆发出革命的怒火,但是总的说来似乎更倾向于保守的方面;他在体系上所花费的'艰苦的思维劳动'倒比他在方法上所花费的要多得多。"③

因此,如果我们使用今天的学术术语,那么可以断言,虽然在马克思的学说中并没有形成自觉的微观政治哲学、微观史学或者微观社会历史理论范式,或者说没有使用微观理论范式之类的术语,但是,马克思的宏观社会历史理论及其所揭示的社会历史规律是建立在关于各种社会现象的丰富的微观分析的基础之上的,在马克思的社会历史理论中具有丰富的微观理论思想资源。在这方面,有两点特别能够说明马克思恩格斯对自己理论定位的清醒意识。一是反对理论思辨和抽象化。马克思从自己

---

① (德)黑格尔:《精神现象学》(上卷),贺麟、王玖兴译,商务印书馆1979年第二版,第50页。
② (英)艾耶尔:《二十世纪哲学》,李步楼等译,上海译文出版社1987年版,第25页。
③ 《马克思恩格斯选集》第4卷,人民出版社1995年版,第220页。

的哲学生涯伊始,就对思辨哲学范式的体系化特征深恶痛绝,反复强调哲学要以其内在的批判的自我意识冲破体系的束缚,在现实的社会历史中而不是在纯粹的理性王国中开展批判。人们常常引用马克思在《〈科隆日报〉第179号的社论》中的那句"哲学不是世界之外的遐想"的断言。马克思在批判德国哲学时多次直指它的思辨意识哲学范式的弊端。"哲学,尤其是德国哲学,爱好宁静孤寂,追求体系的完满……就像一个巫师,煞有介事地念着咒语,谁也不懂得他在念叨什么。"①二是反对脱离生活世界的思辨历史观。马克思和恩格斯在《德意志意识形态》中明确把"现实的生活生产"当做历史的基础,反对脱离日常生活的历史观。他们这样批判传统历史观:"迄今为止的一切历史观不是完全忽视了历史的这一现实基础,就是把它仅仅看成与历史过程没有任何联系的附带因素。因此,历史总是遵照在它之外的某种尺度来编写的;现实的生活生产被看成是某种非历史的东西,而历史的东西则被看成是某种脱离日常生活的东西,某种处于世界之外和超乎世界之上的东西。"②

因此,我们在马克思恩格斯的各种文献中,处处可见的都是这种关于现实的人和具体的社会历史现象和现实的具体的、微观的分析。例如,人的问题、人的自由和全面发展、人的解放一直占据马克思恩格斯思想的核心,但是,在他们的著作中,我们看不到那种对"抽象的"、"理想化的"、"大写的"人的一般呼唤或描绘,而是对各种具体的人及其境遇的描述,例如,马克思《1844年经济学哲学手稿》中异化的、非人化的劳动者,恩格斯《英国工人阶级状况》中饱受压迫的女工、童工、工人家庭等,他们的《德意志意识形态》中作为"一切历史的第一个前提"的吃喝住穿等日常生活,以及作为"历史发展过程的第三种关系"的人自身的生产、繁衍、家庭关系等。③ 因此,马克思恩格斯认为,他们所理解的历史的前提是现实

---

① 《马克思恩格斯全集》第1卷,人民出版社1995年版,第219页。
② 《马克思恩格斯选集》第1卷,人民出版社1995年版,第93页。
③ 《马克思恩格斯选集》第1卷,人民出版社1995年版,第78、80页。

的人及其物质生活条件,"这些前提可以用纯粹经验的方法来确认"①。再如,马克思特别重视具体化的方法论,他在揭示现代社会运动时,并非抽象地推演生产力和生产关系、经济基础和上层建筑的原理,而是深入劳动、价值、生产、交换、流通、工资、资本、地租、利润、价格、供给、需求、市场等社会经济运动和社会生活的许多方面。我们还可以列举许多类似的分析。这些思想资源,连同马克思学说的批判精神和实践精神,对20世纪的人类思想发展产生了重要的影响,对此福柯也充分意识到了,例如,他在《知识考古学》中探讨年鉴学派开启的微观历史视角时,明确指出,"今天,历史的这一认识论的变化仍未完成。然而这种变化并不是从昨天才开始,因为我们肯定会把它的最初阶段上溯到马克思"②。

当然,必须在这里明确的一点是,虽然马克思的社会历史理论包含着丰富的微观理论思想资源,但是,在马克思的学说中并没有强调或者使用微观政治哲学、微观史学或者微观社会历史理论范式,马克思当时所关注的作为历史发展基础的是宏观的社会领域(经济领域)和宏观的权力(政治权力)及其普遍的规律,例如,生产力和生产关系、经济基础和上层建筑的矛盾运动的规律,人类社会从原始社会到共产主义的宏观的发展模式等。这些也刚好构成人们通常所理解的经典历史唯物主义的宏大叙事和宏观理论范式的基本内涵。我想,造成这种状况的原因并不复杂,我们可以从两方面加以分析。首先,每一时代的社会历史现实对于理论研究提出的任务都是不同的,马克思处在人类历史主要由经济、政治等主导领域和宏观权力所左右的时代,他所面对的社会现实刚好是全球化的世界历史进程、世界性的市场、资本的逻辑、机械化的大生产构成的主宰一切的宏大的经济力量,以致马克思强调"我的观点是把经济的社会形态的发展理解为一种自然史的过程"③。其次,在马克思所处的时代和之前的相当长的历史时期,社会历史理论的总体倾向是不承认人类历史发展中存在

---

① 《马克思恩格斯选集》第1卷,人民出版社1995年版,第67页。
② (法)米歇尔·福柯:《知识考古学》,谢强、马月译,三联书店2003年版,第12页。
③ 《马克思恩格斯选集》第2卷,人民出版社1995年版,第101~102页。

着规律和必然性,因此,马克思在对繁杂的社会历史现象分析的基础上,有意识地突出人类社会历史的规律性。恩格斯在《在马克思墓前的讲话》中对此作了说明,他指出,正如达尔文发现了有机界的发展规律一样,马克思发现了"历来为繁芜丛杂的意识形态所掩盖着的"、"人类历史的发展规律"。① 这里还需要指出的一点是,当我们断言马克思学说中没有形成自觉的微观社会历史理论范式时,是针对今天我们的社会历史理论研究忽视微观分析的问题而言的,实际上,在马克思恩格斯那里,根本就不会有类似的问题提出,因为微观分析和宏观分析不可分的有机统一是他们一直坚持的理论范式。这种理解,对于当今的哲学社会科学也一直产生着重大的影响。具体说到20世纪在哲学社会科学不同学科领域中逐步形成的自觉的微观理论视域,我们可以从两个方面加以简要的描述。

首先需要分析的是,在全球化和信息化时代,人类社会历史现实本身发生了重要的变化,为哲学社会科学的微观理论视域的开启奠定了现实的基础。我认为,对于社会历史理论具有实质性意义的社会历史现实变化至少有以下两个大的方面。一是从社会结构或构成上来看,由于信息化背景下的文化整合,伴随着工业文明而彼此分化的社会诸领域呈现"再一体化"和相互渗透融合的趋势,从而导致各领域之间界限的模糊,并使社会构成呈现内在差异化和多态化,消解或削弱了主导型领域的统治地位或控制作用。经济、政治和精神文化领域之间,在尊重各个领域的相对独立性自律性、尊重合理的社会分工原则的前提下,通过自觉的文化整合而形成社会各个领域的有机的一体化。其中,文化不再是与政治经济相分离的、外在的、相对独立的、被决定的精神文化,而是真正成为人类生存的自觉方式和社会各个领域内在的机理和图式。信息化、数字化、网络化是最能展示文化的整合力量的方式,它使文化的力量体现在社会的各个领域之中,极大地改变了人的生存方式和社会运行机制,在这种背景下,文化和经济、政治、社会生活的传统界限或外在性开始消失或模糊,呈现

---

① 《马克思恩格斯选集》第3卷,人民出版社1995年版,第776页。

出一体化的特征。这样一来,原本彼此分离的、自律的宏观社会领域之间的界限变得模糊,彼此渗透和相互融合,形成了既相互区别又相互交织的多态化的、非中心化的社会领域的复杂星丛。二是从社会运行和控制机制来看,由于社会诸领域的"再一体化"和相互融合,社会的主导型、中心化的宏观权力逐步分化为非中心化的、弥散的微观权力(例如,微观政治权力、文化权力等),从而使社会的控制机制由几种宏观权力的彼此冲突或相互博弈逐步让位给多态化的微观权力的相互制约和差异化共生。在传统社会中,特别是在工业文明的普遍的理性化进程中,构成社会运行、控制和治理机制的核心要素是宏观力量或宏观权力,其中既包括宏观的生产、交换体系所形成的经济规律和经济力量,也包括由国家机构和社会管理机制形成的宏观政治权力,由此形成的宏观政治一般指国家制度的安排、国家权力的运作等宏观的、中心化的权力结构和控制机制。在这种社会运行机制中,社会的控制和治理主要依靠国家权力和政治管理体制等宏观的公共权力来实施,而在社会转型和社会变革时,一般要通过宏观的革命(多半是暴力性质的变革)和政治运动来实现。而在信息化时代或者在后现代的背景中,构成社会运行、控制和治理机制的要素除了宏观的政治权力或者宏观的经济力量外,越来越多地大量涌现出非中心化的、分散的、弥散化的、多元差异的微观权力,例如各种相对自律的公共领域、非政府组织、边缘群体、社会微观结构和层面上的微观权力,以及以符号、形象、符码、仿真等形式表现出来的非经济的经济权力和渗透到所有社会领域和层面的、无所不在的文化权力。这种内在于社会生活和日常生活所有层面的弥散化的、微观化的权力结构和控制机制形成了所谓的微观政治,而社会的运行和控制机制开始表现为这种中心化的宏观权力和多态化的微观权力相互交织相互制约的网络。一般说来,这种政治、经济、文化相互融合,真实与符号(符码)彼此渗透的多态化的微观权力结构或者微观政治结构,既可能为个体的自由和个性发展提供空间,也可能使理性对人的统治渗透到生活的每一个角落。而对这种控制机制的抗拒和改造往往同样需要各种多态化的、边缘化的微观权力的多维反抗,而无法沿用传统的宏观政治变革模式。

其次,通过分析20世纪哲学社会科学的主要领域中的一些深层次变化,我们发现,与社会结构和运行机制从自律的宏观领域和宏观权力向多态化的微观领域和微观权力的这一深层次转变相适应,当代哲学社会科学的思想模式也经历了从宏大叙事向微观叙事,从宏观理论范式向微观理论范式的自觉转变。例如,在政治学和政治哲学领域,传统的理论主要以国家权力的运作、政治制度的安排、政权的更迭、重大历史事件的发生为对象,而很少关注社会生活其他层面的边缘化的权力结构和日常生活领域中的微观控制机制。而20世纪出现的多种形式的微观政治学,则或者是主张从日常生活的机制去思考制度安排问题,探讨微观权力秩序的重建问题,或者像福柯那样,从监狱、医院、军队、学校等被传统政治学忽略的边缘领域,开展了关于理性权力结构的微观政治学的批判,揭示分散的、不确定的、形态多样的、无主体的、弥散于日常生活和不同社会层面的微观权力,也即知识性的权力或文化权力。微观政治学或政治哲学还确立了微观权力的反抗模式,即各种多元的抵抗,多元的自主斗争。后马克思主义代表人物拉克劳、墨菲、雅索普等人更是基于微观权力样态提出社会主义的新策略,他们关注新兴的女权主义,少数种族、少数民族和性少数的抗议运动,人口边缘阶层发动的反制度化生态斗争等,围绕着领导权而展开微观的政治斗争。①

这里要特别提到20世纪史学领域的重大范式转变。众所周知,传统史学与传统宏观政治学往往有着共同的主题和共同的爱好,都以宏观政治,即宏观权力为核心。在传统史学的宏观理论范式中,大人物、大事件、大政权、大结构之外的日常生活和细微的社会结构或领域,基本上没有任何地位和史学价值。对20世纪史学理论作出最大贡献的是法国的年鉴学派,它最先自觉地开始了对传统史学的宏观理论范式和宏大叙事的解

---

① Laclau, E. and Mouffe, Ch., *Hegemony and Socialist Strategy: Towards a Radical Democratic Politics*, Verso, 1985, p.1.

构和颠覆。在它的影响下,陆续出现了意大利的微观史学派、德国和奥地利的日常生活史学派、英国的"个案史"学派,以及新文化史、系列史、心态史等,这些流派都反对只写重大历史事件和只关注政治、经济、军事、外交等宏大叙事的历史学,而主张把关注中心转向具体的和微观的日常生活世界的各个领域。年鉴学派代表人物布罗代尔的《15—18世纪的物质文明与资本主义》共分三卷,其中第一卷就是《日常生活的结构》,主要讨论15—18世纪人们的日常生活,包括这一时期人们衣食住行的各个方面和细节,把日常生活作为解读这一时段历史的重点。20世纪70年代之后,更是出现了以"历史的碎片化"为特征的后现代历史叙事。

此外,与传统政治学和历史学相比,理性化进程中深受自然科学普遍化范式影响的意识哲学最集中、最典型地展示了这种宏观理论范式的特征和本性。理性的普遍化要求、自然科学所揭示的因果必然性、线性决定特征、还原性、可计算性、普遍性等范畴对思维模式的深刻影响,使得纯粹意识哲学和思辨理论哲学无论面对自然的对象还是社会的存在,都以普遍的、绝对的、放之四海而皆准的规律和必然性为核心,而生活世界、个体的活动、日常的琐碎存在所体现出的个体性、差异性、特殊性等统统都被抹平。而20世纪各种文化批判理论的兴起,从不同侧面反对以宏大叙事为表现形态的意识哲学,自觉或不自觉地开始形成文化哲学的微观理论范式。例如,20世纪哲学的重大创新之一是把日常生活世界从背景世界中拉回到理性的地平线上,使理性自觉地向生活世界回归,日常生活批判范式的要点在于,它不再孤立地探讨和强调政治、经济等宏观社会历史因素的决定作用,而是把所有的社会历史因素都放到生活世界的文化意义结构中加以审视和评价。再如,西方马克思主义的文化批判理论把批判的触角延伸到现代社会的各个层面和现代人的生活的各个角落,一直深入到性格结构和心理机制批判、消费社会文化心理分析,等等。后现代理论思潮更是把解构宏大叙事、彰显微观权力的导向发展到了极端。

在这里需要指出的是,历史学、政治学、哲学等不同领域中关于微观理论研究范式的探讨和建立,并非彼此孤立的现象,而是相互影响、相互交织的思想进程,因此,我们把分散在哲学社会科学不同领域中的微观思想理论资源加以整合,并使之自觉地建构成为一种社会历史理论的微观范式,是有合法性依据的。我们可以举一个典型的例子,这就是福柯本人就承认他的微观政治学受到了年鉴学派史学范式的影响。他在《知识考古学》的引言中特别分析了法国年鉴学派①的"长时段"史学方法的重要理论意义。他指出,年鉴学派的新史学家强调从政治事件的变幻不定的背后揭示一些在较长历史时段中相对稳定的、深层次的现象,"一些因传统叙述的混乱而被掩盖在无数事件之下的静止和沉默的巨大基底"②。当然,福柯在这里并不是要寻找一种不变的、决定性的和连续性的结构和力量,相反,他在史学家关于深层长时段历史现象的深层挖掘中,发现了内在复杂的结构,发现了复杂结构的各种断裂。这里有一段非常精彩的表述:"这些方法使历史学家们能够在历史范畴中辨别各种不同的沉积层。过去一向作为研究对象的线性连续已被一种在深层上脱离连续的手法所取代。从政治的多变性到'物质文明'特有的缓慢性,分析的层次变得多种多样:每一个层次都有自己独特的断裂,每一个层次都蕴含着自己特有的分割;人们越是接近最深的层次,断裂也就随之越来越大。"③

当然,必须承认,当代哲学社会科学思想模式、研究视角和理论范式的转变毫无疑问存在着许多问题,有的学科或领域存在着走向极端和片面化的问题,对此,我们必须加以分析、鉴别和批判。但是,必须看到,这种从宏观理论范式向微观理论范式的自觉转型不是随心所欲或者心血来潮,而是适应当代社会历史现实深刻变化所作出的积极的调整和理论创新。在这种意义上,我们不得不遗憾地承认,目前我们的历史唯物主义研究无论是对当代社会历史现实的深层变化还是对当代哲学社会科学的范式转换,都没有给予足够的重视,更没有积极的应答。这是我们的哲学研

---

① 关于年鉴学派比较详细的介绍,我们将在《现代性的维度》的第一章确立现代性研究的理论假设和方法论预设时具体展开。
② (法)米歇尔·福柯:《知识考古学》,谢强、马月译,三联书店2003年版,第1页。
③ (法)米歇尔·福柯:《知识考古学》,谢强、马月译,三联书店2003年版,第1页。

究鲜有创新的根本原因之一。我们在讨论微观理论范式时曾遇到一些质疑,一些研究者认为这种微观理论研究不符合马克思的思想传统和哲学立场。这实际上是一种误解,如上所述,在马克思恩格斯那里,根本就不会提出宏观分析和微观分析哪种范式更为重要的问题,他们一直坚持微观分析和宏观分析不可分的有机统一。问题出在20世纪受哲学教科书影响的当代一些马克思主义的理解,在这里存在着严重的纯粹意识哲学或者思辨理论哲学的问题,他们抛弃了马克思恩格斯理论中丰富的微观分析的思想资源,导致了严重的理论抽象病。萨特就注意到了这一点,他认为,马克思的整体化(总体化)方法具有很大的优势,并且马克思思想的优越性在于他没有因为强调总体化而否定微观的和差异化的分析。他指出:"马克思主义的力量和宝贵之处,在于它曾是整体性阐述历史过程的最激进的尝试。"[①]马克思本人是富有创造性地运用总体化方法进行历史分析的典范,其成功的主要之点在于,在马克思那里,总体化不是脱离具体的"实体",不是抑制或否定个性和个体的整体性,而是包含着具体的丰富多样性的总体化,因此,能够形成关于人类社会历史运动的合理的把握。而在当代马克思主义那里,马克思所坚持的这种具体的总体性,这种活的总体化不存在了,剩下的是强调抽象的普遍性,强调整体对个体和特殊性的压抑的绝对的总体化。"对于当今大部分马克思主义者来说,他们认为思考就是在整体化,并以此为借口而用普遍性来代替特殊性;也就是说把我们重新引向具体,在基本的但有抽象的规定性这个标题下来显现我们。黑格尔至少让作为被超越的特殊性的个体存在下去;而一个马克思主义者认为,试图理解一种资产阶级思想的特殊性,就将是浪费时间。在他看来,重要的是表明这种资产阶级思想是唯心主义的一种形式。"[②]显而易见,当马克思的具体的总体化方法在当代马克思主义这里

---

① (法)让-保罗·萨特:《辩证理性批判》(上卷),林骧华等译,安徽文艺出版社1998年版,第27页。
② (法)让-保罗·萨特:《辩证理性批判》(上卷),林骧华等译,安徽文艺出版社1998年版,第44~45页。

变成抽象的总体化方法时，个体自由和价值、历史的多元差异的丰富内涵都无法保留，当代马克思主义中的"人学空场"就是这样形成的。因此，萨特断言："这种方法不能使我们感到满意：它是先验的；它不是从经验史中得出自己的概念——或者至少不是从它力图了解的新经验中得出的——它已经形成了这些概念，它已经确信它们的实在性，它将把构成性模式的角色分配给它们：它唯一的目的是把被研究的事件、人或行为放入预先制造好的模子。"①萨特的这种批评或许有些过于尖刻和偏激，但是，对于揭示当代那些忽略或者否定微观分析的哲学社会科学的根本病症，可谓一针见血。在这里，还可以提及阿尔都塞关于宏观与微观相互依存的关系的论述，他指出："人们可以把微观联系'当作'非存在；这并不是说它不存在：而是它对认识说来不存在。但无论如何，宏观的必然性'归根到底'正是在这种无限的微观多样性中'向前发展'，即取得胜利。"②这些思想都从不同侧面要求人们关注社会历史的微观分析，确立微观视域和宏观视域相结合的理论范式。

四、微观理论范式对于社会历史理论的丰富和完善

如前所述，随着现代社会的开放程度的提升，随着政治权力多元化的进程，微观权力结构在人类社会中的地位越来越重要。微观权力是多维度的、多层面的、丰富多彩的、多元差异的、蕴涵不同价值内涵的复杂的星丛。对于微观权力所编织的复杂的社会之网的细致分析和把握，有助于我们真正恢复历史的多样性、文化的多样性和社会实在的丰富内涵，从而防止把社会历史发展规律变成排斥一切差异和特殊性的自然科学规律，防止社会历史发展的线性决定论，进而为历史发展道路的多样性提供坚实的学理基础。在这里，我们简要概括微观政治哲学研究范式的几个主要特征，几个主要的理论要点。

---

① （法）让-保罗·萨特：《辩证理性批判》（上卷），林骧华等译，安徽文艺出版社1998年版，第35页。

② （法）路易·阿尔都塞：《保卫马克思》，商务印书馆2006年版，第108~109页。

第一，在政治、经济、文化等社会诸领域重新整合和融合的基础上，建立起影响和制约当代社会运行的新的权力谱系。其中特别要梳理清楚那些在传统社会历史结构中被宏观的经济权力和政治权力所遮蔽，而在当今社会结构中越来越显示出重要影响的微观权力。例如，要充分认识以下几种类型的微观权力及其活动机制。一是与宏观权力同构的微观权力。在很多历史情形中，宏观政治体制和国家政权的稳定同深层次的微观政治权力或文化权力的支撑密切相关。一个典型的例子是中国传统社会以家庭为本位、"家国同构"的宗法专制的政治制度。在这种情形中，整个社会从体制到具体运行都表现为围绕着家庭而形成的血缘关系、亲属关系、宗法体系等日常控制机制的扩大，由此形成一个超稳定的国家政权和行政管理体系。另一个典型例子是福柯、德勒兹等人所批判的现代理性社会的微观权力机制。中心化的、理性的宏观政治权力机构是凭借着渗透到学校、医院、军队等社会的每一层面、每一个角落的微观权力而编织一个全方位的"宰制社会"或"全景监狱"。二是阻碍宏观权力机制更新的微观权力。转型期的中国社会，以及其他发展中国家在建立民主、法治、理性的政治体制过程中经常受到来自日常生活世界的经验式、人情化的微观权力机制的严重阻滞。这充分说明，任何一种政治体制或社会控制模式，例如民主体制、法治模式的建立，都不可能凭借一般的理论号召就得以确立，如果不考虑社会各个层面，包括日常生活中各种微观的、多元差异的权力结构的特点和价值取向，是无法真正扎根的。三是反抗宏观政治霸权的微观权力。后现代政治理论、话语政治理论、后马克思主义政治理论等从不同视角不约而同地强调公共领域、市民社会、文化领导权、新社会运动、非政府组织等微观政治现象，其根本原因在于，要保护自由、公正、平等、民主的社会秩序和自主的生活世界体系不受某种总体化的政治权力或经济权力的"殖民化"，其有效途径并非简单地用一种新的中心化的宏观权力来取代另一种宏观权力，而是激活社会各个层面和生活世界的各种微观权力的话语和力量，形成多元的反抗力量和多元差异的社会调控体系。显而易见，对于当代社会丰富多彩的微观权力的类型和性质的深入研究,对于建立宏观视域和微观视域相结合的理论范式至关重要。

第二,以丰富的微观权力的网络体系或者复杂"星丛"为中介或者活动平台,建立起经济基础与上层建筑的宏观结构与个体的微观活动结构之间的有机联系和互动交融关系,走出关于二者关系的外在对立和决定论的宏观理解模式。我们知道,唯物史观的确立对于人类的历史认识的确具有重大的意义,它一方面把历史奠定在人所特有的实践活动的基础上,另一方面强调人类历史服从于内在的规律,这两方面的思想构成历史唯物主义的核心。然而,在抽象的宏观理论范式中,二者之间的关系常常呈现为外在的二元对立的状态,人们或者强调经济基础和上层建筑的宏观社会结构决定个体的活动,或者强调个体的自由自觉的和对象化的实践活动决定社会结构的变化和发展。显而易见,关于历史唯物主义的许多根本争论都与此有关。我认为,只有用自觉的微观理论范式去完善和补充传统唯物史观的宏观理论范式,并以自觉地建构起来的微观权力网络体系为中介和活动平台,才能真正建立起自由自觉的实践活动和宏观的社会结构及其规律之间的内在统一。在这方面,萨特在建构存在主义马克思主义时所作的方法论探讨,对于我们建构微观理论范式具有一定的启示意义。如上所述,萨特认为,马克思主义的总体化(整体化)方法具有重要的历史感,但是,当代马克思主义研究中的过分普遍化容易导致对个体和特殊性的压抑,即"人学的空场",因此,萨特提出要用中介方法和前进－回溯方法来补充和完善马克思主义的总体化方法。具体说来,中介方法的主要特征是,在对人的行为的分析中,不是简单断言社会构成因素对人的直接决定,而是充分重视精神分析学、微观社会学等辅助学科的作用,寻找人和历史条件之间相互作用的中间环节和因素,如与人的活动直接相关的家庭、童年的经历、周围的直接环境、个体心理、情感因素、两性关系等,从而使人成为历史运动中的丰富的个体。他进而强调,要运用前进－回溯方法具体分析社会整体和个人实践之间的复杂关系,无论是社会整体通过各种中介因素对个体行为的影响和决定,还是个体实践在各种中介因素的制约下对社会环境的自主选择,都不是单向的和一次性完成的运动,而是双向往复的运动。①

第三,充分把握政治、经济、文化等社会诸领域通过信息化背景下的文化整合而重新一体化的趋势,对社会结构和运行机制进行宏观的、微观的、多维的、多层面的、多视角的透视,解构单纯宏观权力霸权的宏大叙事,破除外在的决定论历史模式。具体说来,一方面,鉴于在当代社会结构中,不再存在界限分明的政治领域或经济领域,因此对于经济、政治等社会领域不再作单纯的经济学或政治学的封闭的分析,而是开展经济学、政治学、历史学、文化学、哲学等多学科的综合把握;另一方面,无论对于经济、政治,还是别的领域的分析,都不能停留于一般的抽象的宏观把握,而是要深入文化哲学的微观分析层面,例如,对于政治治理的分析,要综合国家权力、宏观政治治理、行政管理、公共领域、社会自治领域等多层面以及政治文化理念、宏观经济调控、微观市场运行、个体政治参与等多视角的微观分析,从而真正深入社会历史现实的丰富内涵,回到人类实践活动的历史丰富性和文化丰富性,形成宏观视域与微观视域结合、社会诸领域内在融合的社会历史分析。在这样的理论视域中,不再有经济决定论、政治决定论或者文化决定论的空间,无论是宏观的历史规律还是具体的实践活动都不再是一种受制于人的活动之外的铁的必然性的自然进化论和线性决定论进程,而是充满文化创造力的人的历史进程。在这种意义上,我们所理解的作为历史解释模式的文化哲学正是这样一种新的社会历史理解范式。文化哲学反对意识哲学用自然科学的普遍化的方法去剪裁人的实践活动的丰富的文化内涵的做法,反对把历史的内涵简单化地归结为生产方式、经济、技术等几个决定性的因素,更反对运用几个决定性因素把历史描绘成一种类似自然的线性决定过程。它坚信,任何一种因素,无论如何重要,都不可能独自决定历史的全部内涵和命运,它肯定

---

① 参见(法)让-保罗·萨特:《辩证理性批判》(上卷),林骧华等译,安徽文艺出版社1998年版,第34~50页。

人类历史发展的多样化、个别性、差异性及其价值内涵,强调历史是人的实践活动的各个维度的全面展开的过程,它所揭示的社会历史规律是包含着多样性和差异性的基本发展趋势。

五、微观理论范式与社会历史规律

近年来,我们在微观政治学、微观政治哲学、微观史学、日常生活批判、文化哲学等领域的研究中,经常遇到的一种质疑就是,这种微观视域的研究或社会历史理论的微观理论范式不符合马克思主义的传统,并且容易导致否定社会历史发展规律,从而存在着背离历史唯物主义的危险。因为按照一种比较常见的理解,历史唯物主义从本质上讲必然是宏大叙事,它的创立对社会历史理论的革命性贡献,就是超越繁杂琐碎的社会历史现象,揭示出关于人类历史运动的普遍的、"放之四海而皆准"的一般规律。

对此,我的看法是这样的:是否承认社会历史发展的规律,与对社会历史发展进行宏观分析还是进行微观分析,没有必然的因果关联;但是,宏观分析是否拥有扎实的和丰富的微观分析做基础,所揭示的规律的性质和所表述的宏大叙事的性质是有质的差别的。进而,并非任何关于规律的认识都适合于我们对人类社会历史运动的真实把握。

前面已经说过,对宏观权力和微观权力、宏观政治和微观政治、宏观政治哲学和微观政治哲学的区分只是相对的,实际上并不存在着截然不同、彼此分离的微观政治和宏观政治,即使德勒兹和加塔利等力主微观政治学的后现代思想家,也强调微观政治和宏观政治之间不存在着固定不变的区分,强调政治既是宏观政治,也是微观政治。[①] 列菲伏尔在《日常生活批判》中曾指出:"'宏观'和'微观'层面之间虽然存在着间距和鸿沟,但这并不意味着容许我们把其中的一个层面与另一个层面二分开来,

---

[①] 参见(美)道格拉斯·凯尔纳、(美)斯蒂文·贝斯特:《后现代理论:批判性的质疑》,张志斌译,中央编译出版社2006年版,第123页。

更不允许我们'忽视'其中的某一个层面。不可还原性并不等同于截然分立。在'宏观'层面和'微观'层面之间,存在着多种多样的关系、对应性以及同源性。"①因此,不存在绝对的宏观解释模式或者微观解释模式,一种健全的和富有解释力的社会历史理论,一定是兼顾宏观分析和微观分析,一方面善于根据特定的社会历史现实而突出其中的某一个维度,另一方面又善于保持二者间的有机结合,不会用其中的一个维度来否定或取消另一个维度。分析一下当今人类的思想发展状况,特别是社会历史理论发展状况,就会发现,能否将宏观解释和微观解释有机结合直接影响到特定理论的解释力和说服力。在这方面,如上所述,马克思思想的确是一种我们应当学习的楷模,赵福生在分析这一问题时,认为马克思研究范式的优势在于:"他走入实证科学,又走出实证科学;他走入微观分析,又走向宏观分析;他走入具体人群,又走向全人类;他走入微观史学,又走向总体史学",而相比之下,"传统意识哲学和后现代哲学共同的弊病就在于只有走入,传统意识哲学走入宏观视域,而没有走出宏观视域,所以陷入抽象化、体系化;后现代哲学走入微观视域,却没有走出微观视域,所以陷入断裂化、破碎化"②。这种分析有其合理性。

对于社会历史理论研究范式同社会历史规律的把握之间的特殊关联问题,需要作具体的分析。可以说,那种笼统地、不加分析地断言微观视域必然会导致否定社会历史规律的说法,是没有根据的。但是,构建什么样的理论研究范式,对于能否真正把握社会历史规律,却是关系紧密的。具体说来,在今天的理论研究中,人们一般都承认,不能把社会历史规律等同于严格意义上的自然规律,否则,就会取消历史发展道路的多样性、差异性和人的历史创造的可能性。但是,人们较少考虑另一个重要的问题:社会历史规律和自然规律虽然有着本质的联系,但是存在着根本性的差别,因此,必须运用不同的研究方法和理论范式才能真正有效地加以把

---

① Henri Lefebvre, *Critique of Everyday Life_Foundations for a Sociology of the Everyday*, Verso, 2008, p. 140.
② 赵福生:《论马克思的微观哲学视域》,载《求是学刊》2008年第1期,第40~41页。

握。假如运用自然科学的研究方法去揭示和概括社会历史规律,就会把历史必然性变成与自然科学规律无异的"经济决定论"。李凯尔特在《文化科学和自然科学》中就专门探讨了两种科学在方法论上的不同。他认为,自然科学的方法是一种普遍化的方法,它排斥特殊性和个别性,而强调自然之物中的普遍性和同质性,寻找规律性,它强调"事物和现象的本质就在于它们与同一概念中所包摄的对象具有相同之处,而一切纯粹个别的东西都是'非本质的'"①。而与自然现象的给定性和客观性不同,文化作为人为的现象的突出特征是其价值内涵,因此,文化科学的方法不能是普遍化的方法,"只有个别化的历史研究方法才是适用于文化事件的方法。如果把文化事件看作自然,亦即把它纳入普遍概念或规律之下,那么文化事件就会变成一个对什么都适用的类的事例(Gattungsexemplar),它可以被同一个类的其他事例所代替"②。

这正是我们担忧的地方和问题:我们今天的哲学研究、社会历史研究,甚至包括社会学、文化人类学等实证性很强的学科,常常由于忽略、懒于、不屑于或者拒斥微观分析,不仅没有对今天的社会历史现实作出具体的、微观的深刻分析,而且对马克思恩格斯当年在得出各种理论结论时所作的具体的和微观的历史分析也不甚了解。结果人们常常轻车熟路地、得心应手地从现成的原理和结论出发,对今天的现实作一些蜻蜓点水式、外在观望式、标签套用式的笼而统之的远眺。这常常容易导致双重消极后果:一是由于把历史规律变成了自然规律式的"铁的必然性",变成了盲目的经济逻辑,结果人们以一种貌似坚定不移地"坚守"历史规律的方式取消了历史规律;二是使我们的理论研究无法切中和穿透今天的社会历史现实,成为缺乏创造力和解释力的抽象教条和思辨的理论推演。因此,我们提出加强社会历史理论的微观视域的建构,以宏观研究和微观研究相结合的方式面对今天的社会历史现实,绝不会导致否定历史发展规

---

① (德)李凯尔特:《文化科学和自然科学》,涂纪亮译,商务印书馆1986年版,第37页。
② (德)李凯尔特:《文化科学和自然科学》,涂纪亮译,商务印书馆1986年版,第72页。

律的结果,相反,这应当是在今天的条件下丰富进一步丰富历史唯物主义的重要途径。只有这样,我们才可能获得真正切中今天的社会历史现实的,包含着丰富的多样性和差异性,包含着丰富的创造性空间的社会历史规律性的认识。而这正是马克思所强调的,摆脱了思辨抽象性的具体:"具体之所以具体,因为它是许多规定的综合,因而是多样性的统一。"①

在这里,我们应当重温恩格斯晚年在给康拉德·施密特的信中所表达的对德国青年理论家的担忧。恩格斯发现,一些青年人把历史唯物主义的原理当做标签"贴到各种事物上去,再不做进一步的研究";并且只是用历史唯物主义的套语"来把自己的相当贫乏的历史知识"尽速"构成体系,于是就自以为非常了不起了"。因此,恩格斯告诫:"必须重新研究全部历史,必须详细研究各种社会形态的存在条件,然后设法从这些条件中找出相应的政治、私法、美学、哲学、宗教等等的观点。"②恩格斯120年前的这些语重心长的话语,真的好像是在说我们今天的事儿。在那封信中,恩格斯还特别说道:"一切都可能被变成套语。"③这正是我们对今天的理论研究的担忧所在。因此,我们积极探索,用一种微观分析的视域认真思考今天丰富的现实,从而形成关于社会历史规律的更加丰富的认识,防止把我们的社会历史理论变成各种"标签"和"套语"。

这套丛书只是关于微观政治哲学或者社会历史理论的微观研究范式的初步探讨。在这里,我想指出的一点是,丛书的几位作者并非一般意义上具有某种理论共识或者理论诉求的学术同路人,而是一个非常紧密的小型学术团队。《福柯微观政治哲学研究》的作者赵福生和《年鉴学派史学范式研究》的作者张正明都曾是我指导过的博士研究生,前者2003年入学,2008年通过博士论文答辩;后者2005年入学,2010年通过博士论文答辩④,我们在一起共同研究已经有七八年的时间了。从研究丛书的

---

① 《马克思恩格斯选集》第2卷,人民出版社1995年版,第18页。
② 《马克思恩格斯选集》第4卷,人民出版社1995年版,第692页。
③ 《马克思恩格斯选集》第4卷,人民出版社1995年版,第692页。
④ 两篇博士论文在答辩时都获得了"优秀",赵福生的博士论文2010年获得了全国百篇优秀博士论文提名奖。

结构来看,我的《现代性的维度》属于哲学,特别是文化哲学领域的研究;赵福生的《福柯微观政治哲学研究》侧重于政治哲学领域的研究;张正明的《年鉴学派史学范式研究》侧重于历史哲学领域的研究;论文集《社会历史理论的微观视域》也主要是从以上三个学术领域精选的国内外自觉地开启社会历史理论的微观研究的代表性文献。因此,丛书的规模虽然不大,但是,无论其内在的思想,还是外在的构成,都是具有内在的、有机的联系的。当然,理论探索总是艰辛的,开辟一个新的研究领地,所遇到的困难和问题就会更多。虽然我们已经尽了最大的努力,但是由于学术水平、知识背景和思想穿透力等方面的局限,这套丛书的不成熟之处、不合理之处在所难免。恳请学界各位同人和读者批评指正,我们尤其期待着那种真诚的、具体的而不是那种简单地判定"立场"的笼统的批评。

2011 年 2 月 1 日(农历大年二十九)于哈尔滨

引子　现代性是具体的

　　现代性毫无疑问是我们时代最重要的焦点性话题之一[①]，在文学、哲学、政治学、社会学、法学、经济学的争论话语中，它都已经成为出现频率最高的核心术语之一。不同领域的研究者常常会突然意识到，我们研究的许多重要的理论问题和实践问题，实际上都直接地或间接地与现代性问题构成深刻的关联。如果我们稍稍向前追溯一下，就会看到，在"现代性"取得正式的、公认的命名之前相当长的时期里，我们在理论上和实践上实际上已经从很多方面遭遇到现代性问题。福柯晚年在关于启蒙问题的著名论文中，谈到与现代性具有本质关联的启蒙问题时，认为它是现代哲学无法逃避的核心问题："这个问题现代哲学一直无法回答，但也从未设法摆脱。这是一个两百年来以各种形式重复的问题，从黑格尔，中经尼采或马克思，直到霍克海默或哈贝马斯，几乎一切哲学都未能成功地面对

[①]　在这里，我先不急于对"现代性"这一范畴进行具体的界定，而希望在关于现代性问题的阐述策略的逐步展开中，使"现代性"的含义逐步走向明晰。

这同一问题,无论直接还是间接地。"①

作为哲学社会科学学人,我们无论在什么方面开辟自己的学术地平线,实际上都常常自觉地或不自觉地、心甘情愿地或无可奈何地被现代性问题所纠缠。而且,随着全球化进程在信息化背景中的提速,现代性在越来越广泛的范围内成为焦点性话题,以至于吉登斯断言:全球化在某种意义上是"现代性的全球化","现代性正内在地经历着全球化的进程"。②在中国的学术语境中,随着许多西方马克思主义代表人物(特别是哈贝马斯)、后现代理论代表人物、左派激进批判理论代表人物关于现代性和后现代性的复杂争论被人们反复介绍、阐述、分析和探讨,随着发展中国家在现代化进程和全球化进程中所经历的价值争论和文化冲突的不断加剧,人们对现代性问题的关注和兴趣持续升温。③ 面对关于现代性问题的中国式的"信息爆炸",我最近常有一种惶恐、不安、无助、眩晕、茫然的感觉。这种感觉使我更深刻地领会了海德格尔在《存在与时间》开篇时引证柏拉图《智者篇》中那句话的寓意:"当你们用'存在着'这个词的时候,显然你们早就很熟悉这究竟是什么意思,不过,虽然我们也曾相信领会了它,现在却茫然失措了。"④的确如此,经过多年的现代性研究,原本以为对现代性问题已经有相当了解和参悟的自己,现在却突然发现,现代性问题依旧晦暗不明,根本没有真正露出其清晰的地平线,依旧是一个开放的、相互冲突的、相互关联又纠缠不清的"星丛"。近来常常痛苦地折磨我的一个问题是:**关于现代性我们还能说什么?**

---

① (法)米歇尔·福柯:《什么是启蒙?》,载汪晖、陈燕谷主编:《文化与公共性》,三联书店2005年第2版,第422页。

② Anthony Giddens, *The Consequences of Modernity*, Stanford University Press, 1990, p.63.

③ 通过对中国期刊全文数据库、中国博士学位论文全文数据库、中国优秀硕士学位论文全文数据库、中国重要报纸全文数据库、中国重要会议论文全文数据库的联合检索,发现其中直接以"现代性"为标题(不包括主题和内容关涉到现代性的)的论文数量分别为:2000年179篇,2001年212篇,2002年306篇,2003年374篇,2004年559篇,2005年626篇,2006年765篇,2007年865篇,2008年919篇,2009年867篇,2010年787篇。仅根据这些数据库所收录的文献统计,十年间直接以"现代性"为"标题"的论文达到6 459篇,如果我们对以"现代性"为"主题"的论文加以统计,这个数量则要攀升到23 637篇。

④ (德)马丁·海德格尔:《存在与时间》,陈嘉映、王庆节译,三联书店1987年版,第1页。

为了能让自己关于现代性的思考继续下去,我在目前所能看到的各种关于现代性问题的文献中试着寻找中国学术界现代性研究的薄弱地带。我想,粗略地划分,关于现代性的研究应当有两大类问题:一是关于现代性本身的内涵和规定性的描述和把握,即关于现代性的事实判断,这是一个类似于"什么是现代性"的问题,例如,如何从历史和现实的视角具体分析现代性的基本内涵、规定性、作用机制、活动方式、危机特征等;二是关于现代性的价值判断,这是一个类似于"还要不要现代性"的问题,例如,围绕着现代性是否已经耗尽了自己的潜能,后现代性是否已经取代了现代性,后发展国家是继续坚持现代性立场还是开始拒斥现代性的生成等问题所展开的各种争论。当然,这两类问题本身就相互关联、相互交织,无法截然分开,然而,它们各自的侧重点还是有很大的差别的。

按照这一分类标准来衡量,我发现,除去那些在比附、借用、引申的意义上使用"现代性"一词来探讨五花八门、层次各异的问题的论文外,迄今为止,中国学术界专门探讨现代性问题的大多数文献主要集中在后一类问题,即关于现代性的价值判断问题,并且围绕着这一争论大体上分为对现代性的捍卫和对现代性的批判两种理论倾向。虽然也有个别学者试图暂时搁置关于现代性的价值判断问题而对现代性本身的规定性和基本内涵进行更为深入和具体的历史把握和现实描述,其中还有个别学者已经取得了相当的进展①,但是,必须承认,绝大多数研究成果都集中于关于现代性的价值判断,包括我本人的探讨也明白无误地属于这一侧度的研究,因而我常常被学界同人定位于现代性的坚定捍卫者②。甚至可以说,现代性研究中的这种价值取向偏好已经达到"压倒"的程度,即人们对于现代性价值判断问题的兴趣远远压倒对于现代性本身的规定性和内

---

① 例如,刘小枫:《现代性社会理论绪论》,上海三联书店1998年版等。
② 参见衣俊卿:《现代化与文化阻滞力》,人民出版社2005年版;《文化哲学——理论理性和实践理性交汇处的文化批判》,云南人民出版社2005年版;黄万盛、衣俊卿:《在启蒙的地平线上——关于中国语境中的现代性问题的对话》,载《求是学刊》2006年第1期;衣俊卿、丁立群:《走近罗蒂——与罗蒂先生关于分析哲学、后现代主义和文化哲学的对话》,载《求是学刊》2004年第5期等。

涵的思考,以致"什么是现代性"的问题被悬搁起来,变成不证自明的、非反思的前提和出发点,或者变成一种漂浮的能指。

我想,造成关于现代性的价值判断"压倒"关于现代性的事实判断的原因是多方面的,其中有两点是应当重点考虑的。其一,高度关注关于现代性的价值判断问题,对于时下中国的学术研究而言,既是现实境遇所引发的必然选择,也是现代性研究或现代性批判不可或缺的组成部分。具体说来,在中国的语境中讨论现代性问题,我们必须充分考虑中国社会发展的特殊定位。过去30年,中国的改革开放和社会转型具有极其特殊的历史定位:中国的现代化与西方发达国家业已完成的现代化之间有一个巨大的时代落差,即我们不是在西方工业文明方兴未艾之际来实现由传统农业文明向现代工业文明的现代化转型,而是在西方工业文明业已高度发达,以至于出现某种弊端和危机,并开始向后工业文明过渡之时才开始向工业文明过渡的。这种历史错位使原本应当以历时的形态依次更替的农业文明、工业文明和后工业文明,及其前现代的、现代的和后现代的文化精神在中国的嬗变和演进,由于中国置身于全球化的开放的世界体系之中而转化为共时的存在形态;它把加速发展现代化的历史使命和消除现代化负面效应的历史任务同时置于刚刚踏上现代化征程的中华民族面前,并使中国人备受对现代化前景的渴望和对现代化负面效应的恐惧两种相互冲突、相互矛盾的文化心态的困扰。在这种背景下,高度关注现代性的危机特征,并激烈争论现代性同后发现代化国家的关联,是现代性研究的一种十分常见的,甚至是普遍的表征。其二,在中国学术界,自觉探讨现代性问题的学者比较多地集中于哲学界,而我一直坚持认为,中国哲学研究从总体上看还没有摆脱那种追求普遍性知识的意识哲学范式。哈贝马斯在《后形而上学思想》中分析作为形而上学重要表征的同一性思想和意识哲学时,曾具体描述了意识哲学强调"多源于一"、"同一性先于差异性"、"追求一和全的整体性思想"等特征,他特别指出,"在现代意识哲学中,理论生活的独立性升华成为了一种绝对自明的理论"①。这种意识哲学范式强调哲学必须保持形而上品格的哲学倾向,即使在探讨现代性的基本内涵和规定性时,也习惯于总结从古希腊一直到当代重要思想家关于现代性或启蒙的思想线索和内在逻辑,从而形成一个比较宏大的、泛化的、总体性的现代性模式,一般不愿意"降格"到社会学的、历史学的、文化学的层面,不愿意在社会的、制度的、精神的、文化的等多层面、多侧度、多维度上具体分析现代性的历史的和现实的丰富性与复杂性。因此,关于现代性的历史的和现实的事实性判断,在中国的语境中一直没有得到充分的展开。

这正是我所谓的**中国学术界现代性研究的薄弱地带**。我想,我们有必要清醒地认识到,这种抛开关于现代性的细致的事实判断而展开关于现代性的价值判断,或者仅仅停留于古往今来的思想家关于现代性思想的理论梳理的研究方式,具有不可忽视的局限性,甚至可能导致消极的后果。在这种情况下,无论我们捍卫或者批判现代性的声音有多么高昂,情绪有多么激烈,从现实的历史进程和现代性的实际命运来说,都往往于事无补,略显苍白。刘小枫先生已经发现了这一状况,他在探讨现代现象的复杂性时指出:"在思想学术域,也有一种'现代现象',即现代幽灵游荡在人文思想和社会理论的言述中,'现代'语话可谓千姿百态。但是,言说'现代'并不必然是一种关于现代现象的知识学建构,它也可能是、而且经常是一种非知识性的个体情绪反应。"②

或许在这里应当顺便谈论一下福柯晚年在《什么是启蒙?》一文中关于现代性态度(the attitude of modernity)的思想,以免产生误解和混乱。福柯的确提出,"可以把现代性想象为一种态度而不是一个历史的时期",他认为,作为一种态度的现代性,是指"与当代现实相联系的模式","一种由特定人民所做的志愿的选择","一种思想和感觉的方式,也是一

---

① (德)于尔根·哈贝马斯:《后形而上学思想》,曹卫东、付德根译,译林出版社 2001 年版,第 32 页。

② 刘小枫:《现代性社会理论绪论》,上海三联书店 1998 年版,"前言"第 2 页。

种行为和举止的方式",并指出,"它有点像希腊人所称的社会的精神气质(ethos)"。① 如果细分析,我们可以发现,福柯所说的"现代性态度"同目前中国学术界对现代性开展价值判断所呈现出的各种态度还不是一回事儿。福柯所强调的不是"关于现代性的态度",而是要表明,现代性本身更多地表现为一种特殊的态度,一种特定的精神气质(ethos),而我们目前关于现代性的价值判断实际上是关于"现代性态度"的态度。因此,在这种情况下,如果我们首先不清晰地把握现代性本身的态度,我们的态度就会无的放矢。需要指出的是,福柯在同一篇论文中提醒我们要防止"启蒙的敲诈"(the 'blackmail' of the Enlightenment),这对我们认清时下现代性研究的状况有一定的帮助。福柯非常明确地强调,"我们必须从'支持或者反对启蒙'的智性敲诈中解放我们自己"②。我想,简要地概括一下福柯关于这一问题的思路,对于我们是有益的。福柯承认启蒙的重要性,他指出,启蒙是我们今天仍然在很大程度上依赖的一系列政治的、经济的、体制的和文化的事件。福柯认为,如何对待启蒙涉及现代性的态度本身,在这里必须防止对启蒙作"好"与"坏"、"取"与"舍"的简单化的和专断的选择,不应陷入要么接受启蒙并信守它的理性主义传统,要么批判启蒙并努力摆脱它的理性原则这样一种"非此即彼"之中。他强调,重要的不是作这种无谓取舍,或者对"前现代"、"现代"和"后现代"的划分,而是要使根植于启蒙的哲学反思态度复活。"我一直试图强调,可以连接我们与启蒙的绳索不是忠实于某些教条,而是一种态度的永恒的复活——这种态度是一种哲学的气质,它可以被描述为对我们的历史时代的永恒的批判。"③

福柯关于"现代性的态度"和"启蒙的敲诈"等问题的分析,十分清楚

---

① (法)米歇尔·福柯:《什么是启蒙?》,载汪晖、陈燕谷主编:《文化与公共性》,三联书店2005年第2版,第430页。
② (法)米歇尔·福柯:《什么是启蒙?》,载汪晖、陈燕谷主编:《文化与公共性》,三联书店2005年第2版,第436页。
③ (法)米歇尔·福柯:《什么是启蒙?》,载汪晖、陈燕谷主编:《文化与公共性》,三联书店2005年第2版,第433~434页。

地提醒我们,现代性绝不是现成地摆在那里等着我们抽象地开展价值评判的对象,不是我们可以简单地通过理论探讨和决策就能"取舍"的问题,而是更为复杂更为丰富的历史进程和多元差异的现实。在这一点上,哈贝马斯十分深刻地强调,虽然现代社会和经济发展中"存在着根植于体制性的、自我生成的危险",但是,现代性"仍然包含着规范的、令人信服的内含",因而,他得出一个十分重要的结论:现代性"并非某种我们已经选择了的东西,因此我们就不能通过一个决定将其动摇甩掉"①。

循着中国学术界现代性研究的薄弱地带②,我想要做的是从关于现代性的价值争论中暂且抽出身来,把诸如"现代性的危机是否已经不可救药"、"后现代性是否已经取代现代性"、"中国到底应当捍卫现代性还是拒斥现代性"等问题暂且悬搁起来,把那种围绕着价值判断的理论激情暂且平复下来,静下心来专注于现代性的细致的事实判断。当然,按照解释学原则,纯而又纯的事实判断是不可能的,但是,在某种意义上,我们可以借鉴一下吉登斯等社会学家的分析方法③。近几年我已经对这种分析和研究作了一些前提性准备④,我在这里想做的工作,既不是想通过历史分析揭示出现代性自身的"必然的"演进逻辑,也不是要全面地揭示现代性如何成为一种统摄一切的现实力量,而只是想在哲学、社会学、历史学,以及文化学、政治学等学科交融的微观理论视域中窥测一下现代性的历史的和现实的丰富性和复杂性,捕捉现代性是怎样作为微观的图式和机理

---

① (德)哈贝马斯:《现代性的地平线——哈贝马斯访谈录》,李安东、段怀清译,上海人民出版社1997年版,第123页。
② 当然,必须声明一点,关于"薄弱地带"只是我个人的一点看法,并不一定完全符合实际情况。但是,对我个人的研究来说,作这样一种判断还是有所帮助的。
③ 读吉登斯的《现代性的后果》(Giddens, Anthony, *The Consequences of Modernity*, Stanford University Press, 1990.)一书时,我有一种感觉:虽然作者从价值取向上偏重于现代性危机后果的批判,但是,他的主要笔墨更多地用于对现代性的机制、内涵和规定性的冷静的、客观的、细致的分析,以致有学者把吉登斯的这本著作读成是对现代性的一种阐释和辩护。
④ 参见衣俊卿:《现代性的维度及其当代命运》,载《中国社会科学》2004年第4期;《论微观政治哲学的研究范式》,载《中国社会科学》2006年第6期, YI Jun-Qing, On Micro-political Philosophy, In *Diogenes*, February 2009 vol. 56 no. 1, pp.41 - 52;衣俊卿:《作为社会历史理论的文化哲学》,载《哲学研究》2010年第2期等。

无所不在、无孔不入地渗透到现代社会的各个层面,怎样作为丰富而复杂的文化精神和生存模式深刻地影响现代人的生存和生活。

在这种意义上,关于现代性,我首先想说的是一句十分朴实的描述性话语:**现代性是具体的**。这句话表面上平淡无奇,但是,深入分析,它包含着很丰富的阐释的可能性。在这里我想借用托马斯·弗里德曼那个著名的"世界是平的"①的断言,在比附的意义上说明这句话的特殊含义。"世界是平的"这句话本身或许并没有什么特别,因为从远古时代起,人就是理所当然地生活在一个平面的世界中。然而,当哥伦布的航海大发现和现代科学的精确测量已经不可辩驳地证明了"世界(地球)是圆的"之后,我们重新作出"世界是平的"的断言时,问题就不那么简单了。同理,现代性原本就是具体的,而且直至今天也没有一个现成地摆在那里供我们评判、讨论和取舍的给定的完成的现代性。然而,当哲学家和思想家的理论思辨和科学抽象把现代性建构成一种抽象的、总体性的、宏大的、完成的独立存在后,我们再回过头来强调现代性是具体的,则包含着十分重要的意蕴,也需要克服很多理论成见。

现代性是**具体的**,首先是要说,现代性不是抽象的,不是可以凭借抽象的理论理性而建构起来的抽象的精神和观念体系。虽然也有学者强调现代性的丰富的和复杂的内涵,但是,正如哈贝马斯分析形而上学的意识哲学时指出的那样,哲学有一种理性思辨的本性,倾向于把理论生活的独立性升华为一种绝对自明的理论。尤其在被马克思所批判的以"追求体系的完满"为宗旨的德国古典哲学那里,实际的斗争和具体的历史都被抽象掉了,人们只是"在思想中、在哲学中经历了自己的未来的历史"②。结果,在哲学家的各种抽象中,现代性往往变成了自古至今、逻辑严谨的精神体系、思想体系、观念体系,变成理论家可以抽象地推演,可以讨论取舍的理论命题。因此,我们常常看到许多关于现代性的研究成果,主要表现

---

① (美)托马斯·弗里德曼:《世界是平的:21世纪简史》,何帆、肖莹莹、郝正非译,湖南科学技术出版社2006年版,第4、5、7页。

② 《马克思恩格斯选集》第1卷,人民出版社1995年版,第7页。

为从古希腊到德国古典哲学中所包含的理性精神的逻辑体系的建构或描述，而关于现代性批判的成果则表现为以后现代理论为代表的各种启蒙反思的观点的整理。而实际上，现代性具有更为具体的文化丰富性和历史丰富性，它不只是一种抽象的理论和精神，而是在个体的生存态度、价值取向、心理结构、活动方式和社会的共同活动、公共领域、制度安排、货币体系、资本结构、经济生活、政治生活等宏观的和微观的方面无所不在地渗透着的具体的存在。不回到具体的现代性现象，我们所争论的往往是理论建构中和想象中的现代性，我们所批判和取舍的也往往是我们自己所建构的观念和理论命题。

现代性是**具体的**，同时是要说，现代性不仅不是抽象的精神体系或理论体系，而且在现实社会历史中也不是一种中心化的、宏观的、整体性的或总体性的同质的力量结构。现代性是非中心的、弥散的、微观的、内在机理性的异质的存在现象。在这里，"同质"和"异质"、"中心"和"弥散"、"宏观"和"微观"等对比性概念应当引起我们特殊的关注。如果我们抛开价值判断的对立，单从关于现代性的阐释方式上来看，可以发现，关于现代性的肯定性阐述和批判性质疑大多采用了同质化、中心化和整体化的方式来表述和建构。人们通常是用标识个体生存状态的自由、独立、主体意识，标识公共生存状态的平等、正义、博爱，标识社会制度安排或社会运行状态的民主、法治、科层管理等要素来构造在理性化时代降临的现代性；或是把它们构造成支撑一个全新的创造性时代的总体性的、中心化的和同质的积极推动力量；或是把它们构造成无所不在无所不包的、整体性的、中心化的和同质的消极统治结构。而实际上，无论人们所描绘的作为善的力量还是恶的力量的现代性，都不是一种同质的宏观的整体或总体。人们所开列的自由、独立、主体意识、平等、正义、博爱、民主、法治、科学、理性等现代性的理念、精神、意识、价值、机理、制度等文化性要素是被不同的历史活动自觉地或不自觉地积淀、遗存、嵌入到个体生活和社会运行的各个微观层面，呈现出一种多元差异的、异质的、离散的关联状态。这些文化要素不仅同各种所谓传统的或前现代的、非现代的要素之间形成相互冲突、相互矛盾,又相互纠缠、相互依存的错综复杂的关联,而且它们之间也相互呈现出复杂多样的、张力的和异质的关联,例如,民主、公意同自由、个性之间,在一些历史条件下可以整合成同质的力量,形成理性创造的社会局面,而在另一些历史条件下则可能相互冲突成为理性压抑的统治状态。浏览一下迄今为止的人类历史,一方面,我们从来没有(将来也不会)经历现代性的所有文化要素整合成完全同质的推动力量从而形成人和历史的一切潜能都积极地迸发出来的创造性时代,否则,查尔斯·狄更斯就不会在以法国大革命那个最激动人心的时代为背景的《双城记》中警示人类,"那是最好的年月,那是最坏的年月,那是智慧的时代,那是愚蠢的时代,那是信仰的新纪元,那是怀疑的新纪元,那是光明的季节,那是黑暗的季节,那是希望的春天,那是绝望的冬天"①;另一方面,无论现代历史曾经展示过什么样的灰暗画面,我们并没有经历过现代性的所有文化要素都整合为一种同质的总体的异化力量从而进入人的个性和自由完全被剥夺和压抑的黑暗冬天,的确,在现代性高度发达的时代,我们经历了许多由于理性的压抑而导致的文化焦虑,但是,这些异化的和物化的力量更多的是像福柯揭示的那样,它们是以分散的、形态多样的微观权力机制在构造着并同时压抑着个人,同时,也正是在这种弥散化的微观权力网中,存在着多元反抗的可能性。可见,按照微观社会历史理论的方法,具体地分析个体生活和社会运行各个领域、各个层面中的具体的、微观的现代性要素和机制,比宏观地构想和建构整体化的和总体化的现代性,要更加接近现代性的实际。

现代性是**具体的**,进一步还要说,现代性在历时的维度上并不呈现为一个线性决定的必然的历史进程,更不是人类历史演进的唯一的、必然的路径,而是多种历史文化要素和多种社会力量在多种可能性和偶然性的场域中相互冲突、交汇、纠缠、选择、借鉴、学习、模仿、生产、建构的复杂多样的、多重的、多维的、多岔路的历史运动过程,是多种现代性的要素的不

---

① (英)狄更斯:《双城记》,石永礼、赵文娟译,人民文学出版社2004年版,第1页。

同轨迹交叉、交织又充满张力和离散力的过程。我们发现,由于很多研究者习惯于把现代性理解为一种中心化的、宏观的、整体性的或总体性的同质的力量结构,他们也常常把现代性从萌芽和潜伏期直至在启蒙时代的全面展开,建构成一种线性决定的必然的历史进程,或是从古希腊理性主义到黑格尔的理性演进的必然的历史逻辑结构,或是从古希腊城邦民主制到现代民主政治的必然发展链条等,并把这一线性决定的必然性放大为普遍的历史发展规律,从而使在西方生成的现代性在全球化进程中成了所有国家和地区的唯一的历史必然性。① 而实际上,无论是在古希腊理性精神、古希腊民主制度、罗马法制体系、科学技术,还是在希伯来精神、基督教文化等同现代性建构密切相关的文化要素中,我们都找不到一条以理性化和个体化为根本标志的必然的线性发展的现代性生成之路。相反,各种潜在的或直接的现代性要素在发展和演变过程中,都充满了断裂、跳跃、变异、再生等包含着偶然,包含着任意或随机选择的复杂过程。在这种意义上,如果我们能按照微观史学的研究范式,回到现代性生成过程的复杂的历史丰富性中,可以极大地避免理论的极端化和简单化:一方面,在西方发达国家的语境中,这种阐释和理解方式可以避免捍卫现代性还是拒斥现代性这种非此即彼、两极对立的极端思维方式,而更多地关注现代性的历史丰富性和文化丰富性,特别是呵护根植于历史和文化丰富性的现代性的内在反思性(reflexivity)及其现代性的自我批判自我修复机制;另一方面,在非西方的发展中国家的语境中,我们可以防止要么全盘西化,复制在发达国家中业已生成的现代性,要么拒斥西化,建构一种从根本上不同于西方的现代性,而是在全球化的文化交流和对话中,在现代性的文化要素和民族的文化要素的多维的、多层次的、多种可能性的连

---

① 我并不否认在以信息化为背景的全球化进程中,发端于西方国家的现代性有特殊的扩展力量,会将越来越多的国家和地区卷入自己的逻辑之中,但是,我要强调的是,这不是一个从历史发端时就历史地决定的必然如此的现象,相反,它更多地表现为文化模仿和文化交流的过程。这样一来,在世界历史进程中本土文化、民族文化走向全球化的可能性空间、选择性空间和自主创造性空间将是十分丰富的。对此,我们将在后面探讨关于现代性问题的理论假设和方法论预设时作专门的阐述。

接、对话、交流、冲突、碰撞中发展起具有内在反思性和批判性的现代性文化。①

上述三点——在现代性研究中防止理论的抽象化,防止同质的总体化,防止线性的决定论——可以看做是对"现代性是具体的"这一表述的主要思想的概括,也是关于现代性的维度的思考的主要理论基点。在这种意义上,目前很多关于现代性的理论虽然给我们很多启示,但是,往往都没有体现出"现代性是具体的"这一核心思想,往往带有宏观的、抽象的、总体化的特征,因此需要引入微观社会历史理论范式来加以补充。

强调现代性是具体的,要求我们必须回到孕育现代性的历史丰富性和文化丰富性之中,回到现代性内在复杂的张力结构和多元差异的复杂性。然而,如何能够回到这种丰富性和复杂性,又如何能通过理论的阐述把这种丰富性和复杂性表述清楚,则是一个更大的理论难题。人类存在本身既是复杂的实践课题,也是复杂的理论课题。在众多的具体现象和具体存在中抽象出本质性的东西并用严密的理论逻辑在思维中将之建构出来,是一种挑战人类理论思维的难题。然而,在某种意义上,同这种类似于自然科学在人为的"理想环境"开展实验的理论抽象工作相比,真正植根于历史丰富性和文化丰富性的具体的理论透视和建构,则是更难的课题,是对人类理论思维的更大的挑战。这正是马克思关于理论研究和理论阐述中"从抽象到具体"的方法论问题。为了能够具体地阐述"现代性是具体的"这一命题的丰富思想,我倾向于用**"现代性的维度"**(The dimensions of modernity②)这一范畴来展开我的研究。

选用"维度"一词来解释现代性的内涵,是经过反复斟酌的。其中最

---

① 在前些年的研究中,我比较多地强调作为文化的现代性的整体性和总体性,现在我有了较大的转变,越来越关注现代性生成过程中的选择和批判的丰富可能性,但是,其前提一定是对现代性的历史丰富性和文化丰富性的具体阐释和分析。
② "dimension"一词包含比较丰富的规定性,在数学中代表维、度、元、次等;在日常用法中可以代表长、宽、深等方面的尺度或尺寸,可以标识范围、方面、维度、向度、大小、程度等。用这样一个范畴来展示现代性的内在多元差异的、弥散化的、异质的、层积性的、断裂性的微观存在状态,我认为,是一种比较适宜的选择。

重要的理由,就在于"维度"一词所特有的包容性、弹性和伸缩性。首先,"维度"是一个复数词汇,它表明现代性不是一维的,而是多维的,而且其维度的数量也不是一个给定不变的定数。例如,在最广义的尺度上可划分出现代性的精神性维度和制度性维度①,但是,我们也可以根据现代性生成过程中宗教、道德等因素的特殊力量而划分出现代性的文化价值维度,等等。其次,"维度"是一个层次性词汇,每一维度都是包含着更深层次维度的进一步划分的可能性,例如,所谓现代性的精神性维度还可以进一步区分为个体的主体性与自我意识、理性化的和契约化的公共文化精神、意识形态化的社会历史叙事等,而所谓现代性的制度性维度还可以进一步区分为经济运行的理性化、行政管理的科层化、公共领域的自律化、公共权力的民主化和契约化等②,并存在着进一步更细划分和更深挖掘的可能性。吉登斯在《现代性的后果》中探讨现代性的制度性维度(the institutional dimensions of modernity)时则划分出现代性制度的四个维度或"组织类型",即资本主义(capitalism)、工业主义(industrialism)、监督(surveillance)和军事力量(military power)。③ 由此可见,无论就其广度还是就其深度,现代性都不是给定的整体,而是包含着复杂的、具有多种划分可能性的、多重的、多层次的维度。

用多层次的、多重的"维度"来解释现代性的具体内涵,具有很多优越性。例如,我们由此一方面通过对现代性的内在维度的多元差异和异质性的承认,避免把现代性抽象成一个同质的整体或总体;另一方面,我们又能够通过不同维度之间错综复杂的关联而形成对现代性的把握和认同,无论这些维度之间存在的是合力还是张力,是融合还是冲突的关系,它们都不是彼此毫无关联的互为他者的存在,而是相互交织、相互纠缠的一个"星丛"或"共生体"。此外,正是这样一种包含着多层性、多重性、多

---

① 参见衣俊卿:《现代性的维度及其当代命运》,载《中国社会科学》2004年第4期。
② 参见衣俊卿:《现代性的维度及其当代命运》,载《中国社会科学》2004年第4期。
③ Anthony Giddens, *The Consequences of Modernity*, Stanford University Press, 1990, pp.52,59.

元差异的丰富性的现代性才是一个具有开放性的范畴:一方面,它不是一个完成的存在,它能够向内在的自我反思和自我修复机制开放;另一方面,它不是一个封闭的存在,它能够向自身之外的异质的或别样的文化资源开放,并在相互交流和对话中重塑自我。应当说,只有在这种开放的视域中,我们才有可能在某种程度上触摸到生活世界中具体的现代性,接触到摆脱了理性的总体性和线性决定论的现代性。

在这里,我想特别提及福柯的微观政治学观点。他在《知识考古学》的引言中特别分析了法国年鉴学派①的"长时段"史学方法的重要理论意义。他指出,年鉴学派的新史学家强调从政治事件的变幻不定的背后揭示一些在较长历史时段中相对稳定的、深层次的现象,"一些因传统叙述的混乱而被掩盖在无数事件之下的静止和沉默的巨大基底"②。当然,福柯在这里并不是要寻找一种不变的、决定性的和连续性的结构和力量,相反,他在史学家关于深层长时段历史现象的深层挖掘中,发现了内在复杂的结构,发现了复杂结构的各种断裂。这里有一段非常精彩的表述:

> 这些方法使历史学家们能够在历史范畴中辨别各种不同的沉积层。过去一向作为研究对象的线性连续已被一种在深层上脱离连续的手法所取代。从政治的多变性到"物质文明"特有的缓慢性,分析的层次变得多种多样:每一个层次都有自己独特的断裂,每一个层次都蕴含着自己特有的分割;人们越是接近最深的层次,断裂也就随之越来越大。③

福柯关于历史深层的"沉积层"(sedimentary strata)所具有的"非连续性"、"断裂"、"分割"等特征的分析,特别形象地表征了现代性的本来面目:表面上看起来似乎是一个统一的、同质的、无所不包的整体和总体的现代性,其内在实际上包含着无数叠加的、交错的、断裂的、非连续的沉积

---

① 关于年鉴学派比较详细的介绍,我们将在"第一章 现代性研究的理论预设"中具体展开。
② (法)米歇尔·福柯:《知识考古学》,谢强、马月译,三联书店2003年版,第1页。
③ (法)米歇尔·福柯:《知识考古学》,谢强、马月译,三联书店2003年版,第1页。

层。这样的方法和认识才有可能把我们真正引向现代性的具体的历史丰富性和文化丰富性。

行文至此,我想我已经把"现代性是具体的"这一表述想要表达的内涵透露出来了。然而,问题并没有由此变得轻松,反而更为艰巨和复杂。显而易见,要具体完成这一阐释任务,仅凭原有的哲学功底和我们所熟悉的理论研究范式是远远不够的,我们必须虚心地向历史和文化请教。当然,在我们的时代,不可能要求我们具体地去开展考古学、历史学、文化学等方面的"田野作业",同时,对于这样一个比较大且十分复杂的课题,也不可能像福柯那样去向尘封的档案求教,但是,我们至少要向著名的历史学家、人类学家、文化学家、社会学家请教。而这对我来说,更是难上加难的重负,很可能自己还没有触摸到现代性的任何一个具体的维度或要素,就已经在历史的丰富性和文化的丰富性,在历史学家、社会学家、人类学家、宗教学家、文化学家的史料文献丛林里迷路了。不仅如此,按照我上述所划定的路线,我们最终得到的成果肯定不是人们通常期待的一栋逻辑严谨、理论恢弘的哲学建筑,而会是一个无法按照传统知识分类和学科分类的理论产物。

然而,无论这样一条思考现代性的理路是如何千回百转、迷雾重重,我还是想试着走下去。我们不能为了自己理论研究的容易和简便而回避历史和文化本身的复杂性,因为,我们的理论研究毕竟不是凭空任意搭建的精神积木。正如年鉴学派著名代表人物布罗代尔所强调的那样,无论是人还是历史,都具有特别的复杂性和不可简化性。他指出:

> 长时段、文明、社会、经济、国家、社会、价值等级这类问题必定在物质生活现实的一个方面表现自己;这个事实足以证明,历史总是带着所有人文科学在以人作为研究对象时遇到的谜语和难题出现在我们的面前。想把人简化成一个可被捉摸的人物,这是白日做梦,是永远也办不到的事。你刚要抓住以最简单的

面目出现的人,他却已经恢复了自己惯有的复杂性。①

除了人和历史本身天然的复杂性和不可简化性使我们必须具体地对待它们之外,还可以为我们的这种研究探索找到一个使自己得到安慰的理由,即这种具体的历史研究和文化研究无论是否有明显的成果,都不会毫无价值,它至少不会落为马克思所厌烦的那种"哲学巫师"的抽象病。马克思在批判德国哲学时多次直指它的思辨意识哲学范式的弊端,他说:"哲学,尤其是德国哲学,爱好宁静孤寂,追求体系的完满……就像一个巫师,煞有介事地念着咒语,谁也不懂得他在念叨什么。"②

在这里,我还想起了克尔恺郭尔的"宫殿旁的狗窝"的寓言。他有很多睿智的寓言,而这一个寓言是想来解释"思想者建立的体系与他的现实处境之间的关系应作何比喻"的问题。克尔恺郭尔的寓言常常由于晦涩或语境不详而可以作不同的解释,我借用他的"宫殿旁的狗窝"的寓言,常常提醒自己哲学研究的现实使命和尘世责任。或许把这一寓言放在这里并不贴切,但是,它对我还是有很积极的警示效果。克尔恺郭尔说:

> 一位思想者建立了一座庞大的建筑,一个体系,一个包容万有及世界历程等等一切的体系,然而,假如我们考察他的个人生活,会发现一个可怕而荒唐的事实:思想家本人并不居住在这座恢弘、高大的宫殿之中,而是住在旁边的马厩里,或者在一个狗窝里,或至多住在脚夫的草屋里。假如有人提醒他注意这个事实,他就会发怒。因为他并不惧怕生活在幻想之中,只要他能够完成这一体系——这也同样借助于幻想。③

诚然,假如思想者建立这样的"体系"或"宫殿",目的是要唤醒人们构想另一种世界的能力和乌托邦激情,这不仅无可厚非,而且应当得到鼓

---

① (法)费尔南·布罗代尔:《15至18世纪的物质文明、经济和资本主义》第1卷,顾良、施康强译,三联书店1992年版,第668~669页。
② 《马克思恩格斯全集》第1卷,人民出版社1995年版,第219页。
③ 《克尔恺郭尔哲学寓言集》,杨玉功编译,商务印书馆2000年版,第37页。

励和嘉奖。然而,如果思想家告诉人们,这个"体系"或"宫殿"就是我们的现实和社会的实在,那么,我想我宁可去现实地描绘我们的"马厩"、"狗窝"或"草房",并去设法改善它们,也不愿意在幻想中自欺欺人。

第一章　现代性研究的理论预设

通常我们在进行一般的哲学思考,即对一些问题进行宏观的理性反思时,较少专门对基本理论前提和方法论问题进行反思和预设,而是把这些问题当做不言自明的出发点。① 然而,对于我们这一研究课题,这种笼而统之的宏观的哲学反思显然是乏力的,我们必须首先确定基本的理论预设,并对方法论或理论范式问题作出明确的选择和界定,否则,连最基本的理论对话和思想交流都是不可能的。同时,我们必须清醒地看到,任何理论结论实际上都包含着基本的理论前提和方法论设定,只有在这一范围内,这些理论结论或理论命题才是有效的和可以加以讨论的,否则,很多不加限定的、泛泛的学术对话和批评常常是"风马牛不相及"。

谈到现代性批判或现代性研究的理论前提或理论预设,我们首先要考虑的是现代性现象的本质特征。当我们强调"现代性是具体的",我们是在基本的存在状态上把现代性理解为非中心的、弥散的、微观的、内在

---

① 我本人在过去的学术写作中,也很少把隐含的理论前提和方法论问题自觉地抽出来加以探讨,即使在研究日常生活批判这一文化哲学新领域时,也基本上是直接建构理论框架。只是到了最近几年,我才开始思考文化哲学范式和微观政治哲学的方法论等问题,参见衣俊卿:《论微观政治哲学的研究范式》,载《中国社会科学》2006年第6期;衣俊卿:《日常生活批判与社会科学范式转换》,《光明日报》2006年2月14日第12版等。

机理性的存在现象,理解为内在差异的、非连续的、异质的、层积性的、断裂性的微观存在现象。我认为,要对这样一种微观的具体的现代性加以解读,应当选择文化哲学的研究范式,即把文化哲学确定为现代性反思的基本理论前提或理论预设:一方面,从基本规定性看,现代性是文化的存在,需要强调的是,这并不像有的研究者所说的,有文化的现代性、政治的现代性、经济的现代性,等等,而是说,现代性本身就是文化的,它并不是独立于政治、经济等其他活动领域之外的对立的东西,而是政治、经济等社会活动和人的生存活动所有层面所内在包含的机理性的存在;另一方面,作为文化的现代性,其活动机理应当按照文化哲学的社会历史理论来加以解释,文化哲学同一般的线性决定的宏观的社会历史理论有很大的差异,包含着不同的理论假设或理论前提。因此,我们不得不首先在这里简要地进入文化哲学的视域。①

第一节 作为文化的现代性

所谓"作为文化的现代性"是强调,现代性从本质上是文化存在,是理性化和个体化时代的主导性的文化模式或文化精神。从这种意义上说,了解文化的基本规定性,对于深刻理解现代性,具有重要的意义。

人总是文化的人,人的世界在某种意义上就是文化的世界;人总是生活在文化中,文化现象在人的世界中无所不在。按照哲学人类学的观点,

---

① 近年来,我一直努力在文化哲学的视域中开展现代性批判,并同时对文化哲学的基本理论也加以探讨,在这一领域先后发表了一些成果。其中,直接探讨文化哲学理论的有:《文化哲学——理论理性和实践理性交汇处的文化批判》(云南人民出版社 2001 年版)、《文化哲学十五讲》(名家通识讲座系列,北京大学出版社 2004 年版)、《文化哲学》(教育部研究生教学用书,云南人民出版社 2005 年版);涉及 20 世纪文化批判理论的有:《20 世纪的新马克思主义》(中央编译出版社 2001 年版)、《20 世纪的文化批判》(中央编译出版社 2003 年版)、《人道主义批判理论》(中国人民大学出版社 2005 年版)、《西方马克思主义概论》(普通高等教育"十一五"国家级规划教材,北京大学出版社 2008 年版);以中国的现代化转型为背景的日常生活批判有:《现代化与日常生活批判——人自身现代化的文化透视》(黑龙江教育出版社 1994 年版)、《现代化与文化阻滞力》(人民出版社 2005 年版)等。在这里,我拟依据这些理论研究成果简要地概括一下我关于文化哲学研究范式的基本理解。

文化是人超越单纯的本能性生存之后所形成的"第二自然"或"第二天性",它无疑就是人的本质规定性,或者说,人就是文化的存在。然而,人对于自己的文化本质的自觉则是十分晚近的事情。实际上,今天意义上的文化范畴在历史上的出现已经是比较晚的事情。据许多语言学家和文化学家考证,"文化"在拉丁语和中古英语中通常具有"耕耘"或"掘种土地"的意思;到了18世纪法语中,文化逐渐指谓训练和修炼心智、思想和情趣的结果和状态,指良好的风度、文学、艺术和科学;直到18世纪末,特别是在19世纪,文化才逐渐开始取得了它的现代意义,在接近文明的含义上得以运用,开始指谓个人的完善和社会的风范,包括习俗、工艺、技巧、宗教、科学、艺术等社会生活的主要方面。随着文化学和人类学研究的进展,文化范畴的内涵越来越深化与丰富了,不同的研究者从不同的侧面揭示和界定文化的规定性。A. L. 克鲁伯和克赖德·克拉克洪1952年在《文化——关于概念和定义的评论》中,通过深入而广泛的引证与研究,列举了他们所能查阅数百位理论家的各种文化定义。他们把关于文化的定义划分了不同的组别:第一组"描述的"(descriptive)文化定义20种;第二组"历史的"(historical)文化定义22种;第三组"规范的"(normative)文化定义25种;第四组"心理学的"(psychological)文化定义38种;第五组"结构的"(structural)文化定义9种;第六组"遗传学的"文化定义40种;第七组"不完整的"(incomplete)文化定义7种,总计竟然达到161种文化定义。①

对于文化的自觉的思考和研究首先从人类学家,即文化人类学家开始,逐步过渡到一些历史学家、社会学家,然后才进入哲学家的视野。众所周知,19世纪后期,在达尔文进化论学说的影响下,文化开始成为文化学家、人类学家、考古学家的研究对象。19世纪下半叶到20世纪初,涌现出一大批著名的文化人类学家,他们通过田野考察和实证研究对文化

---

① A. L. Kroeber and Clyde Klukhohn, *Culture: A Critical Review of Concept and Definitions*, Vintage Books, 1952, pp. 81 – 142.

现象所作的描述和阐释至今还深刻地影响着文化学和文化哲学的研究。虽然文化及其作用已经引起各个学科的普遍关注，但迄今为止，人们并没有形成关于文化的普遍的、公认的定义或界定。人们在使用文化概念时，常常有着不同的所指。有时我们用"文化"来代表文学、艺术等具体文化形式，有时用以概括传统礼俗、风俗习惯，有时用来指谓思想理论或价值观念，等等。中外学者曾提出一些影响较大的文化定义，例如，英国文化人类学创始人泰勒把文化归纳为包括全部的知识、信仰、艺术、道德、法律、风俗、习惯等在内的整个生活方式的总和；著名历史哲学家斯宾格勒关注文化的兴衰生灭，以及文化对于生命的内在本质联系，把文化看做一种活生生的有机体；哲学人类学把文化理解为人超越自然，又补充人的自然本能之不足的"第二自然"或"第二本能"；德国学者卡西尔把文化界定为人所特有的，展示人之本质的符号系统；中国学者胡适和梁漱溟把文化定义为"人们生活的方式"和"人类生活的样法"；有的学者倾向于把文化限定为语言、习俗、道德、信仰等自在的行为规范体系；也有的学者倾向于把文化理解为有哲学、文学、艺术、科学、知识等自觉的精神和价值观念的体系。

在这里，我们不想介入具体的文化范畴和规定性之争。为了说明我们的主题，我在这里区分出两种类型的文化范畴，我把它们分别称之为"外在性的"文化范畴和"内在性的"文化范畴。所谓"外在性的"文化范畴一般是指狭义的文化范畴，它主要用文化指谓文学、艺术、宗教等独立的精神领域，把这一精神文化领域视做外在于政治、经济等领域，并与之交互作用的独立的存在。例如，著名学者塞缪尔·亨廷顿就持这种狭义的文化范畴，他指出："'文化'一词，在不同的学科中和不同的背景之下，自然有着多重的含义。它常常用来指一个社会的知识、音乐、艺术和文学成品，即社会的'高文化'……我们是从纯主观的角度界定文化的含义，指一个社会中的价值观、态度、信念、取向以及人们普遍持有的见解。"[①]所谓"内在性的"文化范畴一般指广义的文化范畴,它否认文化对于政治、经济等领域的外在独立性,强调文化的非独立性和内在性,强调文化内在于社会运动和人的活动所有领域的无所不包和无所不在的特征。在广义上,人所创造的一切都可纳入文化的范畴,如政治、经济、宗教、艺术、科学、技术、哲学、教育、语言、习俗、观念、知识、信仰、规范、价值,等等。当然,人们很少用文化指谓人之具体的、有形的、可感的、不断处于生生灭灭之中的造物,而是用来指称文明成果中那些历经社会变迁和历史沉浮而难以泯灭的、稳定的、深层的、无形的东西。在最根本的意义上,文化作为人类实践活动的类本质对象化,是人之历史地凝结成的稳定的生存方式和活动方式。这种具有内在性、精神性、机理性的文化不具有独立的外观,而是内在于总体性文明的各个层面和人的各种活动中,制约着文明的进步和人的发展。我们可以从两个大的方面来把握文化的内在性特征。

一方面,从生存的角度来看,文化揭示了人区别于其他存在的方式。文化的人本规定性最能揭示文化本质的规定性,按照哲学人类学的观点,正是人特有的超越性的实践活动使人超越了纯粹本能性的存在,创造了作为自己"第二自然"的文化,同时,每一时代的不同的文化反过来又左右和制约着每一个体的生存方式。在一个基本点上,人与动物有共性:人和动物的活动都是由最基本的生存需要驱动的。所不同的是满足基本生存需要方式的本质性差别。其他动物大多属于特定化的存在物,它们的先天本能完全可以满足它们的基本生存需要,它们的生存活动由此就作为大自然自身的自在自发活动的一个未分化的组成部分。这样一来,这些动物总是停留在依靠本能而自发地满足基本的生存需要的生存状态中。而人则不同,由于人在生物学结构上的非特定化,由于人在本能上的孱弱,人要生存下去,就不得不用超自然的、人为的手段和工具来满足自

[①] (美)塞缪尔·亨廷顿、(美)劳伦斯·哈里森:《文化的重要作用》,程克雄译,新华出版社2002年版,"前言"第3页。

己的基本生存需要;而后者的实现要求人的活动内含着自觉性、主动性、主观性的要素。这样一来,人不仅用文化创造满足了衣食住行、饮食男女等基本的生存需要,而且超越了基本的生存需要的层面,因为满足基本需要的人为的、非自然的手段和工具的设计、加工和改善本身又引起了新的需要或次生的需要,这种新的需要又推动人以更高层次的创造活动去寻求更好地满足需要的方式。因此,文化实际上就是人的需要和满足需要的方式相互交织、不断升华的价值创造过程和不断丰富的价值体系。

这样,人作为文化的存在就既代表着文化的创新,又受给定的文化的制约。文化所代表的人对自然的超越的维度,或者自由和创造性的维度,是人这个特殊的类的生存基础。人与动物的根本不同就在于,人永远在追求某种创新,人又永远不能满足于或停留于已有的创造,人不仅以某种方式超越给定的或外部的自然,而且也在不断地超越、更新和重建已有的文化造物。同时,人不仅创造文化,而且受制于自己所创造的文化。一种特定的文化一旦生成,就成为生活于其中的个体自觉或不自觉地普遍遵循、赖以安身立命的依托。这种满足人的不断生长着的需要的价值体系,往往表现为由习俗、观念、知识、信仰、规范、规则、价值等构成的,规范和调节着个体活动的符号化体系,构成由文化所维系的作为价值和意义的寓所的生活世界。正因为文化是群体的和共同的,所以它对个体具有强制性,一个人如果明显背离其所生活于之中的文化,他的生存就将陷于困难。哲学人类学家兰德曼特别重视人既是文化的创造者,同时人又由文化产生和被文化所决定这一思想。在他看来,历史上对人的研究往往把人作为上帝造物或作为理性生物或作为有生命的生物,现在,我们必须认识到作为文化生物的人。实际上,在人的各种规定性中,只有一部分是"自然通过牢固的遗传赋予人的",而在此基础上产生的"第二维度"则是"由人自己的创造力去决定"。这一人的存在的"第二维度"就是文化。"文化这一概念的定义就是由人类自身的自由创造性加以创造的。这就是人类赋予文化以多种形式的原因。文化因人而异(……),因时而异,但人在创造文化的同时,人也创造了自己。"①因此,"我们是文化的生产者。但我们也是文化的创造物"②。这一基本的表述涉及文化哲学的核心命题:首先,文化是人生存的基础或本质规定性,"文化创造比我们迄今所相信的有更加广阔和更加深刻的内涵。人类生活的基础不是自然的安排,而是文化形成的形式和习惯。正如我们历史地所探究的,没有自然的人,甚至最早的人也是生存于文化之中"③。其次,既然文化构成人的生存的本质和基础,那么,只有通过文化的分析才能达到对于人的认识,"不仅我们创造了文化,文化也创造了我们。个体永远不能从自身来理解,他只能从支持他并渗透于他的文化的先定性中获得理解"④。

另一方面,从社会运行的角度看,作为历史地凝结成的稳定的生存模式的文化,不是与政治、经济等相并列的现象或领域,而是人的一切活动领域和一切社会存在领域中内在的、机理性的东西;是从深层制约和影响每一个体和每一种社会活动的生存方式。实际上,我们无法离开社会历史的运行机制一般地谈论文化,反之,更无法离开历史的文化机制而理解经济和政治的运行。虽然在狭义上,我们可以把文化理解为文学、艺术等相对独立的活动领域或存在形式,但在最根本的意义上,由人的自由自觉的超越性、理念、理想、价值体系、知识要素、理解模式、心理机制、社会性格结构等形成的,作为人的本质性的生存方式或"生活的样法"的文化,不是政治经济等社会历史领域之外的某种独立的东西,而是作为活动机理、图式、机制、内驱力的维度内化于社会的政治、经济、社会生活等一切社会领域之中,而且,正是由于这一内在的维度的存在和发达,才使人类社会从根本上超越于自然的和本能的领域之上。正因为如此,我们才能理解为什么在涉及社会运行时,会有如此丰富的文化现象,例如,与直接满足人的基本生存需要的生产和生活相关的文化产品和产物:饮食文化、

---

① (联邦德国)蓝德曼:《哲学人类学》,彭富春译,工人出版社1988年版,第6页。
② (联邦德国)蓝德曼:《哲学人类学》,彭富春译,工人出版社1988年版,第264页。
③ (联邦德国)蓝德曼:《哲学人类学》,彭富春译,工人出版社1988年版,第260~261页。
④ (联邦德国)蓝德曼:《哲学人类学》,彭富春译,工人出版社1988年版,第273页。

服饰文化、建筑文化或居所文化、交通文化、环境文化,以及相应的工具文化、工艺技术文化、生态文化等;与人类调整、处理和安排个体之间、个体与群体、个体与社会之间关系的社会组织方式相关的制度文化:企业文化、商业文化、政治文化、管理文化、法律文化、公共文化,等等。实际上,不是说存在着很多不同的文化,而是说文化作为内在的机理性的图式和精神性的价值等,无所不在地渗透到一切存在领域,成为人的活动和社会运行的内在制约力和驱动力。

这样,文化的特殊性,特别是它在个体和社会生活中的特殊地位就十分清楚了。无论是各个文明时代的主导性文化,还是不同民族的特有文化模式,如中国传统的自然主义文化、英国的经验主义文化、古希腊人和德意志民族的理性文化、美国的实用型和实践型文化,等等,都是以微观的、内在的、机理性的方式渗透到特定时代或特定民族的个体和社会生活的每一个方面。在这种意义上,文化与经济、政治等社会领域的关系就由二元分立的外在并列关系或附属关系转变为一种内在的水乳交融、血脉相通的依存关系,这是一种文化以机理、图式、精神、价值的方式弥散于经济、政治诸领域的内在统摄关系。

上述关于文化现象及其存在方式或作用机制的内在性、渗透性、机理性和微观性、多层次性、多维度等特征的分析,为我们更为准确地界定和把握现代性的基本特征奠定了理论基础。换言之,关于文化的分析,更加坚定了我们关于现代性是具体的和文化的存在的基本判断。我们可以从人们关于现代性的基本界定和理解来把握作为文化的现代性。对待现代性范畴,我们就像面对文化这一范畴一样,首先映入眼帘的是关于现代性定义的异常多样化,而这一事实从一个层面说明了作为文化的现代性所具有的内在性、渗透性、机理性和微观性的基本特征。

最近几十年,国内外学术界很多领域都在讨论现代性,但是,不同学科或不同学科领域,以及不同研究者对于现代性的理解和切入的角度、层面等差异都非常大。例如,文学视野中的现代性既可以是理性和启蒙,也可以是每一时代都会面临的先锋性;哲学研究更加关注启蒙与理性文化,在文化精神层面上思考现代性问题；社会学、政治学和法学则偏重于在社会生活和社会制度（社会组织模式）的意义上探讨现代性问题。其实，浏览一下在世界范围内产生重大影响的思想家和理论家关于现代性的阐释，我们同样可以发现理解的多视角性和歧义性。例如，哈贝马斯虽然强调现代性是一项尚未完成的设计，但他更倾向于从作为"时代意识"的文化精神方面理解现代性，把现代性"用来表达一种新的时间意识"①。吉登斯则明确把现代性理解为一种制度安排，"'现代性'指大约从 17 世纪开始在欧洲出现，此后程度不同地在世界范围内产生影响的社会生活或组织模式"②。利奥塔也在精神层面上界定现代性，但他的兴奋中心是作为"宏大叙事"的现代性。他认为，关于理性、自由、解放的允诺等"元叙事"（meta narratives）或"宏大叙事"（grand narratives）"是现代性的标志"。③

国内学者也是从不同角度切入现代性问题的。有的学者接受福柯关于现代性态度的思想，主要讨论哲学意义上的现代性，认为"现代性主要指的是一种与现实相联系的思想态度与行为方式，因此它与哲学认识论、方法论和道德、宗教、政治哲学密切相关"④。俞吾金先生注意到关于现代性理解的多样性，他在《现代性现象学》中指出，关于现代性有各种不同的理解，最主要的有四种观点：第一种观点把"现代性"理解为一个特定的历史时期，如凯尔纳和贝斯特；第二种观点把"现代性"理解为一种独特的社会生活和制度模式，如吉登斯；第三种观点把"现代性"理解为一种特殊的叙事方式，如利奥塔；第四种观点把"现代性"理解为自启蒙以来尚未完成的一个方案，如哈贝马斯。⑤ 刘小枫先生则从社会理论的

---

① （德）尤尔根·哈贝马斯：《后民族结构》，曹卫东译，上海人民出版社 2002 年版，第 178 页。
② Anthony Giddens, *The Consequences of Modernity*, Stanford University Press, 1990, p.1.
③ （法）利奥塔：《后现代性与公正游戏——利奥塔访谈、书信录》，谈瀛洲译，上海人民出版社 1997 年版，第 167 页。
④ 陈嘉明等：《现代性与后现代性》，人民出版社 2001 年版，第 3 页。
⑤ 参见俞吾金等：《现代性现象学》，上海社会科学院出版社 2002 年版，"导言"第 34～35 页。

角度分析了"现代性"概念和"现代现象"概念的丰富含义。他强调现代化转型所引发的社会各个层面的深刻转型,"从形态面观之,现代现象是人类有'史'以来在社会的政治—经济制度、知识理念体系和个体—群体心性结构及其相应的文化制度方面发生的全方位秩序转型。它体现为一个极富偶在性的历史过程,迄今还不能说已经终止。从现代现象的结构层面看,现代事件发生于上述三个相互关联、又有所区别的结构性位置。我用三个不同的术语来指称它们:现代化题域——政治经济制度的转型;现代主义题域——知识和感受之理念体系的变调和重构;现代性题域——个体—群体心性结构及其文化制度之质态和形态变化"①。

我想,我们应该在积极的意义上来解读国内外学者在现代性理解上表现出来的极其复杂的多样性和差异性。关于现代性理解和界定的多样性,固然与研究者的不同视角密切相关,但更多地折射出现代性问题的基本特性:它是多维度的而不是单向度的;它是渗透到现代社会所有层面的根本规定性而不是其表面或某一侧面的特征。即是说,在现代性理解和界定方面的争论和多样性,实际上恰好是作为文化的现代性自身的内在性、渗透性、机理性、微观性、多维度等特征的写照。因此,我们的任务不是在众多的现代性定义中进行比较取舍,而是尽可能展示现代性的文化规定性。

如果一定要对现代性作某种基本的界定的话,那么,我首先要加以限定的是,我们不是在泛化的意义上讨论现代性,今天处于各种争论话语之中的现代性具有特殊的历史定位。尽管现代性本身具有流动性,但是,作为我们时代的焦点性问题的现代性并不是泛指社会的不断超越和开放的特征,并不是像一些研究者所说的那样,任何时代都有现代性,现代性就是"时代性"或"时代感"等。相反,现代性是特指西方理性启蒙运动和现代化历程中所形成的社会内在的理性的文化模式和运行机理。换言之,人类迄今为止最深刻的社会转型(包括精神飞跃和制度更新)发生在从

---

① 刘小枫:《现代性社会理论绪论》,上海三联书店1998年版,第3页。

传统农业文明向现代工业文明的转折,即现代化。现代性就是西方工业社会在现代化进程中生成的与传统农业社会的经验本性和自然本性相对的一种理性化的社会运行机制和文化精神。

  需要加以限定的是,文化现象的变化和变迁,包括重要的转型和"断裂",一般不同于政治和经济变革所具有的那种宏观的、外在的革命形态。因此,我们所断言的现代性代表的重大转型和断裂也是在特定的含义上说的。的确,我们今天谈论的现代性是非常明确地与特定历史时代相关联的,甚至可以进行历史时间上的定位,例如,哈贝马斯从强调现代性作为一种"新的时代意识"的角度,认为,可以把现代性的生成大致定位在从文艺复兴到 18 世纪这一历史时代;而吉登斯从现代性作为特定的制度安排的角度则断言,现代性大约于 17 世纪开始出现在欧洲。但是,必须看到,这种作为文化的现代性的生成并不是作为有某种力量按照线性决定的"铁的"历史必然性而驱动的一环扣一环的必然结果,而是如福柯所言,由多种历史文化要素和多种社会力量在多种可能性和偶然性的场域中,反复相互冲突、交汇、纠缠、选择而形成的无数错综复杂的,无数叠加的、交错的、断裂的"沉积层"(sedimentary strata)。正因为如此,虽然现代性作为理性的文化模式和社会机理具有特殊的整合力和同一性,从表面上看,形成了一个全方位的总体的理性社会和理性时代,或者,在消极的意义上,形成了总体性的理性宰制和压抑,但是,作为文化的现代性不是一个外在于政治、经济等社会领域的独立存在的、同质的整体或总体,而是作为个体生存和社会运行内在的多维度的文化机理或微观权力机制,弥散于现代社会的各个方面。这就是我们反复强调的,现代性作为理性化的文化精神和社会机理不是偶然地、单维度地附着于现代社会的某些领域或层面,更不是作为单纯的、无形的精神气质飘浮于社会或时代的天空,而是内在地、深层次地,甚至是"致命地"渗透到现代社会和现代主体的每一个方面或每一个向度,体现在价值规范层面、文化精神层面、主体意识层面、制度安排层面、社会组织类型等各个方面。在这一点上,我们应当充分重视福柯的知识考古学、系谱学、微观政治学给我们的启示。他从批判现代知识和理性权力结构的角度,提醒我们,现代性无论是作为现代社会的机理,还是作为一种控制现代社会的权力结构,都是全方位地渗透到现代社会的每一个层面的。

对现代性概念作出这种限定和界定是非常必要的。因为,如果不从现代社会的深层的和内在的机理、结构、图式、活动机制、存在方式、文化精神等方面对现代性作多维度的、深层的、全方位的透视和统摄性理解,那么,我们就现代性的某一维度、某一方面的分析无论多么深刻,都注定是片面的。更为严重的是,如果不能自觉地意识到各种具体认识的限度,只是依据关于现代性的单向度的和片面的把握而作出关于现代性的总体性的价值判断,那么,无论对于现代性的捍卫、重建还是批判和否定的价值态度,都是"无根基的",都很容易屈从于某种情绪化或情感化的判断,不会与社会的现实进程产生实质性的关联,不可能对社会的进程产生积极的和实质性的助推,只能引起更多的文化价值混乱与冲突。这正是我们在现代性讨论中引入文化哲学理论范式的根本原因之所在。

第二节 作为历史解释模式的文化哲学

当我们断言要以文化哲学的理论范式来解析作为文化的现代性,实际上又提出了一个很艰巨的理论任务,因为,虽然文化哲学目前在中国哲学界已经迅速成为显学,不仅自身的研究领域逐步拓宽,而且渗透到其他哲学研究领域和哲学问题域中,但是文化哲学的理论边界还比较模糊。具体说来,目前在中国学术界,文化哲学的范畴包容了文化学、人类学、文艺学、历史学、社会学、哲学等众多学科中差异颇大的理论学说,以至于人们习以为常地谈论文化哲学,而细追问起来,却很难说清文化哲学的确切规定性。由此我们可以断定,中国的文化哲学还处于起步、初创、泛化而不精细的阶段。这种状况显然不能满足研究现代性的要求,所以,能够担当起深刻研究现代性的历史和文化丰富性重任的文化哲学不能满足于对文化现象一般的或某一方面的理论反思,而必须是一种基本的哲学立场。

因此,我们在这里要稍稍梳理一下各种不同的文化哲学,然后确立起能够作为历史解释模式的文化哲学。

在西方思想史上,文化哲学的兴起和发展相对而言是一个自觉的进程。如果按照大多数研究者的看法,把意大利著名思想家维柯确定为文化哲学的创始人,那么,西方自觉的文化哲学已经有近三百年的历史。经过文德尔班、李凯尔特、卡西尔等新康德主义哲学家,以及其他哲学流派的共同努力,文化哲学在西方已经成为十分有影响的哲学形态。卡尔·曼海姆在《文化社会学论要》中明确判定,在今天,"我们所有的科学(除自然科学外)都已经成为文化的科学,而我们所有的哲学则都已变成文化的哲学"[①]。

在中国,情况有所不同,这里尚没有发生从意识哲学向文化哲学的明显的和自觉的转折。在某种意义上,虽然从先秦起,中国的传统哲学一直属于实用理性或实践理性,所以,总是自觉不自觉地同文化密切相关,带有某种文化哲学的色彩。然而,这种意义上的与文化相关的哲学同自觉的文化哲学研究还存在较大的差距。从现在掌握的文献来看,中国学术界出现的较早自觉的且影响较大的文化哲学研究应当确定为20世纪30年代初朱谦之的《文化哲学》。朱先生不同意克罗齐关于"将来的哲学就是历史"的断言,他指出,"将来的哲学,应该就是文化史的哲学,换言之,即为文化哲学"[②]。虽然有新文化运动时期的文化争论,但是,文化哲学在中国学术界受到普遍关注的状况,应当是20世纪80年代以来的事情。随着一批关于文化哲学的研究成果的出现[③],文化哲学开始走向自觉。由于文化哲学的触角已经延伸到社会生活和个体生活的所有领域和所有层面,同时,由于不同的文化哲学理论体系在基本的哲学范式方面存在很

[①] (德)卡尔·曼海姆:《文化社会学论要》,刘继同、左芙蓉译,中国城市出版社2002年版,第11页。

[②] 朱谦之:《文化哲学》,商务印书馆1990年版,"序"第3页。

[③] 例如,许苏民:《文化哲学》,上海人民出版社1990年版;李鹏程:《当代文化哲学沉思》,人民出版社1994年版;刘进田:《文化哲学导论》,法律出版社1999年版;衣俊卿:《文化哲学——理论理性和实践理性交汇处的文化批判》,云南人民出版社2001年版、2005年版等。

大的差异,因此,目前的文化哲学呈现出多样化的、发散的状态。如果认真加以梳理,从目前中国的各种文化哲学理论中,可以概括出以下几种主要的类型:

1.实证性的文化哲学。这种形态的文化哲学与其说是文化哲学,不如说是文化学研究或文化问题研究,它主要偏重于文化学、人类学、文化人类学等实证性文化理论研究。在目前的文化哲学研究中,常常出现文化哲学与文化学区分度不明显的状况,这是因为,一方面,文化哲学关于文化的许多概念范畴是直接从文化人类学那里借用的,如文化传承、文化传播、文化交流、文化进化,以及关于习俗、习惯、宗教、神话等文化现象的理解等;另一方面,文化人类学的一些重要思想,如文化的整合、文化模式、文化的差异和共同性、文化的规律等,本身就具有哲学的意蕴。因此,任何文化哲学都不可能完全离开文化人类学所提供的重要的理论资源。然而,停留于这一层面的理论研究还不是真正意义上的文化哲学,充其量是关于文化现象的哲学思考。

2.不自觉的文化哲学。同许多应用性的部门哲学相比,文化哲学不是一个独立的、封闭的、完整的哲学研究领域,而是内化于许多哲学研究领域之中的一个研究层面、研究视角或研究范式,因为许多哲学研究领域在深层次上都涉及人的生存方式问题,即文化的问题。例如,世纪之交的发展理论、交往理论、人学研究、价值哲学,以及关于历史哲学中的文化形态史观、西方马克思主义、后现代理论的研究等,都从不同的角度自觉不自觉地突出了文化哲学研究的主题。而正是这些领域的深化,从不同角度推动中国的文化哲学研究走向形成自觉的意识。虽然这些相关领域本身并不是真正意义上的文化哲学,但是,它们是建构文化哲学不可或缺的理论平台和学术资源。同时,文化哲学可以在不同的学术领域中孕育,本身也昭示了文化哲学在范式上的独特性。

3.非反思的文化哲学。不少研究者在没有对文化哲学作任何前提性反思的情况下,直接非反思地使用文化哲学的概念,把涉及文化现象的任何哲学理论研究都不加分析地称之为"××的文化哲学"。这种现象在中国近现代哲学研究领域中尤其多见，例如，"徐复观文化哲学思想略梳"、"梁漱溟钱穆文化哲学比较管窥"、"论赵世炎的文化哲学研究"、"钱钟书的文化哲学思想试论"、"论郭沫若的文化哲学"等。还有一种相似的情况是把许多领域的研究不加限定地冠之以"关于××的文化哲学思考"，例如，"体育与健康新课标的文化哲学思考"、"中国山水画的文化哲学内涵"、"孙悟空形象的文化哲学意义"、"文化哲学视域中的围棋与藏围棋"等。① 应当承认，上述现象并非完全是消极的，它从一个层面表征了文化哲学对许多研究领域的影响。但是，长期地、无限制地对文化哲学进行非反思的、直接的运用，在某种意义上将进一步加大文化哲学的离散、泛化和无边界的特征。

4. 知识学的文化哲学。我们用"知识学的文化哲学"，主要是描述那种在一定程度上受意识哲学影响的文化哲学研究，其最主要的特征是在划分现象和本质、表层和深层、偶然和必然、现象与规律等二元对立的前提下，抽象出文化现象或"作为整体的文化"、"作为总体的文化"的普遍特征、一般规律等，从而建立起关于文化的一般性的和普遍性的知识体系。这种文化哲学的主要精力是一般地探讨宗教、艺术、哲学等文化现象，研究文化的功能、文化的本质、文化的形态、文化的规律等理论性命题。在目前我国关于文化哲学的自觉研究和理论建构中，知识学的文化哲学是占主导地位的理论形态，朱谦之先生的《文化哲学》在某种意义上也属于这种类型的文化哲学。不可否认，知识学的文化哲学对于中国文化哲学的自觉作出了重要的理论贡献，而且，关于文化现象本身的知识性探讨对于任何文化哲学形态都是不可缺少的。然而，这一类型的文化哲学的局限性主要在于，它实际上是把文化视做经济、政治之外的独立的、给定的实体性存在，从而把文化哲学降低为一种特殊的部门哲学。知识学的文化哲学所揭示的文化现象的普遍规定性和基本规律更多地具有学理意义，它由于没有摆脱意识哲学的范式而只是在理论上回归了生活世

---

① 在中国期刊网中，可以检索出许多类似的对文化哲学非反思地加以运用的案例。

界,而实质上依旧属于远离生活世界的抽象的哲学理论。

5. 范式性的文化哲学。作为哲学范式的文化哲学同知识学的文化哲学的主要差别在于,它的宗旨不停留于关于文化现象本身的反思,不是建立关于文化现象或文化总体的一般性和普遍性的知识,而是透过文化的深刻反思,提供一种理解人的生存和人类社会历史的新视角。在哲学的视野中,文化集中体现为人之历史地凝结成的稳定的生存方式和活动方式,这种意义上的文化模式或文化精神不是与经济、政治、自然活动领域相并列的一个独立的、给定的实体性存在,而是内在于个体生存各个方面和政治、经济等社会活动各个层面的内在机理和活动方式,它从深层次制约着个体的生存和社会的运行,构成人的生活世界的内在运行机制。因此,从文化的层面回归生活世界,不是回归生活世界的某一方面或某一具体对象,而是回归生活世界本身。从这种意义上看,严格意义上的文化哲学不是关于某一种或总体的文化现象的特殊的部门哲学,而是人的生存和社会历史运行的一种新的哲学范式①,一种真正植根于生活世界的哲学范式,是哲学研究各个领域均可以选择的理论范式。

显而易见,这种范式性的文化哲学是真正意义上的文化哲学,它不仅涉及对具体的文化现象的思考,而且涉及对于哲学本身,进而对于人类历史本身的重要理解。哲学范式的选择和确立不仅涉及人类思维本身发展的重要机制,而且涉及人类关于自己的历史的看法,并进而影响到人们的历史选择和历史创造进程。回归生活世界的文化哲学所具有的强烈的现实关怀,突出地体现在它的历史观上。应当说,文化哲学本身就是一种重要的社会历史理论,一种重要的历史解释模式。我们正是要用这种作为历史解释模式的文化哲学来具体展开现代性的历史的和文化的丰富性。在某种意义上,作为历史解释模式的文化哲学的提出,进一步丰富了历史

---

① 参见衣俊卿:《文化哲学:一种新的哲学范式》,载《江海学刊》2000年第1期;《论文化哲学的理论定位》,载《求是学刊》2006年第4期。

唯物主义关于人类历史演进内涵的认识。

众所周知,人类关于外部自然的客观性质和规律性的认识已经有比较长的历史,而对人类历史发展本身的规律和必然性的承认和揭示则是相对晚近的事情,这同人类社会历史的活动方式即人特有的实践活动方式有直接关系。马克思恩格斯所创立的唯物史观以人类的物质生产实践为基础,明确肯定"历史进程是受内在的一般规律支配的"[1]。恩格斯在马克思的墓前曾作了一个总结性讲话:"正像达尔文发现有机界的发展规律一样,马克思发现了人类历史的发展规律,即历来为繁芜丛杂的意识形态所掩盖着的一个简单事实:人们首先必须吃、喝、住、穿,然后才能从事政治、科学、艺术、宗教等等;所以,直接的物质的生活资料的生产,从而一个民族或一个时代的一定的经济发展阶段,便构成基础,人们的国家设施、法的观点、艺术以至宗教观念,就是从这个基础上发展起来的,因而,也必须由这个基础来解释,而不是像过去那样做得相反。"[2]唯物史观的确立对于人类的历史认识的确具有重大的意义,它一方面把历史奠定在人所特有的实践活动的基础上,另一方面强调人类历史服从于内在的规律。然而,我们关于历史的认识不能停留于这样的一般性结论上,上述概括只是关于唯物史观的最基本的观点的抽象提炼,实际上,唯物史观在它的创始人马克思恩格斯那里包含着更为丰富的内涵。

应当说,传统马克思主义哲学教科书关于历史规律的认识在很大程度上没有摆脱纯粹意识哲学和思辨理论哲学的范式,没有摆脱自然科学的思维方式,因此,只是强调了唯物史观的几个最一般的原理,而没有理解唯物史观关于人类历史丰富性和差异性的思想。结果,传统哲学教科书虽然为人的实践活动保留了作为历史基础的地位,但是,人们习惯于按自然科学的方法从统一的历史运动中抽取出几个决定性的因素,如生产力、生产方式、经济基础等,由此形成一种刚性的历史决定论模式。相应

---

[1] 《马克思恩格斯选集》第4卷,人民出版社1995年版,第247页。
[2] 《马克思恩格斯选集》第3卷,人民出版社1995年版,第776页。

地,人类历史规律也完全等同于自然科学的因果必然性、线性决定论、普遍化的规律,其结果是不自觉地否定了人类历史发展的多样化、个别性、差异性及其价值内涵,从而把人类历史也变成了远离生活世界、外在于人们生活的必然进程。这实际上又回到马克思所批判的传统历史观的立场上去了。马克思恩格斯在《德意志意识形态》中谈到现实的生活生产时指出,"迄今为止的一切历史观不是完全忽视了历史的这一现实基础,就是把它仅仅看成与历史过程没有任何联系的附带因素。因此,历史总是遵照在它之外的某种尺度来编写的;现实的生活生产被看成是某种非历史的东西,而历史的东西则被看成是某种脱离日常生活的东西,某种处于世界之外和超乎世界之上的东西"①。从马克思恩格斯的这些论述中,可以看出,他们反对把具体历史的日常生活基础和丰富的文化内涵全部抽象掉和蒸发掉,从而把历史进程的运行机制视做外在于历史的,类似自然科学规律的决定论过程。

要克服传统历史观按照历史之外的某种尺度来编写线性决定论或机械决定论的历史模式的误区,还历史本来的丰富多样的内涵,在方法论层面上就应当摆脱纯粹意识哲学或思辨理论哲学的历史解释模式,回到人类实践活动的丰富的文化内涵,确立起文化哲学的历史解释模式。从马克思本人的观点来看,他虽然重视生产方式运动的内在规律,但是,并不主张把人的实践活动和生产方式的运动抽象化为排除一切差异、类似自然运动的线性决定的历程。一个十分重要的例证就是:马克思在晚年人类学笔记及其相关通信中,基于东方社会所特有的以土地共有、集体村社、专制国家等为特征的亚细亚生产方式,提出了东方社会发展的独特道路。我们这里不去争论这种"跨越卡夫丁峡谷"的现实可能性,只是指出一个方法论的特征,即马克思在作出这一论断时,实际上已经超越了单纯依赖生产力和生产关系等决定性因素来说明历史的做法,而引入了文化价值内涵。20 世纪许多思想家从不同侧面反思那种基于自然科学的进

---

① 《马克思恩格斯选集》第 1 卷,人民出版社 1995 年版,第 93 页。

化论和线性决定论的传统历史观。例如,斯宾格勒、汤因比的文化形态史观反对把历史分成"古代史—中古史—近代史"的托勒密史学体系和欧洲中心论的历史解释模式,反对把进步看成直线发展的决定论历史观,都主张把文化作为历史研究的核心单位。

我们在这里先不去具体展开作为历史解释模式的文化哲学的丰富内涵,但是,可以提到作为历史解释模式的文化哲学的主要之点:文化哲学反对意识哲学用自然科学的普遍化的方法去剪裁人的实践活动的丰富的文化内涵,反对把历史的内涵简单化地归结为生产方式、经济、技术等几个决定性的因素,更反对运用几个决定性因素把历史描绘成一种类似自然的线性决定过程。文化哲学充分肯定历史的多样化内涵,肯定历史发展的多样化道路,把探究的视野从经济、技术等几个关键性因素扩展到政治、文化、价值、日常生活的诸多历史因素。必须清醒地看到,历史是人的实践活动的各个维度的全面展开的过程,任何一种因素,无论如何重要,都不可能独自决定历史的全部内涵和命运,也不可能保证这一因素对于人的存在和社会的进步一定具有肯定的价值。实际上,不仅国家、社会机构等在一定的历史条件下会走向异化,即使人们反复歌颂的科学技术和生产力也不会无条件地表现为革命的和创新的力量。马克思恩格斯在《德意志意识形态》中曾讨论了生产力的异化问题,他们指出,"生产力在其发展的过程中达到这样的阶段,在这个阶段上产生出来的生产力和交往手段在现存关系下只能造成灾难,这种生产力已经不是生产的力量,而是破坏的力量(机器和货币)"[1]。因此,我们不仅要关注历史的多维的因素和丰富的内涵,还要特别防止孤立地分析其中的某种因素。在分析特定社会的政治、经济、技术发展时,我们要特别透视其内在的文化机理,形成关于人的实践和历史的丰富的文化内涵的总体性把握。

---

[1] 《马克思恩格斯选集》第1卷,人民出版社1995年版,第90页。

第三节 文化哲学的基本理论预设

断言文化哲学是一种历史解释模式,实际上是说,文化哲学并不局限于对一般的、具体的文化现象的反思,而是包含着一种关于人类历史运动的基本的理解。对于人类历史的基本机构和运行机制的思考一直是各种哲学流派的重大主题之一,雅斯贝尔斯曾把历史观的基本问题概括为"历史来自何处?历史通往何方?历史是指什么?"[①]当我们强调要用文化哲学的范式来理解和解释历史,来认识和把握现代性时,首先要作一些基本的说明:文化哲学的历史解释模式或历史理论同现有的社会历史理论相比有什么不同,有什么优越性?它同我们所熟知的唯物史观的关系如何?

系统地讨论历史观或历史哲学问题,显然不是我们的主题和热点。对于上述问题我们可以选择历史观或历史哲学中的一个最基本的问题来加以解答,这就是关于历史发展或历史运动的自由和决定论问题。在各种历史观中,关于推动历史发展或决定历史运动方向的问题,往往有两种基本的倾向比较有代表性:一是强调历史的内在的精神因素,二是强调历史的外在的物质因素;由此形成了通常人们所说的唯心主义历史观和唯物主义历史观、自由和决定论的分野。的确像恩格斯断言的那样,马克思在物质生活和物质生产中发现了人类历史的发展规律,而唯物史观正是关于人类历史基本规律的学说。毫无疑问,唯物史观的提出在人类自我认识的进程中是一次重大的突破,对我们更加清晰地理解和把握人类历史自身的发展,具有重要的意义。然而,我们发现,在唯物史观提出后的一个多世纪中,关于唯物史观的基本思想的理解是存在着一些混乱和问题的。一方面,马克思恩格斯在提出这一学说时,为了抵御历史唯心主义的影响,比较多地强调历史发展中的经济和政治等宏观要素,而对文化等

[①] (德)卡尔·雅斯贝尔斯:《历史的起源与目标》,魏楚雄、俞新天译,华夏出版社1989年版,第3页。

素的探讨不是很多；另一方面，马克思恩格斯身后的很多马克思主义者在阐发唯物史观的过程中，越来越受自然科学的决定论思想的影响，逐步把唯物史观变成一种关于经济因素的绝对优先性的线性的、绝对的历史决定论，并把历史观的争论简化为决定论和非决定论的争论。这样一来，唯物史观常常被简化为一种忽略历史的复杂性和差异性内涵的、关于人类历史运行的"放之四海而皆准"的铁的必然性的抽象理论体系。在这种意义上，作为历史解释模式的文化哲学，可以恢复唯物史观所应当包含的历史丰富性和文化丰富性，从而形成宏观视野和微观视野相结合的社会历史理论。

稍加分析，就会发现，决定论（Determinism）本身就是一个内涵十分复杂的范畴。一般说来，决定论的定义并不复杂，就是一种认为自然界和人类社会普遍存在客观规律和因果联系的理论和学说。然而，无论这种理论放到自然领域还是社会历史领域，问题都不那么简单。例如，在自然科学中实际上至少存在着两种不同的决定论：一种是长期以来在自然科学理论中占主导地位的严格决定论，也称物理决定论或机械决定论，它否认偶然性，只承认必然性，把一切自然现象都归结为力学现象，一切运动都归结为机械运动，认为整个自然过程可用力学原理来诠释；另一种是概率决定论，随着 19 世纪后期概率论在统计热力学等实证科学中开始得到普遍应用，或然性的观念逐渐兴起，一种不同于严格决定论的理论开始形成，一般被称为统计决定论或概率决定论，甚至也被视为一种非决定论。

在社会历史领域，决定论思想在某种意义上是自然科学中的决定论思想的引申，主要强调物质世界存在着客观普遍性、因果性、规律性和必然性，这种决定论被称之为历史决定论，是指历史进程受历史因果性、历史规律性和历史必然性决定的理论。人们所称谓的马克思主义的历史决定论是指建立在物质生产实践的基础之上，以生产力和生产关系、经济基础和上层建筑的矛盾运动为基本规律和因果必然性的社会历史理论。在这些问题上，并没有太多可以争论的，然而，如果我们把这些思想具体化，就会发现，在历史决定论的范畴下，实际上包含着差异颇大的不同理解，对此必须具体分析。例如,一种观点在谈论历史决定论时,无非是强调人的活动不是随心所欲的,而是受各种客观的、外在的因素和条件的制约;另一种观点,则强调在人的历史活动中存在着基本的发展趋势,一些规律性和必然性的东西;而最彻底的历史决定论观点,是在影响人类历史运动和发展的各种因素中找到一种最基本的和决定性的因素,强调这一基本因素对所有历史事件的发生负责,构成历史运动的决定性力量,历史的运行服从于内在的客观必然性或客观规律,具有不可避免的发展趋势,必然朝着特定的历史目标向前推进;而最为极端的理解是经济决定论,第二国际理论家们就曾把马克思的学说归结为"经济决定论"或"经济唯物主义"。

我们发现,当历史决定论走到极端,就变为一种彻底否认人的自由和创造性的社会历史理论,它甚至否认了不同地域、不同民族发展的各自在文化上和其他方面的特殊性,强调一切民族都不可避免地沿着同样的历史道路发展,因此,实际上把历史决定论变成了一种人们通常所说的严格的线性决定论。而这种线性历史决定论实际上就是自然科学领域中的严格决定论,即机械决定论的翻版。从方法论上来看,这种严格的历史决定论实际上也是直接使用了自然科学的普遍化方法。李凯尔特曾指出,自然科学的方法是一种普遍化的方法,它排斥特殊性和个别性,而强调自然之物中的普遍性和同质性,寻找规律性,"从传统的观点看来,一切科学的概念形成或科学的阐述的实质首先在于,人们力求形成普遍的概念,各种个别的事物都可以作为'事例'从属于这种概念之下。事物和现象的本质就在于它们与同一概念中所包摄的对象具有相同之处,而一切纯粹个别的东西都是'非本质的'"①。显而易见,这样完全否认人类社会历史特殊性的、自然化的历史决定论会带来很大的消极后果,它将马克思基于人的实践活动而建立起来的富有创新精神和批判精神的唯物史观变成了一种关于与人无关的冷冰冰的铁的规律的历史宿命论。我们对照一下著名

---

① (德)H. 李凯尔特:《文化科学和自然科学》,涂纪亮译,商务印书馆1986年版,第37页。

的天文学家和数学家拉普拉斯1814年关于物理决定论的著名论断,就会了解如果把人类历史也纳入自然科学范畴,后果是十分消极的。他断言:

> 我们应该把宇宙的目前状态看作是它先前状态的结果,并且是以后状态的原因。我们暂时假定存在着一种理解力(intelligence),它能够理解使自然界生机盎然的全部自然力,而且能够理解构成自然的存在的种种状态,(这个理解力广大无边,足以将所有这些资料加以分析),它在同一方式中将宇宙中最巨大物体的运动和最轻原子的运动都包罗无遗;对于这种理解力来说,没有任何事物是不确定的了;未来也一如过去一样全都呈现在它的眼中。①

如果在人类社会历史中也存在这样一个"拉普拉斯妖",能够洞悉并严格决定人类历史的过去、现在和未来的所有变化和所有方面,那么,任何偶然性、差异性、可能性、奇迹、新奇、创新都将不复存在,人之为人的历史也将不复存在,万物将回归于初始的、沉寂的、默默无语的大自然。

可见,这种以经济决定论为代表的严格的和线性的历史决定论存在着很多缺陷,因此,它在20世纪招致了许多批评。例如,著名科学哲学家波普曾经从现代知识增长的特征出发,对于历史决定论进行了否证。他指出,"我试图在《历史决定论的贫困》中证明,历史决定论是一种拙劣的方法——不能产生任何结果的方法"。波普把他的论证概括为五个方面:"我的论证可以概括为如下五个论题:(1)人类历史的进程受人类知识增长的强烈影响。(即使把我们的思想,包括我们的科学思想看作某种物质发展的副产品的那些人,也不得不承认这个前提的正确性。)(2)我们不可能用合理的或科学的方法来预测我们的科学知识的增长。(这个论断可以由下面概述的理由给予逻辑的证明。)(3)所以,我们不能预测人类历史的未来进程。(4)这就是说,我们必须摈弃理论历史学的可能性,即

---

① (法)D.拉普拉斯:《论概率》,载《自然辩证法研究》1991年第2期,第59页。

摈弃与理论物理学相当的历史社会科学的可能性。没有一种科学的历史发展理论能作为预测历史的根据。(5)所以历史决定论方法的基本目的(……)是错误的;历史决定论不能成立。"①

实际上,如果回头认真分析马克思的思想,就会发现,波普等理论家批判的历史决定论并非是马克思设想的历史解释模式,而是以第二国际理论家的经济决定论为代表的那种对决定论极端的、自然科学化的理解。换言之,马克思并没有构想出那种基于经济必然性的线性决定论。我认为,马克思实际上同时反对严格的历史决定论(线性决定论)和历史目的论,从而在这两极之间为人的实践活动和自主的历史活动留有空间。正如卢卡奇断言的那样,"只是从非辩证的和非历史的观点来看,宿命论和唯意志论才是相互矛盾的。从辩证的历史观来看,宿命论和唯意志论只是两个必然的相互补充的对立面"②。实际上,经济决定论和历史目的论表面上看来是相互对立和冲突的两极,实际上则是两个相互补充的对立面,它们都强调用某种人的活动和历史活动之外的绝对的力量来剪裁历史,从而否认了历史的人为性质和实践活动的自由特征。因此,马克思对这两种外在论的历史观都持批判的态度。一方面,马克思虽然强调经济活动和经济必然性的基础地位,但是,并没有否认人的历史创造,而是充分肯定历史发展道路的多样性。例如,马克思在《资本论》中说到"自然历史过程"时,实际上不是一般指人类社会,而是特指"经济的社会形态"的运动,他指出:"我的观点是把经济的社会形态的发展理解为一种自然史的过程。"③然而,这种完全服从于经济决定论的"经济的社会形态"并不是人类社会的一般状态,而是应当超越和扬弃的分裂的或异化的"人类社会的史前时期"。马克思认为,这一现代社会,或资本主义社会,是社会经济形态的最高和最后阶段。"大体说来,亚细亚的、古代的、封建的和现

---

① (英)波普:《历史决定论的贫困》,杜汝辑、邱仁宗译,华夏出版社1987年版,"序"第1~2页。
② (匈)乔治·卢卡奇:《历史和阶级意识》,张西平译,重庆出版社1989年版,第5页。
③ 《马克思恩格斯选集》第2卷,人民出版社1995年版,第101~102页。

代资产阶级的生产方式可以看作是经济的社会形态演进的几个时代。资产阶级的生产关系是社会生产过程的最后一个对抗形式……人类社会的史前时期就以这种社会形态而告终。"①正因为如此,马克思晚年在给《祖国纪事》杂志和查苏利奇的信中,把自己在《资本论》中所揭示的资本主义历史必然性"明确地限于西欧各国",而反对把它变成关于"一般发展道路的历史哲学理论"。同时,马克思还提出东方社会可以跳越资本主义的"卡夫丁"峡谷的设想,他指出,"如果俄国继续走它在1861年所开始走的道路,那它将会失去当时历史所能提供给一个民族的最好的机会,而遭受资本主义制度所带来的一切灾难性的波折"②。这些论述明确表明了马克思反对历史发展的线性决定论,肯定历史发展道路的多样性的基本立场。另一方面,马克思也明确反对历史目的论观点,马克思和恩格斯在《德意志意识形态》中指出,"历史不外是各个世代的依次交替。每一代都利用以前各代遗留下来的材料、资金和生产力;由于这个缘故,每一代一方面在完全改变了的环境下继续从事所继承的活动,另一方面又通过完全改变了的活动来变更旧的环境。然而,事情被思辨地扭曲成这样:好像后期历史是前期历史的目的,例如,好像美洲的发现的根本目的就是要促使法国大革命的爆发。于是历史便具有了自己特殊的目的并成为某个与'其他人物'(像'自我意识'、'批判'、'唯一者'等等)'并列的人物'。其实,前期历史的'使命'、'目的'、'萌芽'、'观念'等词所表示的东西,终究不过是从后期历史中得出的抽象,不过是从前期历史对后期历史发生的积极影响中得出的抽象"③。正是基于上述两个方面的分析,我们认为,马克思把历史归结为人的实践活动的展开,反对脱离人的实践活动和现实的生活而按照某种外在的尺度书写历史。也就是说,关于人的活动所受到的各种制约、人的活动的机制或规律、人的自由和创造,都是人的实践活动本身的规定。因此,才有恩格斯在他与马克思合作的《神圣

---

① 《马克思恩格斯选集》第2卷,人民出版社1995年版,第33页。
② 《马克思恩格斯全集》第25卷,人民出版社2001年版,第482、145、143页。
③ 《马克思恩格斯选集》第1卷,人民出版社1995年版,第88页。

家族》中那段常常被人们引证的论述:

> 历史什么事情也没有做,它"并不拥有任何无穷尽的丰富性",它并"没有在任何战斗中作战"!创造这一切、拥有这一切并为这一切而斗争的,不是"历史",而正是人,现实的、活生生的人。"历史"并不是把人当做达到自己目的的工具来利用的某种特殊的人格。历史不过是追求着自己目的的人的活动而已。①

当代许多马克思主义理论研究者也在努力按照马克思的实践观点来理解历史决定论思想,既反对历史非决定论观点,也对严格的、线性的历史决定论观点进行限定、修正和补充。例如,许多人强调马克思主义的历史决定论不是机械决定论,不是线性决定论,而是辩证决定论,是实践决定论,是历史决定论和实践选择论的统一;马克思主义的历史决定论是动态的、活生生的,而不是机械的、僵死的;马克思主义历史决定论不是机械决定论,也不是历史宿命论,而是历史必然性与历史偶然性的有机统一,是单义决定论的线性相互作用与或然决定论的非线性相互作用的有机统一,是客体性与主体性的有机统一,等等。② 应当承认,基于人的实践活动对历史决定论进行的这种限定、修正和补充的思路和方向是合理的,符合历史本身的运行特点和规定性。但是,现在的问题不在于对这些基本原则的陈述,而在于大多数研究似乎停留于对这些原则的一般的抽象的理论描述,并没有具体回答和展开一个根本的问题:在马克思的实践理论或社会历史理论视野内,历史必然性和历史偶然性、客体性和主体性、必然性和自由、历史决定和实践选择等等是如何具体地、历史地、有机地统一起来的?

可以断言,目前学术界关于这一根本问题的解答是不能令人满意的,

---

① 《马克思恩格斯全集》第2卷,人民出版社1957年版,第118~119页。
② 参见刘曙光:《马克思主义历史决定论的辩证性质》,载《吉首大学学报(社会科学版)》2001年第2期等。

我们常常得到的是一些一般性的理论原则的反复重复,或者是"一方面……另一方面……"的思辨的理论演绎。充其量我们能得到的就是关于"人化自然"、人的实践活动的自由自觉特征、人的历史活动的客观制约的一般性论述,还有关于恩格斯的著名"合力理论"、人的活动的偶然性和经济运动的归根结底的决定性、上层建筑各要素同经济基础的交互作用等思想阐述。这些思想对于我们争取理解马克思的社会历史思想是十分重要的,但是,目前的阐述停留于一般的抽象的理论描述,总是显得有些苍白,没有为我们揭示出作为人的活动的历史运行机制和历史内涵的丰富性。在这里,我们同样看到意识哲学的抽象病对我们的哲学的根深蒂固的影响。造成这种现象的原因是多方面的,我认为,其中一个根本的原因,就在于我们的社会历史理论中往往缺少文化的维度,大多表现为经济史观和政治史观等抽象的宏观历史哲学。这种抽象的宏观历史理论的最大特点是只专注于政治、经济等某种宏观社会历史现象,并构造这些因素或现象之间的决定和被决定的关系,而没有找到各种复杂的历史现象和要素之间的内在的有机联系。我认为,如果我们引入作为历史解释模式的文化哲学研究范式,通过透视作为历史地凝结成的生存方式和社会历史运行的内在机理的文化的演变来构造微观视域和宏观视域相结合的社会历史理论,我们关于人类历史和人类社会的把握可以极大地减少片面性,可以更加接近历史原本的文化丰富性,从而实质性地丰富马克思的实践哲学和历史辩证法。

首先,作为历史解释模式的文化哲学有助于扬弃关于历史发展的外在决定论,形成社会历史各要素交互作用的有机的历史理论。如前所述,通常的缺少文化内涵的宏观社会历史理论往往倾向于使用狭义的文化范畴,习惯于把文化限定为经济政治之外的,以文学、艺术、宗教等为代表的独立的精神领域,把这一精神文化领域视做外在于政治、经济等领域,并与之交互作用的独立的存在,结果就总是面临着经济、政治、文化等社会历史要素到底"谁决定谁"的外在决定论的理论难题。作为历史解释模式的文化哲学反对这种"外在论的"狭义的文化范畴,而主张"内在论的"

广义的文化范畴,它否认文化对于政治、经济等领域的外在独立性,强调文化的非独立性和内在性,强调文化内在于社会运动和人的活动所有领域的无所不包和无所不在的特征,这种具有内在性、精神性、机理性的文化不具有独立的外观,而是内在于总体性文明的各个层面和人的各种活动中,制约着文明的进步和人的发展。在这种意义上,文化维度的引入实际上是在我们的历史理解中置入了一个微观的、内在的、有机的层面,政治、经济等各种社会要素由此而趋于内在地整合起来,历史的运行正是在文化精神和文化机理的内在价值引动或驱动下的有机进程。在这里,经济、政治、文化等社会历史要素到底"谁决定谁"的外在决定论的理论难题"不答自解"了,因为,问题本身已经不存在了,成为被历史和文化的丰富性所否定的"伪问题"了。克利福德·格尔茨有一段很深刻的论述,从一个层面揭示了文化在社会历史运行中的这种特殊的方位。他指出:"虽说文化是观念性的,但它并不是存在于人的头脑中;虽然它是非物质性的,但也并非是超自然的存在。在人类学界因不可能休止而进行的无休止的关于文化是'主观的'还是'客观的'争论,以及伴随的知识分子之间的相互人身攻击('唯心主义者!'——'唯物主义者!';'心灵主义者!'——'行为主义者!';'印象主义者!'——'实证主义者!'),完全是误入歧途。"①由此他提出了符号学的文化概念:"我与马克斯·韦伯一样,认为人是悬挂在由他们自己编织的意义之网上的动物,我把文化看作这些网,因而认为文化的分析不是一种探索规律的实验科学,而是一种探索意义的阐释性科学。"②显而易见,生产方式、经济、技术、政治、文化等不同的社会历史要素虽然在不同的历史条件下,在社会历史运行中有不同的权重和地位,但是,任何一种因素,无论如何重要,都不可能独自决定历史的全部内涵和命运。因此,对我们来说,应当淡化这种外在决定论的

---

① (美)克利福德·格尔茨:《文化的解释》,纳日碧力戈等译,上海人民出版社1999年版,第11~12页。
② (美)克利福德·格尔茨:《文化的解释》,纳日碧力戈等译,上海人民出版社1999年版,第5页。

历史观,把更多的精力用于探讨这些要素通过文化的内在的微观的和机理的作用而交互作用所形成的复杂的历史运行机制。

其次,作为历史解释模式的文化哲学有助于扬弃关于历史发展的线性决定论,在肯定历史发展的基本趋势的前提下,开辟历史进程中的创造的、自由的和可能性的空间。文化哲学在理解人的实践活动和人类历史运动时,对于其内在的规律性作了限定,它并没有否认唯物史观关于人类历史发展的规律性的思想,而是反对把历史的规律和机制自然科学化,反对那种吞噬一切差异和多样性的普遍的必然性。文化哲学肯定人的实践和历史运动中充满了各种制约性、自在性、必然性的因素,但是,这些因素的作用是通过人的价值选择机制和文化创造机制来实现的。甚至连历史学家汤因比在《历史研究》中分析历史的自由和法则时都看到历史运动机制的这种辩证性质。他指出,人类社会的运行的确受某种外在的制约性因素的影响,人类事务中有类似"自然法则"的东西存在,例如,个人生活及其经营活动中的平均数法则、商业和工业事务中的周期率、战争与和平的周期、文明解体过程的"动乱—集合—动乱—集合—动乱"的三拍半节奏等。但是,他认为,人不是简单地服从自然法则,实际上,人通过自己的活动改变或控制自然法则,人性对自然法则具有顽抗性,例如,人对昼夜、四季、生老病死的控制,人对非人为的和人为的法则的控制等。实际上,技术、政治、经济等社会变革的速率不是固定的,不是由固定的法则或规律决定的。换言之,历史上的法则和自由是等同的,人对自然法则的顽抗性说明存在着选择的自由和文化的创造力。"人不仅生存在一种法则的支配之下,而且生存在两种法则的支配之下。这两种法则中的一种就是神的法则;这种法则就是用了另一个更为光辉名称的自由本身。"①实际上,即使我们承认在一些历史条件下,经济运动的必然性带有强制的,甚至盲目的力量,实际上也需要具体分析,任何时候,经济必然性都不会单纯通过经济因素发挥作用,实际上它都包含着内在的文化力量和要素

---

① (英)汤因比:《历史研究》(下卷),曹未风等译,上海人民出版社1997年版,第365页。

的作用。例如,著名社会学家韦伯在分析资本主义特有的经济发展时,充分肯定了经济理性化所带来的社会发展,但是,他并没有把这种发展简单地归结为经济因素自身的发展,相反,他努力在经济运行的内在文化机制上来理解资本主义特有的快速发展。众所周知,韦伯有一个著名的社会学假设:任何一项伟大事业的背后都存在着一种支撑这一事业、并维系这一事业成败的无形的时代文化精神,而资本主义的时代精神就是欧洲宗教改革之后的新教伦理。同时,韦伯在分析非西方社会的理性化问题时,又在相关的意义上提出了内在文化阻碍的问题。当一种全新的事业在制度安排和实际运行中停滞不前时,很可能是原有的文化模式阻碍了新文化精神和文化模式的生成。他在分析以新教伦理为标志的西方理性主义文化精神的发生时,强调要从发生学上说明西方理性主义的独特性,他指出,"考虑到经济因素具有根本的重要性,在作类似的分析时必须首先考虑经济状况。但与此同时,决不能忽略相反的关联。因为,虽然经济理性主义的发展部分地依赖理性的技术和法律,但它与此同时被人们采取特定类型的实际理性行为的能力和气质所决定。当这些类型的理性行为受到精神障碍的阻碍,理性的经济行为的发展也必然会遭到严重的内在阻滞。各种神秘的和宗教的力量,以及基于这些力量的责任伦理观念,过去对行为一直产生最重要的和生成性的影响"①。由此可见,如果我们深入到经济、政治等社会运行的内在的文化层面上,对社会历史作内在有机的、综合的把握,就会看到历史的运行是自由和决定性、偶然性和必然性、合目的性和合规律性、价值和事实、选择和被制约等相互交织的可能性和创造性的空间,是一个包含丰富内涵和多种发展可能性(发展道路)的实践进程。

总而言之,作为历史解释模式的文化哲学可以在两个基本的维度上消解历史观上决定论和自由的非此即彼的"二元对立"。在共时态的维度上,文化哲学通过回归生活世界而恢复了历史本身的丰富的文化内涵,

---

① Max Weber, *The Protestant Ethic and the Spirit of Capitalism*, Routlegde, p. xxxix.

在政治、经济、技术、社会公共生活等各个方面提供了人的自由选择空间和文化多样性的发展空间,使历史的机制从外在的自然回归到人的实践本身。在历时态的维度上,文化哲学肯定逐步汇入世界历史进程的不同民族、不同文明在基本文化价值上的一些公共的或共同的追求,同时又充分尊重各种文化、各种文明的特色和价值要求。文化哲学还特别强调文化间和文明间的学习、交融、交汇、交往、传承、模仿、融合、整合,这里充满着文化选择和文化创新的可能性,充分承认文化、文明、社会发展道路的多样性。只有这样,历史才不会是一种受制于人的活动之外的铁的必然性的自然进化论和线性决定论进程,而是充满文化创造力的人的历史进程。

上述分析的侧重点是作为历史解释模式的文化哲学对于我们更为全面理解马克思的实践哲学和社会历史理论,以及对于我们丰富和完善唯物史观的特殊价值,应当说,这些分析还带有笼统性和概括性。为了真正能够运用文化哲学的范式来分析现代性的生成和运行机制,我们在这里还要把作为历史解释模式的文化哲学的某些基本理解具体化,特别是要说明文化哲学范式在理解和把握人类历史发展方面有哪些基本的理论原则。这显然是一个开放的问题,一个极易引起争论的问题,不同的研究者可以从不同的方面加以表述。因此,我在这里把自己概括出来的几条关于如何从文化机理上把握人类历史发展机制的理论命题称之为"理论假设"或"理论预设"。[①] 主要有以下三条:

1. 理论预设之一:文化是非决定的

显而易见,对于这样一个命题或断言,需要作认真细致的解释和限

[①] 之所以称之为文化哲学的"理论假设"或"理论预设"而不称之为文化哲学的基本原则或原理,不只是要说明这些理论预设还远不成熟,而且这里蕴涵着一个基本的判断:这种理论概括和研究方法一开始就带有研究者自己的特性和偏好,并没有奢望人们会很容易接受或认同这些命题。进而,在这里我还有一个深层次的考虑,或许在对待现代性这样的"大众化"研究课题时,我们不去追求人人都可能同意的研究方式和结论,而是允许出现一些有特色的理论概括,这样可能更加有助于形成真正的理论对话和培养起现代性不可或缺的内在的反思性。因此,我在这里把自己要表述的几个文化哲学的命题当做给定的理论前提、理论假设,从这个约定的出发点去开始自己的现代性维度的研究。

定,否则容易引起误读和招致指责。我们在这里谈论的不是抽象的文化范畴,而是具体的文化。文化作为历史地凝结成的人之稳定的生存方式和社会运行的内在机理,总是具体地表现为每一时代、每一地域、每一民族、每一种族、每一群体的不同的文化模式或文化精神,表现为丰富多彩的文化观念和文化价值。断言文化是非决定的,是要说,任何一种文化无论其生成还是其发展都不是"必然如此"的,而是一个包含着历史偶然性和选择性在内的进程。这里主要是基于两个方面的考虑:一是强调文化的具体丰富性和多元差异性,防止那种用普遍性和共同性取消文化的差异性的普遍决定论观点;二是强调文化演进的选择性和丰富的历史可能性,防止那种用自然科学式的因果关系来取消文化的历史丰富性的线性决定论观点。从这两个方面来诠释文化是非决定的这一命题,是有针对性的,因为各种对于文化的决定论理解,大多是从这两个方面展开的。人类学之父泰勒在文化人类学兴起时,就从决定论的立场对文化作了典型的限定,他指出:

> 人类社会中各种不同的文化现象,只要能够用普遍适用的原理来研究,就都可成为适合于研究人类思想和活动规律的对象。一方面,在文明中有如此广泛的共同性,使得在很大程度上能够拿一些相同的原因来解释相同的现象;另一方面,文化的各个不同阶段,可以认为是发展或进化的不同阶段,而其中的每一阶段都是前一阶段的产物,并对将来的历史进程起着相当大的作用。①

泰勒在《原始文化》开篇表述的这段著名论述正是从普遍决定和因果决定两个层面奠定了他的线性文化进化论理论的基石。在这里,泰勒实际上是运用自然科学的普遍化和抽象化方法剔除了文化的历史丰富性和现实丰富性后建立起这样的体系。但是,现实的文化景观并非如此:一

---

① (英)爱德华·泰勒:《原始文化》,连书声译,广西师范大学出版社2005年版,第1页。

方面,尽管不同的文化模式或文化精神中存在着不可否认的共同性,但是,任何时候,包括全球化时代,都不会出现所有文化完全趋同和完全同一的状况,也不会出现所有文化都经历着完全相同发展阶段的情形,相反,各种文化中存在着不可通约、不可抹杀、不可忽略的差异性和丰富性,正是文化的个性和共同性、差异性和普遍性之间的张力使文化能够保持内在的活力、创新能力和超越的能力;另一方面,尽管各种文化在历史进程中会呈现出某种阶段或时代的特征,但是,各种文化无论是其起源或诞生,还是生长或发展,都不会完全服从于内在的或外在的"必然如此"的决定性和必然性,而是各种必然因素、偶然因素和价值选择相互交织的结果,在文化的演化和发展中,始终存在着无限的、开放的可能性空间,存在着内在的选择和创造的机制。

可以说,在关于人的存在和社会历史运动的认识和把握上,必然性、规律性、决定性等概念一直是困扰着人们,并不断引起争议的一些重要概念,因此,需要我们在这里结合上述关于文化的认识再做一些细致的辨正工作。实际上,当我们断言文化是非决定的,并非强调文化的生成和发展是主观随意的,也并不否认文化的产生和演化受各种条件和因素的制约,不否认文化的发展中存在一些规律性的东西。但是,我们这里需要防止两种简单化的理解。一种简单化的理解是把客观制约性和规律性放大为无条件的和无限定的普遍的必然性,放大为"必然如此"的决定性。实际上,所谓文化发展中的必然性无非是强调:如同生命的诞生和人的生成是复杂无比的奇迹一样,任何一种文化都是十分复杂、十分丰富的社会历史现象,它的产生、演化和更新都是无限复杂的主观条件和客观条件、内在的制约和外在的制约、自觉的选择和自发的模仿等共同作用的结果,也就是说,只有当这些复杂多样的制约条件和因素共同出现并相互作用时,这一特定文化才一定会这样产生,一定具有这样的规定性,一定会按照这样的内在规律和机制演化。然而,正因为这些条件和因素是如此复杂如此丰富,这种情形的出现和这种文化的生成本身就是"历史的偶然",就是不可随意复制的"历史奇迹"。因此,这种历史必然性本身就是历史偶然性,任何一种文化的诞生和转型都是不可完全复制的,普遍决定论的观点实际上是把各种文化的历史复杂性简化为一些基本因素,然后把这些基本因素按照理性化的方法组合成一些基本的演进程式,并断言所有文化服从于同样的规律,必然按照同样的阶段发展。另一种简单化的理解是把人们对已经发生的历史节奏及其规律性的总结提炼夸大为历史的前定的必然性和决定性。我们上述引证马克思恩格斯《神圣家族》中的观点明确表明,历史什么事情也没有做,它不过是追求着自己目的的人的活动而已,它是不同地域、不同种族、不同民族的人类实践活动在无限复杂的主客观条件和因素的相互作用中,经历了无数的百转千回、峰回路转、崎岖险阻,才形成的无规则的沉积层,留下的不断叠加、不断涂抹、不断改写的复杂踪迹。只是我们在事后回顾走过的历史时,可以从中找到一些不同时代不同地域的人们基于一些基本的价值追求和一些基本的活动方式而形成的一些带有规则性、周期性、规律性的东西。但是,一些思想家却倾向于按照历史目的论和历史决定论的思路把这些历史解释和理论提炼定义为历史的先定的或前定的必然性,以致人们有时为了消灭阶级差别一定要用原始社会的无阶级状况来论证出前定的历史必然性,而不愿意把这种追求理解为文化的价值选择。总而言之,文化的历史复杂性的确不应当成为自然科学式的简单化和普遍化方法的牺牲品,否则,我们总是在按照历史之外的尺度来描述历史。正是在这种意义上,我们断言文化是非决定的。这种理解不仅对于文化本身的自觉十分重要,而且会对我们的历史理解和历史解释提供十分有益的见解。

2. 理论预设之二:文化是选择的

可以看出,"文化是选择的"和"文化是非决定的"是两个密切相关、相互补充的命题。断言文化是非决定的,并不是否认文化的普遍性和进步性,而是反对把文化的发展理解为被某种外在的、给定的必然性所决定的进程,而是倾向于认为,文化自身包含着更新和创造的动力机制,文化的普遍性和进步性都不是给定的,而是同文化的选择性直接相关。文化的选择性一方面体现在同一时代同一种类型的文化中的文化创新和文传承,另一方面体现在不同文化交流中的文化模仿和文化学习。两个方面的选择机制的交互作用形成了文化中的共同性、普遍性、创新性和进步性特征。

任何一种文化一旦产生,都会体现出某种稳定性和历史继承性,任何一种文化都是世世代代长期积累的产物,文化的前后相继和代代传递的现象,就是文化的传承。文化的发展在很大程度上体现为文化的传承,文化传承通过文化特有的社会遗传方式构成了人类历史演进的内在机制。一方面,文化的传承机制形成了历史的连续性,使人类的生产方式、消费方式和交往方式得以世代继承下来,形成不同于自然过程的人类历史进程;另一方面,文化的传承机制体现了历史的超越性,每一时代的人们通常不会不加区分、不加选择地全盘复制原有的文化,而总是以自发的或自觉的方式批判地继承前人的文化,为文化增添新成分、新成果。即使在受自然经济支配的传统社会中,虽然那些自在的经验习惯、礼俗文化往往是通过家庭和天然共同体自发的文化教化而自发地传承的,但是,在这种传承中,各种文化因素和非文化因素的交互作用,已经包含着某种程度的文化选择、文化变异或文化更新。随着人类精神不断自觉不断丰富,科学、艺术、哲学等自觉的知识形式和文化精神的不断丰富,文化的传承越来越具有自觉的和主动的选择性。正是在文化的需求、物质的需求和其他各种需求和条件的交互作用中,一些新的文化价值、观念、风格、样态在选择、模仿和学习中逐步发展起来。

文化的选择性是多维度的。在现实中,文化的传播一般不会是同一地区、同一民族中的同一种文化的封闭的代代传递,而是通过不同文化之间的相互交流、碰撞和融合而展开的。文化的传播和交流,无论在远古时期,还是在现代,都一直是文化的基本存在方式之一,是历史发展的重要推动力之一。由于文化的传播与人类的生存是一体化的,所以文化的传播与交流的形式和方式也是多种多样的,其中最主要的载体有商品交换、民族迁徙、军事征服、宗教传播、科学传播和典型的文化交流等。不可否认的是,在各种文化传播和文化交流过程中,常常存在着产生文化冲突、文化碰撞和文化对抗的可能性,并且存在着强势文化向弱势文化的不平等的传播现象,以及文化强权或文化霸权的出现。但是,从人类文化发展的总体趋势来看,文化传播和文化交流更多地采取交流和融通的方式,其积极意义无论如何估计都不会过高:首先,文化传播和文化交流是历史发展的重要驱动力之一,它使历史发展呈现出加速度,通常一种文化自身从产生到成熟需要数百年或上千年的历史,而对它的接受和适应则只需很短的时间;其次,一种民族文化的自我传承如果不同时伴随着与外来先进文化成果的交流,就可能走向封闭和保守,失去创新能力;再次,从长远的角度看,要真正抵御各种强势文化的霸权,在根本上要依赖人类文化的进一步传播和交流,依赖文化交流和对话中各种不同文化力量的增长和加强。在不同文化的传播与交流中,文化的模仿、学习、选择、适应的机制,比在各种文化内部的文化传承中要更加明显。

通过这种分析可以看出,在社会历史演进中,文化的演化和发展具有特殊性。诚然,物质生产、经济发展、政治进步等方面,也存在着选择机制,但是,文化的选择性要更为明显和自觉。在文化传承、文化传播、文化交流中的文化模仿、文化学习、文化引入、文化适应、文化扩散等各种选择机制,随着教育的普及、科技的进步、理论的发达,特别是信息化网络化的飞速发展而越来越明显,越来越突出。相应地,文化在传承、传播和交流过程中所出现的文化更新现象,如对原有文化局限性的突破、对新的文化模式的探索、对新的文化价值和文化精神的建树等,也就是文化创新,也越来越成为当代社会发展的重要趋势。文化的创新对于文化自身的发展和人类社会的全面发展都具有特别重要的意义。一方面,文化创新是社会发展和进步的重要的内在驱动力。文化的创新需要经济、政治等实践活动的发展提供先决条件,但是,由于文化创新主要是文化精神、价值观念、存在方式、活动机制等方面的深层突破和进步,因此,它反过来对于政治、经济领域的创新,对于社会历史的新突破和新发展,具有巨大的反作用,充分地体现出文化的价值导向功能和智力支撑功能。另一方面,文化创新对于个体的自由和全面发展具有重要的促进作用。文化的创新往往明显地体现在人的认识能力的提高、实践活动方式的创新和改善、人的个性的发挥、内在素质的提高、德性的提升等方面,因此,文化的创新本身就是人的自由和全面发展的集中体现。显而易见,对于文化的非决定性和选择性特征的深刻理解和把握,对于我们更加深刻地理解人类历史的发展具有特殊的意义。

3. 理论预设之三:文化是微观的

把握文化的微观特征具有重要的意义,"文化是微观的"这一命题在一定意义上可以看做是对文化的非决定性和选择性的重要补充。文化之所以具有历史偶然性和较大自由度的选择性,与文化具有微观特征密不可分。断言文化是微观的,并不否认文化也具有宏观的特征,正如本尼迪克特等文化学家指出的那样,各种文化特质和要素趋于整合为一种相对一致的,对人的活动具有制约性,甚至强制性的文化模式。然而,即使是这种带有宏观特征的文化模式,它的存在方式和活动机制也不同于经济体系、国家机器、宏观政治统治等相对独立的宏观实体,文化总是以微观的、弥散的方式发挥自己的功能。文化的微观性一方面表现在它对人的活动和生存的内在制约性,文化通过习惯、观念、知识、信仰、价值、理想、心理机制、社会性格结构等各种微观的要素和机制内在地制约和调节着个体的生存;另一方面体现在文化对于社会存在和社会运行的内在制约性,文化作为活动机理、图式、机制、内驱力等内化于社会的政治、经济、社会生活等一切社会领域之中,影响和制约着社会历史运动。

在文化的微观性这里,我们可以比较清楚地看到文化的非决定性和选择性的特殊意义。诚然,社会的经济运动和政治活动中也存在着各种选择,甚至是完全理性化的选择。但是,这些作为宏观实体的社会运动中的选择机制与文化的选择机制存在一定的差异。具体说来,当我们选择一种技术体系、生产和交换方式、经济制度、政治制度等宏观社会实体时,选择活动本身更多地服从于带有普遍性的规律、客观的和外在的制约条件,因为这种设计或选择的客观性效果一般是可以比较明显地加以比较的。换言之,在这一类宏观性社会选择中,主观的、个体的、特性的价值和倾向,或者偶然的因素等的活动空间和选择空间相对狭小,更多地体现出外在必然性。而在文化传承、文化发展、文化交流中的选择,无论是个体的选择还是群体的选择,则面临着更为丰富的活动和作用空间。即使在某种文化模式带有强制性的统治特征的时代,涉及习惯、观念、知识、信仰、价值、理想、心理机制、社会性格结构等文化要素的选择,或者社会的文化品位、文化追求、社会风气和时尚等的模仿和学习,以及对于经济政治活动的文化构建,等等,都存在着多元差异的、丰富多彩的选择空间,尤其在网络化信息化时代,各种主观的或客观的、个体的或群体的、偶然的或一般的价值倾向或要素,都可以找到可能性空间。

概而言之,通过对"文化是非决定的"、"文化是选择的"和"文化是微观的"这样三个基本命题或理论预设的表述,我们在文化哲学的视野中确立起一种必然性和偶然性、决定性和选择性、宏观性和微观性相互交织的,超越了线性决定论和严格决定论的历史理解模式。当然,在这里必须对这一文化哲学的历史理解模式加以限定和说明,否则就会陷入新的误区。最重要的限定在于:我们在这里并非要孤立地或独立地运用文化要素来构建一种具有充足理由性质的社会历史理论,更不是要用狭义的文化历史观取代经济的或政治的历史观。相反,如果能够把文化所内在地具有的必然性和偶然性、决定性和选择性、宏观性和微观性相互交织的运行机制和演化机制引入以经济和政治为核心的宏观社会历史理论中,通过文化与政治经济等社会运行机制的内在有机联系来建立包含历史丰富性和文化丰富性的历史理解模式,那么,我们视野中的历史就不再是外在于人的活动的自律的、非人的自然历史过程。不难看出,传统宏观历史解释模式运用自然科学的普遍化方法所剔除或抽象掉的,正是我们上述所描述的必然性和偶然性、决定性和选择性、宏观性和微观性相互交织的文化机制。正是由于理论家排除了这种文化的丰富性,历史就从具体的人的活动变成了抽象的非人的、自然的因果决定链条。我们所做的工作,不过是把本来属于历史内在的、丰富的文化规定性再具体地恢复重建,使历史真正成为人自身的历史。

按照上述文化哲学的社会历史理解来审视我们通行的"哲学教科书"体系中关于历史唯物主义的基本表述,即关于生产力和生产关系、经济基础和上层建筑的矛盾运动的基本分析,必须承认,这一唯物史观理论的表述带有一定的片面性,特别突出地表现在对于社会历史的文化丰富性和复杂性的某种忽视。然而,对于造成这种情形的原因需要作历史的和具体的分析。我认为,如果回到唯物史观生成和发展的历史语境中去看,那么,这一理论的建立和完善实际上要求双重维度的历史任务:一是为了抵御各种唯心史观片面夸大历史进程中的主观随意性,必须借鉴自然科学的普遍化的方法,尽可能排除历史的偶然性和具体性,并基于历史活动中的一些共同性和普遍性因素,以及历史活动同自然活动的一些共同特征,抽象出和揭示出一些最普遍的规律性的东西;二是为了防止把历史僵化为排斥人的创造性活动的自然进程,还必须在揭示的普遍性规律的基础上,重新回到历史本身不同于自然活动的特殊规定性,回到社会历史运动的文化丰富性和复杂性,使唯物史观真正围绕着人的实践活动而建立和丰富起来。

如果从唯物史观建构的双重历史任务的要求来看,我们可以断言,迄今为止,人们在唯物史观的建立和发展中,主要停留于第一重任务,很少自觉地回到社会历史运动的文化丰富性和复杂性,因而,唯物史观理论体系常常带有抽象化和简单化的特征。在这里,我们可以谈论一下恩格斯对于唯物史观的探索和贡献。应当说,在讨论通行的"哲学教科书"体系存在的缺陷时,恩格斯关于人类社会历史的许多理论阐述常常成为争论的焦点。的确如此,恩格斯的主要兴奋点常常是借鉴自然科学的普遍化的方法,揭示历史活动同自然活动的共同特征和共同规律,而且有时把社会历史活动与自然活动的这种共同性强调到极点。我们可以在这里重温恩格斯的一些影响深远的经典性表述。下面是恩格斯晚年在《路德维希·费尔巴哈和德国古典哲学的终结》中关于唯物史观核心思想的一段总结性概括:

> 社会发展史却有一点是和自然发展史根本不相同的。在自

然界中(如果我们把人对自然界的反作用撇开不谈)全是没有意识的、盲目的动力,这些动力彼此发生作用,而一般规律就表现在这些动力的相互作用中。在所发生的任何事情中,无论在外表上看得出的无数表面的偶然性中,或者在可以证实这些偶然性内部的规律性的最终结果中,都没有任何事情是作为预期的自觉的目的发生的。相反,在社会历史领域内进行活动的,是具有意识的、经过思虑或凭激情行动的、追求某种目的的人;任何事情的发生都不是没有自觉的意图,没有预期的目的的。但是,不管这个差别对历史研究,尤其是对各个时代和各个事变的历史研究如何重要,它丝毫不能改变这样一个事实:历史进程是受内在的一般规律支配的。因为在这一领域内,尽管各个人都有自觉预期的目的,总的说来在表面上好像也是偶然性在支配着。人们所预期的东西很少如愿以偿,许多预期的目的在大多数场合都互相干扰,彼此冲突,或者是这些目的本身一开始就是实现不了的,或者是缺乏实现的手段的。这样,无数的单个愿望和单个行动的冲突,在历史领域内造成了一种同没有意识的自然界中占统治地位的状况完全相似的状况。①

可以看出,恩格斯充分注意到了人的活动和社会发展史中的主观性和偶然性,但是,他的努力方向是排除这些主观性和偶然性对于历史进程和历史结果的实质性影响,由此而凸显客观性、必然性和普遍性的决定性地位。这无疑是恩格斯当时全部理论研究的主要着力点。而且如果我们综合读一下恩格斯在此之前写作的《反杜林论》、《自然辩证法》等著作,就会发现,他不仅要描绘出历史领域与自然界中"完全相似的状况",而且进一步从内在机制、基本结构和存在方式等方面直接揭示社会历史和自然领域的共同性和共同规律,从而"第一次把自然界、社会和思维的发

---

① 《马克思恩格斯选集》第4卷,人民出版社1995年版,第247页。

展的一个一般规律在其普遍适用的形式上表述出来"①。为了真正做到这一点,恩格斯使用的是那一时代自然科学领域取得的最主要的成就和自然科学的普遍化和抽象化的方法。从这样的角度,我们才能合理解释为什么恩格斯在当时的各种自然科学发现中特别突出强调了能量转化、细胞学说和进化论三个领域的进展,把它们称之为"具有决定性重大意义的"三大发现。

这三个领域的自然科学成就的确是十分重要的发现,但是,恩格斯主要不是从自然科学进展的角度来审视这些成就,而是从哲学的世界图景建立的视角来强调它们的地位。质言之,在恩格斯的视野中,这三个发现的重大意义就在于它们淡化了社会历史活动的特殊性,揭示了自然领域和社会历史领域的普遍联系,以及共同的和普遍的运行规律。具体说来,在恩格斯看来,能量转化定律的发现揭示了自然界内在的普遍联系和规律,从能量、动力、形式等方面揭示了"自然界中一切运动的统一"②。细胞的发现建立起有机的、有生命的领域的内在的普遍联系,揭示了"一切多细胞的机体本质上共有的同一规律"③。进化论的提出揭示了人类社会同自然界之间的共同性,揭示了"机体从少数简单形态到今天我们所看到的日益多样化和复杂化的形态,一直到人类为止的发展序列"④的普遍联系和共同规律。这样一来,恩格斯就完全依靠自然科学的成就和自然科学的普遍化方法,建立起包括人类社会历史领域在内的"世界图景"和"辩证法"。下面这两段经典论述正是对这种自然科学化的"世界图景"和"辩证法"的精练概括:

> 由于这三大发现和自然科学的其他巨大进步,我们现在不仅能够说明自然界中各个领域内的过程之间的联系,而且总的说来也能说明各个领域之间的联系了,这样,我们就能够依靠经

---

① 《马克思恩格斯选集》第4卷,人民出版社1995年版,第316页。
② 《马克思恩格斯选集》第4卷,人民出版社1995年版,第305页。
③ 《马克思恩格斯选集》第4卷,人民出版社1995年版,第305页。
④ 《马克思恩格斯选集》第4卷,人民出版社1995年版,第305页。

验自然科学本身所提供的事实,以近乎系统的形式描绘出一幅自然界联系的清晰图画。①

然而对于现今的自然科学来说,辩证法恰好是最重要的思维形式,因为只有辩证法才为自然界中出现的发展过程,为各种普遍的联系,为从一个研究领域向另一个研究领域过渡,提供了模式,从而提供了说明方法。②

显而易见,恩格斯的上述思想深刻影响了通行的"哲学教科书"关于历史唯物主义的表述,正因如此,这些思想也常常处于当代马克思主义理论研究者的争论之中。我想,对于恩格斯这些思想的评价必须确立一个历史坐标或历史语境。假如我们完全不考虑具体的语境和历史条件,在当今的理论讨论中一般地评价恩格斯的这些思想,就不得不承认,仅靠这些思想来编制唯物史观的理论体系,的确存在简单化和抽象化的局限性。然而问题在于,我们不能苛刻地要求恩格斯对今天的唯物史观阐述体系完全负责,必须清楚地看到恩格斯时代社会历史理论创新所面临的紧迫任务。具体说来,当时的理论境遇是,大多数思想家和理论家很少承认社会历史领域的规律性和必然性问题,包括马克思恩格斯十分看重的费尔巴哈,他在自然领域中坚持唯物主义,但是一旦到了社会历史领域中,"他的真正的唯心主义就显露出来了",因此,恩格斯形象地描述费尔巴哈是一个停留在半路上的哲学家,"他下半截是唯物主义者,上半截是唯心主义者"③。通过这一事例,我们可以看到当时马克思恩格斯创立唯物史观所面临的首要的历史任务,是论证社会历史领域和自然领域一样,存在着普遍的规律。因此,恩格斯把全部精力都用于我们上述所说的建立唯物史观的第一个维度的工作,即借鉴自然科学的普遍化的方法,尽可能排除历史的偶然性和具体性,抽象出和揭示出适用于自然领域和社会历史领域的一些最普遍的规律性。

---

① 《马克思恩格斯选集》第4卷,人民出版社1995年版,第246页。
② 《马克思恩格斯选集》第4卷,人民出版社1995年版,第284页。
③ 《马克思恩格斯选集》第4卷,人民出版社1995年版,第233、241页。

因此,造成通行的"哲学教科书"中唯物史观阐述的简单化和抽象化问题的主要根源不应当归咎于恩格斯。实际上,恩格斯晚年在一些通信中,已经意识到这一问题,他在坚持经济因素的归根到底的决定性作用的基础上,反复强调要充分认识上层建筑诸要素和其他历史要素的"反作用"和"制约作用"。因此,真正应当对后来的唯物史观的简单化和抽象化负责的是第二国际理论家、第三国际理论家以及许多其他马克思主义理论的阐释者,他们并没有在马克思恩格斯所确立的基础上把唯物史观向前推进,即适时地完成我们上述所说的建立唯物史观的第二个维度的历史任务,即在揭示的普遍性规律的基础上,重新回到历史本身不同于自然活动的特殊规定性,回到社会历史运动的文化丰富性和复杂性,使唯物史观真正围绕着人的实践活动而建立和丰富起来。相反,这些理论家把马克思恩格斯时代由于特定的历史限制而必须过分地强调的唯物史观的那一维度,即普遍性和必然性的维度进一步推向极端,并且堵死了用历史的文化丰富性来丰富唯物史观的道路。我们在这里可以引用恩格斯晚年通信中的一段批评性话语:

> 青年们有时过分看重经济方面,这有一部分是马克思和我应当负责的。我们在反驳我们的论敌时,常常不得不强调被他们否认的主要原则,并且不是始终都有时间、地点和机会来给其他参与相互作用的因素以应有的重视。但是,只要问题一关系到描述某个历史时期,即关系到实际的应用,那情况就不同了,这里就不容许有任何错误了。可惜人们往往以为,只要掌握了主要原理——而且还并不总是掌握得正确,那就算已经充分地理解了新理论并且立刻就能够应用它了。在这方面,我是可以责备许多最新的"马克思主义者"的;而他们也的确造成过惊人的混乱……①

---

① 《马克思恩格斯选集》第4卷,人民出版社1995年版,第698页。

这段话何其精彩！今天读起来，就像是恩格斯依旧活着，对过去一个多世纪的许多马克思主义理论家，包括对今天许多感觉良好的"马克思主义理论家"刚刚发出的一针见血的批评。因此，对于唯物史观的产生与发展，我们必须采取历史的和具体的分析方法加以把握，既不要求全责备，要求经典作家在他们的时代就解决所有的理论问题，更不能拒绝进一步展开和发展经典作家由于各种历史条件的限制而没有顾及或没有强调的一些重要问题。明智的态度是在新的历史条件下进一步发展唯物史观，特别要重视上述所说的唯物史观第二个维度的建设任务，要在揭示自然和历史的共同性规律的基础上，重点思考历史本身不同于自然活动的特殊规定性，通过回到社会历史运动的文化丰富性和复杂性，使唯物史观真正围绕着人的实践活动而建立和丰富起来。这也正是我们前面所说的文化哲学在社会历史理论方面的自觉使命。我们反复强调"文化是非决定的"、"文化是选择的"和"文化是微观的"，其核心要点是使唯物史观不再停留于宏观的和抽象化的视域，而采取宏观与微观相结合的综合视域，给予文化的微观丰富性，特别是给予历史中的选择性和偶然性以足够的重视。因此，在这里，我也想借用自然科学的一些相关发现或情形，来从一个层面印证社会历史领域中并不存在"必然如此"和"一定如此"的决定性，而是充满了选择性、偶然性与必然性的交互作用和创造。我们可以以生命、人和文化的发生来说明这些观点。

先说生命的起源。按照自然科学家的研究，构成生命的基本的物质并不复杂，从化学的角度看，无非是碳、氢、氧、氮、钙、硫，以及一些别的非常普通的元素合成了生命。然而，生命的出现不是一种普遍的必然性，就我们目前科学和知识所能把握的，生命还只在我们的星球上发生了这么一次。因此，这是一种极其特殊的运气，一种非人类思维所能企及的奇迹。我们可以借用美国著名科普作家比尔·布莱森《万物简史》中关于生命是一种奇迹的风趣描述：

> 无论是什么事导致了生命的开始，那种事只发生过一次。这是生物学上最非同寻常的事实，也许是我们所知道的最不寻

常的事实。凡是有过生命的东西，无论是植物还是动物，它的始发点都可以追溯到同一种原始的抽动。在极其遥远的过去，在某个时刻，有一小囊化学物质躁动一下，于是就有了生命。它吸收营养，轻轻地搏动几下，经历了短暂的存在。这么多情况也许以前发生过，也许发生过多次。但是，这位老祖宗小囊干了另一件非同寻常的事：它将自己一分为二，产生了一个后代。一小袋遗传物质从一个生命实体转移给了另一个生命实体，此后就这样延续下去，再也没有停止过。这是个创造我们大家的时刻。生物学家有时候将其称之为"大诞生"。①

因此，比尔·布莱森断言，"归根结底，生命是不可思议的，令人满意的，甚至可能是奇迹般的，但并不是不可能的——我们已经反复以我们自己的朴素存在证明了这一点。没有错儿，有关生命起源的许多细节现在依然难以解释"②。我想，毫无疑问，生命的起源中包含着重要的必然性，但是，这不是那种"必然如此"、"一定如此"并"普遍如此"的必然性，这是另外一种必然性，一种"偶然的必然性"。具体说来，当生命起源所需要的看起来简单的物质和其他无数复杂得无法认识的条件和因素在时间序列上的某一特定时刻"恰巧"凑齐，那么生命必然突现。然而，这种必然性的出现本身就是一种奇迹般的偶然性，否则，我们根据现在的科学手段和普遍的规律，应该可以千百次地、重复地合成生命。而实际上，比尔·布莱森为我们描述的一个科学家的经历否定了这种普遍的必然性和决定性：

> 1953年，芝加哥大学的研究生斯坦利·米勒拿起两个长颈瓶——一个盛着一点水，代表远古的海洋，一个装着甲烷、氨和硫化氢的气体混合物，代表地球早期的大气——然后用橡皮管子把两个瓶子一连，放了几次电火花算做闪电。几个星期以后，

---

① （美）比尔·布莱森:《万物简史》，严维明、陈邕译，接力出版社2005年版，第262页。
② （美）比尔·布莱森:《万物简史》，严维明、陈邕译，接力出版社2005年版，第260页。

瓶子里的水呈黄绿色,变成了营养丰富的汁,里面有氨基酸、脂肪酸、糖以及别的有机化合物。米勒的导师、诺贝尔奖获得者哈罗德·尤里欣喜万分,说:"我可以打赌,上帝肯定是这么干的。"当时的新闻报道听上去让人觉得,你只要把瓶子好好地晃一晃,生命就会从里面爬出来。时间已经表明,事情根本不是那么简单。尽管又经过了半个世纪的研究,今天我们距离合成生命与1953年的时候一样遥远——更不用说认为我们已经有这等本事。①

再说人这一高级理性动物的出现。按照达尔文的进化论,人在地球上的出现并不神秘,也不像《圣经》描述的那样神圣。物种的起源和发展经历着生存竞争和自然选择的过程,从低等动物到类人猿,再到人的出现,是许多客观因素共同作用和共同制约的结果,是一个客观的自然过程。然而,人的产生同样是一个奇迹,而不是可以普遍发生、普遍重复的必然性,否则的话,人诞生后的几十万年或数百万年中,应当有一只又一只类人猿或别的什么物种不断地复制着人的诞生这一必然过程,不断重演着"人猿相揖别"的剧目。所以,一些研究者认为,虽然达尔文的进化论关于人的起源的解释引起了当时的巨大震惊,但实际上,从猿到人并不是达尔文物种起源理论的主要着力点。"在一般人的眼中,人是由猿进化而来的观点是达尔文学说的重要特点,实际上根本不是,这一观点只是在达尔文的学说中顺便提了提。"②因而,可以断定,人的诞生在漫长的自然时序上的确是一个"美丽的偶然",而不是一个"普遍的必然",从生物学的角度来看,在地球上的微生物和微小生物的汪洋大海中,人能够出现的确是一种极具运气的造化:

> 生命确实是多种多样的,而大多数都是我们所不熟悉的单细胞小生物。人们自然会不由自主地想到,进化是个不断完善

---

① (美)比尔·布莱森:《万物简史》,严维明、陈邕译,接力出版社2005年版,第256页。
② (美)比尔·布莱森:《万物简史》,严维明、陈邕译,接力出版社2005年版,第357页。

的漫长过程,一个朝着更大、更复杂的方向——一句话,朝着形成我们的方向——永远前进的过程。我们是在自己奉承自己。在进化过程中,实际差异在大多数情况下向来是很小的。出现我们这样的大家伙完全是一种侥幸——是一种有意思的次要部分。在23种主要生命形式中,只有3种——植物、动物和真菌——大到人的肉眼能看得见的程度。即使在它们中间,有的种类也是极小的。据沃斯说,即使你把植物的全部生物量加起来——包括植物在内的每一生物,微生物至少要占总数的80%,也许还多。世界属于很小的生物——很长时间以来一直如此。①

同样,每一个体的产生和成长从生物学和生理学上讲都是必然的和共同的,都是男女交合、出生成长等自然的生理过程,但是,每一个体又是偶然的和独特的,是不可重复的,即使在相同环境的重新塑造下,其结果也是各不相同的个体:

> 如果你父母双方没有在恰当的时间结合——可能要精确到秒,更有可能要精确到毫微秒,你就不会在这里;而如果你父母的父母没有在恰当的时间以恰当的方式结合,你也不会在这里;如果你父母的父母的父母,以及你父母的父母的父母的父母,以此类推下去,没有以同样的方式结合,显而易见,你也肯定不会在这里。时光越是倒流,你赖以降生的人的数量越是增加。仅仅上溯到8代以前,也就是查尔斯·达尔文和亚伯拉罕·林肯出生的时间,这个数目已经超过250人,他们双方的结合决定了你的存在。继续往前推,一直到莎士比亚和"五月花"号清教徒生活的时间,你有不少于16 384个祖先,他们彼此的基因交换

---

① (美)比尔·布莱森:《万物简史》,严维明、陈邕译,接力出版社2005年版,第278~279页。

与组合,最终奇迹般地成就了你。①

我们在这里并不是想以夸张的方式或极端的推论来否认历史必然性,而是想从历史的最小细胞,即作为个体的人的诞生和成长,来说明历史的偶然和必然是多么奇妙和多么复杂地交织在一起,同样,历史的选择性和决定性又是多么不可分地相辅相成。这里给我们最大的启示在于我们不能二元分立地思考历史的必然性和偶然性、决定性和选择性:忽略了个体基因和环境制约所形成的共同性,就会失去从总体上把握和描述历史的可能性;而漠视了个体基因和个性上的可能是微小的差异,则会否定历史中选择和创新的可能性。比尔·布莱森写道:"把你的基因和别的任何一个人对比,它们平均有大约99.9%是相同的,就是它们使得我们都属人类。这千分之一的小小基因差异——用英国遗传学家,最近获得诺贝尔奖的约翰·萨尔斯顿的话说,'每1 000个核苷酸基中的约1个',就是赋予我们个性的基础。近年来很重视人类基因组结构的研究。其实根本没有单一的人类基因组这种东西。每一个人的基因组都不相同,否则我们就会完全一样。正是我们基因组的不断重组——每个基因组大体上相同,而又不完全相同,使得我们成为现在这个样,既是许多个体,又是一个物种。"②

最后,我们看一下文化的生成,尤其是各有特点的形形色色的文化模式的生成情形。无论从起源上看还是从文化的传播和发展来看,文化都是一个充满多样性和差异性的王国。文化是个体和群体存在的基本方式和基本标识,大到各个民族(甚至是多个民族构成的共同生存区域),小到不同的族群、城市、乡村、聚落、群体、团体、行业、职业圈、年龄段等,都会具有鲜明的文化底色。同生命的起源和演化、人的诞生与发展相比,文化具有更加鲜明的选择性、偶然性、差异性和不可通约性。按照汤因比"挑战与应战"的文明起源机制,或者根据古往今来不同文化的分布和演

---

① (美)比尔·布莱森:《万物简史》,严维明、陈邕译,接力出版社2005年版,第360页。
② (美)比尔·布莱森:《万物简史》,严维明、陈邕译,接力出版社2005年版,第361页。

变来看,各个层次的文化都具有十分明显的差异性,在其形成和演变过程中上演着形形色色的挑战与应战、必然性和偶然性、决定性和选择性交互作用的剧目。用汤因比的说法,人类的主要文明,有的起源于应对自然环境的挑战,包括困难地方的挑战和新地方的挑战,有的起源于人为环境的挑战,包括打击的挑战、压力的挑战和遭遇不幸的挑战等。在各种各样的挑战与应战中,或者用哲学人类学的术语,在为了弥补人的"未特定化"的生物结构而不断发展或形成"第二自然"或"第二本能"的过程中,形成了不同文化的各自的生命和各自的特色,这些文化可以相互交流、学习、模仿、融合和改变,但是不会服从于某种必然的和普遍的必然性和决定性而完全趋同。

回顾人类一路走来的进程,我们可以从历史深处和周围世界挖掘出无比丰富的文化世界,不仅有数量无限多样的文化类型,而且它们的轨迹和命运各不相同,有消失的、被湮没的、流产的、停滞的、重生的、复活的、初生的、成长的和勃兴的。斯宾格勒在《西方的没落》中曾给我们归纳出8种文化:埃及文化、巴比伦文化、印度文化、中国文化、古典文化、阿拉伯文化、墨西哥－玛雅文化和西方文化。[①] 汤因比在《历史研究》中则告诉我们,从原始时代,文化就是多种多样的,原始社会及其多样化,已知原始社会大约650个。而在文明时代,最有影响的文明也很多,他给我们开列了23种文化或文明:西方文明、东正教文明、俄罗斯东正教文明、伊朗文明、阿拉伯文明、印度文明、远东文明、古希腊文明、叙利亚文明、古印度文明、商代文明、古中国文明、朝鲜－日本文明、米诺斯文明、印度河流域文化、苏末文明、赫梯文明、巴比伦文明、埃及文明、安第斯文明、墨西哥文明、尤卡坦文明和玛雅文明。他还给我们提供了波利尼西亚人的文明、爱斯基摩人的文明、游牧民族的文明、奥斯曼人的文明、斯巴达人的文明等5个停滞的文明,以及远西方基督教文明(凯尔特边区)、斯堪的纳维亚文

---

① 参见(德)奥斯瓦尔德·斯宾格勒《西方的没落》(上册),齐世荣等译,商务印书馆1963年版,1995年第4次印刷,第130~142页。

明这两个流产的文明。① 如果我们进入文化人类学的视野,就会发现更多的、数不胜数的、形形色色的文化与文明。

不可否认,随着全球范围内文化交流的深化,随着科学技术、世界市场、世界历史进程,特别是随着信息化和全球化进程的加快,文化的共同性在逐步增加,而文化的数量在逐步减少。著名文化人类学家本尼迪克特在《文化模式》中描述文化的多样性时,曾经引用了印第安人一句谚语:"开天辟地时,主神赐给每个人一杯土,众人便从杯子中吸吮他们的生命。"本尼迪克特描述道,一个印第安酋长雷蒙曾向她谈起了这个谚语,他说:"每一个人都曾使杯子渗满水,但是,他们的杯子都是不同的。现在,我们的杯子被打破了,它早已成为过去的事,而永远不复存在了。"②的确,每一个民族在起源时,都有自己的杯子,即自己的文化,人们从中吸吮他们的生命,获取他们的生存的意义和价值。本尼迪克特认为,在现代社会,许多原来充满生命活力的杯子被打破了,人们依旧用杯子喝水,但是许多杯子往往盛着同样的水。在她看来,在这里,问题不在于人们的物质生存,而在于人们的文化生存。她认为,这个印第安酋长"所说的意思并不是指他的民族面临生死存亡的问题。但是,他感到,有许多和生命同样宝贵的东西已经失去了,那就是整个印第安民族的习惯准则和信仰"③。显而易见,这种文化的改变是非常深刻的变化。然而,即便如此,不同文化间的差异和个性也依旧会比不同民族不同国家的经济和政治之间的差异要大得多,而且,文化的全球化和文化的多样化将是一个相互交织、相辅相成、并行不悖的进程。一方面,昨天的工业化和市场化、今天的信息化和全球化的确以理性文化的逻辑在不断打破各种本土文化、民族文化的"生命的杯子",促使更多的人啜饮相同的文化之水;但另一方面,

---

① 参见(英)汤因比:《历史研究》(上卷),曹未风等译,上海人民出版社 1997 年版,第 42~43 页。
② (美)鲁尼·本尼迪克特:《文化模式》,张燕、傅锵译,浙江人民出版社 1987 年版,第 21 页。
③ (美)鲁尼·本尼迪克特:《文化模式》,张燕、傅锵译,浙江人民出版社 1987 年版,第 21 页。

各种过去的文化与各种依旧多种多样的本土文化和民族文化无论是作为破碎的、残缺的杯子,还是作为自我更新的杯子,在卷入全球化的进程中,都会不断地以各自不同的传统、习惯、文化无意识、集体心像、深层的机理、自在的图式等悄悄地影响着人们的行为,改变着理性文化和全球文化之水的成分,形成新的文化的多样性,激发出新的文化创新。布罗代尔指出:

> 未来从不沿着一条路走。线形发展的说法应予放弃。同样还不能认为,每个文明因为各具特色就是一个封闭的、独立的世界,如同大海中的一个孤岛;文明之间的会面和对话毕竟是基本现象,它们正逐渐汇集成为人类的共同财富。①

毫无疑问,文化的差异性、多样性、选择性特征是任何社会历史理论都不应该忽略的内涵。环顾一下我们当今的世界,在一个经济政治日益全球化、文化交流和传播日益市场化、消费日益趋同化的"扁平的世界"中,文化的差异性和多样性不仅没有消失或减弱,而是依旧顽强地成为当今不同势力、不同地区、不同国别冲突的鲜明底色,以至萨缪尔·亨廷顿把21世纪定义为"文明冲突的时代"。显而易见,在文化普遍自觉的时代,我们的社会历史理论如果依旧固守宏大的、抽象的、普遍化的视野,继续漠视人类历史的文化丰富性,就很容易变成远离生活世界、孤芳自赏、自我陶醉的理念王国。显而易见,正是依据"文化是非决定的"、"文化是选择的"和"文化是微观的"这三个文化哲学的基本命题或理论预设,我们才可能真正深入而具体地把现代性理解为非中心的、弥散的、微观的、内在机理性的存在现象,理解为内在差异的、非连续的、异质的、层积性的、断裂性的微观存在现象。

---

① (法)费尔南·布罗代尔:《资本主义论丛》,顾良、张慧君译,中央编译出版社1997年版,第151页。

第二章 现代性研究的方法论选择

以上我们反反复复,甚至冒着啰唆烦琐的危险,分析了作为历史解释模式的文化哲学,特别是阐述了文化哲学在社会历史理论方面的基本的理论预设。从上述阐述可以清楚地看出,这不是一种简单的理论探索,实际上已经涉及理论方法论和研究范式问题。特别要指出的是,当我们围绕着"文化是非决定的"、"文化是选择的"和"文化是微观的"这样三个基本命题或理论预设展开文化哲学的历史解释模式时,我们实际上连带地给自己提出了方法论阐述或范式设定的任务。在通常的意识哲学的抽象理论范式中,我们已经十分熟悉了那种类似自然科学的普遍化和抽象化方法论,但是,当我们把视野深入到历史的微观的文化丰富性,深入到经济、政治等社会活动的内在文化机理时,原有的方法论已经不能完全有效地应对,我们必须十分明确地提出方法论的问题。在很多时候,方法论的设定直接影响到理论观点和理论体系能否顺利建构。马克思恩格斯都十分重视理论研究的方法论问题,大家都熟知马克思所表述的从抽象到具体的方法论,而恩格斯晚年在反思唯物史观被第二国际理论家们简单化为经济决定论时,自我反思他和马克思在理论方法论方面的不足。"只有一点还没有谈到,这一点在马克思和我的著作中通常也强调得不够,在这方面我们大家都有同样的过错。这就是说,我们大家首先是把重点放在从基本经济事实中**引出**政治的、法的和其他意识形态的观念以及以这些观念为中介的行动,而且**必须这样做**。但是我们这样做的时候为了内容方面而忽略了形式方面,即这些观念等等是由什么样的方式和方法产生的。"①

从前面关于文化现象的非决定性、选择性和微观性的特征来看,研究文化现象的文化哲学不能采取一般的意识哲学的宏观的理论抽象方法,而应当采取微观社会历史理论的研究范式,特别是微观政治哲学的研究范式。当然,我们这样表述问题,并不是在文化哲学研究中完全排斥宏观社会历史理论方法。应当说,文化哲学所期待的是一种宏观与微观相结合的理论视野和方法论原则,但是,鉴于微观视角在自然科学普遍化方法主导的宏观社会历史理论领域处于弱势,没有真正建立起来,我们在这里的主要任务是确立微观社会历史理论的方法论。

第一节 微观政治哲学的方法论

令我们欣慰的是,关于微观政治哲学或者微观社会历史理论,我们并不需要从头开始做开拓性或开创性的工作,实际上,20世纪的社会历史理论领域已经为我们提供了许多重要的理论资源,可以供我们形成清晰明白的微观社会历史理论的方法论。例如,20世纪哲学的重大发现之一,是胡塞尔、维特根斯坦、许茨、海德格尔、列菲伏尔、哈贝马斯、赫勒等许多理论家从不同层面推动哲学理性向生活世界的回归,把日常生活世界从背景世界中拉回到理性的地平线上。同时,在哲学所营造的回归生活世界的文化氛围中,史学、政治学、社会学等众多社会科学领域中都出现了告别宏大叙事、自觉地向生活世界回归的趋势。法国的年鉴学派、意大利的微观史学派、德国和奥地利的日常生活史学派、英国的"个案史"

---

① 《马克思恩格斯选集》第4卷,人民出版社1995年版,第726页。

学派等,都反对只写重大历史事件和只关注政治、经济、军事、外交等宏大叙事的历史学,而主张把关注中心转向具体的和微观的日常生活世界的各个领域。在政治学领域,开始出现微观政治学,主张从日常生活的机制去思考制度安排问题,探讨微观权力秩序的重建问题,而福柯则从监狱、医院、军队、学校等传统政治学忽略的边缘领域,开展了关于理性权力结构的微观政治学的批判。因此,我们要在这里简要地盘点一下这一方面的重要的理论资源,然后对我们拟采用的方法论加以选择和重构。我认为,以下几个领域和方面的研究进展,为我们确立作为历史解释模式的文化哲学奠定了重要的方法论基础。

其一,年鉴学派的新史学范式。这一选材从表面看似乎与哲学关联不大,但实际上,历史学与哲学,特别是与政治学或政治哲学关系极为密切,在某种意义上,历史学就是历时态的政治学和政治哲学。尤其需要指出的是,传统史学与传统宏观政治学往往有着共同的主题和共同的爱好,都以宏观政治为核心。前者基本上围绕着君主、伟人、大事件而展开,主要表现为宏观政治史;后者主要围绕着国家制度安排和政治权力的运行而展开,更多地表现为传统史学的积淀。因此,当法国年鉴学派在20世纪初开始对传统史学发起挑战时,其影响深远的新史学在研究范式上同时就对传统宏观政治学和政治哲学构成了冲击。法国年鉴学派先后经历过三四代著名史学家的演绎,提出了很多重要的史学思想和经典的历史分析,我们在这里不能一一展开,而只想挖掘"总体史学"和"长时段史学"两个基本范畴的范式意义。

"总体的历史"或"总体史学"是法国年鉴学派创始人吕西安·费弗尔和马克·布洛赫提出的新史学的主要研究范式。从表面看,总体或总体性的提法似乎蕴涵着一种总体化的、线性决定论的、宿命论的历史观,实则不然。他们所提倡的"总体史学"反对单纯以重大政治事件和君王伟人为轴心的传统宏观史学,主张把历史研究的视野从政治活动扩展到人类历史的每一个细节、每一个层面和每一种人文社会科学研究领域。布洛赫明确指出,"历史研究不容画地为牢,若囿于一隅之见,即使在你的研究领域内,也只能得出皮面的结论。唯有总体的历史,才是真历史,而只有通过众人的协作,才能接近真正的历史"①。年鉴学派第三代核心人物雅克·勒高夫在概括总体史学时指出,"新史学所表现的是整体的、总体的历史,它所要求的是史学全部领域的更新"②。具体说来,"这里所要求的历史不仅是政治史、军事史和外交史,而且还是经济史、人口史、技术史和习俗史,而且还是所有人的历史;这是结构的历史,而不仅仅是事件的历史;这是有演进的、变革的运动着的历史,不是停滞的、描述性的历史;是有分析的、有说明的历史,而不再是纯叙述性的历史;总之是一种总体的历史"③。在年鉴学派代表人物看来,只有把历史考证和分析的视野拓展到社会生活的各个方面,才能防止我们把自己片面的理解等同于历史规律本身,布洛赫在说到法国史时,就明确批评那种单纯以王朝更迭、群主更替为历史分期标志的宏观史学,他分析道,"我们似乎是要把任意选择的、如钟摆一般千篇一律的节奏强加给历史,这种所谓的规律性与历史本身的发展是完全不相符的,也是行不通的。在这方面,史学界的确还做得很不够,我们必须设法加以改进"④。

"长时段史学"是年鉴学派第二代代表人物费尔南·布罗代尔对总体史学的进一步发展,这一概念对于20世纪史学的变革具有重大的影响。他认为,在社会现实中,存在着多元的社会时间,认识社会现实和历史的时限性,比什么都更重要。在多元的社会时间中,布罗代尔特别关注的是瞬时性和长时性两种对立的时限。他认为,传统史学属于一种短时段历史学,它主要关注事件或政治时间,即历史上的革命、战争等突发现象,因此是一种事件史。而人类社会中存在着一些长时段历史现象,主要是结构或自然时间,指历史上在几个世纪中长期不变和变化极慢的现象,

---

① (法)马克·布洛赫:《为历史学辩护》,张和声、程郁译,中国人民大学出版社2006年版,第40页。
② (法)J. 勒高夫等主编:《新史学》,姚蒙编译,上海译文出版社1989年版,第5页。
③ (法)J. 勒高夫等主编:《新史学》,姚蒙编译,上海译文出版社1989年版,第19页。
④ (法)马克·布洛赫:《为历史学辩护》,张和声、程郁译,中国人民大学出版社2006年版,第150~155页。

如地理气候、生态环境、社会组织、思想传统等。在短时段和长时段之间，还存在人口、物价、生产变化等特定周期和结构现象，有的学者把这一类现象概括为中时段，而在布罗代尔那里，这些现象同长时段现象之间没有十分严格的划分。布罗代尔明确反对传统史学的政治事件史，他强调，短时段的历史无法把握和解释历史的稳定现象及其变化，长时段现象才构成历史的深层结构，构成整个历史发展的基础，对历史进程起着决定性和根本的作用。"历史学的本质要求它给予时限及其赖以分解的各项运动特殊的关注；在我们看来，长时段是社会科学在整个时间长河中共同从事观察和思考的最有用的河道。"[①] 在各种长时段现象或事件中，布罗代尔非常重视文化和文明的作用。他关于文化或文明作为一种长时段的实在的论述对于我们上述关于文化的规定性的阐述是一种很好的佐证：

> 作为长时段的实在，文明具有无穷的生命力，它不断适应自己的命运，它的寿命远远超过所有其他的集体实在。文明在地域上不受社会疆界的约束（特定的社会像在一个比它广阔得多的世界里漂浮，并不知不觉地受到几种特殊力量的推动），同时并随着时间的流逝不断超越自己，汤因比正确地指出，时间留给文明一笔奇怪的遗产，谁若是满足于观察和认识最狭义的"现时"，就无法理解这笔遗产。换句话说，政治、社会、经济乃至意识形态的变革并不决定文明的生死，文明却暗中对这些变革施加有力的影响。法国大革命在法兰西文明的命运中，1917年十月革命在俄罗斯文明（有人加以扩大，称之为东正教文明）的命运中，都不构成全面的断裂。[②]

法国年鉴学派新史学的范式意义在于它不再孤立地围绕着大事件等宏观政治来建构自己的历史解释模式，而是把政治现象放到地理环境、文

---

① （法）费尔南·布罗代尔：《资本主义论丛》，顾良、张慧君译，中央编译出版社1997年版，第201~202页。

② （法）费尔南·布罗代尔：《资本主义论丛》，顾良、张慧君译，中央编译出版社1997年版，第162~163页。

化传统、经济结构等深层次、长时段的历史现实中加以把握,"将习俗、心态当作历史的衡量标准,将技术、能源形式……以及对社会的基本现象和问题所持态度……看作历史分期的依据"①。当然,在这些论述中有许多值得我们商榷的地方,但是,这种总体史学和长时段史学的确为我们展示了社会政治运动和经济活动的深层次的文化基础,把研究视野从重大历史事件和关于政治、经济、军事、外交的宏大叙事,转向具体的和微观的日常生活世界和社会运动的各个领域,并揭示了文化、日常生活等因素的更为深远的历史意义和历史作用。因此,布罗代尔强调地理环境的特殊文化内涵,强调"广阔无垠的文化领域也具有相同的稳定性或残存性"②。他在著名的《地中海与腓力浦二世时期(1551—1598)的地中海世界》中,把地中海世界描绘为一个社会、文化和经济密切联系、相互作用的缓缓流动的历史进程,其中,传统的政治事件和军事冲突对历史并不发生根本的影响。他的《15至18世纪的物质文明、经济和资本主义》共分三卷,其中第一卷就是《日常生活的结构:可能和不可能》,主要讨论15—18世纪人们的日常生活,包括这一时期人们衣食住行的各个方面和细节,把日常生活作为解读这一时段历史的重点。③ 需要指出的是,年鉴学派在历史学研究领域所开启的微观研究的范式,对20世纪许多国家,特别是欧美国家的史学范式变革产生了巨大的影响,从而推动各种按照微观史学范式所建立起来的新的史学学科的涌现,如日常生活史、新文化史、大众文化史、案例史、系列史、心态史、乡村史、气候史等。

其二,生活世界理论和日常生活批判范式。年鉴学派的新史学对政治军事等大事件背后的日常生活、生产方式、文化等长时段历史要素的分析,在研究范式上与20世纪的生活世界理论,特别是日常生活批判范式有着深刻的一致性。把日常生活世界从背景世界中拉回到理性的地平线

---

① (法)J.勒高夫等主编:《新史学》,姚蒙编译,上海译文出版社1989年版,第27页。
② (法)费尔南·布罗代尔:《资本主义论丛》,顾良、张慧君译,中央编译出版社1997年版,第181页。
③ 参见(法)费尔南·布罗代尔:《15至18世纪的物质文明、经济和资本主义》第1卷,顾良、施康强译,三联书店1992年版。

上,使理性自觉地向生活世界回归,是20世纪哲学的重大发现之一,胡塞尔、维特根斯坦、许茨、海德格尔、列菲伏尔、哈贝马斯、赫勒等许多理论家从不同层面推动了这一哲学转向。日常生活批判范式的要点在于,它不再孤立地探讨和强调政治、经济等宏观社会历史因素的决定作用,而是把所有的社会历史因素都放到生活世界的文化意义结构中加以审视和评价。

生活世界理论和日常生活范式不是某个理论家的偶然想法,而是带有很大普遍性的哲学转向,因此,我们面对着许多各有特色的生活世界理论范式。具体说来,在胡塞尔那里,作为主体(间)性的意义构造的生活世界是一个文化世界,它包含着给定的、非课题化的、前科学的、前逻辑的价值、意义、先见(或前见)等文化结构;维特根斯坦晚年关于日常语言和言语游戏的理论,把日常语言理解为基本的生活方式,这一理论在价值取向上很接近胡塞尔的生活世界理论;海德格尔所关注的此在的日常共在的世界是主体间以自在、沉沦或异化的方式交往和生存的世界,他突出的主题显然是此在日常共在的方式,即生存的特殊模式;萨特的"他人理论"对于生活世界中的交往问题的理解与海德格尔属于同一种类型;列菲伏尔把日常生活界定为个体生存和再生产的平面,个人是在这个平面或层面上被发现和创造的,其中,人的生成的焦点是基本的生存方式,即文化模式;许茨明确把日常生活世界界定为给定的主体间性的世界,界定为一个文化世界和一个意义结构;赫勒在分析作为个体再生产的领域的日常生活时,一直把它视做一种生存和存在的方式,是一种自在的类本质对象化;科西克在《具体的辩证法》中关于"伪具体性世界"的批判,对于日常生活世界的特征,以及日常生活与历史的关系作了深入的探讨;而哈贝马斯则直接把作为知识储备的文化视做生活世界的基本的构成要素。

这些理论家尽管对生活世界的透视点或着眼点有很大的差异,但是他们在最根本的意义上,都把生活世界理解为文化世界。即是说,哲学理性对生活世界或日常生活世界的把握,不仅要关注日常生活的具体的、复杂的、琐屑的内容,并且要把握衣食住行、饮食男女、婚丧嫁娶、日常交往的文化机理,即作为人类给定的知识储备、文化先见、价值取向、非课题化的规则体系、传统习惯,等等。这样一来,生活世界必然与人的生存的意义和价值问题密切相关,同时与社会历史运行的内在机理紧密相连,它作为个体再生产的领域或层面,作为主体间交往的背景、视野或境域,作为社会再生产的基础,作为社会历史运动的深层基础,影响、制约、约束、规范、驱动、左右着个人的再生产和社会的再生产,以及社会历史的演变。显而易见,日常生活批判为微观政治哲学提供了重要的理论维度,无论是反思现代性还是理解人类社会的政治活动和制度安排,都离不开这一深层的文化基础。

在这里,我们特别要介绍一下哈贝马斯关于生活世界的论述,他在《交往行动理论》一书引入生活世界的概念主要是为了揭示交往行为,以及社会各领域的文化背景和文化底蕴。他认为,"生活世界"包括三大结构成分:文化、社会和个人。他说:"我把**文化**称之为知识储存,当交往参与者相互关于一个世界上的某种事物获得理解时,他们就按照知识储存来加以解释。我把**社会**称之为合法的秩序,交往参与者通过这些合法的秩序,把他们的成员调节为社会集团,并从而巩固联合。我把**个性**理解为使一个主体在语言能力和行动能力方面具有的权限,就是说,使一个主体能够参与理解过程,并从而能论断自己的同一性。"① 我认为,哈贝马斯的一个重要思想在于:生活世界不是一个外在于自然、社会等存在领域的独立的实体性领域,而是内在于社会生活和社会运动各个领域的文化层面。哈贝马斯区分了"世界"与"生活世界"。他认为,二者并不是一个总体和部分的组成关系。世界是指行为主体从事活动时,与他们的行为目的和利益相关联的外在环境因素的总和,属于客体化的对象领域。哈贝马斯把世界划分为客观世界、社会世界和主观世界。而由文化、社会和个性构成的生活世界不是世界的一个独立的组成部分或领域,而是为行为主体

---

① (德)哈贝马斯:《交往行动理论》第 2 卷,洪佩郁、蔺青译,重庆出版社 1994 年版,第 189 页。

提供给定的文化传统力量(知识储备)、规则体系和价值支撑的条件和背景世界。作为交往行为主体的主体间性的生活世界实际上是以文化的解释力量内在地与所有其他三个世界相互交织和相互影响,或者构成所有这些对象领域的内在的文化机理。因此,由文化、社会和个性构成的生活世界是交往行为者始终在其中运动的视野、境域或背景,是"交往行为'总是已经'在其中运行的地平线"①,是主体间交往的意义世界和文化世界。我们在这里引证哈贝马斯的一段论述,一方面可以深刻理解,生活世界作为价值和意义的文化世界对于交往的开展、社会的形成、个体的生产的极端重要性,另一方面可以体会到生活世界理论对于我们以文化为核心构建宏观与微观视角相结合的社会历史理论的重要性:

> 我们可以认为,生活世界的各个部分,如文化模式、合法制度以及个性结构等,是贯穿在交往行为当中的理解过程,协调行为过程以及社会化过程的浓缩和积淀。生活世界当中潜在的资源有一部分进入了交往行为,使得人们熟悉语境,它们构成了交往实践知识的主干。经过分析,这些知识逐渐凝聚下来,成为传统的解释模式;在社会群体的互动网络中,它们则凝固成为价值和规范;经过社会化过程,它们则成为了立场、资质、感觉方式以及认同。产生并维持生活世界各种成分的,是有效知识的稳定性,群体协同的稳定性,以及有能力的行为者的出现。日常交往实践的网络同在社会空间和历史时间范围内一样,远远超出了符号内涵的语用学领域,并且构成了文化、社会以及个性结构形成与再生的媒介。②

其三,萨特的历史人类学的方法论。众所周知,萨特是存在主义的著名代表人物,他早年的存在哲学以强调个人自由和个人责任的绝对性为

---

① Jürgen Harbermas, *The Theory of Communicative action*, Volume 2, Beacon Press, 1987, p. 119.
② (德)于尔根·哈贝马斯:《后形而上学思想》,曹卫东、付德根译,译林出版社2001年版,第82页。

基本标志。但是,第二次世界大战之后,萨特发生了重大转变,在关于世界大战和工人生存状况的思考中,他被马克思主义的深刻历史感和实践精神所吸引,尝试着把存在主义同马克思主义结合起来,提出了著名的存在主义的马克思主义的理论构想。他断言,马克思主义仍然是我们时代有生命力的哲学,"马克思主义非但没有衰竭,而且还十分年轻,几乎是处在童年时代:它才刚刚开始发展。因此,它仍然是我们时代的哲学:它是不可超越的,因为产生它的情势还没有被超越。我们的思想不管怎样,都只能在这种土壤上形成;它们必然处在这种土壤为它们提供的范围之内,或是在空虚中消失或衰退"①。然而,萨特强调,虽然马克思主义是我们时代不可超越的哲学,但是,马克思主义并非完美无缺,而是存在着自身的缺陷的,其中突出的问题在于,在当代马克思主义的理论体系中,马克思当年所关注的具体的人消失了,存在着"人学的空场",即存在着对人,特别是对个体存在价值的忽视,从而导致当代马克思主义的僵化。因此,不能简单地从存在主义走向马克思主义,而是要用存在主义关于个体和自由的理论补充马克思主义。由此,萨特提出了一种以人的具体活动或个人的实践为基础的历史的人类学(或历史人学)。萨特为了使马克思主义能够同存在主义结合起来,在《辩证理性批判》中花费很大篇幅探讨历史人类学的方法论。我们在这里不去评价萨特的这种结合是否成功,我们感兴趣的是:萨特用存在主义补充马克思主义的基本方法是用关于实践的微观分析来避免马克思主义理论中的过分抽象化问题。从我们的视角来看,这种历史人类学的方法论正是一种典型的微观社会历史理论范式。

萨特认为,整体化(总体化)方法是马克思主义的方法论特色,它用普遍性和整体性来阐述历史过程;但是,在马克思那里原本是包含着具体的丰富多样性的总体化,到了马克思主义这里就变成了排斥具体和特殊

---

① (法)让-保罗·萨特:《辩证理性批判》(上),林骧华等译,安徽文艺出版社1998年版,第28页。

性的总体化,这种过分普遍化采取一种归类模式而抹杀了个体的特殊性,导致了人类学的空场。萨特断言,"这种方法不能使我们感到满意:它是先验的;它不是从经验史中得出自己的概念——或者至少不是从它力图了解的新经验中得出的——它已经形成了这些概念,它已经确信它们的实在性,它将把构成性模式的角色分配给它们:它唯一的目的是把被研究的事件、人或行为放入预先制造好的模子"①。防止和避免抽象的总体对个体和特殊性的压抑,萨特提出了中介方法和前进-回溯方法来补充和完善总体化方法。

中介方法的主要特征是,在对人的行为的分析中,不是简单断言社会构成因素对人的直接决定,而是寻找人和历史条件之间相互作用的中间环节和因素,如与人的活动直接相关的家庭、童年的经历、周围的直接环境、个体心理、情感因素、两性关系等微观实践活动和要素。它们对于人和历史的影响比经济、社会因素更具有直接性。这样的研究结果,会使人成为历史运动中的丰富的个体。萨特认为,当代马克思主义使总体化方法变成抽象化和强制性方法的重要原因之一在于,它在对个体的活动和历史事件的分析时,忽略了各种社会条件和普遍性因素同个体行为之间的许多中介因素,从而把个体的特殊性看得微不足道,结果这种总体化方法使当代马克思主义者变成了"模式化工作者",他们的工作似乎就是把各种个体和特殊性都按照一种归类模式纳入普遍化的框架中。要避免在历史分析中成为"模式工作者",就应当真正确立起中介方法。萨特指出,"实际上,辩证唯物主义不能再长期失去可以从中获益的中介,因为中介能使它从一般的和抽象的规定性转入某些特殊的和个别的特点"②。从这样的视角出发,萨特认为,历史的人类学要充分重视精神分析学、微观社会学等辅助学科的作用,更加行之有效地分析个体实践和社会整体

---

① (法)让-保罗·萨特:《辩证理性批判》(上),林骧华等译,安徽文艺出版社1998年版,第35页。

② (法)让-保罗·萨特:《辩证理性批判》(上),林骧华等译,安徽文艺出版社1998年版,第34页。

运动之间的许多具体的和微观的中介因素,从而在历史运动中把握每一个体的自由、特殊性、个性等。

与中介方法密切相关,还要用前进－回溯方法来补充和完善马克思主义的总体化方法。前进－回溯方法强调,在分析历史运动时,不仅要把人置于历史的框架内,探讨历史的普遍性和整体性,而且要对个人的活动及其相关的中介因素进行回溯性分析。换言之,要具体分析社会整体和个人实践之间的复杂关系,无论是社会整体通过各种中介因素对个体行为的影响和决定,还是个体实践在各种中介因素的制约下对社会环境的自主选择,都不是单向的和一次性完成的运动,而是双向往复的运动。因此,历史人类学必须善于掌握在社会整体和个人实践之间进行"一来一往",且循环往复的分析和研究方法。这种前进－回溯方法和中介方法相结合,能够真正形成关于个体实践,即关于具体的、现实的人的分析,它不是"把人吸收在理念之中",而是"在他所在的所有地方,即在他工作的地方、在他家里、在街上寻找他"①。萨特认为,当代马克思主义使总体化方法走向抽象化和僵化的重要原因,除了忽视各种中介因素的作用之外,还在于它没有掌握社会整体和个人实践之间的这种前进－回溯方法。当代马克思主义在把人置于他的环境之中,即置于社会整体之中时,没有再回溯到个体的实践和各种中介因素,因此:

> 当代马克思主义者在此停止了。他们认为在历史过程中发现了客体,在客体中发现了历史过程。实际上,他们用一整套直接引证原则的抽象论述来取代这两者。相反,存在主义依然希望使用启发式的方法。它只有"双向往复"(va－et－vient)这种方法:在深入了解时代的同时逐渐确定(例如)个人经历,在深入了解个人经历的同时逐渐确定时代。它并不急于把个人经历同时融为一体,而是将他们维持在分离状况,直至相互包含自行

---

① (法)让－保罗·萨特:《辩证理性批判》(上),林骧华等译,安徽文艺出版社1998年版,第27页。

产生,使研究暂时告一段落。①

萨特认为,这种前进-回溯方法同中介方法本质上是一致的,这两种方法的运用可以有效地防止马克思主义的总体化方法被抽象化和僵化为压抑个体和特殊性的方法,为分析个体实践的历史运动奠定坚实的方法论基础。在这两种方法中,我们都看到了微观的、具体的文化要素、活动要素和环境要素对于我们形成关于社会运动的总体认识的重要性。

其四,后现代的微观政治学。如果说年鉴学派的新史学范式和日常生活批判范式属于微观政治哲学可以借鉴的研究范式,那么,福柯、德勒兹、加塔利、利奥塔等后现代的微观政治学则构成了微观政治哲学的一种重要的范例。人们在研究福柯、德勒兹、加塔利、利奥塔时,经常争论他们对现代性的激进否定是否具有理论的片面性,或者考证福柯前期和后期对于启蒙和主体性的看法是否发生了转变,等等。我以为,这些还不是最为关键的问题。福柯、德勒兹、加塔利、利奥塔等人的现代性分析的最大特点是把关注点从中心化的宏观权力转向了多态化的微观权力。关于权力形态作用机制的认识、关于现代性的争论焦点、关于反抗理性权力的策略等,都因这一转变而发生重要的改变。限于篇幅,我们在这里只简要地介绍福柯关于现代性的微观政治学批判理论。

福柯《知识考古学》的引言是从评价年鉴学派的长时段新史学范式开始的。他认为,历史学家对于长时段的普遍关注的直接后果是开始抛弃线性连续性的观念,并充分肯定断裂和不连续性,"不连续性曾是历史学家负责从历史上删掉的零落时间的印迹。而今不连续性却成为了历史分析的基本成分之一"②。与不连续性密切相关,福柯还明确反对传统史学的宏大叙事,反对把所有的现象都聚拢到一个中心之下,例如聚拢到一种原则、一种意义、一种精神、一种世界观、一种包容一切的范型之下,他

---

① (法)让-保罗·萨特:《辩证理性批判》(上),林骧华等译,安徽文艺出版社1998年版,第109~110页。

② (法)米歇尔·福柯:《知识考古学》,谢强、马月译,三联书店2003年版,第8页。

主张一个离散的叙事空间。① 正是在不连续性和离散的叙事空间中,福柯通过知识考古的方式,而不是线性决定论的方式,为我们展现了新的微观样态的权力结构。在福柯的视野中,现代性的知识权力或理性权力不是那种围绕着国家权力而形成的中心化的、压迫性的、法权模式的宏观权力,而是在本质上呈现为生产性的权力,是分散的、不确定的、形态多样的、无主体的、弥散于日常生活不同社会层面的微观权力。他认为,这种微观权力的运作方式也发生了很大的改变,它无须借助于法律和肉体的力量,而是借助于具有领导权(或霸权)地位的各种规范和政治技术,借助于对躯体和灵魂的塑造,因此,微观权力是一种规训性的、规范化的、无所不在的权力网络。正因为如此,福柯并不热衷于对现代性或启蒙作总体性的评判,而是在精神病院、军队、学校、监狱、性、人文学科等特殊领域和边缘领域揭示无所不在、无所不包的微观权力机制。福柯在《规训与惩罚》中指出,在高度理性化的背景下,国家机器和各种机构所运用的是一种"权力的微观物理学",这是一张由复杂的、丰富的微观权力编织的操控网络。在这里,他对微观权力的特征作了比较全面的概括:

> 这样,我们对这种微观物理学的研究就提出以下的假设:首先,施加于肉体的权力不应被看作是一种所有权,而应被视为一种战略;它的支配效应不应被归因于"占有",而应归因于调度、计谋、策略、技术、运作;人们应该从中破译出一个永远处于紧张状态和活动之中的关系网络,而不是读解出人们可能拥有的特权;它的模式应该是永恒的战斗,而不是进行某种交易的契约或对一块领土的征服。总之,这是一种被行使的而不是被占有的权力。它不是统治阶级获得的或保持的"特权",而是其战略位置的综合效应——是由被统治者的位村所展示的、有时还加以扩大的一种效应。其次,这种权力在实施时,不仅成为强加给"无权者"的义务或禁锢;它在干预他们时也通过他们得到传

---

① 参见(法)米歇尔·福柯:《知识考古学》,谢强、马月译,三联书店2003年版,第10页。

播;正是在他们反抗它的控制时,它对他们施加压力。这就意味着,这些关系深入到社会深层;它们不是固定在国家与公民的关系中,也不是固定在阶级分野处,它们不仅在个人、肉体、行为举止的层面复制出一般的法律和政府的形式;尽管存在着某种连续性(它们确实通过一系列复杂机制而连接成这种连续形式),但是,既没有相似性,也没有同源性,而只有机制和模态的特殊性。最后,它们不是单义的;它们确定了无数冲撞点、不稳定中心,每一点都有可能发生冲突、斗争,甚至发生暂时的权力关系的颠倒。这些"微观权力"的颠覆并不是遵循着"要么全部,要么全不"的法则;这种颠覆不是由于国家机器被新的势力控制或原有的制度机构行使新的功能或遭到毁灭而一下子造成的;另一方面,这些局部的插曲无一会被载入史册,除非它对制约着它的整个网络产生影响。①

通过福柯的这段论述,不难看出,微观权力不同于宏观权力,它不是中心化的、整体化的、同质的力量和要素,而是多元差异的复合体。这种理性化的、知识化的微观权力并不构成人的存在的一个外在的对立面,而是渗透到人的生存和活动的各个层面;微观权力既是对人的操控,具有统治性,又在人的活动和关系中得到传播和扩展,具有生产性;微观权力既构成了一个没有"基本的自由空间"的全景监狱,体现了统治的无所不在,又不是表现为一种中心化的和同质的宏观力量的强力统治,而是体现为相互交织又相互冲突,价值各异、张力无限的微观权力的弥散化的内在操控。因此,与微观权力的复杂形态相适应,在后现代的微观政治学的视野中,现代性批判或启蒙批判的策略也不同于宏观政治学。具体说来,现代性的危机并不体现为中心化的国家权力体系对于社会各个层面的专制压迫,而是体现在复杂的、规训性的、规范化的、全方位的微观权力网络对

---

① (法)米歇尔·福柯:《规训与惩罚》,刘北成、杨远婴译,三联书店2003年版,第28~29页。

于个人的监视、判断、评估、规训等。福柯认为,既然权力是分散的、多元的、微观的,那么政治斗争形式也应当是分散的和多元的,在这里根本不存在大规模拒绝的中心和反叛的核心,而只有多元的抵抗,多元的自主斗争。福柯在谈到生态运动等反抗斗争时指出,"反对日常权力的斗争并不以获取权力为目标,确切地说是拒绝权力。单纯的国家权力不是它的目标"①。

其五,后马克思主义的政治哲学。尽管我们并不情愿使用"后马克思主义"的称谓,但是,考虑到从众原则的简单化效果,还是可以这样使用的。一般认为,1968年的五月风暴之后,西方马克思主义的文化批判话语在很大程度上让位于政治哲学的话语,例如,特别典型的是拉克劳、墨菲、雅索普等人通过领导权、社会主义策略、资本主义国家等问题的研究在西方马克思主义中实现的政治哲学转向。我们知道,"后马克思主义"范畴的边界还不十分清晰,有的研究者把一些具有后现代倾向的理论家也都划入这一范畴之中,同时,后马克思主义的各种政治哲学也不尽一致。但是,可以肯定地说,微观政治哲学在后马克思主义政治哲学中是一种很重要的倾向。我们可以通过拉克劳和墨菲的领导权理论略见一斑。

虽然后马克思主义主张重新思考国家、社会、阶级等经典宏观政治哲学的基本范畴,但是,拉克劳和墨菲反对把国家当成是社会理论解释中的真实和独立的因素,反对依靠经济决定论、上层建筑理论、阶级工具论、国家自主论等观点来解释国家,而主张以领导权作为政治哲学的核心范畴。他们指出,"我们进行研究的基础在于给予政治连接因素以优先权。在我们看来,政治分析的核心范畴是领导权"②。众所周知,领导权(hegemony,一译"霸权")是早期西方马克思主义代表人物葛兰西关于西方革命战略构想中的核心范畴。我们在这里不去具体展开他的市民社会理论和领导权理论,只想指出一点,当葛兰西把市民社会及其文化领导权

---

① (法)米歇尔·福柯:《福柯集》,杜小真编选,上海远东出版社2003年版,第468页。
② (英)恩斯特·拉克劳、(英)查特尔·墨菲:《领导权与社会主义的策略》,尹树广、鉴传今译,黑龙江人民出版社2003年版,"第二版序言"第5页。

定位于国家上层建筑和经济基础之间时,他已经自觉不自觉地打破了传统宏观政治的一统天下,把领导权从国家、政权、政府活动等宏观权力结构中游离出来,并与社会的文化结构连接起来。我们发现,拉克劳和墨菲在关于领导权和社会主义策略的探讨中,也同样赋予领导权不同于传统宏观政治的内涵,他们从反本质主义的立场出发,强调社会关系的偶然性的、差异性的、多样性的结合,强调建立在各种政治因素连接的基础上的领导权的核心地位,强调权威关系的不可根除性,以及达到和谐社会的不可能性,由此摧毁了建立在宏观权力和本质主义、客观主义基础上的线性决定论,为对抗基础上的激进的和多元的民主斗争提供了可能性。由此不难看出,他们的社会主义策略在某种意义上属于围绕着领导权而展开的微观政治斗争,他们明确指出,特别值得关注和再思考的是多元的新社会运动,例如,应当特别关注"新兴的女权主义,少数种族、少数民族和性少数的抗议运动,人口边缘阶层发动的反制度化生态斗争——所有这些都意味着社会斗争存在于更广阔的区域范围,它们正在开创潜在的,甚至不只是潜在的,而是更自由地走向民主和平等社会的趋向"①。他们非常重视这些斗争的重要性,"《领导权与社会主义策略》的核心原则之一是需要把等同的链条与各种反对不同从属形式的民主斗争联系起来。我们认为,反对男性至上主义、种族主义、性歧视的斗争以及环境保护,需要与左翼领导权设计中的那些工人连接起来"②。

上述五个方面的理论资源,为我们提供了不同类型的微观权力、微观因素、微观要素,以及从不同层面说明了社会历史领域中微观视角的重要性,它们构成了 20 世纪社会历史理论中重要的微观理论研究和思想资源。我倾向于用微观政治哲学或者微观社会历史理论的范式来概括当代哲学社会科学领域的这种变化趋势。主要的思考是这样的:无论是从哲

---

① (英)恩斯特·拉克劳、(英)查特尔·墨菲:《领导权与社会主义的策略》,尹树广、鉴传今译,黑龙江人民出版社 2003 年版,"导论"第 1 页。

② (英)恩斯特·拉克劳、(英)查特尔·墨菲:《领导权与社会主义的策略》,尹树广、鉴传今译,黑龙江人民出版社 2003 年版,"第二版序言"第 14 页。

学人类学的视角、文化批判的视角,还是从历史学的视角、政治学的视角来分析当代人的生存和社会结构,所分析的核心问题之一,都是社会的控制,即权力和权力结构的问题。涉及权力,我们可以有这样一个判断:在宏观权力的层面上,可以比较清晰地区分出政治权力、经济权力等,而在微观权力的层面上,我们面对的往往是弥散化的权力样态,换言之,微观权力往往既是政治权力,也是文化权力,甚至还是经济权力。例如,福柯关于军队、监狱、医院、学校等边缘化领域中的规诫性的、规范化的、分散化的微观权力的分析,以及德勒兹等人关于欲望政治的分析和波德里亚关于边缘与差异政治的分析,都既属于典型的政治哲学批判,也属于典型的文化哲学批判。在这种意义上,有些研究者所强调的20世纪70年代西方马克思主义从文化哲学向政治哲学的转折,实际上是从宏观政治哲学向微观政治哲学的转折。在宏观层面上,政治哲学和文化哲学有明晰的领域划分,而在政治权力与文化权力合流的微观层面上,政治哲学和文化哲学则本质上是一致的。因此,我倾向于把微观政治哲学的研究范式确定为作为历史解释模式的文化哲学的方法论。[①]

在这里,我想提一下后现代思想家波德里亚,他从另外一个侧面揭示了人类社会的政治、经济等各种领域通过信息化背景下的文化整合而一体化的趋势,为我们展示了微观权力层面上经济、政治和精神文化领域的合流情形。波德里亚关于物的符号化、消费社会、仿真现象的批判从一个特殊视角透露出当代社会中文化所呈现出的特别的整合力。他早期在《物体系》中就分析了目前新的物的世界与传统的物的世界的区别。他通过日常生活中物的世界的一些重要变化,如物品的个人化特征的消隐和物品功能的多重化等,指出现代社会中物的符号化,人与物的关系成为人与符号的关系。在分析大众传媒时代的消费社会时,波德里亚进一步突出商品的符号价值,正如索绪尔把语言符号的能指和所指的关系都限定在符号系统关系之中,波德里亚也认为商品的所指已经变得与它们的

---

① 参见衣俊卿:《论微观政治哲学的研究范式》,载《中国社会科学》2006年第6期。

具体用途无关,而是由他们对整个商品和符号的系统的关系来决定的。波德里亚分析道:"今天,很少有物会在没有反映其背景的情况下单独地被提供出来。消费者与物的关系因而出现了变化:他不会再从特别用途上去看这个物,而是从它的全部意义上去看全套的物。洗衣机、电冰箱、洗碗机等,除了各自作为器具之外,都含有另外一层意义。橱窗、广告、生产的商号和商标在这里起着主要作用,并强加着一种一致的集体观念,好似一条链子、一个几乎无法分离的整体,它们不再是一串简单的商品,而是一串意义,因为它们相互暗示着更复杂的高档商品,并使消费者产生一系列更为复杂的动机。"[1]这样一来,实际上,我们只有通过消费才能与作为符号的物和商品发生关系,与他人发生关系,通过解读消费世界的符码(code)而进入社会系统。波德里亚还曾提出著名的仿真(simulations,也译作"类象")概念。他指出,我们所处的时代是一个仿真时代,在这里,计算机、信息处理、媒体、自动控制系统以及按照仿真符码和模型而形成的社会组织,已经取代了生产的地位,成为社会的组织原则。如果说现代性是一个由工业资产阶级控制的生产时代的话,那么,与此相对立,后现代的仿真时代则是一个由模型、符码和控制论所支配的信息与符号时代。符号正在以迅猛的速度剧增,它们已经主宰了社会生活。与此相关,波德里亚使用了另外一个重要概念:内爆(implosion)。他认为,在后现代社会,形象或仿真与真实之间、符号与经验之间、信息与娱乐之间、影像与政治之间的界限均已内爆,均已模糊或消失。[2] 在仿真时代,传统的表象和真实的关系、符码与模型和物的关系均已被破除,不是表象反映真实,而是模型构造真实,不是物决定模型而仿制,而是符码与模型决定物的构成,构造着真实。因此,实际上我们生活在一个"超真实"(hyperreality)的世界之中。其实,这里涉及的都属于微观层面的权力结构。

---

[1] (法)让·波德里亚:《消费社会》,刘成富、全志钢译,南京大学出版社2000年版,第3~4页。

[2] 参见(美)道格拉斯·凯尔纳、(美)斯蒂文·贝斯特:《后现代理论》,张志斌译,中央编译出版社2001年版,第152~154页。

因此,可以断言,人们通常所说的 20 世纪 70 年代以来政治哲学研究在西方的全面复兴,实质上主要是微观政治哲学的兴起,同传统政治哲学相比,当代西方政治哲学研究还是存在着一些共同特征和普遍趋势,其中的重要转变之一,在于从宏观政治哲学向微观政治哲学的范式转变。一般说来,政治哲学是对人类社会的政治现象或政治事物的本质规定性和政治体制的合法性基础进行形而上的反思,对政治体制的建构和政治活动的开展进行价值判断,并提供理念基础的哲学反思活动。政治具有丰富的内涵,但它的主要功能是调节人与人之间的关系,通过不同形式的制度安排调控社会秩序,因此,政治的核心是权力和控制。所谓宏观政治是指国家制度的安排、国家权力的运作等宏观的、中心化的权力结构和控制机制;而所谓微观政治是指内在于所有社会活动和日常生活层面的弥散化的、微观化的权力结构和控制机制。因此,微观视角的政治哲学就同文化哲学有着本质的一致。我们应当充分认识微观政治哲学范式的意义,充分认识微观政治现象或微观权力结构在人类社会运行中的重要作用,这也是我们深刻揭示作为文化的现代性的基本的方法论基础。

限于篇幅和研究主题,我们在这里不可能全面阐述微观政治哲学的理论架构,只能通过对微观权力的一般分析简要阐述微观政治哲学研究范式或方法论的基本规定性。为此,我们首先应当对微观政治或微观权力在人类社会运行中的作用方式有一个基本的认识。应当说,在不同文明时代、不同历史条件下,微观权力的形态和作用都有很大的差异。在以自然经济为基础的传统社会中,微观权力主要表现为日常生活世界中的各种控制机制,例如,氏族、家庭、家族、宗族、血缘网络、乡里制度、民间组织,及其与此相适应的家规家法、习俗习惯、礼俗乡约、道德纲常等自发的规范体系。这些控制机制既表现为政治权力,也表现为文化权力。随着人类社会的理性化进程的不断深化,在现代社会中,除了不同程度地保留着日常生活权力之外,又产生了其他各种类型的微观权力结构,其中最为重要的体现在两个基本方面:一是宏观的、中心化的理性权力机制向社会生活和个人生活所有层面的渗透所形成的微观控制机制;二是随着公共领域的扩大、非政府组织的增加、新社会运动的兴起而产生的各种边缘化的微观权力结构。显而易见,随着现代社会的开放程度的提升,随着政治权力多元化的进程,微观权力结构在人类社会中的地位越来越重要。我们可以简要描述微观权力的几种基本的作用机制。

其一,与宏观权力同构的微观权力。在很多历史情形中,宏观政治体制和国家政权的稳定同深层次的微观政治权力或文化权力的支撑密切相关。一个典型的例子是中国传统社会以家庭为本位、"家国同构"的宗法专制的政治制度。在这种情形中,整个社会从体制到具体运行都表现为围绕着家庭而形成的血缘关系、亲属关系、宗法体系等日常控制机制的扩大,由此形成一个超稳定的国家政权和行政管理体系。另一个典型例子是福柯、德勒兹等人所批判的现代理性社会的微观权力机制。中心化的、理性的宏观政治权力机构是凭借着渗透到学校、医院、军队等社会的每一层面、每一个角落的微观权力而编织一个全方位的"宰制社会"或"全景监狱"。

其二,阻碍宏观权力机制更新的微观权力。转型期的中国社会,以及其他发展中国家在建立民主、法治、理性的政治体制过程中经常受到来自日常生活世界的经验式、人情化的微观权力机制的严重阻滞。这充分说明,任何一种政治体制或社会控制模式,例如民主体制、法治模式的建立,都不可能凭借一般的理论号召就得以确立,如果不考虑社会各个层面,包括日常生活中各种微观的、多元差异的权力结构的特点和价值取向,是无法真正扎根的。

其三,反抗宏观政治霸权的微观权力。后现代政治理论、话语政治理论、后马克思主义政治理论等从不同视角不约而同地强调公共领域、市民社会、文化领导权、新社会运动、非政府组织等微观政治现象,其根本原因在于,要保护自由、公正、平等、民主的社会秩序和自主的生活世界体系不受某种总体化的政治权力或经济权力的"殖民化",其有效途径并非简单地用一种新的中心化的宏观权力来取代另一种宏观权力,而是激活社会各个层面和生活世界的各种微观权力的话语和力量,形成多元的反抗力量和多元差异的社会调控体系。

基于上述分析,我们可以简要概括微观政治哲学研究范式的几个主要特征,几个主要的理论要点。

首先,微观政治哲学通过拆除宏观政治和宏观权力的核心地位来解构各种普遍化的宏大叙事,把政治放到人类社会历史的多元形态中加以考察和把握,形成多视角、多维度的社会历史理论。在这种意义上,微观政治哲学也是一种特殊的社会历史理论,它一方面反对把宏观政治权力或宏观经济要素从社会历史的关联之中抽出来,放大为无条件的历史决定因素,而把其他因素边缘化为被决定的、次要的因素;另一方面,反对运用自然科学的普遍化方法,排除历史因素的多样性和历史选择的多元性,把历史描述为类似自然进程的因果必然规律和线性决定论的进程。微观政治哲学充分重视在长时段历史进程中,各种社会历史因素的各种可能,包括偶然的连接,重视历史进程中各种选择、模仿,包括各种权力模式和机制的生成,以及权力的抵抗等因素的作用,从而把人类历史真正理解为不同于自然进程的人的生成的历史。

其次,微观政治哲学在政治现象和政治事物的视野中,充分重视各种边缘的、微观的、多形态的、多元差异的政治权力的地位和作用,形成微观与宏观相结合的政治理解模式。应当说,这一点是微观政治哲学最主要的贡献,它深刻地揭示了政治体制和权力机制的多元差异的特征,反对把政治的运作简单化为中心化的宏观权力的确立和更替。对于微观政治现象和微观权力结构的把握必须坚持具体的和历史的原则,既要揭示特定文明时代和特定社会形态中微观权力机制的生成、进化、发育的状况,又要分析这些微观权力结构同宏观权力结构的相互关联和交互作用,还要根据人类社会发展的趋势对这些微观权力结构作出价值判断,例如,自觉地消解或者抑制阻碍宏观权力机制更新的微观权力机制,积极培育反抗宏观政治霸权的微观权力机制,促进政治权力同文化权力,同生活世界的协调发展。

这一认识对于我们深刻把握 20 世纪人类重大理论问题和实践问题

所环绕的核心问题,即现代性问题,具有重要的启示。在微观政治哲学的视野中,无论现代性的确立,还是现代性的危机,都不可能是一个中心化的、宏观的机制。具体说来,现代性本身包含着相互关联的多重微观的维度,例如,个体的主体性与自我意识、理性化和契约化的公共文化精神、意识形态化的社会历史叙事、经济运行的理性化、行政管理的科层化、公共领域的自律化、公共权力的民主化和契约化等。同时,现代性的危机,即理性的危机,也不是一种中心化的宏观权力的赤裸裸的专制统治,而是弥散于社会生活和日常生活各个层面的微观权力的理性规训和规范。凯尔纳和贝斯特在评价德勒兹和加塔利的欲望政治理论时指出,"像福柯那样,他们的中心关怀是:现代性是一种史无前例的统治阶段,这种统治以弥散于社会存在和日常生活的所有层面的规范化话语和制度的增殖为基础"[①]。因此,现代性不是一个摆在那里可以由我们讨论决定是加以捍卫,还是彻底抛弃的总体性存在。在中国的语境中,关于现代性和启蒙的争论同样不是一种笼统地坚持还是拒斥的普遍化问题,不是一种理论哲学的宏大叙事,相反,首要的任务是在社会生活和日常生活的各个微观层面上具体分析现代性的多元维度在多大程度上得以确立,在多大程度上形成了控制机制,在多大程度上产生了危机,进而,我们可以在多大程度上调动世界的和本土的各种文化资源对之加以修正和完善。

微观政治哲学同文化哲学视域的融合是具有重要意义的事情,它使回归生活世界具有更为深刻的内涵和意义。真正的日常生活批判范式是要使我们的哲学社会科学研究真正回归到不同时代、不同历史条件下的具体的生活世界。在日常生活世界的微观层面上,我们既可以揭示自在自发的传统日常生活的文化机理是如何阻滞宏观的现代政治、法治、经济体制的确立,也可以发掘日常生活世界中的积极的文化储备、价值意义内涵来抵御宏观政治权力和经济体系对生活世界的"殖民化",以及对社

[①] (美)道格拉斯·凯尔纳、(美)斯蒂文·贝斯特:《后现代理论》,张志斌译,中央编译出版社 2001 年版,第 100 页。

自由空间的理性控制。同时,正义、平等、自由、民主、法治、权利等宏观政治理念只有在日常生活的微观层面上转化为内在的文化机理,才不会变成一种抽象的口号和普遍化的宏大叙事。

第二节　理性"沉积层"中的现代性

在对探讨现代性问题的理论前提和方法论作了大篇幅的分析和建构之后,我们应当转向关于现代性本身的研究,而关于现代性本身的研究首先应当从关于现代性的现象描述开始。在这里,我们先按着微观政治哲学的方法论,对现代性现象作出一般性的描述,把它表述为一种复杂的理性"沉积层",然后再以此为基点,通过具体的内在维度的阐释,对现代性进行历时性的描述和结构性的分析。

在这里我们不敢使用"现象学"这样一个大概念。现象学是20世纪最有影响力的强势的哲学运动,对20世纪许多哲学流派和哲学的各个方面的发展都产生了深刻的影响,我们要作的关于现代性的现象描述也应该在现象学的视域中开展。然而,一些哲学大家对现象学的不同界定,以及"普遍悬搁"、"心理学还原"、"先验的还原"、"意识的意向性"、"统觉"等一系列复杂而晦涩的概念,使我们轻易无法直接运用,更不敢浅薄地套用"现象学",否则会把简单问题复杂化,并且过多的方法论分析可能会喧宾夺主地遮蔽了关于现代性的解析。但是,我们可以在这里吸取海德格尔关于"面向事实本身"或"面向事物本身"的现象学理解,从而把握我们关于现代性的现象分析的定位和意义。海德格尔不同于胡塞尔,他不是在先验或超验的意义上建构现象学,而是在存在论或生存论的意义上理解和把握现象。他指出:"现象学的现象概念意指这样的显现者:存在者的存在和这种存在的意义,变式和衍化物。而显现并非任意的显现,更不是现像这类事情。存在者的存在决不会是那样一种东西——好象还有什么'不现像的东西'在它背后似的。"海德格尔接着分析道,"在现象学的现象'背后',本质上就没有什么别的东西。但应当成为现象的东西仍可能隐藏不露。恰恰因为现象首先和通常是未给予的,所以才需要现象学。遮蔽状态是'现象'的对应概念"。①

海德格尔关于现象和现象学的理解对于我们关于现代性的描述至少提供了两点重要的启示。其一,现象并不是非本质的东西,而是存在和存在结构本身,"只有存在与存在结构才能够成为现象学意义上的现象"②,因而在现象学的现象的背后,本质上就没有别的东西。在这种意义上,我们在这里对现代性作现象描述,就具有重要的意义和价值,它实质上就是对现代性本身的把握,在这种描述背后,并没有什么不同的或更为本质的东西。其二,作为存在和存在结构的现象并不是现成给定的,而是一种显现者,因此,现象可能被遮蔽,可能隐藏不露,而现代性作为一种弥散性的微观的文化存在,更是在许多方面可能隐藏不露,使现代性这一现象成为显现者就成为研究现代性问题的关键所在。正因为如此,我们关于现代性的现象分析就不能是笼而统之地、整体化地、同质化地加以概括和抽象表述,而是要把现代性作为错综复杂的历史"沉积层"从不同层面细细地挖掘。这也就是我为自己设定的任务:揭示现代性的多重性的、多层次的维度。

要讨论现代性的维度,无疑应当先从关于现代性本身的界定开始。按照传统本质论哲学或意识哲学的研究范式,首先应当给出关于现代性的基本定义,然后再逐步展开关于现代性的不同侧面的分析。然而,按照现象学的研究范式,我们首要的任务不是设计关于现代性的抽象的定义,而是努力驱除对于现代性的各种遮蔽,使之成为显现的存在。正是基于这样的考虑,我们迄今并没有就现代性的定义做专门的工作,而只是在讨论现代性研究的理论预设和方法论选择时,谈论了我们所讨论的现代性范畴的基本阈限,即我们不是在泛化的意义上把各个历史时期的超越性

---

① (德)马丁·海德格尔:《存在与时间》,陈嘉映、王庆节译,三联书店1987年版,第45页。

② (德)马丁·海德格尔:《存在与时间》,陈嘉映、王庆节译,三联书店1987年版,第180页。

和创新性都贴上现代性的标签,而是特指西方理性启蒙运动和现代化历程中所形成的社会内在的理性的文化模式和运行机理。①

当然,从这样的限定出发,即使我们不对现代性提出周详的定义,也还是可以把握现代性的最基本的特点,从而为关于现代性的现象描述提供某种抓手。如果抛开各种具体的争论,用理性作为现代性的最主要的特征,总还是可以说得过去的。当然,并非任何意义上的理性或者并非在任何条件下的理性都可以称之为现代性,我们所界定的自启蒙以来作为文化的现代性的确是理性的特殊发展阶段和发展形态的集中体现。实际上,即使在现代性问题还没有得到自觉的命名之前,很多思想家已经用"理性的时代"来描述航海大发现以来的西方历史,特别是工业文明的发展。这里我们首先想引证的是恩格斯在《反杜林论》和《社会主义从空想到科学的发展》中关于理性时代的论述。恩格斯指出,18世纪的法国哲学家,即启蒙思想家,"求助于理性,把理性当作一切事物的唯一裁判者。他们认为,应当建立理性的国家、理性的社会,应当无情地铲除一切同永恒理性相矛盾的东西"②。恩格斯认为,现代社会主义者,即空想社会主义者的理论在某种意义上也是这些伟大的启蒙学者提出的理性原则的进一步的、似乎更彻底的发展。在这种意义上,恩格斯对这一理性时代的特征作出了非常精彩的概括:

> 在法国为行将到来的革命启发过人们头脑的那些伟大人物,本身都是非常革命的。他们不承认任何外界的权威,不管这种权威是什么样的。宗教、自然观、社会、国家制度,一切都受到了最无情的批判;一切都必须在理性的法庭面前为自己的存在作辩护或者放弃存在的权利。思维着的知性成了衡量一切的唯

---

① 由于自觉的理性启蒙或者最初以工业文明为基本表现形态的现代化首先是在西方国家中发生的,西方许多国家也由此获得了发展的先机,成为发达国家,所以,我们在这里讨论现代性常常是以西方比较成熟形态的现代化进程为基本参照系,虽然并不情愿如此,但也无法改变这一事实。

② 《马克思恩格斯选集》第3卷,人民出版社1995年版,第606页。

一尺度。那时,如黑格尔所说的,是世界用头立地的时代。最初,这句话的意思是:人的头脑以及通过头脑的思维发现的原理,要求成为人类的一切活动和社会结合的基础;后来这句话又有了更广泛的含义:同这些原理相矛盾的现实,实际上从上到下都被颠倒了。以往的一切社会形式和国家形式、一切传统观念,都被当作不合理性的东西扔到垃圾堆里去了;到现在为止,世界所遵循的只是一些成见;过去的一切只值得怜悯和鄙视。只是现在阳光才照射出来。从今以后,迷信、非正义、特权和压迫,必将为永恒的真理,为永恒的正义,为基于自然的平等和不可剥夺的人权所取代。①

在这里,恩格斯并不是简单地、一味地赞扬18世纪启蒙学者和空想社会主义者关于理性的国家和理性的社会的设想,而是清醒地指出,"这个理性的王国不过是资产阶级的理想化的王国"②,通过法国大革命等建立起来的并不是完全合乎理性的和合乎人性的社会。然而,恩格斯关于理性时代的基本特征的把握是十分深刻的,实际上,他和马克思也一直坚信理性的力量。而到了当代,当人们已经使现代性问题得到清楚的命名,并且在许多研究领域中成为焦点性主题和论域时,更多的思想家直接用理性来表征现代性,我们可以信手拈来这样的论述:

  关于现代性的话语很多,今后讨论后现代性的话语亦将同样地多。现代性一词指涉各种经济的、政治的、社会的以及文化的转型。正如马克思、韦伯及其他思想家所阐释的那样,现代性是一个历史断代术语,指涉紧随"中世纪"或封建主义时代而来的那个时代。在一些人看来,现代性与传统社会相对立,它具有革新、新奇和不断变动的特点。从笛卡儿起,贯穿着整个启蒙运动及其后继者,所有关于现代性的理论话语都推崇理性,把它视

---

① 《马克思恩格斯选集》第3卷,人民出版社1995年版,第355~356页。
② 《马克思恩格斯选集》第3卷,人民出版社1995年版,第356页。

为知识与社会进步的源泉,视为真理之所在和系统性知识之基础。人们深信理性有能力发现适当的理论与实践规范,依据这些规范,思想体系和行动体系就会建立,社会就会得到重建。这种启蒙运动的设计也在美国、法国以及其他一些国家的民主革命中发挥了作用,这些革命旨在推翻封建社会,建立一种体现理性和社会进步的、公正平等的社会秩序。[①]

应当说,在这一点上,即在用理性标识现代性方面,现代性的众多研究者并没有太大的差别,因此在这里不需要过多地罗列这方面的论述。现在的问题是:什么样的理性才构成现代性?实际上,人类本身总是伴随着一定程度的理性,无论哪一个文明时代,无论哪一种文化形态,都不可能完全摆脱理性而存在。因此,构成现代性的一定是理性的特殊发展形态。问题在于:如何描述这种形态?很多思想家用普遍的理性或绝对的理性来概括现代性或现代社会的特征。我则倾向于把现代性描述为全面支撑着现代社会的理性"沉积层",这是理性在特定时代的集中的、厚重的"沉积层",是渗透到现代社会所有方面的像血脉一样的理性"沉积层"。我在引言中曾说明过,我这是借用福柯的术语,他关于历史深层的"沉积层"(sedimentary strata)所具有的"非连续性"、"断裂"、"分割"等特征的分析,可以特别形象地表征现代性的本来面目:表面上看起来似乎是一个统一的、同质的、无所不包的整体和总体的现代性,其内在实际上包含着无数叠加的、交错的、断裂的、非连续的理性沉积层。

为了形象地说明作为理性"沉积层"的现代性或理性"沉积层"中的现代性,在这里请宽恕我以不那么"哲学"的方式,找出一个完全是实证科学或现实生产的例子,即石油的地质构造,来加以类比说明。现代人对能源的依赖与日俱增,人们对石油都非常熟悉,但是,人们对石油的地质构造的认识是经历了由浅入深的过程的。石油是以液态形式存在于地下

---

① (美)道格拉斯·凯尔纳、(美)斯蒂文·贝斯特:《后现代理论》,张志斌译,中央编译出版社2001年版,第2~3页。

岩石孔隙中的液态可燃有机矿产。人们原以为，所谓油田就是地下的一片"石油湖"或一条"石油河"，甚至可以像海一样波浪滚滚。而实际上，地下的石油并没有形成现成的"油湖"和"油河"，而是储存在那些具有互相连通的孔隙、裂隙的岩层内，好像水充满于海绵里一样。具体说来，地下储集原油的大多数地层是由石英砂、长石等砾石与钙质或黏土在高温高压下胶结起来的岩石，地质上称这种岩石为砂岩。砂岩存在众多的、连通的孔隙，通常原油就储存在这些孔隙之中。也有不少油层是石灰岩，石灰岩非常致密基本上没有孔隙，但由于地壳运动或水的冲刷，却有非常多的微裂缝和大大小小的溶洞。原油也能储集在这些微裂缝和溶洞中。石油开采的一项主要工作就是采用各种技术手段，例如注水驱油、聚合物驱油、微生物驱油等，把储集在孔隙中、微裂缝中的原油和天然气艰难地抽取或挤压出来，一点一滴地汇集到油井，通过油井采集到地面上来。正是这种地质构造使石油采收率，即可开采储量占实际储量的比例通常并不很高，运用注水注气技术、热力开采技术、化学驱油技术等，通常的采收率也只在 10%~50% 之间。

关于石油的地质构造的描述为我们把握作为理性"沉积层"的现代性提供了重要的启示。其一，现代性既是一个像"大油田"那样的总体性和整体性存在，也就是说，表现为普遍的理性结构，也是像油层存在于具有无数互相连通的孔隙、裂隙的岩层（砂岩）中那样的具体的、微观存在，是具体渗透在政治、经济等社会躯体和现代人的生存结构中的机理性存在。其二，要把握作为理性"沉积层"的现代性并不那么简单，并不是我们说出理性的普遍性就完成了，更不是可以找到某种现成的，作为衡量一切、仲裁一切的现成的绝对的理性，就万事大吉了。实际上，对于现代性的现象分析或现象描述，就像石油开采那样，必须运用合适的方法和多种手段，才可能在错综复杂的理性"沉积层"中使现代性成为清晰的显现者。正因为如此，我在引言中指出，我倾向于用"现代性的维度"（the dimensions of modernity）来展开我的现代性研究，主要是用这样一个特殊范畴来展示现代性整体的内在多元差异及弥散化的、异质的、层积性的、断裂性的微观存在状态,展示现代性的内在丰富性。

"维度"是我们分析现代性的一个关键性词汇。应当强调的是,用多维度性来揭示现代性的存在状态和内在结构,可以比较有效地避免现代性研究中的两种极端倾向:其一是那种强调现代性的单一性和普遍性,否认现代性的差异性内涵,倾向于构造以西方社会为范例的,具有历史必然性的普遍主义的"现代性方案";其二是那种主张"多元现代性"的立场,主要是反对以西方社会为范例的所谓普遍主义的"现代性方案",提出中国、印度或者东亚等发展中国家在现代化进程中都应该有自己的"现代性"。我认为,这两种极端的观点都是不可取的,也是不符合历史现实的。一方面,正如我们在分析文化哲学的理论预设时指出的那样,文化是非决定的,现代性不可能是普遍适用、一成不变的固定的文化模式,西方启蒙运动中逐步生成的现代性,既包含着一些在科学技术发展和人类社会发展背景中的共同的文化价值、理念和制度要素,又包含着一些西方文化特有的文化背景和文化底色,如基督教文化,因此,不同民族由于其自身的历史和文化积淀,在引入或生成作为文化精神和制度安排的现代性时,不可避免地带有各民族的特点,或者说,由于现代性的内在差异性和多维度性,各个民族在具体的现代化模式的设计和安排上,显然可以具有自己的特色。因此,不可能有千篇一律、放之四海而皆准的现代性。但是,另一方面,这种差异性和多样性是现代性内在的差异性和多样性,同所谓"多元现代性"根本不是一回事,不存在着"风马牛不相及"的现代性。正如我们强调的那样,文化是非决定的,但并不是随心所欲的,而是学习的、模仿的和选择的。在特定的条件下,一种强势的文化模式或文化精神又会成为其他文化学习和模仿的对象,因此,各个民族的现代性是"同"中存"异","异"中有"同"。一般说来,后发展中国家在推进现代化的过程中通常是要把发达国家已存的现代性作为预设的合法的文化价值加以模仿和学习,又常常在选择过程中被动地(受特定文化背景的制约)或者主动地(处于特定的价值选择)对学习和模仿的对象加以修正,从而形成现代性的丰富内涵和差异性。因此,在后发展中国家的现代化进程中,以及在全球化的历史进程中的许多文化冲突,一般说来不会是两种截然不同的"现代性"之间的冲突,而常常表现为现代的与前现代的文化精神之间、不同历史和宗教背景的文化之间的冲突,以及现代性的具体路径选择和方案设定中的差异和冲突。

在原则上确定开展关于现代性的维度分析的重要性并不困难,问题是如何开展这种异常复杂的维度分析。实际上,对现代性的内在多样性、差异性和丰富的内涵,已经有许多思想家给予了特别的关注。例如,福柯晚年就对启蒙的复杂性,也同样是现代性的复杂性作了阐述,他指出,"我们决不应忘记启蒙是一个事件,或者一组事件和复杂的历史过程,它处于欧洲社会发展中的特定时刻。因此,它包括社会转型的因素,政治体制的类型,知识的形式,实践和知识的合理化的方案,技术的变化,所有这些是非常难于用一个字来总结的,即使这些现象中的许多直到今天仍然是非常重要的"[①]。正因为如此,福柯从不笼统地阐述现代性问题,无论是对启蒙的内涵的解释,还是对理性危机的分析,都立足于各种微观知识权力结构的具体分析。

同福柯关于启蒙和现代性复杂内涵的分析相比,吉登斯在探讨现代性的后果时则相对明确地表述了现代性的维度或现代性的侧面的思想。他不仅在《现代性的后果》中分析作为制度安排的现代性时区分了现代性的四重制度性维度或四种"组织类型",即资本主义、工业主义、监督和军事力量,而且后来在访谈中又进一步概括了现代性的几个基本方面,不仅包括制度性维度,而且包括态度和理念。他指出:

> 在其最简单的形式中,现代性是现代社会或工业文明的缩略语。比较详细地描述,它涉及:(1)对世界的一系列态度、关于实现世界向人类干预所造成的转变开放的想法;(2)复杂的经济制度,特别是工业生产和市场经济;(3)一系列政治制度,

---

[①] (法)米歇尔·福柯:《什么是启蒙?》,载汪晖、陈燕谷主编:《文化与公共性》,三联书店2005年第2版,第435页。

包括民族国家和民主。基本上,由于这些特性,现代性同任何从前的社会秩序类型相比,其活力都大得多。这个社会——详细地讲是复杂的一系列制度——与任何从前的文化都不相同,它生活在未来而不是过去的历史之中。①

在国内的学者中,也有学者在从不同角度划分现代性的不同方面和侧度。例如,我们在第一章探讨研究现代性问题的理论预设时,曾引证了刘小枫关于现代性的内涵的理解,他是在社会理论的视域中揭示现代性形态结构的多层次性和多维度性。他用三个不同的术语来描述现代现象,即"现代化题域——政治经济制度的转型;现代主义题域——知识和感受之理念体系的变调和重构;现代性题域——个体—群体心性结构及其文化制度之质态和形态变化"②。

尽管有上述一些分析可以为我们关于现代性的维度的描述提供参考,但是,这种一般性的描述离现代性的现象分析的要求还有很大距离。或者说,在这种意义上,真正的分析工作才刚刚开始。探索在微观政治哲学视域中用"维度"来开展现代性的现象分析,是一个逐步明晰、逐步深入、逐步展开的过程,而且是一个刚刚起步、无限开放的过程。③ 这一研究的难度在于:我们既要充分认识到现代性作为无数叠加的、交错的、断裂的、非连续的理性沉积层的微观性和内在丰富的差异性,又不能把关于

---

① (英)安东尼·吉登斯、(英)克里斯多弗·皮尔森:《现代性——吉登斯访谈录》,尹宏毅译,新华出版社2001年版,第69页。
② 刘小枫:《现代性社会理论绪论》,上海三联书店1998年版,第3页。
③ 大约在2002—2003年期间,为了解决现代性的错综复杂性给自己带来的困惑,也为了摆脱意识哲学关于现代性的宏大的和抽象的分析,我比较多地接触到韦伯、吉登斯等社会学家关于现代性的制度分析,逐步形成了用"维度"来揭示和描述现代性的丰富的、微观的内涵的想法。我第一次明确表述这一思想,是在论文《现代性的维度及其当代命运》中,发表于《中国社会科学》2004年第4期,接着又获得了国家社会科学基金项目《现代性的维度及其当代命运》,并开始了关于现代性维度的相对集中的研究。我特别注意阅读历史学、社会学、文化学等领域的文献,以增加关于现代性的多维度的丰富内涵的把握。最近三四年,我指导博士研究生赵福生写作题为《福柯的微观权力思想研究》的博士论文,他从福柯微观政治学的权力分析的角度,对现代性的维度又作了专门的探讨。在这一阶段的专门研究和教学相互促进的过程中,我逐步充实自己关于现代性维度的理解。

现代性的维度描绘为琐碎的、杂乱的"一地鸡毛";我们既要运用理性概括和抽象能力在现代性的理性沉积层中揭示出一些主要的维度,又不能回到意识哲学的笼而统之的抽象化和整体化的老路上。这里显然需要微观视域和宏观视域有机结合的文化哲学研究范式。我最初在最广义的尺度上划分出现代性的精神性维度和制度性维度,其中每一个大的维度还包含着多层次的、更为具体的维度。赵福生博士在此基础上,改造前面所引用的吉登斯关于现代性三个方面的分析,提出了现代性的三个维度,即现代性的制度层次、理念层次和态度层次。① 我目前的研究也倾向于在较大尺度上划分出现代性的三个主要维度,但是,在具体表述上还是有所不同,主要为:现代性的精神性维度、现代性的制度性维度、现代性的伦理维度或价值约束维度。

第三节 社会历史理论研究范式的丰富与完善

我们对于探讨现代性问题的方法论作了有意识的选择和辨析之后,应当做的事情无疑是按照微观政治哲学或者社会历史理论的微观研究范式来具体分析现代性现象。但是,在这里,我们还需要相对完整地表述一下我们对于马克思社会历史理论研究范式的整体理解。否则的话,由于我们在前面的论述主要笔墨都用于社会历史理论的微观视域的不可或缺,容易给人们一种我们把社会历史理论的微观视域和宏观视域对立起来,或者至少是偏重于微观视域的印象。近年来,我们在微观政治学、微观政治哲学、微观史学、日常生活批判、文化哲学等领域的研究中,经常遇到的一种质疑就与此相关。一些研究者认为,这种微观视域的研究或社会历史理论的微观理论范式不符合马克思主义的传统,并且容易导致否定社会历史发展规律,从而存在着背离历史唯物主义的危险。因为按照一种比较常见的理解,历史唯物主义从本质上讲必然是宏大叙事,它的创

---

① 参见赵福生:《现代性的三重维度及其在中国的生成》,载《求是学刊》2009 年第 1 期。

立对社会历史理论的革命性贡献,就是超越繁杂琐碎的社会历史现象,揭示出关于人类历史运动的普遍的、"放之四海而皆准"的一般规律。

在这里,我必须承认,对于微观政治哲学理论研究或者范式运用,必须时刻警惕出现以微观分析取代甚至否定宏观分析的倾向。的确,有些西方学者在开展微观政治学、微观历史学研究中,不同程度地存在着由于强调微观政治的意义而忽略甚至否定宏观政治的价值的片面性和极端性的问题。我曾反复强调,我们常常不得不更多地阐述微观分析的重要性,是要纠正20世纪马克思主义发展中存在的否定马克思理论微观维度的倾向,而不是要否定马克思社会历史理论对于历史发展规律的宏观把握,我们追求的是建立微观视域同宏观视域相结合的社会历史理论。实际上,对宏观权力和微观权力、宏观政治和微观政治、宏观政治哲学和微观政治哲学的区分只是相对的,因为现实中并不存在着截然不同、彼此分离的微观政治和宏观政治,即使德勒兹和加塔利等力主微观政治学的后现代思想家,也强调微观政治和宏观政治之间不存在着固定不变的区分,强调政治既是宏观政治,也是微观政治。① 列菲伏尔在《日常生活批判》中特别讨论了微观与宏观之间的不可分的辩证关系,他指出,

> "宏观"和"微观"层面之间虽然存在着间距和鸿沟,但这并不意味着容许我们把其中的一个层面与另一个层面二分开来,更不允许我们"忽视"其中的某一个层面。不可还原性并不等同于截然分立。在"宏观"层面和"微观"层面之间,存在着多种多样的关系、对应性以及同源性。②

与列菲伏尔的理解相类似,我们还可以用年鉴学派的例子加以说明。年鉴学派不同时期的代表人物,以"总体的历史"、"长时段"、"碎片化的历史"等不同的术语强调在历史学中加强微观分析的重要性,但是,他们

---

① 参见(美)道格拉斯·凯尔纳、(美)斯蒂文·贝斯特:《后现代理论——批判性的质疑》,张志斌译,中央编译出版社2001年版,第123页。

② Henri Lefebvre, *Critique of Everyday Life _ Foundations for a Sociology of The Everyday*, wolume 2, Verso, 2008, p. 140.

并未由此而否定宏观分析的价值。马克·布洛赫在写作《法国农村史》时曾强调,法国农村是一个庞杂的社会,必须作复杂的细致的分析,但是,对于微观细节的分析不能停留于细节的描述,而必须形成广阔的视野。为此,布洛赫在该书的导言中专门探讨方法问题,他形象地说,"一个探险者在钻入茂密的丛林之前,总要简略地环顾四周,一旦钻入密林后,他的视野再也不会开阔了,我希望实现的就是这种环顾"①。他由此得出结论:"要提出重大问题,就必须具有更为广阔的视野,决不能让基本特点消失在次要内容的混沌体中。"②

可见,不存在绝对的宏观解释模式或者微观解释模式,一种健全的和富有解释力的社会历史理论,一定是兼顾宏观分析和微观分析,一方面善于根据特定的社会历史现实而突出其中的某一个维度,另一方面又善于保持二者间的有机结合,不会用其中的一个维度来否定或取消另一个维度。

按照微观视域和宏观视域内在统一的社会历史理论,是否承认社会历史发展的规律,与对社会历史发展进行宏观分析还是进行微观分析,没有必然的因果关联,那种笼统地、不加分析地断言微观视域必然会导致否定社会历史规律的说法,是没有根据的。但是,需要指出的是,宏观分析是否拥有扎实的和丰富的微观分析做基础,所揭示的规律的性质和所表述的宏大叙事的性质是有质的差别的,因为并非任何关于规律的认识都适合于我们对人类社会历史运动的真实把握。我们可以对此稍作具体分析,在今天的理论研究中,人们一般都承认,不能把社会历史规律等同于严格意义上的自然规律,否则,就会取消历史发展道路的多样性、差异性和人的历史创造的可能性。但是,人们较少考虑另一个重要的问题:社会历史规律和自然规律虽然有着本质的联系,但是存在着根本性的差别,因此,必须运用不同的研究方法和理论范式才能真正有效地加以把握。假

---

① (法)马克·布洛赫:《法国农村史》,余中先、张朋浩、车耳译,商务印书馆1991年版,第1~2页。
② (法)马克·布洛赫:《法国农村史》,余中先、张朋浩、车耳译,商务印书馆1991年版,第2页。

如运用自然科学的研究方法,如李凯尔特所说的普遍化方法,去揭示和概括社会历史规律,就会把历史必然性变成与自然科学规律无异的"经济决定论",因为这种方法会排斥特殊性和个别性,从而否定了历史和文化的特殊性和差异性。而只有像马克思那样,在关于社会历史现实的丰富的微观分析基础上所进行的宏观理论概括,才能获得真正的人的历史规律,即那种尊重和包容自由和差异性的历史发展趋势。

令人担忧的是,我们今天的哲学研究、社会历史研究,甚至包括社会学、文化人类学等实证性很强的学科,常常由于忽略、懒于、不屑于或者拒斥微观分析,不仅没有对今天的社会历史现实作出具体的、微观的深刻分析,而且对马克思恩格斯当年在做出各种理论结论时所作的具体的和微观的历史分析也不甚了解。结果人们常常轻车熟路地、得心应手地从现成的原理和结论出发,对今天的现实作一些蜻蜓点水式、外在观望式、标签套用式的笼而统之的远眺。这常常容易导致双重消极后果:一是由于把历史规律变成自然规律式的"铁的必然性",变成了盲目的经济逻辑,结果人们以一种貌似坚定不移地"坚守"历史规律的方式取消了历史规律;二是使我们的理论研究无法切中和穿透今天的社会历史现实,成为缺乏创造力和解释力的抽象教条和思辨的理论推演。因此,我们提出加强社会历史理论的微观视域的建构,以宏观研究和微观研究相结合的方式面对今天的社会历史现实,绝不会导致否定历史发展规律的结果,相反,这应当是在今天的条件下进一步丰富历史唯物主义的重要途径。只有这样,我们才可能获得真正切中今天的社会历史现实的,包含着丰富多样性和差异性,包含着丰富的创造性空间的社会历史规律性的认识。而这正是马克思所强调的摆脱了思辨抽象性的具体:"具体之所以具体,因为它是许多规定的综合,因而是多样性的统一。"[①]

因此,我们在今天的社会历史条件下,借鉴20世纪社会历史理论中的各种微观思想资源,阐发历史唯物主义的微观理论视域,实际上是在基

[①] 《马克思恩格斯选集》第2卷,人民出版社1995年版,第18页。

本方法论和理论精神上回到了马克思,是对20世纪一些马克思主义者抛弃马克思社会历史理论的具体的丰富的微观分析,走向思辨理论哲学或者纯粹意识哲学误区的一种纠偏,一种拨乱反正。因为,透过马克思恩格斯的丰富的理论文献,我们不难看到,他们的宏观社会历史理论及其所揭示的社会历史规律是建立在关于各种社会现象的丰富的微观分析的基础之上的。或者用今天的术语来说,在马克思的社会历史理论中有着丰富的微观理论思想资源。在这方面,有两点特别能够说明马克思恩格斯对自己理论定位的清醒意识。一是反对理论思辨和抽象化。马克思从自己的哲学生涯伊始,就对思辨哲学范式的体系化特征深恶痛绝,反复强调哲学要以其内在的批判的自我意识冲破体系的束缚,在现实的社会历史中而不是在纯粹的理性王国中开展批判。人们都非常熟悉马克思在《〈科隆日报〉第179号的社论》中的那句"哲学不是世界之外的遐想"的断言,以及我们在前面所引用的把喜好抽象的德国哲学比做"巫师"的批判。二是反对脱离生活世界的思辨历史观。马克思和恩格斯在《德意志意识形态》中明确把"现实的生活生产"当做历史的基础,反对脱离日常生活的历史观。他们这样批判传统历史观:"迄今为止的一切历史观不是完全忽视了历史的这一现实基础,就是把它仅仅看成与历史过程没有任何联系的附带因素。因此,历史总是遵照在它之外的某种尺度来编写的;现实的生活生产被看成是某种非历史的东西,而历史的东西则被看成是某种脱离日常生活的东西,某种处于世界之外和超乎世界之上的东西。"[①]

因此,在马克思恩格斯的各种文献中,处处可见的都是这种关于现实的人和具体的社会历史现象和现实的具体的、微观的分析。例如,人的问题、人的自由和全面发展、人的解放一直占据马克思恩格斯思想的核心,但是,在他们的著作中,我们看不到那种对"抽象的"、"理想化的"、"大写的"人的一般呼唤或描绘,而是对各种具体的人及其境遇的描述,例如,马克思《1844年经济学哲学手稿》中的异化的、非人化的劳动者,恩格斯《英

[①] 《马克思恩格斯选集》第1卷,人民出版社1995年版,第93页。

国工人阶级状况》中饱受压迫的女工、童工、工人家庭等,他们的《德意志意识形态》中作为"一切历史的第一个前提"的吃喝住穿等日常生活,以及作为"历史发展过程的第三种关系"①的人自身的生产、繁衍、家庭关系等。因此,马克思恩格斯认为,他们所理解的历史的前提是现实的人及其物质生活条件,"这些前提可以用纯粹经验的方法来确认"②。再如,马克思特别重视具体化的方法论,他在揭示现代社会运动时,并非抽象地推演生产力和生产关系、经济基础和上层建筑的原理,而是深入到劳动、价值、生产、交换、流通、工资、资本、地租、利润、价格、供给、需求、市场等社会经济运动和社会生活的许多方面。我们还可以列举许多类似的分析。这些思想资源,连同马克思学说的批判精神和实践精神,对20世纪的人类思想发展产生了重要的影响。对此福柯也充分意识到,例如,他在《知识考古学》中探讨年鉴学派开启的微观历史视角时,明确指出,"今天,历史的这一认识论的变化仍未完成。然而这种变化并不是从昨天才开始,因为我们肯定会把它的最初阶段上溯到马克思"③。

　　当然,必须在这里明确的一点是,虽然马克思的社会历史理论包含着丰富的微观理论思想资源,但是,在马克思的学说中并没有强调或者使用微观政治哲学、微观史学或者微观社会历史理论范式,马克思当时所关注的作为历史发展基础的是宏观的社会领域(经济领域)和宏观的权力(政治权力)及其普遍的规律,例如,生产力和生产关系、经济基础和上层建筑的矛盾运动的规律,人类社会从原始社会到共产主义的宏观的发展模式等。这些也刚好构成人们通常所理解的经典历史唯物主义的宏大叙事和宏观理论范式的基本内涵。我想,造成这种状况的原因并不复杂,我们可以从两方面加以分析。首先,每一时代的社会历史现实对于理论研究提出的任务都是不同的,马克思处在人类历史主要由经济、政治等主导领域和宏观权力所左右的时代,他所面对的社会现实刚好是全球化的世界历史进程、世界性的市场、资本的逻辑、机械化的大生产构成的主宰一切的

---

① 《马克思恩格斯选集》第1卷,人民出版社1995年版,第78、80页。
② 《马克思恩格斯选集》第1卷,人民出版社1995年版,第67页。
③ (法)米歇尔·福柯:《知识考古学》,谢强、马月译,三联书店2003年第2版,第12页。

宏大的经济力量,以至马克思强调"我的观点是把经济的社会形态的发展理解为一种自然史的过程"①。其次,在马克思所处的时代和之前的相当长的历史时期,社会历史理论的总体倾向是不承认人类历史发展中存在着规律和必然性,因此,马克思在对繁杂的社会历史现象分析的基础上,有意识地突出人类社会历史的规律性。恩格斯《在马克思墓前的讲话》中对此作了说明,他指出,正如达尔文发现了有机界的发展规律一样,马克思发现了"历来为繁芜丛杂的意识形态所掩盖着的""人类历史的发展规律"②。这里还需要指出的一点是,当我们断言马克思学说中没有形成自觉的微观社会历史理论范式时,是针对今天我们的社会历史理论研究忽视微观分析的问题而言的,实际上,在马克思恩格斯那里,根本就不会有类似的问题提出,因为微观分析和宏观分析不可分的有机统一是他们一直坚持的理论范式。

行文至此,我们相对清晰地规定了我们开展现代性维度分析的理论前提和方法论基础。但是,更艰难的理论任务还在后面。一旦深入到关于现代性的具体的和微观的分析中,我们就会发现,上述关于现代性的精神性维度、制度性维度和价值约束维度的三重维度划分,还不足以充分体现微观政治哲学的研究范式的特征,如果我们停留于关于这三重维度的一般性描述,那么,我们依旧还是停留于意识哲学的宏观的和抽象的研究视域。严格说来,在这样的大尺度上划分的三重维度,只是现代性的三个主要方面、主要层面或主要领域。我们运用微观政治哲学对现代性所作的维度分析,主要体现于这三个基本层面内在的多层次、多侧度、多方面的具体维度的分析和描述。这里所说的现代性的精神性维度,不是在一般的、泛指的意义上使用"精神"一词,不是一般地谈论人的意识活动、思维活动、神志、意志、心理状态等所有的精神性活动,而是特指经过近现代科学和现代知识启蒙的自觉的理性精神。因此,现代性的精神性维度主要涉及人的主体性、理性的反思性、理性化的文化精神、理论化的意识形态等自觉的理性精神维度。现代性的制度性维度主要涉及理性化的经济

---

① 《马克思恩格斯选集》第2卷,人民出版社1995年版,第101~102页。
② 《马克思恩格斯选集》第3卷,人民出版社1995年版,第776页。

制度、行政制度、政治制度、控制机制等具体维度。而现代性的伦理维度或价值约束维度的规定性需要特别限定,这里不是在广义上谈论文化或价值,因为在广义上现代性的所有内涵都体现为文化和价值。我们使用现代性的伦理维度或文化价值维度是在特定的意义上指在启蒙和现代性的生成和演化过程中内在于这一特定历史进程的文化价值。这一价值维度同精神性和制度性维度有所不同,它的内涵不具有那种典型的知识理性、技术理性或工具理性的特色,而是一方面以某种方式和某种精神约束现代理性的工具性和功利性,另一方面又以特殊的方式和价值精神推动和促进社会的理性化和世俗化进程。在西方的特定语境下,现代性的伦理维度或价值约束维度又常常主要地表现为宗教性维度。进而,不仅现代性的各个主要维度又各自内含着具体的维度,而且现代性的精神性维度、制度性维度和文化价值维度,及其各自内在的具体的维度,都不是各自独立地存在的,而是相互交织、相互碰撞、错综复杂的张力结构,编织成现代性的微观的理性沉积层,只有通过比较具体的分析,我们才能历史地和具体地把握它们各自的规定性和现代性的总体特征。

基于此,我们将分别揭示现代性的几个主要维度及其内在的更为细分的维度。需要稍加说明的是,对于现代性的三重主要维度,我并非在并列的意义上加以理解和排列。我认为,可以在严格意义上把现代性的精神性维度和制度性维度视做基本理性化的维度,而现代性的伦理维度或价值约束维度的情形则十分复杂,它具有十分复杂的文化底蕴和历史积淀,并且是一个传统的和现代的、主导型的和多元差异的文化价值复合体,因此,这一维度的复杂内涵既能在某些方面体现出强化现代性的精神性维度和制度性维度的取向,也会在许多方面对现代性的基本的理性化维度构成约束、制约和修正。因此,我们拟首先分别探讨现代性的精神性维度和制度性维度,而把现代性的伦理维度或者价值约束维度放到更大的关联中,即在现代性的张力结构中加以分析。①

---

① 在本书的第六章中加以探讨。

第三章　现代性的精神性维度

很多理论家在思考现代性的问题时,主要着眼点是现代社会的本质性文化精神,如康德关于"启蒙"的理解、胡塞尔的"纯粹的理性"、霍克海默和阿多诺的"启蒙理性"、哈贝马斯的"时代意识"、利奥塔的"宏大叙事",等等。应当说,现代性首先作为一种理性的文化精神,这是完全合乎历史逻辑的,因为,从传统社会的经验结构中"脱域"出来的现代社会的理性存在方式的最根本的特征就在于:以近现代科学技术发展和现代知识增长为背景的理性文化精神获得了前所未有的自觉性或反思性。

在我国学术界,偏重于从哲学角度理解现代性的学者也大多数强调现代性的自觉的精神内涵,例如,俞吾金认为:"'现代性'关涉到的应当是现代社会生活中的一个最抽象、最深刻的层面,那就是价值观念的层面。作为现代社会的价值体系,'现代性'体现为以下的主导性价值:独立、自由、民主、平等、正义、个人本位、主体意识、总体性、认同感、中心主义、崇尚理性、追求真理、征服自然等。"[①]陈嘉明在《现代性与后现代性》一书中,明确限定要在哲学意义上来探讨现代性,他强调,现代性的核心

[①] 俞吾金等:《现代性现象学》,上海社会科学院出版社2002年版,"导言"第36页。

是理性及主体性,其根本价值是自由。"现代性态度是在启蒙运动过程中形成的。文艺复兴以来科学观念的传播以及人文主义思潮的发展,使科学、自由和追求世间的幸福成了推动启蒙的主要因素。与科学革命和启蒙运动的开展相伴随的,是对宗教的猛烈批判,这使社会表现为一个世俗化的过程,或者用韦伯的话来说,是一个'世界的祛魅'过程,它改变了人们的思维方式与世界观,形成了人们的理性意识,推动了反宗教蒙昧迷信运动,催生了主体性意识,产生了现代的自由、平等、博爱等价值观念,所有这些为现代资本主义社会的产生提供了思想基础,它们也因此构成了哲学意义上的现代性的基本特征。"①

应当说,上述理论家和学者虽然表述不同,但是,其关于现代性的理解都指向了现代性的精神性维度,主要集中于经过现代科学和现代知识启蒙的自觉的理性精神。研究现代性从精神性维度入手是合乎逻辑的和符合现实的,因为正是这种特定的理性精神构成了现代性的基本特征,同时也是现代性其他维度必不可少的内在规定性。然而,要真正把握现代性的精神性维度并非轻而易举,因为它并非是现成给定的、同质的、铁板一块的理性整体或精神性实体,而是体现为各种复杂的、具体的、微观的精神维度。例如,从文化精神的内涵上看,现代性的精神性维度包含人们通常所熟悉的理性、启蒙、科学、契约、信任、主体性、反思性、个性、自由、自我意识、创造性、否定性、超越性、参与意识、批判精神等;从文化精神的载体来看,现代性的精神维度体现为作为个体的主体意识、公共的文化精神和文化价值、系统化的历史观、自然科学化的世界图景、反思性的理性态度,等等。因此,我们必须多视角地、多维度地透视现代性的具体的精神性维度。

第一节 基于个体自由和主体性的自我意识

个体自由和主体性的普遍发达,导致人的自我意识的生成或走向自

---

① 陈嘉明等:《现代性与后现代性》,人民出版社2001年版,第3页。

觉,是现代性的本质规定性之一,是全部现代文化精神的基础和载体,换言之,个体化是理性化的必然内涵。不可否认,从人类文明的萌芽时期,主体性已经以某种方式成为人类社会的本质规定性之一。但是,在漫长的原始文明和前现代的农业文明时代,这种主体性往往是以自在的方式和群体的形式而存在,表现为群体本位的主体性和自我意识。在这种前现代的经验文化模式下,绝大多数个体是按照经验、常识、习俗、惯例而自发地生存。只有当个体超越纯粹的自在自发的日常生活的阈限,同科学、技术、理性的自觉的精神再生产或自觉的类本质对象化发生实质性的关联时,现代社会和传统社会的断裂才实质性地发生,现代意义上的人才真正产生。在这种意义上,福柯关于人和主体的论述有一定的道理,即"人"是现代时期推论出来的产物,是一个理性构造。

因此说,现代性作为体现在个体生存之中的文化模式或文化精神,通常是以个体的主体性、个体自由、个体的自我意识等为表征的。质言之,现代性体现在个体层面的本质特征是"个体化",或者换言之,作为现代性突出标志的理性化在个体生存层面上的具体体现就是个体化。弗洛姆在著名的《逃避自由》中,对人的个体化作了深刻的分析。他认为,从广义上讲,人脱离大自然就已经是"个体化"了。人本身是自然的一部分,与自然有着不可分割的统一性,但是,人的生存的展开过程又是不断超越自然的过程,这表现为人的个体化进程。人与自然的特殊关系成为人类历史的必然的出发点,成为人类不可摆脱的命运。具体说来,人的最原初的世界是一个与万物无异的自然世界或动物世界,人像其他存在物一样,存在于天人合一、物我不分的自在世界。人的先天生物结构的脆弱(哲学人类学所说的"未特定化")使人不得不用后天的努力去弥补本能的不足,由此,人开始形成思想与文化,开始与自然相分离,开始成为与其他存在物不同的个体。然而,弗洛姆又强调,严格意义上的个体化则与此不同,是同个体自由相连的,其显著表现形态是宗教改革以来的历史内涵:

> 人类的社会历史始于他在与自然世界的一体状态中,开始意识到自己是与周围的自然及人相分离的实体之时。不过,这

种意识在相当长的历史时期内是非常朦胧的。人继续与他赖以发生的自然及社会世界保持密切联系;尽管他部分地意识到自己是个独立实体,但他还认为自己是周围世界的一部分。我们可以称这个个人日益从原始纽带中脱颖而出的过程为"个体化"。它似乎在现代历史上从宗教改革至今的几个世纪达到巅峰。①

为了说明作为现代现象的个体化的独特性,弗洛姆还特别分析了中世纪人的生存状况。虽然诚如卢梭《社会契约论》中"人是生而自由的"著名论断表明的那样,"这种人所共有的自由,乃是人性的产物"②,但是,个体意义上的自由还是文艺复兴和宗教改革以来的现代现象。在这种意义上,我们不能像人们通常的表面化理解的那样,简单地指责中世纪的专制体制扼杀了人的自由。弗洛姆认为,在中世纪,人的确缺少个体自由,但其原因不只是外在的,同时也是内在的。具体说来,造成中世纪自由缺乏的主要原因是那时独立的个体尚未生成。"中世纪并未剥夺个人的自由,因为'个人'尚不存在;人仍借始发纽带与世界相连。惟一使他认识到自己是个'个人'的途径便是他的社会角色(即其天然角色)。他也未视其他人为'个人'。到城里来的农民是陌生人,甚至城里不同社会群体之间的成员,也都彼此视对方为陌生人。个人自我意识、他人意识及世界意识尚未得到充分发展,尚未意识到三者是独立的实体。"③

正是依据上述关于人的个体化进程的基本判断,弗洛姆提出了自己关于现代人"逃避自由"的心理机制的著名分析。他指出,虽然中世纪的人缺少独立和自由,但他并不感到孤独与焦虑,这是因为,传统的社会秩序、稳定的行会制度、狭小的生存环境、不变的社会地位都给人以一种原

---

① (德)埃里希·弗洛姆:《逃避自由》,刘林海译,国际文化出版公司2007年第2版,第20页。
② (法)让-雅克·卢梭:《卢梭文集——社会契约论》,何兆武译,红旗出版社1997年版,第11、13页。
③ (德)埃里希·弗洛姆:《逃避自由》,刘林海译,国际文化出版公司2007年第2版,第33页。

始的束缚,同时也是一种天然的安全感。弗洛姆指出,在传统社会中,人从生下来开始,便在社会中有一个明确的、不会改变的和没有疑问的位置,他或是作为一个农民、一个工匠,或是作为一个武士、一个小商人,他生根在"一个结构固定的整体中",这一结构给他提供自在的生活意义。因此,人获得了一种生存的安全感。中世纪的社会结构解体后,人开始经历个体化的进程,一种个人主义的文化模式开始出现,它通过不同方式体现在文艺复兴和宗教改革运动中,由此开始出现以自由、个性为特征的现代主体。然而,现代人在获得自由的同时,却失去了中世纪固定的社会秩序和不变的经济地位给人带来的安全感。现代人由于孤独、不安全和责任而倾向于逃避自由。具体说来,在中世纪后期,社会结构和人格已经开始发生变化,中世纪通过行会制度等形成的社会的统一性和集中性开始走向微弱,资本、竞争、个人经济动机等开始变得日益重要。与此同时,个人主义文化精神和文化模式开始在艺术、哲学、神学等方面体现出来。文艺复兴运动在社会上层的文化中率先引起了这种变化,而宗教改革运动则在更广泛的社会阶层中导致这一方向上的变化,开始形成资本主义的文化精神,即新教伦理。在这一个体化进程中,个性和自由普遍增强,已经成为现代人的本质特征。但是,这一自由与个性也同时带来现代人的孤独的生存境遇。固定的经济地位的改变、狭小生存空间的打破、宗法社会关系的解体,等等,都给人带来前所未有的生存压力,使人在自由生存中感受到孤独、不安、焦虑、怀疑,感到生活世界的无边际和无常。为了缓解生存的压力和责任的重负,现代人往往呈现出逃避自由的心理倾向。弗洛姆曾十分形象而深刻地描述了现代人的个体化和自由的复杂特征:

> 个人摆脱了经济及政治纽带的束缚。他在新制度中发挥积极独立的作用,获得了积极意义上的自由。但他同时摆脱了曾给他安全感和归属感的那些纽带。生活不再是一个以人为中心的封闭世界;世界已变得无边无际,同时又富有威胁性。由于人失去他在封闭社会里的固定位置,所以也找不到生活的意义所在。其结果便是他对自己及生活的目标产生怀疑。他受到强大

的超人力量、资本及市场的威胁。每个人都成了潜在的竞争对手,他与同胞的关系也敌对起来,疏远起来;他自由了——也就是说,他孤立无助,备受各方威胁。由于没有文艺复兴时期资本家的财富和权力,又失掉了与人和宇宙的一体感,于是他被个人的微不足道感和无助感所淹没。天堂永远失去了,个人茕茕孑立,直面世界,仿佛一个陌生者置身于无边无际而又危险重重的世界里。新自由注定要产生一种深深的不安全、无能为力、怀疑、孤单与焦虑感。如果个人想成功,就必须设法缓和这些感觉。①

我们在这里之所以大段地引用弗洛姆的论述,就是因为他通过对现代人"逃避自由"的心理机制的深刻批判从多重视角表述了个体层面的现代性批判的主题,把个体自由作为个体生存层面的现代性的本质特征,同样也是个体生存层面现代性危机的显著表征。实际上,很多思想家也都把个体的主体性和自由作为现代性的根本特征。哈贝马斯明确指出:"'现代性'首先是一种挑战。从实证的观点看,这一时代深深地打上了个人自由的烙印,这表现在三个方面:作为科学的自由,作为自我决定的自由——任何观点如果不能被看作是他自己的话,其标准断难获得认同接受——还有作为自我实现的自由。"②在哈贝马斯看来,个体自由对于现代性至关重要,基于自我意识和理性知识的个体自由,内在地包含着以自我决定和自我实现为特征的主体性原则,而"主体性原则是规范的惟一来源。主体性原则也是现代时代意识的源头"③。

赫勒同样高度重视自由对于现代性的基础地位。她不是在一般的意义上谈论作为人的本质规定性的自由,而是特别讨论经过理性启蒙的现

---

① (德)埃里希·弗洛姆:《逃避自由》,刘林海译,国际文化出版公司2007年第2版,第45~46页。
② (德)哈贝马斯:《现代性的地平线——哈贝马斯访谈录》,李安东、段怀清译,上海人民出版社1997年版,第122页。
③ (德)于尔根·哈贝马斯:《现代性的哲学话语》,曹卫东等译,译林出版社2004年版,第49页。

代自由,她认为,自由在现代社会的重要地位的确立,同西方现代历史进程密不可分。"欧洲的自传始于对自由的爱。故事是这样的:欧洲的人民不断受到压制、剥削和奴役,经常在暴政的统治之下;但在贯穿欧洲历史的伟大解放行动与事件和自由体制中,自由的欲望一再爆发。"① 赫勒认为,在现代社会,自由取得了胜利,而且是取得了完全的胜利,自由由此构成了现代世界的基础。更为重要的是,自由构成了现代人的基础,构成了现代性的基础,离开了自由,无法把握现代性:

> 我大胆地说过,自由是现代人的基础,这意味着每一次论证都要求助于自由,而自由则保证了论证(demonstrandum)的真与善。自由就像所有的传统一样被认为是理所当然的,并且不断被重复,它是所有论证都不再向前的"始因",是确立秩序和保证确定性的限度。因此,同样地,自由是屋基,一个坚实的基础:所有建立在它之上的东西都代代耸立——只有地震能动摇它。②

由此可见,人作为个体从自在自发的生存状态进入自由自觉的生存状态,这是人类社会历史进程中的重大事件,它成为现代社会运行的支撑性因素,是现代社会的创新能力、内在活力和驱动力的源泉,因此,也是我们讨论现代性的维度时首先应当挖掘的。特别重要的是,这种个体的自觉状态不是少数社会精英的特殊状态,而是现代社会公民的普遍的生存状态。正是在这种意义上,很多学者强调,与文艺复兴在现代性的生成方面的重要的启蒙作用相比,宗教改革在平民层面上的启蒙作用甚至更为重要。康德在《什么是启蒙》一文中就是在个体主体性的意义上定义启蒙的。他强调,"启蒙就是人类脱离自己所加之于自己的不成熟状态",

---

① (匈)阿格尼丝·赫勒:《现代性理论》,李瑞华译,商务印书馆2005年版,第23页。
② (匈)阿格尼丝·赫勒:《现代性理论》,李瑞华译,商务印书馆2005年版,第26页。——在此处,我只引证了赫勒关于自由的重要性的论证,她的论述并不限于此。实际上,她的侧重点是要引出"自由的悖论"作为现代性危机的根源和本质,关于这些内容,我们将在本书后面的章节加以阐述。

所谓的"不成熟状态,就是不经别人的引导,就对运用自己的理智无能为力"。① 黑格尔强调理性支配世界,强调理性的普遍性,但是,他同样强调自由的发展是历史的内涵,在他看来,"世界历史无非是'自由'意识的进展,这一种进展是我们必须在它的必然性中加以认识的"②。他据此描绘了几个不同的历史阶段,明确把所有人的普遍的自由作为现代世界历史的规定性。"东方各国只知道**一个人**是自由的,希腊和罗马世界只知道**一部分人**是自由的,至于**我们**知道一切人们(人类之为人类)绝对是自由的。"③在这种意义上,我们可以进一步理解马克思实践哲学思想的深刻性,以及这一哲学构想所具有的现代性质,马克思在分析人的实践活动时强调,"这种活动、这种连续不断的感性劳动和创造、这种生产,正是整个现存的感性世界的基础"④。正是在这种意义上,马克思强调,现代大工业实际上是"一本打开了的关于人的本质力量的书"⑤,他提出要"把工业看成人的本质力量的公开的展示",看做是人的自由自觉的活动的产物。"在人类社会的形成过程中生成的自然界,是人的现实的自然界;因此,通过工业——尽管以异化的形式——形成的自然界,是真正的、人本学的自然界。"⑥哈贝马斯曾从现代性的角度解读马克思的实践哲学,他认为,马克思摆脱主体哲学的概念,把重心从自我意识转向实践活动,强调行为主体与可以操纵的客体世界之间的关系,"因此,在实践哲学看来,构成现代性原则的不是自我意识,而是劳动"⑦。

---

① (德)康德:《历史理性批判文集》,何兆武译,商务印书馆1991年版,第22页。
② (德)黑格尔:《历史哲学》,王造时译,上海书店出版社2006年版,第17页。
③ (德)黑格尔:《历史哲学》,王造时译,上海书店出版社2006年版,第17页。
④ 《马克思恩格斯选集》第1卷,人民出版社1995年版,第77页。
⑤ 马克思:《1844年经济学哲学手稿》,人民出版社2000年版,第88页。
⑥ 马克思:《1844年经济学哲学手稿》,人民出版社2000年版,第88页。
⑦ (德)于尔根·哈贝马斯:《现代性的哲学话语》,曹卫东等译,译林出版社2004年版,第73页。

第二节　超越性的和进步性的时代意识

在某种意义上,现代性的精神性维度的一个最显著的侧度或最明显的标志就在于一种新的时代意识的生成。这种新的时代意识同传统的自然历史观或神学历史观的最大不同,就在于它把一种真正的历史感或历史意识引入了人们的精神结构之中,开始把人自身的历史视做一个不断超越、不断发展、变化不居、永无止境的开放的过程。这种被哈贝马斯等人称之为"新的时代意识"的现代性的精神维度,是现代人特有的一种精神气质:一方面,现代人不再沉溺于带有神圣性的过去和传统,而是把此时此刻的现在或现代置于关注的焦点,并将自己的时代规定为一个根本不同于过去的时代;另一方面,现代人又不停留于现在,而是突出强调现在的过渡性质和暂时性质,强调现代是被未来规定的,是被不断超越并向未来开放的。由此,蔑视传统、轻视神性,强调人的创造性和超越性,强调人的历史进步的可能性,就成为现代性的一种突出标志和一个重要的精神性维度。

应该说,对于现代性作为一种新的时代意识的理论自觉,我们应当首推黑格尔。赫勒在《现代性理论》中把黑格尔、马克思和韦伯确定为现代性理论的"三个奠基人"[①]。哈贝马斯在《现代性的哲学话语》中强调现代性首先是一种时代意识时,特别强调黑格尔就是在这种用法上讨论现代性概念的,他认为,是黑格尔把"新时代"(Neue Zeit)界定为"现代"(moderne Zeit)[②]。的确如此,黑格尔在自己的辩证法中,对运动、变化、发展给予了特别突出的强调。而且应当认为,黑格尔并不是在一般辩证法理论的意义上强调自然和社会的普遍发展,而是突出强调精神领域,实质上也就是人的历史领域的这种本质性的变化和发展的特征。在他看来,

---

[①] (匈)阿格尼丝·赫勒:《现代性理论》,李瑞华译,商务印书馆2005年版,第34页。
[②] 参见(德)于尔根·哈贝马斯:《现代性的哲学话语》,曹卫东等译,译林出版社2004年版,第5页。

自然界没有发展,而只是自在地存在,只有表现为精神的人的活动领域中,才有这种不断的变化和超越。因此,我们可以把黑格尔的这些思想理解为关于现代性的精神性维度的较早表述。

> 凡是在自然界里发生的变化,无论它们怎样地种类庞杂,永远只是表现一种周而复始的循环。在自然界里真是"太阳下面没有新的东西",而它的种种现象的五光十色也不过徒然使人感觉无聊。只有在"精神"领域里的那些变化之中,才有新的东西发生。精神世界的这种现象表明了,人类的使命和单纯的自然事物的使命是全然不同的——在人类的使命中,我们无时不发现那同一的稳定特性,而一切变化都归于这个特性。这便是,一种真正的变化的能力,而且是一种达到更完善的能力—— 一种达到"尽善尽美性"的冲动。这个原则,它把变化本身归纳为一个法则。①

由此我们不难理解为什么马克思恩格斯对黑格尔的辩证法如此重视。按照传统的理解,马克思恩格斯主要是因为把辩证法理解为一种科学的方法才突出黑格尔哲学的地位,实质上,他们更多关注的是黑格尔这些思想中包含的关于历史,特别是现代历史发展的重要观念。正是在这种意义上,恩格斯特别强调黑格尔思想的历史感,他指出,"黑格尔的思维方式不同于所有其他哲学家的地方,就是他的思维方式有巨大的历史感作基础。……他是第一个想证明历史中有一种发展、有一种内在联系的人,尽管他的历史哲学中的许多东西现在在我们看来十分古怪,如果把他的前辈,甚至把那些在他以后敢于对历史作总的思考的人同他相比,他的基本观点的宏伟,就是在今天也还值得钦佩"②。恩格斯认为,黑格尔辩证法的真实意义和革命性质在于它彻底否定了关于人的思维和行动的结果具有最终性质的看法,同时,也就反对把历史固定化、静态化和非历史

---

① (德)黑格尔:《历史哲学》,王造时译,上海书店出版社 2006 年版,第 49~50 页。
② 《马克思恩格斯选集》第 2 卷,人民出版社 1995 年版,第 42 页。

化的做法。按照辩证法的革命本质,历史同认识一样,永远不会在人类的一种完美的理想状态中最终结束,一切依次更替的历史状态都只是人类社会由低级到高级的无穷发展进程中的暂时阶段。因此,恩格斯对此作了非常精辟的概括总结:"正如资产阶级依靠大工业、竞争和世界市场在实践中推翻了一切稳固的、历来受人尊崇的制度一样,这种辩证哲学推翻了一切关于最终的绝对真理和与之相应的绝对的人类状态的观念。在它面前,不存在任何最终的东西、绝对的东西、神圣的东西;它指出所有一切事物的暂时性;在它面前,除了生成和灭亡的不断过程、无止境地由低级上升到高级的不断过程,什么都不存在。"①

不仅恩格斯对黑格尔辩证法的巨大历史感情有独钟,马克思同样对于辩证法的革命本性给予特殊的强调。他在 1872 年为《资本论》第一卷第 2 版写的跋中,针对当时德国知识界对黑格尔的轻蔑和简单否定的状况,明确表明了黑格尔哲学的重要性,并承认自己"是这位大思想家的学生"。马克思改造和扬弃了黑格尔辩证法的神秘化特征,突出强调了辩证法的革命性和批判性本质。正是在这里,马克思有一段后人非常熟悉的关于辩证法本质特征的表述:"辩证法,在其神秘形式上,成了德国的时髦东西,因为它似乎使现存事物显得光彩。辩证法,在其合理形态上,引起资产阶级及其空论主义的代言人的恼怒和恐怖,因为辩证法在对现存事物的肯定的理解中同时包含对现存事物的否定的理解,即对现存事物的必然灭亡的理解;辩证法对每一种既成的形式都是从不断的运动中,因而也是从它的暂时性方面去理解;辩证法不崇拜任何东西,按其本质来说,它是批判的和革命的。"②可以说,马克思的这段论述同上述恩格斯的论述在基本思想上是一致的。通常,人们在研究这些思想时,或是强调其中包含的一般方法论意义,从而把这些思想的特指泛化,或是强调马克思恩格斯对当时的资本主义制度的批判,而限制了这些思想对阐述现代性的

---

① 《马克思恩格斯选集》第 4 卷,人民出版社 1995 年版,第 217 页。
② 《马克思恩格斯全集》第 44 卷,人民出版社 2001 年版,第 22 页。

重要价值。今天看来,这些思想对于我们在精神维度上把握现代性,具有特别的意义。也正是在这种意义上,我们完全赞同赫勒和其他研究者的意见,马克思恩格斯虽然没有直接使用"现代性"的概念,但是,他们的许多思想的确是在现代性已经开始充分展开时期对现代性问题的重要分析,因此,在某种意义上奠定了现代性理论的基础。我们可以选取马克思恩格斯在《共产党宣言》中的一段精彩论述,作为他们关于现代性这种新的时代意义的概括性表述:

> 生产的不断变革,一切社会状况不停的动荡,永远的不安定和变动,这就是资产阶级时代不同于过去一切时代的地方。一切固定的僵化的关系以及与之相适应的素被尊崇的观念和见解都被消除了,一切新形成的关系等不到固定下来就陈旧了。一切等级的和固定的东西都烟消云散了,一切神圣的东西都被亵渎了。人们终于不得不用冷静的眼光来看他们的生活地位、他们的相互关系。①

实际上,我们即使不从黑格尔、马克思、恩格斯的历史哲学或社会历史理论的高度去理解这种以超越性和进步性为特征的时代意识,仅从一般的社会生活和人的生存状态上,也可以清楚地看到现代人的这种永不满足于现在和现存的精神气质。变化、改变、超越、扬弃、创新等成为现代人生活的突出标志,也是现代人心灵永无止境的诉求和生存驱动力。不同的学科以各自不同的方式,捕捉到现代人的精神气质的这种变化。例如,文学历来以敏锐性著称,在文学家或艺术家的视野中,现代性就是一种先锋性,一种否定现存的超越性和批判性,一种指向未来的可能性国度的精神追求和理想设定。人们常常引用波德莱尔关于现代性就是过渡、短暂、偶然的见解,并且重视这种短暂性的特别意义,因为它正是不断超越的先锋性的写照,正如波德莱尔强调的那样,这种变化如此频繁的成分

---

① 《马克思恩格斯选集》第 1 卷,人民出版社 1995 年版,第 275 页。

有其不容蔑视和忽略的权利,它构成了艺术的一半,与艺术的另一半,即永恒和不变相辅相成。① 哈贝马斯就非常重视波德莱尔的这一思想,他在论述作为时代意识的现代性时,特别引证了波德莱尔的上述思想,并断言:"波德莱尔认为,现代的艺术作品处于现实性和永恒性这两条轴线的交会点上。"②

赫勒在《现代性理论》中把现代性的这种精神气质或时代意识解释为现代主义。她是以比对后现代性和现代性的方式来阐述现代性的规定性,这是一种"后现代视角中的现代性",她认为,无论是现代性还是后现代性,其主要聚焦点都体现在对"现在"的理解方式和把握方式上,强调现代性的现代主义主要是在过渡性和暂时性的意义上来理解现代性。她没有用晦涩的哲学语言,而是用关于列车和车站的形象比喻来说明这一点,主要是说明现代性的"永无止境"的精神气质:

> 我将以火车站的比喻作为绝对现在时的例证。大约自十九世纪的下半期以来,至少在欧洲(但也在新世界里),在某种程度上,现代主义的现代性概念支配着想像的机制。现代主义把"生活在现在"体验为生活在一个受到过去和现在两方面挤压的过渡状态、阶段或世界里。过去通常被视为"必然的"(因为它不可改变),它被认为是现在的前导——现在本身作为一种限制,作为一种"此时此刻"(just now),作为一个总是向无限未来超越的重要阶段,被想像成自由的领域。以现代主义的观点看来,现在就像是一个火车站,我们这些现代世界的居民需要坐上一列快车经过这个车站,或是在此停留片刻。那些火车会把我们带向未来。停在火车站将意味着滞留——对他们而言。③

---

① 参见(法)波德莱尔:《波德莱尔美学论文选》,郭宏安译,人民文学出版社1987年版,第485页。

② (德)于尔根·哈贝马斯:《现代性的哲学话语》,曹卫东等译,译林出版社2004年版,第10页。

③ (匈)阿格尼丝·赫勒:《现代性理论》,李瑞华译,商务印书馆2005年版,第16~17页。

赫勒正是从这种"永无止境"的现代性精神维度中引出进步主义的历史意识。她对比了自由主义和社会主义两种关于未来的思想方案，也可以说是两种现代性方案。二者都包含着彻底否定现存，并努力开辟可能的新的未来生存维度的精神向度，但是，自由主义倾向于采取改革或进化的历史渐进模式，而马克思主义的社会主义则倾向于采取激进革命的历史跳跃模式。但是，无论二者有多少差别，它们都相信人的历史的无限进步的特征和未来的美好世界的可能性，因此属于典型的进步主义的历史意识。赫勒指出："两种方案共同拥有对于进步的信念，都是把它们的信念建立在科学知识之上，并且都宣称它们的预言有着绝对的确定性。两者都同时说出了四点。第一，未来是自由的——我们（人）能够创造它。第二，我们可以寄希望于未来的不只是一种改善，而是就质量而言更好的一个世界和一种生活方式。第三，我们可以确定地（科学地）预言，在某些已经可以推断出来的条件（进化或革命）下，未来我们将（自由地）创造并获得一些事物。第四，技术的不断发展是进步的关键。尽管技术会无目的地发展，但它有意无意地为'人类'在（未来）历史中提供了目的。"①应当说，赫勒的这些论述对于现代性内在包含的超越性和进步性的精神维度作了很好的描述，不仅揭示了现代人的这种特有的精神气质，而且揭示了与此密切相关的进步主义历史意识。这无论对于我们把握现代性的精神维度的内涵，还是对于我们更加具体地展开现代性批判，都具有重要的意义。

第三节 理性化的和契约化的公共文化精神

在挖掘现代性的精神性维度时，除了要充分强调以超越性和进步性为特征的时代意识外，还要高度重视一种新的公共文化精神，即理性化的和契约化的精神。如果说，前者主要在历时的维度上涉及人们关于历史

---

① （匈）阿格尼丝·赫勒：《现代性理论》，李瑞华译，商务印书馆2005年版，第17~18页。

内涵的看法的根本改变,从静态的历史观到发展的历史意识,那么,后者则在共时的维度上涉及人们对社会状态的看法的重大改变,即从天然的共同体生存状态向人为的理性的社会结合的转变。我们可以发现,西方思想家常常喜欢用"自然状态"和"社会状态"的差别来说明由传统社会向现代社会的转变,其中,构成"社会状态"的精神层面的重要的维度之一,就是一种自觉的理性公共文化精神。按照通常的理解,社会契约思想或社会契约精神主要是关于国家的理论设计,实际上,作为公共文化精神的契约思想和理论则具有更广泛的意义,不仅是现代国家建立的理论基石之一,而且是社会公共领域和社会公共生活得以运行的重要精神资源。

具体说来,由传统的、天然的共同体生存状态向现代的理性社会状态的转变,代表着现代性的一个重要的精神维度的形成,即整个社会的普遍心理、价值取向和文化精神发生了根本性的变化:经验式、人情式的宗法血缘的前现代的文化基因让位于自觉的、理性化的、契约化的现代文化精神。这种新的公共文化精神在价值取向上可以说主要关心两个方面的问题,一方面是如何最大限度地保护现代个体的主体性、个性、自由、自我意识、创造性、社会参与意识、批判精神等文化特质,另一方面如何保证那些追求自我利益和自我实现最大化的自由个体形成一个合理和合法的共同体。由此就衍生出以平等、契约、信用等为核心的人本化的、理性化的社会文化精神。这种社会文化精神和价值取向要提供以个体后天成就为基础的平等竞争和发展的氛围,提供非直接化和"非面对面"的普遍交往和交流的信任基础,提供以每一个体有限出让权利和普遍同意为前提的社会契约精神。

虽然把这种契约化和理性化的公共文化精神同现代性的精神内涵紧密联系起来是不长时间的事情,但是,关于社会契约思想和理性契约文化精神的自觉表述则是伴随着现代性和资本主义发展的历史进程展开的。有的研究者把社会契约思想追溯到古希腊哲学中,但是,自觉的社会契约理论显然是在近现代哲学,特别是启蒙运动中完成的,在这方面,我们可以开列出格劳秀斯、霍布斯、斯宾诺莎、洛克、孟德斯鸠等一个很长的名单,但是,集中地、自觉地阐述社会契约论的思想家,毫无疑问是法国启蒙思想家卢梭。

同西方近代许多哲学家一样,卢梭的出发点也是设想一个作为人类的"黄金时代"的自然状态。他认为,生存在自然状态下的"野蛮人"人人平等,不受任何束缚,凭借着自我保存和怜悯的自然法则而调剂着人的生存。然而,随着人的"自我完善"能力的增强,随着技能知识的积累和生产的发展,出现了私有制,及其必然相伴的不平等状态。正是在这种意义上,卢梭断言:"人是生而自由的,但却无往不在枷锁之中。自以为是其他一切的主人的人,反而比其他一切更是奴隶。"①卢梭清楚地认识到,人类不可能再回归原始的平等的自然状态,因此,人必须寻找新的出路来建立平等的社会秩序。他认为,人们已经发现通过让渡自己的权利,而在契约的基础上建立社会秩序是一条好的出路。这种契约最根本的问题是解决了社会协作和社会团结的问题。卢梭指出,"然而,人类既不能产生新的力量,而只能是结合并运用已有的力量;所以人类便没有别的办法可以自存,除非是集合起来形成一种力量的总和才能够克服这种阻力,由一个唯一的动力把它们发动起来,并使它们共同协作"②。这种基于自然权利让渡和契约建立起来的社会的本质特征是以理性的原则取代了自然的原则。"社会秩序乃是为其他一切权利提供了基础的一项神圣权利。然而这项权利决不是出于自然,而是建立在约定之上。"③在这里,卢梭不仅提出要用理性的契约取代自然的原则,而且特别准确地指出,社会契约面临的根本问题就是如何解决普遍的理性和个人的自由之间的关系:

"要寻找出一种结合的形式,使它能以全部共同的力量来卫护和保障每个结合者的人身和财富,并且由于这一结合而使每

---

① (法)让-雅克·卢梭:《卢梭文集——社会契约论》,何兆武译,红旗出版社1997年版,第11页。
② (法)让-雅克·卢梭:《卢梭文集——社会契约论》,何兆武译,红旗出版社1997年版,第32页。
③ (法)让-雅克·卢梭:《卢梭文集——社会契约论》,何兆武译,红旗出版社1997年版,第11页。

一个与全体相联合的个人又只不过是在服从自己本人,并且仍然像以往一样地自由。"这就是社会契约所要解决的根本问题。①

正是针对普遍的理性和个人的自由之间的关系问题,卢梭提出了社会契约论中的十分关键的范畴,即"公意"。他认为,通过理性的契约和权力的让渡,形成的集合具有一种代表人民最高的共同意志的公意。所谓公意是公共利益的代表,是从作为个人意志的总和的"众意"中剔除了相异部分而保留下来的相同部分,因此,公意永远公正,而且永远以公共利益为依归。这种公意就是主权,作为公意的主权是绝对的,完全神圣的和不可侵犯的。通过契约而建立起来的以公意为主权的共同体,是个人自由和理性的结合,是个体与共同体的结合,它是人民主权的民主共和国。在这种建立在理性的社会契约基础上的国家中,全体人民或大多数人民能够参与国家活动,并直接掌握国家主权,保证人民的自由平等权利。卢梭把通过这种结合而形成的民主共和国理解为"一个道德的与集体的共同体",他指出,"这一由全体个人的结合所形成的公共人格,以前称为**城邦**,现在则称为**共和国**或**政治体**;当它是被动时,它的成员就称它为**国家**;当它是主动时,就称它为**主权者**;而以之和它的同类相比较时,则称它为**政权**。至于结合者,他们集体地就称为**人民**,个别地,作为主权权威的参与者,就叫做**公民**,作为国家法律的服从者,就叫做**臣民**。但是这些名词往往互相混淆,彼此通用;只要我们在以其完全的精确性使用它们时,知道加以区别就够了"②。按照上述关于民主的、法治的、人民主权的共和国的理解,卢梭赋予"公意"以十分重要的地位,把"公意"作为每一个公民必须服从的基本原则:

因而,如果我们撇开社会公约中一切非本质的东西,我们就

---

① (法)让-雅克·卢梭:《卢梭文集——社会契约论》,何兆武译,红旗出版社1997年版,第32页。
② (法)让-雅克·卢梭:《卢梭文集——社会契约论》,何兆武译,红旗出版社1997年版,第34页。

会发现社会公约可以简化为如下的词句:我们每个人都以其自身及其全部的力量共同置于公意的最高指导之下,并且我们在共同体中接纳每一个成员作为全体之不可分割的部分。①

卢梭不是在一般的意义上强调个人及其全部力量都要置于公意的最高指导之下,而且强调公意的绝对性,"任何人拒不服从公意的,全体就要迫使他服从公意"②。卢梭的这一思想对西方的现代化进程产生了重大影响,也引起了后来的许多重大争论。③ 我们可以从两个方面展开卢梭的基本逻辑:一方面,公意不是外加于人们的某种意志和权力,而是人们自己的公共意志,因此,公意永远是正确的,"公意永远是公正的,而且永远以公共利益为依归"④。在这种意义上,人民服从公意就是服从自己的意志,而体现公意的契约就是合法的契约,是公民间的平等的契约。"它并不是上级与下级之间的一种约定,而是共同体和它的各个成员之间的一种约定。它是合法的约定,因为它是以社会契约为基础的;它是公平的约定,因为它对一切人都是共同的;它是有益的约定,因为它除了公共的幸福而外就不能再有任何别的目的;它是稳固的约定,因为它有着公共的力量和最高权力作为保障。只要臣民遵守的是这样的约定,他们就不是在服从任何别人,而只是在服从他们自己的意志。"⑤另一方面,公意的力量是通过法律来体现的,因此,人们服从法律也就是服从公意,就是服从自己的意志。卢梭认为,"唯有服从人们自己为自己所规定的法律,才是

---

① (法)让-雅克·卢梭:《卢梭文集——社会契约论》,何兆武译,红旗出版社1997年版,第33~34页。

② (法)让-雅克·卢梭:《卢梭文集——社会契约论》,何兆武译,红旗出版社1997年版,第40页。

③ 在这里,我们只是按照卢梭的理论逻辑来阐述他的社会契约论的基本观点,不展开和评价卢梭的"公意"思想同民主、法治、专制的极其复杂的关联,我们将在后面探讨现代性的多重维度之间的张力结构时,再回到关于这一问题的辨析上来。

④ (法)让-雅克·卢梭:《卢梭文集——社会契约论》,何兆武译,红旗出版社1997年版,第55页。

⑤ (法)让-雅克·卢梭:《卢梭文集——社会契约论》,何兆武译,红旗出版社1997年版,第60~61页。

自由"①,这是社会状态之中的真正的自由。

在这里,我们不得不叹服卢梭理论逻辑的严密和咄咄逼人的气势。我们不准备在这里展开西方现代政治体制的发展和现代性的危机后果来具体评价卢梭的社会契约理论,特别是"公意"思想的是非曲直,因为我们把这里的任务限定为关于现代性维度的现象描述。这里需要指出的是,当我们阐述卢梭的社会契约论思想时,必须清楚一个基本的历史事实:现代社会的理性化和契约化特征首先并不表现为一种自觉的国家理论和制度设计思想,而是一种现实的公共文化精神。换言之,按照历史本身的进程来看,虽然卢梭等人的社会契约论对西方的现代化进程和资本主义政治的发展产生了巨大的影响力和直接的指导,但是,最初,社会契约思想并不是卢梭等思想家的纯粹理论构造,并不是由这些思想家外在地强加给社会的一种理性设计,而首先是在社会现实进程中孕育的一种共同文化精神。因此,我们在这里的重点不是强调系统的社会契约论对于现代社会和国家发展进程的影响,而是进一步挖掘作为这些思想家契约理论的现实历史前提的社会文化精神。这种理性化的和契约化的公共文化精神是我们内在地理解现代性维度的重要部分。

从历史进程来看,这种理性化和契约化的公共文化精神在西方社会从传统向现代转型的进程中出现得比较早,应当是同个体的自我意识等精神资源同时出现在现代化的起点上,例如,在尼德兰革命时代城市市民的文化精神。我想强调的是,理性化和契约化的文化精神首先不是作为系统的理论而诞生的,而是作为社会基础层面的现实的公共文化精神而生成的。② 在现代化的推进过程中,随着理性化和个性化的不断发展,这种公共的理性文化精神也不断丰富、发展和分化。一方面,这种公共的理性文化精神不仅作为社会中下层阶级的文化素养而普及,而且越来越成

---

① (法)让-雅克·卢梭:《卢梭文集——社会契约论》,何兆武译,红旗出版社1997年版,第43页。

② 后面在第五章中我们要专门分析尼德兰革命中城市和市民阶层的兴起。这一历史事实充分说明,研讨现代性不能只停留于思想家,特别是哲学家的系统的理性逻辑推演,更重要的是挖掘这些文化精神和社会机理的历史的和文化的基础。

为自觉的社会历史理论和政治哲学思想,这样一来,现代性的这一精神维度不仅为后来越来越发达的公共领域奠定了坚实的精神基础,而且为社会管理的民主化和法治化提供了精神支撑。另一方面,这种公共的理性文化精神在后来的发展和丰富过程中,由于近现代实验科学的快速发展,而越来越被科学精神和技术理性所渗透,无论是自我设计的目标的实现,还是平等的、契约的文化精神的形成,都离不开理性的和科学的精神。正是在这种意义上,我们习惯于用人本精神和技术理性来表征现代社会普遍的、公共的理性精神,而人本精神和技术理性的分野使得公共的理性文化精神既包含着民主化和法治化的治理和管理所蕴涵的保护人的平等和自由的人本价值维度,也包含着把人视做监控目标和宰制对象的非人文的技术理性。因此,这种契约化和理性化的公共文化精神在不断发展的过程中就已经形成了内在的张力,包含着现代性的内在矛盾机制。

第四节 科学化的和普遍化的宏大历史叙事和世界图景

理性化的现代性文化模式的重要特点之一便是其无所不包的统摄性和消除差异的普遍性。具体说来,现代性的文化精神维度不只是表现为个体的主体意识和理性化的公共文化精神,它还会进一步整合为一种关于历史的演进、社会的发展前景和人类的终极目标的总体性的、同一的、系统化的、理论化的、纲领化的文化精神或社会价值,或者说,整合为一种系统化的、自觉的意识形态,一种自觉的、理性化的世界观和历史观,一种具体设计和规范人类历史目标的"宏大叙事"。

特别需要指出,这种排除了历史差异性和文化差异性的宏大历史叙事[①],是典型的现代性的内涵,它是一种"科学化",严格说来是一种"自然

---

① 需要说明的是,正如我们在讨论本课题的方法论选择时指出的那样,我们不是在一般的、笼统的意义上批判宏大叙事,而是具体批判和拒斥那种否定历史和文化的丰富内涵和差异性的、自然科学化的宏大叙事。

科学化"的社会历史理论。即是说,这种普遍化的和理性化的宏大历史叙事是近现代自然科学的精神和逻辑"移植"到社会历史领域的结果,是以自然科学,特别是近代实验科学的精神来书写的。因此,虽然说,从古希腊起,理性就成为西方文化的精神特质,但是,这里所说的作为现代性重要维度之一的宏大历史叙事和世界图景还是不同于古希腊的科学的和哲学的理性主义,这是一种极度扩展的理性逻辑,形成了涵盖自然、社会和个体生存的普遍化的、自然科学化的世界图景。因此,雅斯贝尔斯曾断言:"我们时代全新全异的因素,就是现代欧洲的科学和技术,它不仅与亚洲的产物迥然不同,甚至于与希腊的成果也不是一脉相承的。"①我们可以循着雅斯贝尔斯的思路,从古希腊的科学和哲学入手,来探讨近现代的科学及其理性逻辑。

谈论现代西方哲学和科学,人们自然而然地要从古希腊源头说起。大家都记得著名诗人王尔德那句"实际上,我们现代生活中的一切都受惠于希腊人"和雪莱那句"我们都是希腊人"的断言。从古希腊到现代西方文化的这条文脉,毫无疑问是不容置疑的,罗素在《西方的智慧》中曾指出:"当一个普遍性问题被人提出来时,哲学就产生了,科学也是这样。最早表现出这种好奇心的是希腊人。我们现在所了解的哲学和科学都源自希腊人。希腊文明的出现,导致了思想活动的大繁荣,可以说,这是人类历史上最宏大的事件之一。这样的巅峰时期是空前绝后的,在短短的200年里,希腊人在艺术、文学、科学和哲学领域都取得了令人惊叹的伟大成就,这些杰作汇聚成奔流不息的激流,最终形成了西方文明的普遍标准。"②可以说,罗素的精练概括代表了许多哲学史学家和科学史学家的共同见解,我们在很多哲学史书中可以看到类似的描述,例如,"希腊人及其思想就像一条河流,它时而汹涌湍急,时而如涓涓细流,时而又几近干涸,但是从来也没有完全断流,其精神传统一直保留到我们当今时代。希

---

① (德)卡尔·雅斯贝尔斯:《历史的起源与目标》,魏楚雄、俞新天译,华夏出版社1989年版,第95页。
② (英)伯特兰·罗素:《西方的智慧》,亚北译,中国妇女出版社2004年版,第7页。

腊哲学的创始人同时也是我们自己的哲学鼻祖"①。

对于上述论断,我们没有任何异议。但是,对于我们深刻而细致地理解现代性的精神维度而言,重要的不是笼统地描绘理性发展的这种连续性,而是要深入分析西方理性长河中的某些跳跃、曲折和某种意义的"断裂",特别要分析与现代性的生成有关的重要变化和"断裂"。在西方,哲学和科学的发展始终是紧密交织在一起的,它们相互间的影响深刻地影响了每一时代人们的历史意识,即人们对自然和世界的看法。在这里,我们集中分析科学的发展对哲学,进而对人们的历史意识的影响。毫无疑问,无论是古代科学,还是现代科学,都是以理性的自觉和发达为特征的,这是它们的共同特征和历史连续系的轴心。但是,同属于理性科学,我们在近现代科学和古代科学之间还是发现了很大的差距,对此,很多人予以特别的关注。例如,很多人经常关注和讨论海德格尔晚年关于技术的批判。在海德格尔看来,同现代人主要在工具和手段的意义上来理解的技术不同,在古希腊那里,技术是同人的创造的艺术联系在一起的,他认为希腊人所使用的"技术"(techne)不仅有工匠的活动和技巧,还有心灵的艺术和美的艺术。因此,有人主张把古希腊的"技术"(techne)译为"技艺"。同技术本身的"工具化"趋势密切相关的是近现代科学的"实证化"。可以说,构成近现代科学的主要特征的东西,我们至少可以提及实证精神、试验方法、实用态度,在这些方面,近现代科学的基本精神开始同古希腊的科学产生差别。毫无疑问,古希腊科学也离不开一定的观察和实验,例如,从泰勒斯到埃及学习测地术(勘测术)到希腊化时期航海测量,以及天文、建筑、工程等领域的观察实验。希腊的和希腊化时期一些著名的哲学家和科学家还在工程、技术、实验等方面取得了许多至今被人们津津乐道的成果,例如,西方第一个哲学家泰勒斯通过分流河水解决军队渡河的问题、通过身高和影长的关系测量金字塔的高度、制作仪器测量

---

① (德)汉斯·约阿西姆·施杜里希:《世界哲学史》,吕叔君译,山东画报出版社 2006 年版,第 71 页。

海上船只间的距离,等等①;著名哲学家亚里士多德同时是一个生物学家,他的动物分类学以及海洋生物学在西方很长的历史时期具有影响②,他还专门研究战争和政治间的关系,研究了骑兵在战争中的地位③,等等;希腊化时期的著名科学家阿基米德不仅贡献了著名的杠杆原理,而且发明了一系列机械装置,他发明的螺旋提水器至今还在埃及的一些地方沿用,他解决了制造的大船如何下海的问题,发明了抵御罗马入侵者的抛石器和烧毁敌船的聚光仪器,等等④。然而,尽管有很多观察和实验,从总体上说,古希腊的科学并没有形成系统的实验体系,很多自然科学的思想在很大程度上依赖天才的猜测和想象,并且,古希腊的思想家和科学家是很少把自己的科学研究"功利化"的。因此,古希腊的科学是一种以沉思为特征的理论科学,同时,也正因为如此,古希腊的科学家和哲学家大多是一身二任的,科学和哲学是合二为一的。"作为哲学家,早期的希腊思想家们主要依靠推测而不是通过系统的观察和实验来证明和阐释自己的理论。然而,他们相信他们建立的学说可以借助于一般可以观察到的现象加以证实,但是那些与之论争的学说也能用同一类现象进行反驳。起初,当那些观察到的现象有利于其观点时,希腊思想家偶尔也会加以利用。希腊科学始终没有发展出一种方法,即为了证实一种理论是否具有真理性而精心设计一些方法来证明它。"⑤

显而易见,按照以实证精神、试验方法、实用态度为特征的近现代科学的标准来衡量,古希腊的科学具有很大的不同点,并不是严格意义上的自然科学,而是一种沉思型的理论科学。从自然科学自身发展的角度来

---

① 参见(美)撒穆尔·伊诺克·斯通普夫、(美)詹姆斯·菲泽:《西方哲学史》(第七版),丁三东等译,中华书局2005年版,第6~7页。
② 参见(英)伯特兰·罗素:《西方的智慧》,亚北译,中国妇女出版社2004年版,第98、99页。
③ 参见(英)保罗·卡特里奇主编:《剑桥插图古希腊史》,郭小凌、张俊等译,山东画报出版社2005年版,第161页。
④ 参见陈恒:《希腊化研究》,商务印书馆2006年版,第369~370页。
⑤ (英)保罗·卡特里奇主编:《剑桥插图古希腊史》,郭小凌、张俊等译,山东画报出版社2005年版,第274页。

看,我们毫无疑问要充分肯定近现代科学的巨大成就,但是,从人类思想和历史意识的角度来看,我们还应当看到古希腊理论科学在理解世界和人生方面的特殊意义。从总体上看,古希腊的科学和哲学都具有"爱智"的特点,是排除了功利目的的、纯粹的精神活动和思想活动,因此,最大限度地发挥和维护了思想的自由和理性的自由。正如文德尔班所考察的那样,"可以认为,从一开始,也许除了少数例外(苏格拉底),人们都在关着门的学院里钻研科学"①。吴国盛先生曾分析了古希腊人文精神的特征。他认为,在古希腊,人文与科学是统一的,希腊的最高人文理念是自由,但是,在希腊人看来,只有学习一门叫做"科学"的知识,才能进入自由的境界。希腊科学的第一形态就是数学,唯有通过数学的方式,人们才可以领悟到那个最高的人文理念,即自由,因为,数学的对象根本不存在于现实生活中,而是一个超越此岸世界的完善的理念世界。这样一来,关于这一理念世界的认识也就是哲学,在希腊,哲学和科学是一回事,早期的希腊学问家,既是哲学家,也是数学家。"希腊人认为,那个最真实的世界是纯粹的,是绝对的,因而是内在的。在此基础上发展出来的知识,就是哲学。这里所说的哲学,其实也是理性科学的一种形态,是成熟得最早的一种典型的科学形态。"②在这种沉思型的理论科学或理性科学活动中,科学家和哲学家甚至有意识地清除研究活动的工具性和功利性特征,以保持精神的纯净和思想的自由,张扬在西方传统中一直有着十分重要影响的人文精神。正是出于这样的定位,泰勒斯在埃及学习测地术,并没有把它作为一项实用的技术而移植到希腊,而是把它升华为体现思想创造力的几何学。③同样,对于几何学、数学和哲学作出巨大贡献的毕达哥拉斯,其主要追求并不是要用"万物皆数"的原则来揭示世界万物的结构,而是为了精神净化和精神自由的目的,因此,他强调不同的"数"所蕴涵的文化规定,特别是内在的音乐的和谐。"毕达哥拉斯对数学感兴趣似乎是由于

---

① (德)文德尔班:《哲学史教程》(上卷),罗达仁译,商务印书馆1987年版,第14页。
② 吴国盛:《反思科学》,新世界出版社2004年版,第8页。
③ 参见(英)伯特兰·罗素:《西方的智慧》,亚北译,中国妇女出版社2004年版,第14页。

宗教的原因。他的原创性部分是因为他相信数学研究是灵魂最佳的清洁剂。事实上他既是一个宗教派别的创始人,也是一个数学学派的创始人。毕达哥拉斯宗派产生于人们对深沉的精神宗教的渴望,它可以提供净化灵魂并保证它不朽的途径。"①正因为古希腊的理性科学具有这样的特征,那个时期的宇宙论哲学一直把灵魂、精神、思想、自由等人文精神的核心内容置于古典理性主义所构造的世界图景的中心,因此,即使在柏拉图精心构造的理念论的世界图景中,我们也看不到那种压抑自由和个性的普遍的、外在的理性统治力量。

我们之所以要在这里用比较多的篇幅来阐述古希腊科学和哲学的特征,主要是为了说明,作为现代性重要维度的那种宏大的历史叙事和无所不包的世界图景,并非是古希腊理性主义的简单的传承和放大,而是近现代自然科学范式和相应的意识哲学范式的产物,它在某种意义上同古希腊理性主义形成了思想内涵和价值取向上的"断裂"或"否定"。对于现代实验科学的基本特征,许多研究者作出了各种概括,雅斯贝尔斯曾从几个方面概括近现代科学之特性,例如,普遍性、原则上的不完备性、不漠视任何东西包括最微观的现象、构造科学的宇宙图景、敢于面对一切的彻底性、科学的态度等。② 我们在这里不想具体分析论证近现代科学的各个方面的特征,而只是想在同古希腊科学相比较的意义上,强调近现代科学的几个重要的特征:一是近现代科学越来越强调理性的普遍性,把科学的研究对象扩展到一切存在领域;二是近现代科学基于笛卡儿式的主客体二元论的思维模式,强调科学研究的可实证性,排除任何想象和猜测,排除任何主体的影响,在完全理想化的客观情境中得出纯粹客观的、必然的结果,因此,科学的态度在一定意义上就是纯客观的态度;三是近现代科学强调因果必然性的观点,把铁的必然性引入变化和发展的观念之中;四

---

① (美)撒穆尔·伊诺克·斯通普夫、(美)詹姆斯·菲泽:《西方哲学史》(第七版),丁三东、张传友等译,中华书局2005年版,第13页。
② 参见(德)卡尔·雅斯贝尔斯:《历史的起源与目标》,魏楚雄、俞新天译,华夏出版社1989年版,第97~103页。

是近现代科学不满足于沉思和思辨,它通过与技术的结合而形成改变自然存在状态的实用态度。概而言之,近现代科学在本质上是建立在实验、实证、实用基础之上的、完全排除主体性和个体性的、纯粹客观的和必然的、无所不包普遍适用的理性精神。雅斯贝尔斯强调,"科学具有三个必不可缺的特点,即认识方法,可靠确凿和普遍有效"①。如前所述,李凯尔特在《文化科学和历史科学》中分析了科学的普遍化方法,他认为,自然现象具有直接给予性。自然之物由于不存在截然的界限和突发的飞跃而呈现出连续性;又由于相互之间的不完全等同而具有非连续性和差异性。因此,自然世界的存在状态呈现为"连续的差异性"或"异质的连续性"。自然科学的方法是一种普遍化的方法,它排斥特殊性和个别性,而强调自然之物中的普遍性和同质性,寻找规律性。"我们把每个现实中的异质的连续性,或者改造为**同质的连续性**,或者改造为**异质的间断性**。只要这一点**能够做到**,也就可以把现实称为**理性的**。"②这种普遍化的方法是普遍的理性和概念凌驾于个别性之上,把各种个别的事物当做从属于这种概念之下的事例,从而把个别的东西视做是"非本质的"。

应当说,近现代科学强调实验、实证的标准,强调纯粹客观性和因果必然性,对于科学本身而言并没有什么不妥,这是科学进步的重要动力和机制。即使在当代,量子力学、混沌学等科学新发现,不断地挑战经典科学排除主体性或主客体的交互作用,追求纯粹的客观性和必然性所带来的限度,客观化和普遍化依旧是自然科学的本质特征。问题在于,这种科学的态度、科学的方法、科学的精神主要适用于自然科学的领域,不能无条件地、不加限制地引入关于人的存在和社会领域的研究。例如,李凯尔特就认为,用自然科学的普遍化方法去构造哲学体系的做法是不恰当的,因为文化现象与自然现象相比具有很大的独特性。与自然现象的给定性和客观性不同,文化作为人为的现象的突出特征是其价值内涵。"在一切

---

① (德)卡尔·雅斯贝尔斯:《历史的起源与目标》,魏楚雄、俞新天译,华夏出版社1989年版,第97页。

② (德)H.李凯尔特:《文化科学和自然科学》,涂纪亮译,商务印书馆1986年版,第32页。

文化现象中都体现出某种为人所承认的价值。"衡量价值的根本标准不是其客观性问题,而是它的意义内涵。"关于价值,我们不能说它们实际上存在着或不存在,而只能说它们是有意义的,还是无意义的。"①这样一来,文化科学的方法不能是普遍化的方法,而应当是个别化的历史方法,它尊重文化的个别性和价值内涵。李凯尔特断言,"随着相关的文化价值愈益独特地联结与某一事件的个别形态,这一事件的文化意义也往往相应地愈益增长。因此,只要涉及文化事件对于文化价值的意义,那么只有个别化的历史研究方法才是适用于文化事件的方法。如果把文化事件看作自然,亦即把它纳入普遍概念或规律之下,那么文化事件就会变成一个对什么都适用的类的事例(Gattungsexemplar),它可以被同一个类的其他事例所代替。因此,我们不能满足于仅仅用自然科学的或普遍化的方法去处理文化事件"②。

然而,在实际的历史进程中,人们并没有像李凯尔特那样认识到自然科学的普遍化方法的限度,而是自觉不自觉地把自然科学的方法变成放之四海而皆准的方法论原则,从而导致人们关于社会历史认识的"自然科学化",直至形成自然科学化的世界图景。一方面,永无止境、永远探索的彻底的、普遍的科学精神驱使自然科学超越自然对象的限度,扩展到包括人的存在在内的一切存在领域。"现代科学在精神上具有**普遍性**。在长时期中,它无不涉及,无一遗漏。无论自然现象、人类言行,或是人类的创造和命运,凡世上发生的一切都是观察、调查、研究的对象。宗教和各种权威都被加以审视。不仅每一实体,而且所有的思想可能性都成为研究的对象。调查和研究的范围没有任何限制。"③另一方面,近现代许多哲学家自觉地运用自然科学的方法来研究社会历史现象,不但形成了机械的自然观,而且形成了机械的历史观。例如,启蒙时期的思想家曾想对近

---

① (德)H. 李凯尔特:《文化科学和自然科学》,涂纪亮译,商务印书馆1986年版,第21页。
② (德)H. 李凯尔特:《文化科学和自然科学》,涂纪亮译,商务印书馆1986年版,第72页。
③ (德)卡尔·雅斯贝尔斯:《历史的起源与目标》,魏楚雄、俞新天译,华夏出版社1989年版,第98页。

现代科学所提供的空前的知识体系进行整理和分类,从而构造出一个互联网式的科学的世界图景,在这种世界图景中,计算能够解决一切难题。"这种勇气非凡的计划有时让人震惊。但没有人比莱布尼兹更雄心勃勃了,作为一个在逻辑学上卓有成就的年轻人,他相信每一个关于世界的表达,不管怎么复杂,都可以被分解为更简单的表达。而这些简单的表达最终可以由有限数量的极简单的概念构成。那么知识的构成就是赋予每个概念一个符号,然后排列这些符号的一个简单,但可能较长的过程。莱布尼兹不可思议地相信,如果这样做,那么天底下再不用为什么事情争论了。如果两个人在任何事情上有分歧,他们只要摆出相关概念,然后说:'好,我们计算一下。'"①再比如,霍布斯十分迷恋自然科学,特别是数学和几何的精确性,他对自然本性、人类本性、人类社会的研究都运用精确的自然科学方法。在他著名的政治哲学著作中,他运用机械论的、精确的数学模型建立起一种"人造的人",一个"伟大的利维坦",也就是一种公民社会或国家。他干脆把哲学理解为"计算的事情",把政治哲学理解为一般名词前后一贯的加减。用霍布斯的话来说,"政治学著作家把**契约**加起来以便找出人们的**义务**,**法律学家**则把**法律**和**事实**加起来以便找出私人行为中的**是和非**"②。在这里,我们很容易联想到那一时期的哲学家关于"动物是机器"、"人是机器"、一切都是冷冰冰的机器的断言。因此,随着近代自然科学,特别是实验科学的发展,在哲学家和自然科学家的共同努力下,一种追求理性逻辑、绝对真理、普遍规律的形而上学和认识论的哲学范式,或者说一种理论思辨哲学或意识哲学范式,进一步同现代自然科学的理论范式统一起来,几乎占据了人类精神世界的全部领域,占据了人类关于自然、社会、历史和人本身的所有理解,从而完全否认了关于人类生活意义和价值问题的历史哲学的特殊性和独特地位。文德尔班指出:

---

① (英)乔纳森·希尔:《兴奋时代的欧洲 1600—1800》,李红译,北京大学出版社 2007 年版,第 43 页。
② (英)霍布斯:《利维坦》,黎思复、黎廷弼译,商务印书馆 1985 年版,第 28 页。

十七世纪的形而上学和以后十八世纪的启蒙运动主要受到自然科学思想的支配。关于现实世界普遍符合规律的观点,对于宇宙变化最简单因素和形式的探索,对于整个变化基础中的不变的必然性的洞察——所有这些因素决定了理论研究。①

自然科学思想以囊括一切的强大力量向前突飞猛进,它根据事物的本性很容易在社会现象中(像过去在心理现象中一样)找到可以使它的思维方式发生作用的关键地方,致使在这个领域里必然发生类似于过去由于灵魂问题而引起的一场争斗。②

胡塞尔晚年在《欧洲科学危机和超验现象学》中从生活世界理论出发,对实证科学背景中产生的数学化的或自然科学化的世界图景,进行了更为深入的分析批判。他特别关注在近代自然科学的发展过程中,笛卡儿和伽利略等人的努力对于自然科学和哲学的发展所产生的深刻的影响。按照胡塞尔的分析,从笛卡儿起,一种新的观念支配了整个哲学运动的发展,这就是基于数学的普遍化而形成的一种无限的、大一统的理性化的世界图景。进而,通过伽利略对自然的数学化和理念化,一种基于纯几何学的完美观念的大一统的、一元的、必然的、普遍的数学宇宙理念形成了。胡塞尔认为,这种形式化的、数学化的、普遍化的自然科学范式迅速发展,很快在人对世界的理解中占据主导地位。"由此出发,由于这一代新人所特有的勇敢精神和首创精神,一个在这种新意义上的理性的、包罗万象的科学的伟大观念,或更确切地说,一个关于一般的存有者的整体本身就是一个理性的统一体,并且这个理性的统一体能够被一种相应的普遍的科学彻底把握的观念,就很快地被接受了。"③于是,一种无所不包、囊括一切的自然科学化的和普遍化的世界图景就确立起来了。胡塞尔

---

① (德)文德尔班:《哲学史教程》(下卷),罗达仁译,商务印书馆1993年版,第859页。
② (德)文德尔班:《哲学史教程》(下卷),罗达仁译,商务印书馆1993年版,第895页。
③ (德)埃德蒙德·胡塞尔:《欧洲科学危机和超验现象学》,张庆熊译,上海译文出版社1988年版,第26~27页。

指出:

> 这件"数学和数学的自然科学"的理念的衣服,或这件符号的数学理论的符号的衣服,囊括一切对于科学家和受过教育的人来说作为"客观实际的、真正的"自然,代表生活世界、化装生活世界的一切东西。正是这件理念的衣服使得我们把只是一种方法的东西当作真正的存有,而这种方法本来是为了在无限进步的过程中用科学的预言来改进原先在生活世界的实际地被经验到的和可被经验到的领域中唯一可能的粗略的预言的目的而被设计出来的。这层理念的化装使得这种方法、这种公式、这种理论的本来意义成为不可理解的,并且在这种方法的素朴的形成中从来没有被理解过。①

显而易见,追求普遍性知识的、思辨的理论哲学或意识哲学范式在无限的数学化的自然图景中达到登峰造极的地步,这些我们在近代的理性主义哲学中可以清楚地看到。这种世界图景和哲学范式,对哲学发展和历史意识的影响是多方面的和深刻的。第一,自然科学所揭示的因果现象、必然性、线性决定特征、还原性、可计算性、普遍性等被放大为统一的、一元的、无限的世界的普遍规律,建立起以理性逻辑、绝对真理、普遍规律为核心的形而上学和认识论体系。第二,生活世界、伦理道德世界、人的生存领域等虽然没有完全淡出哲学理性的视野,但是却剥夺了特殊性和个别性,成为数学化和理念化的无限世界图景中的一个案例。从哲学史的编排也可以看出这一点,关于社会、历史、道德、伦理、价值的一些看法在相当长的历史中一直作为思辨哲学体系的一种同质的附属品,以致哲学家们竟然能够得出"人是机器"的可怕的、冰冷的结论。第三,在这种意识哲学或思辨哲学范式中,希腊理性科学所内含的最高人文理念"自由"实际上已失落,个别性和特殊性在哲学体系中已找不到落脚点,相应

---

① (德)埃德蒙德·胡塞尔:《欧洲科学危机和超验现象学》,张庆熊译,上海译文出版社1988年版,第62页。

地,意义和价值也完全被冷冰冰的外在规律性所取代。胡塞尔对此有深刻的理解,在他看来,自然的数学化和无限的理性世界图景的建立,最严重的后果是生活世界之被遗忘,或者说,生活世界和人的存在的特殊性被自然科学的纯客观的理解范式所消解,服从于一种外在的普遍理性和因果必然性。胡塞尔在这方面,有一段精彩的论述:

> 伽利略在从几何的观点和从感性可见的和可数学化的东西的观点出发考虑世界的时候,抽象掉了作为过着人的生活的人的主体,抽象掉了一切精神的东西,一切在人的实践中物所附有的文化特性。这种抽象的结果使事物成为纯粹的物体,这些物体被当作具体的实在的对象,它们的总体被认为就是世界,它们成为研究的题材。人们可以说,作为实在的自我封闭的物体世界的自然观是通过伽利略才第一次宣告产生的。随着数学化很快被视为理所当然,自我封闭的自然的因果关系的观念相应而生。在此,一切事件被认为都可一义性地和预先地加以规定。①

可以说,在所有哲学家中,黑格尔对于这种普遍的理性主义哲学范式作了清楚的描述,他建立起一个无所不包的泛逻辑的、泛理性的世界运动的图景和历史演进的图景。他反复强调人类已经进入了一个"精神的普遍性已经大大地加强的时代",哲学必须抛开表面的、变化不居的、个别性的东西,而去研究深层的本质性的、普遍的东西。黑格尔说:"'哲学'所关心的只是'观念'在'世界历史'的明镜中照射出来的光辉。'哲学'离开了社会表层上兴风作浪、永无宁息的种种热情的争斗,从事深刻观察;它所感觉兴趣的,就是要认识'观念'在实现它自己时所经历的发展过程——这个'自由的观念'就只是'自由'的意识。"②但是,必须指出,黑格尔在这里并不是强调个体的、活生生的自我意识和自由精神,而是强调

---

① (德)埃德蒙德·胡塞尔:《欧洲科学危机和超验现象学》,张庆熊译,上海译文出版社1988年版,第71页。

② (德)黑格尔:《历史哲学》,王造时译,上海书店出版社2006年版,第426页。

客观的、普遍的、绝对的思想、理念和精神。黑格尔用一个具有内在统摄性的、不断否定和生成的、"作为主体的实体"的绝对精神,构造了一个包括自然、精神、历史等一切存在在内的理性化的和普遍化的世界图景。在他的眼里,无论是自由个体,伟大的历史人物,还是民族的历史和民族的精神,都是这普遍的思想和绝对的精神的工具和表现。历史就是绝对理念和绝对精神的内在发展,逐步展示其普遍的本质的进程。"'民族精神'在一种必需的、继续的各阶段上的各种原则,只是惟一的、普遍的、精神的各种因素,要靠这些因素,普遍的'精神'才能够在历史上提高并完成它自己:使自己成为一个自己理解的**总体**。"①

与这种科学化的和普遍化的世界图景密切相连的是一种普遍的和宏大的历史叙事。用曼海姆的话来说,这是一种"总体的意识形态概念",它"指的是一个时代或者一个具体的历史 - 社会群体所具有的意识形态"②。这种科学化的和理性化的宏大的社会历史叙事在近现代以来表现为多种形态,如奠基于启蒙理性和契约精神的关于人的自由和人类解放的理性设计、以绝对理性的普遍运动为核心的关于绝对真理的阐发、关于历史的合目的性与合规律性的历史决定论,等等。其共同之处在于相信理性万能,相信理性是一种绝对的力量;同时相信理性至善,把理性及技术当做是人的本质力量、人的自由和全面发展的确证;进而,它支持一种乐观的人本主义或历史主义,它相信,人性永远进步、历史永远向上,现存社会中的不幸和弊端只是暂时的历史现象或时代错误,随着理性和技术的进步,人类终究可以进入一种完善完满的境地。这样一种万能、至善、完满的理性在黑格尔哲学中成为生成一切的"绝对理念"。

应当说,理性化的文化精神从个体的和社会的一般的文化模式和价值取向上升为普遍的、总体性的、意识形态化的文化精神,是理性化进程的内在必然性。一般说来,在前现代的经验社会中,虽然也会偶尔由某些

---

① (德)黑格尔:《历史哲学》,王造时译,上海书店出版社2006年版,第73页。
② (德)卡尔·曼海姆:《意识形态和乌托邦》,艾彦译,华夏出版社2001年版,第66页。

先知和圣人提出"理想国"和"大同社会"之类的社会历史叙事,但是,往往只是想象和理想的乌托邦,整个社会的自在自发生存状态和"无语的"历史演化并不要求关于社会和历史的自觉的和理性的设计,这是一种"自然历史进程"。而在"脱域"之后的理性化社会中,理性内在的分析和反思本性必然驱使理性不仅规范个体的和群体的行为和活动,而且直接指向社会总体和历史目标。正如康德在《纯粹理性批判》中所分析的那样,理性在认识过程中,不会满足于在感性阶段和知性阶段用纯直观和纯概念来把握现象界中有条件的、相对的东西,而必然要求超出现象界,达到对物自体的认识,即认识无条件的、绝对的和完整的统一体。但是,理性自己没有用以把握无限对象的工具,而只能借用知性用以认识现象界的存在物的工具,即纯概念。这样一来,以有限的工具去把握无限的存在物,其结果只能陷入"二律背反"。

可以看出,当理性无限扩展到可能达到的极限,的确会导致很多张力和"二律背反",这正是 20 世纪意识形态批判理论兴起的重要原因。同样,利奥塔等后现代主义者对现代性的批判集中于"宏大叙事"(grand narratives)或"元叙事"(metanarratives),也正是看到这种理性化的意识形态在现代性问题上的紧要性。他指出,"在《后现代状况》中我关心的'元叙事'(metanarratives),是现代性的标志:理性和自由的进一步解放,劳动力的进步性或灾难性的自由(资本主义中异化的价值的来源),通过资本主义技术科学的进步整个人类的富有,甚至还有——如果我们把基督教包括在现代性(相对于古代的古典主义)之中的话——通过让灵魂皈依献身的爱的基督教叙事导致人们的得救。黑格尔的哲学把所有这些叙事一体化了,在这种意义上,它本身就是思辨的现代性的凝聚"[①]。

在这里,我们看到了现代性的精神性维度的极其丰富性,也看到了各种精神性维度之间的复杂关系,例如,这种科学化的和普遍化的宏大历史

[①] (法)利奥塔:《后现代性与公正游戏——利奥塔访谈、书信录》,谈瀛洲译,上海人民出版社 1997 年版,第 167 页。

叙事和世界图景,同个体的自由,以及契约化的公共文化精神之间的张力。在这种复杂的关联中,已经透露出现代性的内在差异和异质性特征,显露出现代性的危机的征兆。后面我们还要专门分析现代性内在的张力结构和危机特征。毫无疑问,这种科学化的和普遍化的宏大历史叙事和世界图景,最直接地显现出理性文化的危机特征。

第四章　现代性的制度性维度

通过上述关于现代性的多重精神性维度的分析,我们无疑感受到现代性的力量和无所不包的特征,但是,这还远远不是现代性的全部维度,如果关于现代性的分析不同时引入制度性的分析,这种分析注定是残缺不全的。作为每一时代文化之集中体现的精神性文化,不仅以各种精神形态和价值观念影响和规范个体的生存活动和生存方式,而且通过制度性维度以内在机理和价值内涵而影响着社会各个领域的运行。在这里,"制度"的含义十分丰富①,相应地,制度文化也包含十分丰富的内涵和维度,包括政治制度、法律制度、经济制度、行政制度、公共管理制度、教育制度,以及社团体制、婚姻家庭制度等渗透到社会的一切组织化行为中,内在于一切社会活动领域的机理性和价值型维度。

在这里,我们可以借用一下著名文化人类学家马林诺夫斯基所代表的功能学派的文化学理论。他反对本质主义的做法,并不主张一般性地

---

① 这里的"制度"既包括像 system、institution 等表达宏观性政治制度和体制的范畴,也包括像 mechanism、scheme(schema) 等表达微观性机制、机理、图式的范畴,甚至还包括像 rules、regulations 等表达具体的规章、规则的范畴。应当说,文化意义上的制度的主要着眼点不是宏观的政治体制和国家制度,而是倾向于更多地表达微观层面的含义,因此,制度文化是人类社会所有活动领域的内在的机理性和价值型维度。

探讨文化的本质或规定性,而是从文化满足人的丰富多彩的需要的角度研究文化的功能。他在《文化论》中在很宽泛的意义上理解文化范畴,而在文化的丰富的功能中,他特别关注社会制度所体现的文化价值,认为,"文化是指那一群传统的器物、货品、技术、思想、习惯及价值而言的,这概念实包容着及调节着一切社会科学。我们亦将见,社会组织除非视做文化的一部分,实是无法了解的;一切对于人类活动、人类集团及人类思想和信仰的个别专门研究,必会和文化的比较研究相衔接,而且得到相互的助益"[1]。后来,在他去世后出版的《科学的文化理论》中,马林诺夫斯基更加清晰地表明了把文化主要理解为制度的倾向,他明确断言:"这里的主张是:制度乃是文化分析的真正单元。"[2]他认为,"功能"和"制度"是理解文化的两个核心范畴,"我们提出的功能和制度这两类分析方法,将使我们能更加具体、精确和彻底地界定文化。文化是由部分自治(autonomous)和部分协调(coordinated)的制度构成的整合体。它依据一系列原则而整合,例如血缘共同体通过生育;空间相邻通过合作;活动中的专门分工;最后但同样重要的是,政治组织通过权力的运用而整合。每个文化的完整性(completeness)和自足性(self-sufficiency)都归因于一个事实,即满足基本的、使用的及整合化的全部需求"[3]。在这种意义上,马林诺夫斯基断言,所有社会科学学科都必须以文化为重要的研究内涵,例如,经济学和法学并非简单地研究"经济人"和法律设施,而且必须深入研究经济运动和法治内在的利益、习惯、动机、价值、道德约束等。[4]

我们在本书伊始,就明确地把现代性定位在文化的层面,强调探讨作为文化的现代性。按照吉登斯的理解,现代性是人的活动和社会运动从

---

[1] (英)马凌诺斯基:《文化论》,费孝通译,华夏出版社2002年版,第2页。
[2] (英)B.马林诺夫斯基:《科学的文化理论》,黄剑波等译,中央民族大学出版社1999年版,第65页。
[3] (英)B.马林诺夫斯基:《科学的文化理论》,黄剑波等译,中央民族大学出版社1999年版,第56页。
[4] 参见(英)B.马林诺夫斯基:《科学的文化理论》,黄剑波等译,中央民族大学出版社1999年版,第30页。

原始的地域性和直接性的关联中"脱域"之后形成的以"抽象的体系"为特征的现代社会的理性化文化模式，在这种意义上，现代性一定不是现代社会的某一方面、某一层面或某一活动领域的特殊的文化规定性，它不仅作为文化精神和价值取向渗透到个体的和群体的行为和活动之中，而且必然像马林诺夫斯基断言的那样，表现为文化的制度单元，作为自觉的制度安排而构成社会运行的内在的机理和图式。正是在这种意义上，如前所述，吉登斯干脆断言，"'现代性'指大约从17世纪开始在欧洲出现，此后程度不同地在世界范围内产生影响的社会生活或组织模式"[①]。而韦伯则不仅从世界"祛魅"的角度分析了现代性的伦理和文化精神内涵，还详细地从经济合理化、管理科层化等角度揭示了现代性作为理性化制度安排的普遍性。

如前所述，我们这里所说的现代性的制度性维度，不同于吉登斯在《现代性的后果》中所分析的资本主义、工业主义、监督机器和军事力量等现代性的外在的表现维度，而是指现代性体现为社会各主要层面和主要领域的内在机理和活动图式的内在性维度。因此，我们只是在理性分析的意义上，可以相对地区分出现代性的精神性维度和制度性维度，而在现实社会运行中它们是密不可分的。一方面，文化精神的自觉构成社会运行的灵魂。正如韦伯在分析为什么理性化没有在中国等非西方国家出现时指出的那样，"如果这些理性行为的类型受到精神障碍的妨害，那么，理性的经济行为的发展势必会遭到严重的、内在的阻滞"[②]。另一方面，自觉的理性化的文化精神如果不通过制度安排而成为社会运行的内在图式和机理，也会成为某种无根基的浮萍，这种情况在许多后发展中国家的现代化进程中常常出现。在这种意义上，现代性的制度性维度同样是一个复数的范畴，同样具有十分丰富的内涵，我们无法穷尽其内涵，只能依据在人类历史运行和社会存在中的重要性，而选择经济、管理、政治等活

---

① Anthony Giddens, *The Consequences of Modernity*, Stanford University Press, 1990, p. 1.
② （德）马克斯·韦伯：《新教伦理与资本主义精神》，于晓、陈维钢等译，三联书店1987年版，第15页。

动领域的内在的理性化机理和制度。

第一节 经济运行的理性化

与传统社会的自给自足、自在自发的日常的自然经济相比,经济活动的理性化无疑是现代社会的本质特征之一。之所以首先从经济的运行和发展入手来探讨现代性的制度性维度,是基于生产活动和经济活动在个体生存和人类社会发展中的基础地位。现代性作为一种理性化的机理,如果不彻底地渗透到经济运行之中,就不会成为这一时代的主导性文化模式。进而,生产活动和经济活动不仅对于人类生存具有基础性地位,而且深刻地影响着人类生存的更为深层的基础,即深刻影响着人和自然的关系。也正因为如此,从经济运动入手来揭示现代性的制度性维度,有助于我们深刻理解现代性的威力和现代性的后果。

显而易见,透过具体的生产活动和经济活动,深入探讨每一时代经济组织和运行的内在机制,并由此来把握每一时代的基本特征,是十分重要的社会历史分析方法。我们看到,马克思在分析人类历史演进的经济基础时,也是把侧重点放到揭示经济运动的基本组织方式和生产方式。在《哲学的贫困》中,马克思批判蒲鲁东时指出:"经济学家蒲鲁东先生非常明白,人们是在一定的生产关系中制造呢绒、麻布和丝织品的。但是他不明白,这些一定的社会关系同麻布、亚麻等一样,也是人们生产出来的。社会关系和生产力密切相连。随着新生产力的获得,人们改变自己的生产方式,随着生产方式即谋生的方式的改变,人们也就会改变自己的一切社会关系。手推磨产生的是封建主的社会,蒸汽磨产生的是工业资本家的社会。"[1]在《资本论》中,马克思更加明确地提炼和概括了上述思想,他断言,"各种经济时代的区别,不在于生产什么,而在于怎样生产,用什么劳动资料生产。劳动资料不仅是人类劳动力发展的测量器,而且是劳动

---

[1] 《马克思恩格斯选集》第1卷,人民出版社1995年版,第141~142页。

借以进行的社会关系的指示器。在劳动资料本身中,机械性的劳动资料(其总和可称为生产的骨骼系统和肌肉系统)远比只是充当劳动对象的容器的劳动资料(如管、桶、篮、罐等,其总和一般可称为生产的脉管系统)更能显示一个社会生产时代的具有决定意义的特征"[1]。应当承认,马克思在这里所讨论的问题或关注的重点还不完全是我们要分析的经济领域的现代性的机制性维度,从基本的价值取向和主要关注点来看,马克思主要强调建立在不断更新的现代技术基础上的生产工具的进步和生产方式的变革,以及这些进步和变革对社会的人际关系和组织方式的改变。但是,马克思思考经济问题的基本思路对于我们分析现代性在社会活动的各个领域中的机制和机理的确具有指导意义。特别是马克思关于"各种经济时代的区别,不在于生产什么,而在于怎样生产"的论断包含着深刻的思想。实际上,我们循着马克思关于现代技术进步背景下的生产工具进步和生产方式变革的思想再继续推进,就会看到,近现代的科学进步和技术创新对于社会的经济运动的影响要更为广泛,其深度特别体现在它导致经济运动的内在的自然的和经验的文化机理和机制被理性化的和计量化的文化机理和机制所取代,而这正是现代性的制度维度的重要方面。

我们在这里的主要任务不是详尽地分析人类迄今为止各个时代的经济运动的机制和体制变迁,就我们的研究主题而言,可以一般地把资本主义市场运动所开辟的现代经济运动之前的所有经济运动概括为"自然经济"。应当说,前工业文明时代,人类社会的生产和经济活动经历了不断发展不断丰富的过程,从原始时代的采集和渔猎,到农耕时代的种植,同时伴随着商品交换活动,并逐步发展起手工生产,甚至是具有一定规模的手工作坊和工场的生产,其中生产工具和手段也经历着不断进步的历程。虽然这些生产和经济活动的规定性和内涵存在着差异性,但是,从内在的文化机理和机制上看,它们都属于"自然经济"。自然经济的最根本的特

---

[1]《马克思恩格斯选集》第2卷,人民出版社1995年版,第179页。

征在于:生产和经济活动的组织方式、运行机制、评价体系等,都服从于自然的和经验的机制,这是一种自在自发的文化精神和机理。例如,从生产的组织和规模方面来看,以农耕为主的自然经济主要依靠家庭的自然血缘关系和机制来调节,因此,大多表现为分散的、小规模的、自给自足的小农经济,以及狭小的、封闭的和天然的共同体;从生产活动的基本活动图式来看,自然经济属于典型的经验活动,是按照自然节律,伴随着大自然的节奏而展开的,与黑夜白昼,春夏秋冬的自然循环相一致,春耕、夏锄、秋收、冬休,这几乎成为千百万年的传统日常生活的基本节奏和韵律;从经济交往活动的机制来看,自然经济基本上属于在原始地域性的情景和关联中展开的、"面对面的"、熟悉的、自在自发的交流活动。总而言之,自然经济运动是一种没有脱离土地和自然的、狭隘的经验活动。斯宾格勒曾断言"农民是无历史的",他指出,"农民是永恒的人,不倚赖于安身在城市中的每一种文化。它比文化出现得早,生存得久,它是一种无言的动物,一代又一代地使自己繁殖下去,局限于受土地束缚的职业和技能,它是一种神秘的心灵,是一种死钉着实际事务的枯燥而敏捷的悟性,是创造城市中的世界历史的血液的来源和不息的源泉"①。为什么会如此?关键在于,农业是一种自然的生存方式,一种自然性的文化。"挖土和耕地的人不是要去掠夺自然,而是要去改变自然。种植的意思不是要去取得一些东西,而是要去生产一些东西。但是由于这种关系,人自己变成了植物——即变成了农民。他生根在他所照料的土地上,人的心灵在乡村中发现了一种心灵,存在的一种新的土地束缚、一种新的情感自行出现了。敌对的自然变成了朋友;土地变成了家乡。"②显而易见,斯宾格勒在这里并不是一般地贬低农民和乡村,而是指出农业作为一种文化存在方式特有的自在性和自然性特征。

---

① (德)奥斯瓦尔德·斯宾格勒:《西方的没落》(上册),齐世荣、田农等译,商务印书馆1963年版,1995年印刷,第208页。

② (德)奥斯瓦尔德·斯宾格勒:《西方的没落》(上册),齐世荣、田农等译,商务印书馆1963年版,1995年印刷,第198页。

社会经济运动中现代性维度的生成,集中体现在理性的文化机理取代自然的和经验的文化机理成为经济运动的制度性原则和基本精神。我们可以借用吉登斯的脱域理论(disembedding)来说明这一点。这一理论无论对于我们认识经济领域还是其他社会活动领域中的现代性的制度性维度都具有理论范式的借鉴意义。吉登斯在著名的《现代性的后果》中曾从"时－空分离"、"脱域机制的发展"、"知识的反思性运用"三个维度展示现代性的生成机制及其内涵,其中,脱域机制处于核心的地位。按照他的理论,现代性的生成实际上是一个社会行动从原始地域性情境中脱离出来,也就是我们上述所分析的从自然经济的自在自发的运行机制中脱离出来,然后用"人为的"理性化的抽象体系"再嵌入"(reembedding)的过程。在前现代社会或传统社会中时间是与空间紧密联系在一起的,大多数人"总是把时间与地点联系在一起",同时,"空间和地点总是一致的"。这是一种典型的"在场的"经验式的和自然的生存方式。而随着标准化时间或虚化时间(empty time)的出现,时间与地点相分离,同时,也出现了虚化的空间,空间也与地点相分离。这是一种深刻的历史变化,社会行动开始从经验化的地域情境中脱离出来,人们开始脱离直接的"面对面的"交往关系,从"在场"走向"不在场"。时－空分离为理性化组织运行提供了动力机制,为社会的脱域创造了条件,形成更大的社会活动空间,提供了多种变迁的可能性。吉登斯指出,"所谓脱域,我指的是社会关系从相互作用的地域性关联中'脱离出来',并跨越无限的时－空距离对这些关联进行重组"[①]。当经历了从自然的地域性关联中脱离出来的过程,社会所面临的根本问题是必须用一种新的"人为的"运行机制和运行规则或模式去取代原有的自然的和经验的社会机制,如哈贝马斯所说的那样,当预设的模式或者标准分崩离析的时候,"置身于其中的人只好去发现属于自己的模式或标准"[②]。吉登斯指出,脱域的社会要成功地存在下

---

① Anthony Giddens, *The Consequences of Modernity*, Stanford University Press, 1990, p.21.
② (德)哈贝马斯:《现代性的地平线——哈贝马斯访谈录》,李安东、段怀清译,上海人民出版社1997年版,第122页。

去，必须用理性化的抽象体系来进行再嵌入，由此形成了理性化的生存环境和社会运行机制。他认为，再嵌入的抽象体系的核心是基于信任机制的理性化体系。"我想用**再嵌入**这一概念来补充说明脱域概念。所谓再嵌入，我指的是重新占有或重新构造已脱域的社会关系，以便使这些关系（无论是多么局部性的或暂时性的）与地域性的时间和空间条件相契合。我还要对我称之为**当面承诺**和**非当面承诺**的东西作出区分。前者指的是由建立在共同在场条件下的社会关系所维系与表达的信任（trust）关系；后者则是指在我统称为**抽象体系**的象征标志或专家系统中的信赖（faith）的发展。"① 具体说来，吉登斯列举了最具代表性和普遍性的理性的抽象体系，如以货币符号为典型代表的"象征标志"（symbolic tokens）和现代社会中在法律、建筑、交通等各种社会领域中无所不在的"专家系统"（expert systems）。不难看出，现代社会的理性化、契约化的制度和文化精神都是建立在这些信任机制和抽象体系基础之上的。我们可以通过齐美尔和韦伯两位著名社会学家的观点，来了解现代性的一个重要的制度性维度，即经济运行的理性化。

如前所述，近现代实验科学的普遍理性化原则和可计算性原则对人类的精神生活和社会生活产生了全方位的影响，它不仅在人的精神生活中形成了数学化的理性化的世界图景，而且作为内在的文化机理和机制渗透到人类社会的所有领域之中。应当说，当代有许多思想家和理论家从不同侧面注意到现代经济受内在的科学理性和计算原则支配的特征。然而，可以说，著名社会学家齐美尔的货币哲学是对经济现代性所作的第一个自觉的、系统的、十分重要的解读。他的货币哲学深刻地影响了包括卢卡奇、布洛赫等西方马克思主义重要代表人物在内的一批当代的哲学家和社会学家。人们倾向于认为，齐美尔的货币哲学关于经济运行理性化的揭示，是关于经济领域现代性的最深刻的批判。吉登斯在《现代性的后果》中，高度肯定了齐美尔关于货币和现代性的关系的论述，他正是接

---

① Anthony Giddens, *The Consequences of Modernity*, Stanford University Press, 1990, pp. 79–80.

受了齐美尔的观点,把货币作为"脱域"之后的社会的抽象体系之一,即象征标志的典型形态。吉登斯指出,货币在现代社会中的性质和功能既是社会学广泛关注的课题,也是"经济学的永恒的关注点",马克思、帕森斯、卢曼等许多思想家都对货币作了特别的探讨。但是,相比之下,"乔治·齐美尔关于货币和现代性之间关联的论述是最有影响和最为深刻的"①。因此,吉登斯在《现代性的后果》中大段引用齐美尔关于货币的思想,来说明象征标志这一重要的理性化的抽象体系。我们注意到,吉登斯强调的是货币同现代性之间的关系。我认为,吉登斯对于齐美尔货币哲学的把握是很准确的,这也完全符合齐美尔对自己的货币哲学的理论定位。齐美尔在《货币哲学》前言中指出,货币必然要涉及估价与购买、交换与交换手段、生产形式和财产价值等现象,特别是涉及实际利益这一"国民经济学兴趣"。但是,他的货币哲学并非要研究货币的经济特性,在他看来,"两个人相互交换其产品的这一事实绝不只是一桩国民经济学事实而已",因此,他断言,"本书的这项研究没有只字片语是国民经济学式的"②。齐美尔强调,他的货币哲学是要通过货币的本质和功能来揭示与人类和人类活动相关联的价值和意义问题。显而易见,齐美尔关于货币的文化功能的分析,对于我们揭示经济运动的现代性维度具有特别的意义,这一点,我们可以从齐美尔的一段论述得到验证:

> 在这个问题范围里,货币只不过是手段、质料,或实例,用以表现最表层的、最实际的、最偶然的现象与存在最理想的潜力之间的关联,表现个体生命与历史的最深刻的潮流之间的关联。本书整体的意义和目的无非是:从经济性事件的表层衍生出有关所有人类的终极价值和意义的一条方针。③

---

① Anthony Giddens, *The Consequences of Modernity*, Stanford University Press, 1990, p. 22.
② (德)西美尔:《货币哲学》,陈戎女、耿开君、文聘元译,华夏出版社2007年版,"前言"第2页.
③ (德)西美尔:《货币哲学》,陈戎女、耿开君、文聘元译,华夏出版社2007年版,"前言"第3页.

齐美尔的货币哲学包含许多对于我们全方位展开现代性批判具有重要借鉴意义的深刻思想，但是，在这里我们不可能系统地叙述他的思想。对于我们分析现代性的制度性维度而言，最根本的一点是揭示货币作为经济运动内在的文化机理。在齐美尔那里，货币具有十分丰富的文化内涵，其中十分重要的一点是货币所代表的现代商品经济所特有的计算性和抽象性，这是一种普遍的理性化。如果我们借用吉登斯的"脱域"理论来说，货币作为一种最典型的、最集中的象征标志，正是经济运动从原始地域性的、自然的境遇中"脱域"出来之后重新"嵌入"的最基本的理性化的抽象体系，它以特有的普遍的理性化和计算化机制建立起现代经济运动的内在文化机理或体制机制。齐美尔认为，成熟的货币体系是现代社会的特色。在货币经济的前提下，社会行动以计算关系的形式被表达，这种货币经济的发展是理性化的思想和行动增长的结果。"货币一方面产生着一切经济行为的一种从前不知道的非人格性，另一方面产生着人员的一种同样是提高了的自主性和独立性。"[①]具体说来，货币在现代经济中发挥了双向的作用。一方面，货币打破了自然经济所依赖的基于血缘情感关系和经验所建立起来的、以家庭为纽带的地域性经济交往体系，通过货币的平等价值关系而为个体的独立和自由奠定了基础。"家庭纽带的松散是根源于家庭个体成员经济上的特殊利益，这种现象只有在货币经济中才可能发生。家庭关系的松散首先产生的就是生存完全可能以个人才能为基础；只有和个人才能等价的货币形式才可能评估出相当专门的劳动的价值，如果不把它们转换成一种普遍的价值就很难进行相互的交换。"[②]另一方面，货币又具有一种消除"距离"的功能，它使得那些从具体的时空和地域中"脱域"出来的、在越来越大的空间中展开的经济活动，能够建立起完全客观的、可计算的、跨时空的、理性化的有机联系。"货币在这个双向过程中所起作用的广度和强度，首先显现为货币对距离

---

① （德）齐美尔：《社会是如何可能的》，林荣远编译，广西师范大学出版社2002年版，第68页。
② （德）西美尔：《货币哲学》，陈戎女、耿开君、文聘元译，华夏出版社2007年版，第388页。

的克服。只有把价值转化成货币形式才能使那样一种利益的结合成为可能,即参与者的空间距离绝对被忽略不计,这一点不必赘述。在成百上千个例子中只举一个例子:只有通过货币的手段,某个德国资本家和也是在德国的某个工人才可能实际地卷入西班牙的一桩内阁人事变动,涉足非洲金矿的利润,以及一次南美洲革命的成果。"①因此,齐美尔说出了一段非常具有哲理的论述:

> 文化的进程显示出,以前无意识地、本能地做出的事情后来出现时都带上了清清楚楚的可计算性,以及支离破碎的意识;而另一方面,起初需要小心翼翼和自觉地努力才能获得的东西在现代变成了机械式的例行公事、本能的理所当然的东西。故而相应地,在这里最遥远的东西离人近了,付出的代价是和人亲近的东西越来越遥不可及。②

从上述的一些简要的描述已经可以看出,齐美尔在这里的确不是在经济学意义上论述作为一般经济现象的货币,而是用货币这一典型的象征标志清晰地揭示出理性化的抽象体系是如何全方位地"嵌入"经济运行之中,成为现代社会最基础层面,也就是经济活动中的文化机理,成为现代性的一个重要的制度性维度,并且说明,这种可计算的、理性化的制度或者机制可以超越地区和地域的限制,在越来越广阔的空间,甚至是在全球范围内有机地运行。齐美尔在1896年的《现代文化中的金钱》一文中曾通过现代社会和中世纪的对比,说明现代性是如何成为现代社会的内在制度性维度的,并明确断言,现代性在经济领域中的生成是货币的影响的结果。

> 中世纪的人被束缚在一个居住区或者一处地产上,从属于封建同盟或者法人团体;他的个性与真实的利益群体或社交的利益圈融合在一起,这些利益群体的特征又体现在直接构成这

---

① (德)西美尔:《货币哲学》,陈戎女、耿开君、文聘元译,华夏出版社2007年版,第388页。
② (德)西美尔:《货币哲学》,陈戎女、耿开君、文聘元译,华夏出版社2007年版,第387页。

些群体的人们身上。现代摧毁了这种统一性。现代一方面使个性(Persönlichkeit)本身独立,给予它一种无与伦比的内在和外在的活动自由。另一方面,它又赋予实际的生活内容一种同样无可比拟的客观性:在技术上、在各种组织中、在企业和职业内,事物自身的规律越来越取得统治地位,并摆脱了个别人身的色彩。比如我们的自然图景,越来越致力于剔除人格化的特点,力求赋予自然以客观的规律性。这样,现代使主体和客体相互独立,从而两者都完完全全地找到属于自己的发展道路。我们要说明的就是这种分化过程的双方怎样受到货币经济的影响。①

可以说,齐美尔作为自觉地探讨现代社会的内在文化机制的最早的社会学家之一,他的货币哲学不仅给我们提供了一种独特的现代性的发生学理论,而且提供了最早的现代性诊断和现代性的文化批判。第一,齐美尔通过货币这一理想化的抽象体系的作用,深刻地揭示了现代经济运动的理性化特征,即经济领域现代性维度的鲜明的计算性特征。他形象地描述了现代经济运动和社会运行中,通过货币体系而形成的无所不在的数字化计算的文化特征。"我想提到现代生活风格——它的理性主义特点清楚地显示了货币影响的痕迹——的最后一个特征。现代人们用以对付世界,用以调整其内在的——个人的和社会的——关系的精神功能大部分可称做为算计(rechnende/calculative)功能。这些功能的认知理念是把世界设想成一个巨大的算术问题,把发生的事件和事物质的规定性当成一个数字系统。"②从另一个层面来看,对于计算和数字的关注也成为现代人的理性心态或文化精神的突出标志。"我们的时代正在接近这种状态,而与此相关的现象是:一种纯粹数量的价值,对纯粹计算多少的

---

① (德)西美尔:《金钱、性别、现代生活风格》,刘小枫编、顾仁明译,学林出版社2000年版,第1页。
② (德)西美尔:《货币哲学》,陈戎女、耿开君、文聘元译,华夏出版社2007年版,第358页。

兴趣正在压倒品质的价值,尽管最终只有后者才能满足我们的需要。"①第二,齐美尔在货币哲学中的深刻之处还在于,他通过对经济运行中货币这一理性化的抽象体系的分析,揭示出现代性的一个本质性的文化机制或文化结构,即现代性内在的主体和客体的二元对立,以及与此相关的个体的自由和客观的物化的共生共存。这很像马克思在描写人的发展阶段时所强调的第二种形态(现代形态),即"以物的依赖性为基础的人的独立性"②。具体说来,从上述齐美尔的许多论述中,我们已经可以看到这种特殊的文化逻辑:货币的可计算性、抽象化、理性化的作用,将传统经济活动主体从自然经济的家庭血缘关系、等级制的人际关系、地域性的活动情境中解放出来,使个人获得了基于个体才能的独立性和自由。但是,货币同时还通过理性的普遍化的、平均化的、非个性化的作用机制"夷平"和"消除"各种差异和距离,用物的关系和理性逻辑取代了经济运动中的人的关系,从而形成了按照内在的理性逻辑而客观地、普遍化地运行的经济体系,由此又导致了个体的物化。因此,齐美尔把人类命运的进程描绘为"一个奴役与解放、义务与自由之间不间断的交替轮转",在他看来,经常的情形是,"我们以为的自由事实上屡屡只是义务的改头换脸罢了;当一种新的义务取代了我们长期承受的旧责任时,人们首先感觉到的就是卸下了旧的负担。并且,没了旧担子,乍一看上去我们是彻底自由了,直至新的义务……给我们的肌肉压上了重量,逐渐使它们疲惫不堪。解放自我的过程现在从这个新的义务开始再度起航,正如该过程本来曾在这里告终一样"③。齐美尔认为,这种义务对自由的压抑、解放与奴役并存的文化逻辑在现代经济运行中表现得尤为突出,由此他表述了"思想的物化"、"技术的宰制"、"手段对目的之优势"、"以科学统治生活"等一系列

---

① (德)西美尔:《金钱、性别、现代生活风格》,刘小枫编、顾仁明译,学林出版社2000年版,第8页。
② 《马克思恩格斯全集》第30卷,人民出版社1995年版,第107页。
③ (德)西美尔:《货币哲学》,陈戎女、耿开君、文聘元译,华夏出版社2007年版,第211页。

重要的现代性批判的思想。① 齐美尔明确指出,"有关生产领域人们已经断言,机器本应该取消人对于自然的奴隶般的劳动,但却迫使人自身成了机器的奴隶……正如我们一方面变成了生产过程的奴隶一样,在另一方面我们成为产品的奴隶:这即是,自然凭借技术在外部为我们提供的东西成为凌驾于自我主宰(Sich-Selbst-Gehören)之上,凌驾于生活的精神集中点之上的主人,其方式有无止境的习惯适应,无穷尽的娱乐消遣,以及无始无终的表面化需求。因而,手段的统治所占据的不仅仅是具体的目的而恰恰是目的之驻扎地,是一切目标的汇聚点,因为终极目的就发源于此。人类因此变得和自身疏远,在人与其最真实的存在、最本质的存在之间,树立起了一道来自手段特性、技术成就、本领才干、宴饮享受的无法逾越的障碍"②。从这些论述,不难看出为什么齐美尔会对卢卡奇、布洛赫,以及20世纪许多理论家思想家的文化批判理论产生如此深刻的影响。

现在,我们有必要转向另一位著名社会学家韦伯。可以说,关于理性的经济行为或经济的理性化,韦伯在《新教伦理与资本主义精神》、《经济与社会》等著作中所作的分析与齐美尔的货币哲学同样深刻,而且由于韦伯对于思想和观点的系统化的表述,使他的观点在当代甚至比齐美尔的思想产生了更加广泛的影响。③ 韦伯对经济的理性化问题的阐述,虽然在揭示其深层文化机制方面不如齐美尔那么深刻,但是,相比之下,他在所涉及的问题的不同层面的分析方面,要更为全面更为系统。韦伯的思想和著述比齐美尔更为丰富,我们在这里只能就经济的理性化问题选择

---

① 参见(德)西美尔:《货币哲学》,陈戎女、耿开君、文聘元译,华夏出版社2007年版,第366、392、393、394页。

② (德)西美尔:《货币哲学》,陈戎女、耿开君、文聘元译,华夏出版社2007年版,第394页。

③ 关于韦伯思想同齐美尔思想的关系,是学术界的一个课题,按照齐美尔研究专家弗雷司庇(D. Frisby)的分析,韦伯从1908年就开始研究包括《货币哲学》在内的齐美尔的著作,虽然韦伯对齐美尔有许多严厉的批评,但是,他对齐美尔有很高的评价,并"承认受惠于西美尔"(参见弗雷司庇:《论西美尔的〈货币哲学〉》,载西美尔:《金钱、性别、现代生活风格》,刘小枫、顾仁明译,学林出版社2000年版,第199、213~215页)。在这里,我们不必介入关于二人思想关系的争论之中,但是,显而易见,在经济运行的理性化问题的研究方面,二人的思想同等重要,而且还有很多相似之处,只有兼顾二人的观点,才可能比较全面而深刻地理解这一问题。

韦伯的一些重要论述。

首先,同齐美尔一样,韦伯在论述作为资本主义特有的理性化的经济运动形式时,首先强调的是可计算性特征,同时,在论述经济理性化的可计算性特征时,韦伯也强调了货币的特殊作用。他指出,"纯粹从技术上看,**货币**是'最完善的'经济计算手段,也就是说,经济行为取向的形式上最合理的手段"①。韦伯认为,实际上,具有高度精确性的知识与观测不只是在西方存在,在其他地方也都存在,包括在印度、中国、巴比伦、埃及等文明古国。但是,这种精确的可计算性能够成为经济行为和经济运动的普遍的内在机制,正如近代的实验科学一样,是属于文艺复兴以后的资本主义发展的特有现象。为此,韦伯还分析了不同地区不同时代不同国度中数学、天文学、几何学等精确知识的不同特征,以及在史学、艺术、建筑和社会组织等方面的理性化程度的不同,从而强调了西方资本主义发展中的特有的理性化进程,以及表现在经济行为和经济运动中的普遍的、精确的可计算性。韦伯在《新教伦理与资本主义精神》中有一段很精确的概括,引证这一段论述,就不需要我们对经济行为的可计算性作更多的解释了。

> 只要资本主义的获利活动是按照理性来追求的,相应的行为就总要根据资本核算来调节。这就意味着,这种行为要适合于以这样一种方式来有条不紊地利用商品或人员劳务作为获利手段:在一个商业周期结束时,企业在货币资产上的收付差额(或者在一连续营业的企业中,资产的定期估算货币价值)要超过资本,亦即要超过用于在交换中获利的物质生产资料的估算价值。不管它是原封不动地交付给旅行商人的一定量的商品(其过程也可能是通过贸易原封不动地获得其它商品),还是其资产是由厂房、机械、现金、原料以及可用于抵偿的制成品和半

---

① (德)马克斯·韦伯:《经济与社会》(上卷),林荣远译,商务印书馆1997年版,第107页。

成品组成的制造业企业,这都没有什么区别。在任何时候都具有重要意义的事实是,要以货币形式进行资本核算,无论是用现代的簿记方式,还是用其它不管多么原始和粗野的方式。总之,做任何事情都必须考虑收支问题:在一项事业开始时,要有起始收支;在作出任何决定之前,要有一番计算,以弄清是否有利可图;在该企业结束时,要有最后的收支估价,以确定获得了多少利润。①

进而,韦伯对于经济的理性化的理解并不停留于关于经济行为和经济运行的可计算性的描述,他认为,经济理性化的重要成果,是形成了一种独特的资本主义形式,这是一种建立在生产及经营活动与家庭相分离基础上的合理化的组织形式,是"自由劳动之理性的资本主义组织方式"。在这里,韦伯同齐美尔一样,都强调现代理性经济对家庭、天然共同体、地域性的情境的超越和分离,即强调现代生产和经济的社会化特征。这一点,对于我们认识社会经济领域的现代性的制度性维度极其重要。韦伯认为,家族共同体在历史上是组织生产的主要形式,具有十分重要的地位。随着各种社会机构功能的增强,特别是在文化发展过程中,由于可计算性的日益增长,家族共同体的那种原始的共产制度逐步走向瓦解,个体的能力和个体化的收益开始增长,"这样,一种合理的社会化,正在取代'与生俱来'就参加家族的共同体行为及其优惠和义务"②。在这种进程中,一方面,个体的独立和自由相应增长,而且,在韦伯看来,这种个体独立性是与理性资本主义相伴随的,"公民这一概念在西方之外却从未存在过,资产阶级这一概念在现代西方之外也从未存在过"③。另一方面,最为重要的是,逐步形成了社会化的自由劳动的理性化组织方式。韦伯特

---

① (德)马克斯·韦伯:《新教伦理与资本主义精神》,于晓、陈维纲等译,三联书店1987年版,第8~9页。
② (德)马克斯·韦伯:《经济与社会》(上卷),林荣远译,商务印书馆1997年版,第423页。
③ (德)马克斯·韦伯:《新教伦理与资本主义精神》,于晓、陈维纲等译,三联书店1987年版,第13页。

别强调了这种理性化的组织方式是经济理性化的特别规定性。"理性的工业组织只与固定的市场相协调,而不是和政治的、或非理性的投资赢利活动相适应;这种理性的工业组织并非西方资本主义的唯一特点。资本主义企业的现代理性组织在其发展过程中如若没有其它两个重要因素就是不可能的,这两个因素就是:把事务与家庭分离开来,以及与之密切相关的合乎理性的簿记方式;前一个因素绝对地支配着现代经济生活。"[1]

除了上述关于可计算性和理性的自由劳动的组织方式外,韦伯还论述了与经济理性化密切相关的许多思想。例如,韦伯在论述理性的经济活动时,还特别分析了经济合理性的两个方面的基础。一是韦伯强调经济合理性依赖于现代技术和科学的发展,"其理智性在今天从根本上依赖于最为重要的技术因素的可靠性。然而,这在根本上意味着它依赖于现代科学,特别是以数学和精确的理性实验为基础的自然科学的特点"[2]。二是韦伯强调经济合理性依赖于内在的文化精神,一种从宗教改革产生的世俗化的和理性化的经济伦理,即新教伦理。这与齐美尔特别强调货币的文化内涵,批判技术合理化导致的物化等思想有着深层次的相同之处。[3] 需要指出的是,尽管韦伯关于经济合理性或经济理性化论述了上述这两点思想,以及其他很多观点,但是,在所有问题中,韦伯特别强调"自由劳动之理性的资本主义组织方式"的重要性,不仅对于现代社会的基本运行,而且对现代社会的整体运行,都具有十分特殊的意义。这也从一个侧面印证了关于现代性的认识离不开制度维度的分析。关于"自由劳动之理性的资本主义组织方式"的极端重要性,韦伯明确指出:

  所有这些西方资本主义的特点之所以获得了重要意义,归根结蒂,是因为它们与资本主义的劳动组织方式联系着。即使

---

[1] (德)马克斯·韦伯:《新教伦理与资本主义精神》,于晓、陈维纲等译,三联书店1987年版,第11~12页。
[2] (德)马克斯·韦伯:《新教伦理与资本主义精神》,于晓、陈维纲等译,三联书店1987年版,第13~14页。
[3] 关于新教伦理问题,我们将在后面关于现代性的伦理的、道德的或价值约束的维度中作专门的分析。

通常所谓的商业化、可转让证券的发展、投机的理性化、交换等等一类东西也是与之联系着的。因为,没有这种理性的资本主义劳动组织方式,所有这一切,即便有可能,也绝对不会具有同等的意义,尤其不会有与之相联系而产生的现代西方社会结构及其全部特殊问题。精确的核算与筹划(这是其它一切事情的基础)只是在自由劳动的基础上才是可能的。①

仔细分析韦伯关于"自由劳动之理性的资本主义组织方式"的特别重要性的这一段论述,我们可以对现代性的制度性维度有更为深刻的理解。我想,对此不需要展开作更多的论述,只要指出两点事实就可以了。一是现代社会的基础运动,即经济运动越来越显示出其可计算性和理性的组织方式的特征,而且随着经济的全球化和信息化的飞速发展,在国与国之间,在全球范围内,通过各种象征标志和专家系统所形成的日益复杂化的理性抽象体系,建立起复杂的世界性生产体系、商品流通体系、物流体系、金融体系,等等。二是现代社会在越来越大的范围内(不仅仅是在民族国家的范围内)发展起来日益复杂的契约化、法治化的治理体系,以及各个国际性组织、政府间组织、非政府组织等,这些都离不开制度化的理性文化机理和机制。

第二节 行政管理的科层化

与经济运行的合理化同样重要的是现代社会行政管理的合理化。在前现代社会中,社会的行政管理不会成为突出的问题,因为,在自给自足、自在自发的日常的自然经济条件下,与日常生活未分化的原初的经验结构及其自发的经验原则和自然原则调节着效率低下的社会运行。而随着与家庭活动分离的独立的、理性化的经营活动的出现和快速发展,哈贝马

---

① (德)马克斯·韦伯:《新教伦理与资本主义精神》,于晓、陈维纲等译,三联书店1987年版,第13~14页。

斯所讨论的体系与生活世界的分离也随之出现，政府的职能越来越丰富，政府机构的设置越来越复杂，而且不仅在政府部门，甚至在工商组织、企业公司、教育科研机构、军队、社会福利组织等等，都形成了越来越发达的管理机制，这些大型的管理机构和机制是无法凭借自发的传统习惯和礼俗加以调节的，必然要采取科学的理性原则和技术手段来加以调节和管理。因此，我们这里所说的行政管理不局限于政府管理，而是更宽泛意义上的机构管理，包括各种公司、团体、单位、组织的内部管理。同样借用韦伯的概念，行政管理中现代性确立的标志是科层化的理性管理取代了传统的经验管理。

科层制（bureaucracy[①]）是一个在社会主义国家中被长期误读的概念。原本是韦伯所使用的一个用以标示西方现代社会的行政和生产管理的组织形式的理性化模式的范畴，由于在十月革命期间被译作"官僚制"或"官僚主义体制"而被完全变成一个贬义的范畴。韦伯使用"bureaucracy"是特指在西方现代法治国家中的理性化管理体系，它以追求管理的高效率为宗旨，强调通过职务的等级制和科学的分工来行使精确的管理，因此，使用"科层化"或"科层制"能比较贴切地揭示这种理性管理的特征。

在韦伯那里，科层制是现代西方社会理性化进程的一个重要的层面，而且它不会出现在前现代的传统社会的统治中或者出现在魅力型（卡利斯马型）的统治之中，只能出现在现代法理型社会之中。反过来说，现代的法理型或理性化的社会必须确立科层制的管理体制，才能成功地运转。关于科层制，韦伯在不同的著作中从不同侧面作了许多论述。韦伯探讨了科层化产生的前提条件，例如，计量化的货币经济及其以货币形式支付官僚的薪水；行政事务之量的不断扩展；行政事务强度和质的变化，及其

[①] "Bureaucracy"通常被译为"官僚制"，变成一个常常被赋予消极意义或者规定性的范畴，因此，我们在这里倾向于按照当代管理学、社会学领域的一个重要的发展趋势，把它译作"科层制"或"科层化"。当然，由于需要不时地引证一些著名理论家的著述，在大多数译著中使用的还是"官僚制"的译法，所以，我们在论述中有时不得不交替地使用这两个概念。

内在的发展;支撑科层组织及其运行的技术优势;行政手段在统治者手中的集中;社会差异的齐平化等等,这些都是推动科层化管理体制生成的前提性的因素。① 进而,韦伯十分详细地探讨了科层化的基本特征,例如,官职事务的运作受规则的约束;实行基于分工的职务等级原则;确立议事的技术性规则和准则;职位超越了任职人员的私人占有;实行行政管理档案制度原则等等。② 显而易见,这是一种依据现代科学的可计算性原则和理性化原则,凭借着工具理性建立起来的分工清晰、层级和职责分明的理性化管理体制。因此,韦伯在这里特别强调科层制得以确立的重要科学和技术基础:专业知识。他指出,"官僚体制化的行政管理优越性的强大手段是:**专业知识**;专业知识的不可或缺性是受货物生产的现代技术和经济制约的,不管这种生产是按资本主义方式,或者——如果要达到**同样的**技术效率,那只能意味着极大地**提高**专业官僚体制的意义——按社会主义方式组织的"③。应当说,韦伯是最先揭示,并且系统阐述了现代社会管理的科层化特征的理论家,我们可以提及他关于科层制的一些主要见解。

首先,科层制的突出特征和基本规定性是建立在现代科学技术基础之上的管理的高效率。韦伯从管理人员的专业化、规章制度、等级制的分工与监督机制、档案管理等方面揭示了高度理性化的、高效的行政管理机制。的确,同传统社会的经验式的、粗放的管理相比,现代社会的行政管理是建立在科学基础之上的理性化的、精确的管理。无论是专业化的管理人员的选用、精确的分工和责任制,还是严格的规章制度、档案管理和监督机制,特别是量化的工作任务和结果,等等,都充分运用现代科学技术手段,体现出严格的工具理性的精神。因此,科层化可以视做现代性的

---

① 参见(德)马克斯·韦伯:《经济与社会》(下卷),林荣远译,商务印书馆1997年版,第286~308页。
② 参见(德)马克斯·韦伯:《经济与社会》(上卷),林荣远译,商务印书馆1997年版,第243~245页。
③ (德)马克斯·韦伯:《经济与社会》(上卷),林荣远译,商务印书馆1997年版,第248页。

理性化的制度性维度的突出表征,它在管理方面显现了前所未有的高效率。韦伯强调:

> 根据全部经验,纯粹的官僚体制的行政管理,即官僚体制集权主义的、采用档案制度的行政管理,精确、稳定、有纪律、严肃紧张和可靠,也就是说,对于统治者和有关的人员来说,言而有信,劳动效益强度大和范围广,形式上可以应用于一切任务,纯粹从技术上看可以达到最高的完善程度,在所有这些意义上是实施统治形式上最合理的形式。①

其次,韦伯强调了科层制在现代社会的普遍化趋势。虽然他在论述中,常常使用"行政管理"的概念,但是,这并不是特指政府机关的狭义的行政管理。实际上,在现代社会,随着经济、政治、科技等各个领域活动的社会化、规模化和组织化程度的提高,任何一个组织、单位、团体都离不开完善和复杂的管理机制,管理的理性化、精确化和高效率已经成为现代社会各个领域的普遍要求。因此,韦伯强调,科层制所体现的这种科学化的、精确化的、高效率的管理模式广泛存在于各种组织化活动和机构之中,"对持久稳定的、严肃紧张的和**可预计性的**行政管理的需要,制约着作为**任何一种**群众性行政管理核心的官僚体制的命运"②。他指出,不仅创造了对可计算性管理的需求,并产生了科层制的西方资本主义需要行政管理的科层化,而且任何合理的或理性的社会主义,都离不开这种管理模式和管理精神。"只有(政治的、僧侣统治的、一元化的、经济的)**小规模**运作,才可能在很大程度上放弃官僚体制。"③因此,韦伯断言,科层制存在于社会运行的各个领域之中,甚至构成了现代西方国家的胚胎。

---

① (德)马克斯·韦伯:《经济与社会》(上卷),林荣远译,商务印书馆1997年版,第248页。
② (德)马克斯·韦伯:《经济与社会》(上卷),林荣远译,商务印书馆1997年版,第249页。
③ (德)马克斯·韦伯:《经济与社会》(上卷),林荣远译,商务印书馆1997年版,第249页。

在所有的领域里(国家、教会、军队、政党、经济企业、利益集团、协会、基金会,等等),"现代的"团体形式的发展一般是与官僚体制的行政管理的发展和不断增强相一致的:例如,它的产生就是现代西方国家的胚胎。尽管有形形色色的表面上看来是对立的机构,合议制的利益代表机构也好,议会的委员会也好。"苏维埃专政"也好,名誉官员或陪审员也好,或者不管什么机构也好(尤其是对"神圣的官僚主义"的责骂),人们一刻也不能忘记,所有持续的工作都是由官员们在办公机关里完成的。我们的整个日常生活都纳入这个框架之内。①

此外,韦伯不仅强调了科层化在现代社会的普遍化发展趋势,而且强调了科层化的持久性,它作为现代社会的重要规定性之一,有着特别顽强的生命力。像关于经济的合理化的分析一样,韦伯同样慎重地关注到由于工具理性或目的理性的膨胀而引起的经济合理化和管理科层化的负面作用,例如垄断信息、抗拒质变、行为专断等。② 但是,韦伯并没有因为科层制自身的缺陷,以及它对人的创造性的压抑等危机特征,而否认科层化的价值,更没有把科层制当做可有可无或者可取可舍的东西。韦伯强调,科层制结构的传播是建立在它的"技术的"优势之上的,而且现代科学技术的飞速发展在不断强化着这种优势,同时,现代社会各个领域的组织化和规模化程度的提高又在不断增强对于可计算性的、精确化的科学管理的要求。因此,科层化具有某种清除传统管理手段和模式的革命的力量,"官僚体制是'理性'性质的:规则、目的、手段和'求实的'非人格性控制着它的行为。因此,它的产生和传播处处都是在那种特别的、还在讨论的意义上发挥了'革命'的作用,正如**理性主义**的进军在一切领域里一般都

---

① (德)马克斯·韦伯:《经济与社会》(上卷),林荣远译,商务印书馆1997年版,第248页。
② 关于韦伯对于科层化或科层制的负面效应的批判,我们将在后面的论述中涉及,本章中我们较少使用价值判断,而集中于现象分析,主要目的是在"是什么"的意义上,尽可能把现代性的现象和基本维度比较客观细致地描述出来,而关于现代性的内在张力和矛盾冲突,特别是现代性的危机特征,我们将在后面逐步展开。

发挥这种作用一样。同时,它摧毁了统治的不具有在这个特殊意义上的理性性质的结构形式"①。的确如此,这种依据工具理性精神和不断进步的科学技术手段所形成的理性化的管理机制和管理模式,有着特别的高效率和特别的力量,人们只能对之加以修补,而无法取消它。所以,韦伯断言:

> 一旦充分实行的官僚体制,就属于最难摧毁的社会实体。官僚体制化是把[默契的]"共同体行为"转变为作出理性安排的"社会行为"的特殊手段,因此,作为统治关系的"社会化"的工具,对于拥有官僚体制机构的人来说,它过去是、现在仍然是头等的权力手段。②

即使过了近一个世纪,我们今天读起来,韦伯关于科层制的详细的分析也是很难超越的,而且,特别重要的是,他所揭示的科层制的许多基本特征和规定性也符合社会各个领域的管理体制、管理机制、管理模式和管理理念的现状。究其原因,韦伯是把科层制作为现代社会的内在的本质的规定性来探讨的,在这种意义上,科层制的确是现代性的重要规定性,是现代性的重要的制度性维度。而这一点往往被研究者们乃至后发展中国家的实践者们在现代化实践中所忽略,或者至少没有在理论上和实践上引起足够的关注。科层制问题研究专家彼得·布劳和马歇尔·梅耶在《现代社会中的科层制》中揭示了现代社会大规模的社会组织越来越发达的趋势,并由此探讨了科层化在当代的存在状况、存在的问题和不可或缺的价值。他们分析了政府机构、军队、工厂、警察局、工作群体中的非政府组织等,揭示了韦伯所定义的科层制的无所不在。他们指出,"科层制是指在大型组织中对工作进行控制和协调的组织原则。由于现在大多数的大型组织都需要控制和协调,所以科层制不只是指政府部门,工商组

---

① (德)马克斯·韦伯:《经济与社会》(下卷),林荣远译,商务印书馆1997年版,第324页。
② (德)马克斯·韦伯:《经济与社会》(下卷),林荣远译,商务印书馆1997年版,第309页。

织、自愿者组织,任何组织,只要有行政任务,都有科层制"①。在这种意义上,他们明确把科层制同现代性联系起来,断言:

> 在当今社会,科层制已成为主导性的组织制度,并在事实上成了现代性的缩影。除非我们理解这种制度形式,否则我们就无法理解今天的社会生活。②

只要我们简单地考察一下今天社会的各个领域、各个部门、各种单元、各种组织的运行,就会发现,这些思想家把科层制作为现代性的深层的制度规定性来理解,是有其合理性的。可以说,按照现代性的逻辑组织起来的现代社会,的确是通过这种细微的理性机理而编织起来的。

第三节 公共领域的理性化和自律化

相对自律的和理性的公共领域的形成,是现代性的重要标志之一,也是现代性的重要的制度性之一。在前现代的自然经济条件下,社会的组织方式和制度安排往往带有血缘情感的、宗法的、等级制的、地域的等自然特征,普遍自在自发的民众往往是以各种天然的共同体的方式而自在自发地生存。在近现代的社会转型中,个人逐步从家庭、家族、村落、地域等天然共同体中摆脱出来,逐步转变为具有独立地位,具有个体意识和主体意识的自由个体,并逐步形成了理性的、平等的、公共的社会生活领域,这构成了现代社会的重要层面。

换言之,现代性作为社会内在的机制和活动图式不仅体现在具体的经济运行和行政管理中,而且体现在社会公共活动的组织和管理之中。应当说,在现代性的视域中,"公共的"(public)、"公共性"(publicity)等范畴具有丰富的和十分重要的内涵,我们所谈论的公共领域的自律化是

---

[1] (美)彼得·布劳、(美)马歇尔·梅耶:《现代社会中的科层制》,马戎等译,学林出版社2001年版,第2页。
[2] (美)彼得·布劳、(美)马歇尔·梅耶:《现代社会中的科层制》,马戎等译,学林出版社2001年版,第8页。

其中的一个重要的侧面。社会的公共管理又可以区分为两个层面：公共生活领域（或按习惯简称公共领域）和公共权力领域。这两个领域既相互关联又相互制约，前者表现为个体化的私人领域的自觉和自律，后者是国家权力的独立化。应当说，在前现代社会中是不存在公共生活领域和公共权力领域之间的特殊分化与相互制约的，在那里一般只存在沉默的、自在自发的私人家庭生活与集权的非理性的专制国家权力。在现代社会中，现代性的重要标志之一是自觉自律的公共生活领域和民主化、契约化的公共权力领域的同步生成。当然，二者并不是完全同质的，下文将要讨论的哈贝马斯所谈论的公共领域的"重新封建化"，以及"生活世界的殖民化"实际上是从一个侧面展示出二者之间的非同质性、张力结构，甚至是相互冲突的状况。在这里，我们可以借用葛兰西关于市民社会的理论来说明公共领域的特点。虽然葛兰西使用的不是"公共领域"的概念，而是"市民社会"的概念，但是，他对于相对独立的、自律的市民社会的论述，可以看做是关于公共领域的比较早的阐述。而且不仅如此，葛兰西在确定市民社会在现代社会结构或组织安排中的方位时，还清晰地区分了公共权力领域和公共生活领域，这些论述对我们有很重要的借鉴意义。他指出：

> 目前我们所能做的是确定上层建筑的两个主要的层面：一个可以称做"市民社会"，即通常被称做"民间的"社会组织的集合体；另一个可以称做"政治社会"或"国家"。一方面，这两个层面在统治集团通过社会而执行"领导权"职能时是一致的；另一方面，统治集团的"直接统治"或命令是通过国家和"司法的"政府来执行的。①

不难看出，葛兰西的"市民社会"（civil society）和"政治社会"（political society）同我们所谈论的公共领域和公共权力是非常接近的。

---

① Antonio Gramsci, *Selections from the Prison Notebooks of Antonio Gramsci*, Lawrence and Wishart, 1971, p. 12.

我们在这里首先要分析的是相对自律的公共生活领域。如上所述,相对独立的公共领域的出现是以理性化进程中的个体化为前提的,它是理性化的公共文化精神的寓所。具有自觉的主体性和自我意识的个体的生成,需要一种以平等的交互主体性为基础的理性的公共活动空间,来表达主体性的内涵和价值需求,或者抵御公共权力的自律化所造成的体系对生活世界的殖民化。这是普遍理性化的社会的本质性特征之一。葛兰西的市民社会理论持久不衰的影响力正在于他敏锐地发现了作为文化伦理和意识形态领域的市民社会。应当指出,葛兰西在使用市民社会这一概念时,赋予了它新的内涵。在黑格尔和马克思那里,市民社会主要代表着经济活动领域,而在葛兰西那里,市民社会不再单纯代表传统的经济活动领域,它代表着从经济领域中独立出来的与政治领域相并列的伦理文化和意识形态领域。在经济基础和国家政治权力之间存在着相对独立的公共领域,它既包括政党、工会、学校、教会等民间社会组织所代表的社会舆论领域,也包括报章、杂志、新闻媒介、学术团体等所代表的意识形态领域。其中,葛兰西特别重视新的知识分子,即有机的知识分子在市民社会中的特殊地位。这也从一个侧面折射出市民社会这一独特的公共文化领域所具有的理性化特征。

从葛兰西关于市民社会的基本内涵和社会地位的界定可以看出,市民社会并非人类社会与生俱来的组成部分,相反,它是人类社会发展到特定阶段的产物。具体说来,市民社会是新兴资产阶级逐步成为一个独立的阶级,工业文明和商品经济相对发达阶段上的产物。市民社会是西方发达工业社会发展的产物,在东方社会,由于工业文明和商品经济不发达,没有形成独立的市民社会;而西方发达国家则形成了独立的市民社会。葛兰西市民社会理论的丰富性体现在:不仅揭示了市民社会的内涵和社会定位,而且很准确地把握到市民社会的重要功能。葛兰西认为,同政治领域所代表的政治领导权不同,市民社会体现为一种文化上的领导权,它赋予国家权力以合法性,并在很大程度上制约和改变国家的单纯的暴力性,从而使现代国家走向理性化,具有社会的"托管人"的特征,不再是单纯的暴力专政机器。众所周知,资产阶级革命的根本原则之一便是社会契约和理性化原则。据此,国家等政治上层建筑不再简单地以暴力为建构原则,而是采取社会契约、协商、舆论监督、选举、议会等理性化原则。虽然这些原则也有自身的缺陷,但它们的确改变了国家的基本特征,使之取得了二重本质,在取得强权和暴力特征的同时,也取得了某种社会同意和合理化的特征。用葛兰西的话说,就是"在实行典范的议会制度的国度里,'正常'实现领导的特点是采取各种平衡形式的强力与同意的配合,而且避免强力过于显然地压倒同意;相反地,甚至企图达到表面上好像强力依靠大多数的同意,并且通过所谓舆论机关——报纸和社会团体表现出来。因此报纸和社会团体的数量在一定条件下人为地增加起来"①。

在这种意义上,葛兰西使用了"伦理国家"、"文化国家"、"守夜人国家"、"教化者"等概念来表述国家特征的变化和国家的新职能。我们在这里不去具体分析国家的职能和特征。需要指出的是,从葛兰西关于作为文化领域并体现着自觉的文化领导权的市民社会的论述,我们已经可以概括出后来一些理论家所讨论的"公共领域"的本质特征和主要功能:维护个体的独立和主体性,并为独立的、自由的个体之间的平等交流以及通过契约的、舆论的等途径参与社会的公共管理,对公共权力行使理性的、批判的监督。关于公共领域的功能和特征的系统论述,我们可以在阿伦特和哈贝马斯那里得到比较自觉的表达。如果说,葛兰西更多的是从革命变革的视角来研究市民社会在现代社会结构中的特殊地位,那么,阿伦特和哈贝马斯关于公共领域的思考则更多的是在现代性的视域中展开的。

可以说,阿伦特是较早系统地、自觉地探讨"公共领域"的政治哲学

---

① (意)安东尼奥·葛兰西:《狱中札记》,葆煦译,人民出版社1983年版,第197~198页。

家。① 从时代定位的角度来看,阿伦特毫无疑问地是在反思现代性的视角中审视公共领域问题。然而,同葛兰西关于市民社会的论述和后来哈贝马斯关于公共领域的论述相比,阿伦特似乎没有把公共领域视做资本主义所开辟的现代性的某一历史时期的现实存在,而是把公共领域当做解决现代社会深重危机的一种途径,一种需要努力追求和实现的理想的状态。如果说,在她那里有理想的公共领域的历史原型的话,那么,她更重视古希腊城邦中健康发展的公共领域,而近现代社会的深刻危机之一是这种自由的公共领域的衰落。具体说来,阿伦特提出公共领域的现实针对性是如何克服和打破极权主义的黑暗时代,而她本人所经历的"大屠杀"背景和"集中营"经历又加重了这种对极权主义进行悲壮的反抗的理论色彩。阿伦特在1950年发表的《极权主义的起源》一书中,集中探讨在西方市场经济发展、科技进步、工业化、民主政治的现代进程中极权主义是如何作为一种潜伏的历史暗流相伴而生的,她把以法西斯主义为代表的极权主义视做人类世界的最可怕的敌人。"极权主义企图征服和统治全世界,这是一条在一切绝境中最具毁灭性的道路。它的胜利就是人类的毁灭;无论在哪里实行统治,它都开始摧毁人的本质。然而若想躲避本世纪的各种毁灭性的力量,又几乎是徒劳无功的。"②阿伦特把极权主义盛行的时代称做"黑暗时代",她借用著名诗人布莱希特《致后人》中的"黑暗时代"一词,指出,"那首诗中,这个词用来指涉这样一种状态:混乱和饥饿,屠杀和刽子手,对于不义的愤怒和处于'只有不义却没有对它的抵抗'时的绝望;在那里,合理的憎恨只会使人脾气变坏,而有理由的愤怒也只是使自己的声音变得刺耳"③。在阿伦特看来,这种黑暗的极权主义

---

① 阿伦特在1958年出版的《人的境况》一书中,就系统地建立起"公共领域"的理论范式。哈贝马斯于1961年发表的《公共领域的结构转型》是迄今为止关于公共领域问题最有影响的理论成果,但是,他在该书中已经多次引用阿伦特的《人的境况》的观点,参见(德)哈贝马斯:《公共领域的结构转型》,曹卫东等译,学林出版社1999年版,第4、18页等。
② (美)汉娜·阿伦特:《极权主义的起源》,林骧华译,三联书店2008年版,第3页。
③ (美)汉娜·阿伦特:《黑暗时代的人们》,王凌云译,江苏教育出版社2006年版,"作者序"第1~2页。

时代的到来,是与公共领域的"被遮蔽"直接相关的。具体说来,当自律的公共领域走向衰败或萎缩,公共领域的理性的和自由的光芒不再具有穿透力,就必然是极权主义的盛行。"如果公共领域的功能,是提供一个显现空间来使人类的事务得以被光照亮,在这个空间里,人们可以通过言语和行动来不同程度地展示出他们自身是谁,以及他们能做些什么,那么,当这光亮被熄灭时,黑暗就降临了。"①由此可见,在阿伦特那里,公共领域不是已经生成或存在于某处等待人们去发现的、给定的东西,而是需要通过人类的自觉努力和抗争去建立的,并将给人类社会带来光明,以使传统极权主义的黑暗时代消亡。

当然,我们也不能过多地强调阿伦特的公共领域的理想性特征,实际上,这一公共领域在她的理论探索中既是一种需要通过抗争去加以建构的生存空间,也是根植于人的行动,特别是现代人的自由的和理性的行动之中的存在。阿伦特的公共领域理论不是仅仅建立在一般的历史分析和社会分析的基础之上,而是建立在关于人类活动和社会历史的人类学分析之上的。她把人类活动分为"劳动"(Labour)、"工作"(Work)和"行动"(Action)三种类型,在她看来,这三种活动类型所涉及的对象和活动的目的都是不同的,因此,与这三种活动类型分别对应,就形成了人类活动的不同的领域,或者更准确地说,是人类活动的不同组织形式或制度安排,这就是私人领域、社会领域和公共领域的划分。应当说,这种从人类的活动类型和方式来理解社会的组织形式或社会关系的做法,在社会历史研究中是具有重要的学理价值的。实际上,马克思恩格斯在《德意志意识形态》中也主张把各种社会关系或制度安排放到人类的活动中,特别是生产活动中去加以把握。"事情是这样的:以一定的方式进行生产活动的一定的个人,发生一定的社会关系和政治关系……社会结构和国家总是从一定的个人的生活过程中产生的。"②我们可以简要地介绍一下阿伦特

---

① (美)汉娜·阿伦特:《黑暗时代的人们》,王凌云译,江苏教育出版社 2006 年版,"作者序"第 2 页。

② 《马克思恩格斯选集》第 1 卷,人民出版社 1995 年版,第 71 页。

关于这三种类型的对应关系的思想，从中引出她关于公共领域的理解。

在阿伦特关于人类活动的分类体系中，"劳动"是最贴近自然的活动，是直接同自然打交道，以满足最基本的谋生需要的活动。她认为，劳动是与人身体的生物过程相应的活动，身体自发的生长、新陈代谢和最终的衰亡，都要依靠劳动产出和输入生命过程的生存必需品。劳动的人之境况是生命本身。这种维系人的自然生命的劳动并没有充分展示出人类活动的社会性，在很多情形中，"劳动无需他人的在场"，因此，对应劳动所形成的领域是私人领域，它经常是以家庭的形式表现出来的。私人领域往往不具备公共的意义，而是受制于劳动的必需性和必然性，以私人利益为直接指向的活动领域，因此，私人领域往往具有封闭性、排他性与隐蔽性的基本特征。

"工作"在阿伦特的分类体系中不同于"劳动"，虽然工作常常以物质生产活动为主要特征，但是，与劳动者通过体力劳动的付出而获得的具有自然属性的生活必需品相比，工作则具有某种超自然的特征，是具有技能的工作者通过自己的技艺和创造性而生产出带有人为的属性的活动领域。阿伦特强调，工作是与人存在的非自然性相应的活动，这就是说，人的存在既不包含在物种周而复始的生命循环内，他肉体上的必死性也不能由物种的生命循环来补偿，因此，工作所提供的是一个完全不同于自然环境的"人造事物的世界"。与工作相对应的不再是私人领域，而是"社会领域"。同私人领域相比，社会领域是由无数单个生命构成并超越单个生命的存在领域，因此，它从遮蔽的家庭内部浮现出来，进入公共领域的光照之下，使私人的工作和技能创造活动及其成果具有了某种公共性。但是，这一社会领域还不是真正的公共领域，因为它还服从于经济必然性，并没有进入不同主体的共同在场和交互作用之中。"社会就是这样一种模式，在它里面，人们为了生命而非别的什么而相互依赖的事实，获得了公共的重要性，与纯粹生存相联系的活动被允许现身于公共场合。"[①]

[①] （美）汉娜·阿伦特：《人的境况》，王寅丽译，上海人民出版社2009年版，第30页。

在一定意义上,阿伦特所说的社会领域实际上比较接近黑格尔所理解的市民社会,它主要代表近现代开始形成的由生产和交换构成的市场领域,即物质关系和经济的领域。

阿伦特最重视的是"行动",这是人摆脱了直接的自然生存需要和经济必然性的生存活动,是自由的和创新的活动,"去行动,在最一般的意义上,意味着去创新、去开始(因为希腊词 archein 表示'创始'、'引导',最终意味着'统治'),发动某件事(这是拉丁语的 agere 的原始意义)。而人就他的诞生而言是 initium——新来者和开创者,人能开端启新"①。这实际上也就是自由原则。特别重要的是,按照阿伦特的理解,行动不是单一主体的私人活动,而是公共在场的主体间的活动,是真正的公共交往的活动。"行动,是唯一不需要以物或事为中介的,直接在人们之间进行的活动,相应于复数性(plurality)的人之境况,即不是单个的人,而是人们,生活在地球上和栖息于世界。"②可见,阿伦特这里强调的是现代许多思想家所反复强调的平等的和自觉的主体间性,即交往行动。正是在这种意义上,阿伦特强调,只有行动才是真正体现人的规定性的活动:

> 所有的人类活动都依赖于人们共同生活的事实,但只有行动在人类社会之外是无法想象的。劳动无需他人的在场,虽然一个在绝对孤寂中劳动的人真正来说不是人,只是一个"劳动动物"(animal laborans)(在这个词最真实意义上)。一个完全靠自己工作、制造和建构世界的人仍然是一个制造者,虽然不是一个"技艺人"(homo faber):他大概已经丧失了他特有的人的属性,成了一个神——准确地说不是造物主,而是柏拉图在他的一个神话中描述的神圣创造者。只有行动是人独一无二的特权;野兽或神都不能行动,因为只有行动才完全依赖他人的持续在场。③

---

① (美)汉娜·阿伦特:《人的境况》,王寅丽译,上海人民出版社2009年版,第139页。
② (美)汉娜·阿伦特:《人的境况》,王寅丽译,上海人民出版社2009年版,第7~8页。
③ (美)汉娜·阿伦特:《人的境况》,王寅丽译,上海人民出版社2009年版,第14~15页。

从上述论述可以看出,阿伦特之所以强调唯有行动是体现人的特殊属性和规定性的活动,一是因为行动是摆脱了自然属性和经济必然性的政治活动领域,是体现人的价值和意义的自觉行为,二是因为行动是真正的主体间的交往行动,是保存各自独特性和自由的个体的平等的沟通活动。在这种界定的基础上,就引出了阿伦特所理解的公共领域,即主体间的自由和平等的交往行动而构成的自由的空间。阿伦特阐述了公共领域的两个基本特征:一是公共性,"它意味着,任何在公共场合出现的东西能被所有人看到和听到,有最大程度的公开性"[1];二是这种公共性表现为一个把不同的个体联系在一起的共同世界,"可以说,作为共同世界的公共领域既把我们聚拢在一起,又防止我们倾倒在彼此身上。使大众社会如此难以忍受的不是它人口数量众多,而是这个在人们之间的世界失去了把他们聚拢在一起,使他们既联系又分开的力量"[2]。

如果我们从"公开性"和"共同性"(共同世界)这两个基本特征入手再深入分析公共领域的内在生成和运行机制,我们就可以更深刻地理解阿伦特的公共领域的含义。我们可以从阿伦特关于"人的复数性"的论述来把握公共领域的内在机理。她认为,所谓人的复数性,是指人既是平等的,又是彼此差异的。"行动和言说的基本境况——人的复数性,具有平等和差异的双重特征。"[3]具体说来,公共领域是独立的、自由的个体既能保持个性和差异又能平等地交往和交流的自由空间,是能够把不同的人聚拢在一起,又防止彼此依赖而失去各自的独立性和自由的共同世界。一方面,公共领域或共同世界并不是依靠所有人的所谓"共同本性"来保证的,相反,它尊重每一个体的独特性和自由,承认"每个人都是独特的,每个人的诞生都为世界带来独一无二的新东西";另一方面,它又保证了彼此差异和各自独立的个体之间的平等交往的可能性,阿伦特特别强调的是通过言语交往而形成自由的公共领域。在这种意义上,她反复强调

---

[1] (美)汉娜·阿伦特:《人的境况》,王寅丽译,上海人民出版社2009年版,第32页。
[2] (美)汉娜·阿伦特:《人的境况》,王寅丽译,上海人民出版社2009年版,第34~35页。
[3] (美)汉娜·阿伦特:《人的境况》,王寅丽译,上海人民出版社2009年版,第138页。

行动和言说的不可分离性,强调"行动者在言行中的彰显",她指出,"不管怎样,没有言说相伴,行动就不仅失去了它的揭示性质,而且失去了它的主体;我们无法理解获得人们所谓的成就的,不是行动者,而是执行任务的机器人。无言的行动不再是行动,因为没有行动者;而行动者,业绩的实践者,只有在他同时也是话语的言说者时,才是可能的。他开创的行动通过言说向人显露出来"①。显而易见,这是一个充分体现了个体化和个体性的自由的、平等的、理性的、自觉的交往空间。阿伦特反复强调公共在场的主体各自独特视角的相互平等交流的重要性,我们可以引证她的一段形象的话语:

> 公共领域的实在性依赖于无数视角和方面的同时在场,在其中,一个公共世界自行呈现,对此是无法用任何共同尺度或标尺预先设计的。因为公共世界是一个所有人共同的聚会场所,每个出场的人在里面有不同的位置,一个人的位置也不同于另一个人的。就像两个物体占据不同位置一样。被他人看到或听到的意义来自于这个事实:每个人都是从不同角度来看和听的。这就是公共生活的意义。②

通过上述论述,我们已经比较清楚地看到了阿伦特的公共领域理论的基本价值取向。虽然,在基本的阐述上,她不是把公共领域视做已经在现代社会中生成或存在的领域,而是一种带有理想性的价值追求,但是,不难看出,她关于公共领域的设定并不是简单地基于关于人的活动本性的规定或界定,而是基于对现代社会条件下的人的境遇的分析,是从一个层面对现代性问题的阐述。从她关于物化、消费社会、黑暗时代、极权主义等问题的分析,可以看出,她所设想和追求的公共领域,实际上也是以

---

① (美)汉娜·阿伦特:《人的境况》,王寅丽译,上海人民出版社2009年版,第140页。
② (美)汉娜·阿伦特:《人的境况》,王寅丽译,上海人民出版社2009年版,第38页。

现代理性时代个体的自由和独立性的增长为前提的①,只是这种依赖于多视角的交互作用而建立在自由的行动基础上的多视角性在物化世界和消费世界变成了单视角性,现代社会成为只允许人们从一个视角去看的单维度的世界。从这种意义上来看,阿伦特关于公共领域的理论建树,对于我们深刻理解现代性的一个可能的制度性维度,并更加全面地分析和反思现代性具有重要的理论价值。

关于公共领域的更为系统的阐述来自哈贝马斯。应当说,在基本的价值取向上,哈贝马斯与阿伦特有很多共同点,都强调公共领域是由独立的和平等的个人组成的公共空间,这一领域的公开性和公共性在于通过平等的、理性的对话和商谈,形成制约公共权力的公共意见,以维护公民的自由和权力。但是,哈贝马斯与阿伦特的一个很大的不同点在于,他明确强调对公共领域的历史学分析,而不是一般的人本学分析,即是说,哈贝马斯认为,公共领域不是一种价值追求和理想的状态,而是在新兴资本主义发展过程中已经存在的公共空间,并且明确把资产阶级公共领域的生成定位于17、18世纪。在这一点上,哈贝马斯同葛兰西关于市民社会的历史分析具有某种相似之处。他通过对近现代历史上的文学、政治、消费者、批评者等活动领域的考察,确立了与公共权力相分离的、自律的、理性的、平等的、对话的公共领域。他对此有明确的表述,在《公共领域的结构转型》的出版序言中,就明确指出:"我们认为,'资产阶级公共领域'是一个具有划时代意义的范畴,不能把它和源自欧洲中世纪的'市民社会'(Bürgerliche Gesellschaft)的独特发展历史隔离开来,使之成为一种理想类型(Idealtyp),随意应用到具有相似形态的历史语境当中。正如我们所要阐明的。17世纪后期的英国和18世纪的法国才真正有'公众舆论'(Öffentliche Melnung)可言。因此,我们把'公共领域'当作一个历史范畴

---

① 还应当看到,这种关于公共领域的理想化的设定,从一个方面说明,现代性的众多维度并不是同质的,不是铁板一块,相反,现代性内部就存在着多元差异的维度,存在着理性的自我反思和自我批判的潜能,当然,也就存在着打破"理性的宰制"的内在可能性。

加以探讨。"①在这里,哈贝马斯分析了公共领域的产生过程,从早期的阅读、书籍、报刊、书店、启蒙社团、教育联合会,以文学和艺术批评、沙龙为特征的文学公共领域,直到以媒体的公共舆论为重要载体的政治公共领域。然而,在《公共领域的结构转型》中,哈贝马斯并没有全面地定义公共领域。后来在一篇关于公共领域的论文中,哈贝马斯依据他所揭示的自由主义公共领域的特征,对公共领域作了一个比较全面的定义:

> 所谓"公共领域",我们首先意指我们的社会生活的一个领域,在这个领域中,像公共意见这样的事物能够形成。公共领域原则上向所有公民开放。公共领域的一部分由各种对话构成,在这些对话中,作为私人的人们来到一起,形成了公众。那时,他们既不是作为商业或专业人士来处理私人行为,也不是作为合法团体接受国家官僚机构的法律规章的规约。当他们在非强制的情况下处理普遍利益问题时,公民们作为一个群体来行动;因此,这种行动具有这样的保障,即他们可以自由地集合和组合,可以自由地表达和公开他们的意见。当这个公众达到较大规模时,这种交往需要一定的传播和影响的手段;今天,报纸和期刊、广播和电视就是这种公共领域的媒介。当公共讨论涉及与国家活动相关的问题,我们称之为政治的公共领域(以之区别于例如文学的公共领域)。国家的强制性权力恰好是政治的公共领域的对手,而不是它一个部分。可以肯定,国家权力通常被看作是"公共"权力,它的公共性可以归结为它的照管公众的任务,即提供所有合法公民的共同利益。只有在公共权力的行动已经从属于民主的公共性的要求时,政治公共领域才需要以立法机构的方式对政府实施一种体化的影响。"公共意见"这一词汇涉及对以国家形式组织起来的权力进行批评和控制的功

---

① (德)哈贝马斯:《公共领域的结构转型》,曹卫东等译,学林出版社1999年版,"初版序言"第1~2页。

能,这种功能是在定期的选举时期由公众完成的。①

之所以在这里用比较大的篇幅引用哈贝马斯的论述,是因为在这一段概述中包含了作为现代性重要的制度性维度的公共领域的各种主要规定性:一是平等的理性化的公共领域对于个体或公民的自由、独立、民主权利、参与权力和平等对话资格的肯定和维护;二是通过公开讨论、公开批评,特别是通过报纸广播电视等大众传媒而形成的公共意见和文化精神;三是公共领域同公共权力的相对分离和相对自律,并由此而形成了对公共权力的理性批评功能和制约功能。在哈贝马斯看来,具有这些功能和特征的公共领域是现代性的产物或现代性的重要规定性,这种对公共权力的公开讨论和公开批评是"史无前例,前所未有"的。哈贝马斯非常重视公共领域对于完善现代性的意义,正因为如此,他对在国家干预和大众传媒等因素影响下公共领域的转型,例如利益专门化、传媒的操纵和选择压力等问题表示担忧,因为,由此出现的后果是以工具理性为特征的系统对以交往理性为基础的生活世界的侵入,即"生活世界的殖民化"问题。

具体说来,哈贝马斯关于公共领域的探讨,是同他关于现代性问题的理解紧密相关的,他探讨的重点是"公共领域的结构转型",我们可以这样来概括他的理论的内在逻辑:平等的、自由的、对话的公共领域是现代性的重要表征或重要维度;在消费社会中这一公共领域经历了转型,从对公共权力的批评性力量变成了某种妥协的力量,这是现代性危机的重要表现;因此,克服现代性的危机特征的一个重要任务是重建合理的公共领域。基于这一理论逻辑,哈贝马斯在各种类型的公共领域中,主要分析了两种基本的类型:公共领域的自由主义模式;社会福利国家的大众民主中的公共领域。自由主义模式的公共领域是资本主义发展初期逐步建立起来的介于国家和社会之间的、自由的、开放性的公共领域,这是现代性的

---

① (德)尤根·哈贝马斯:《公共领域》,载汪晖、陈燕谷主编:《文化与公共性》,三联书店2005年版,第125~126页。

理性化和个体化的逻辑的产物,通过办刊自由和公共舆论,"它保证社会是一个私人自主权的领域,并将公共权力限于有限功能之上"①。哈贝马斯认为,随着消费社会的生成,这一公共领域发生了重要的结构转变,在社会福利国家的大众民主中,虽然公共领域还依旧存在,但是已经发生了深刻的转变,一是国家干预政策的强化导致国家和社会的分离趋势消失,出现了"国家的社会化"和"社会的国家化"的现象,二是基于现代科技的媒体同福利社会的结合,导致了无个性的、非批判的大众文化的产生,并且使媒体从自由的公共舆论的传播者变成剥夺公众性原则的中立特征的操纵力量。② 其结果是导致公共领域的"重新封建化"(这一现象是同哈贝马斯所分析的"生活世界的殖民化"问题紧密交织在一起的)。哈贝马斯断言,"福利国家的政治公共领域是以它的批评功能的独特弱化为特征的"③。

关于公共领域的问题充分体现了哈贝马斯作为现代性的坚定捍卫者的基本理论立场,他一直强调现代性还包含着巨大的没有释放出来的潜能,其中的一个重要方面,就是如何拒斥和消除公共领域的"重新封建化"和"生活世界的殖民化",推动自由的、平等的公共领域的重建。

第四节　公共权力的民主化和契约化

在分析公共领域的自律化时,我们已经指出,由独立的和平等的个体或私人形成的公共性是现代性的重要标志。而社会的公共性和现代性又主要体现在两个领域,即自觉自律的公共生活领域和民主化、契约化的公共权力领域。可以断言,现代性在社会整体的运行和管理层面上的体现

---

① (德)尤根·哈贝马斯:《公共领域》,载汪晖、陈燕谷主编:《文化与公共性》,三联书店2005年版,第129页。
② 参见(德)哈贝马斯:《公共领域的结构转型》,曹卫东等译,学林出版社1999年版,"1990版序言"第12、15页。
③ (德)尤根·哈贝马斯:《公共领域》,载汪晖、陈燕谷主编:《文化与公共性》,三联书店2005年版,第132页。

就是公共权力的民主化和契约化,这也就是我们通常所说的理性化的政治文明的确立。正如前文所提到的那样,葛兰西就认为,在现代性的背景下,由于市民社会的出现,国家权力的性质发生了重要的变化,表现为"伦理国家"、"文化国家"、"牵制力量"和"领导权"的结合。具体说来,现代性背景下的理性化的公共权力的重要特征是法治国家和民主国家的确立。

需要指出的是,在分析现代性的制度性维度时,我们特别要提到作为现代性精神性维度之一的理性化的和契约化的公共文化精神的极端重要性。这一公共文化精神是现代性的根本精神之一,它广泛地支撑着现代性的制度性维度。例如,我们所分析的经济运行的理性化,不仅包括各种生成和经营活动的可计算性和精确的量化特征,而且包括经济流通和商品流通体系中必不可少的契约性精神和理性原则。同样,公共领域的自律化所包含的内在的文化精神就是这种以平等、契约、信用等为核心的人本化的、理性化的社会文化精神,它致力于保护现代个体的主体性、个性、平等、自由和创造性,同时促使那些追求自我利益和自我实现最大化的自由个体形成一个合理和合法的共同体。在这里,我们还要特别指出,社会契约思想或社会契约精神从一开始就主要是关于国家的理论设计,它是现代国家建立的理论基石之一。

这里所谈论的公共权力的民主化和契约化,是现代性的最重要的制度性维度,它浓缩了现代社会生成过程中的理性化、世俗化和个体化的主要内涵,它既为平等的、自由的个体和社会各个领域充分发挥创造力提供了尽可能大的空间和平台,又最集中地体现出理性化的、无所不在的、强大的统摄能力和控制能力。因此,从基本规定性、基本内涵和基本功能等方面来看,公共权力的民主化和契约化是现代性的各个制度性维度中最为复杂的一个。一般说来,我们应当用三个核心范畴来展开公共权力的民主化和契约化的基本内涵:民主(民主制)、法(法治)和国家(民族国家)。

"民主"是当今世界上几乎所有人都耳熟能详的术语。作为一种政治制度或者治理模式,民主并不是完全现代的产物,在西方历史上曾经存在过不同形式的民主制,例如,古希腊雅典民主制、罗马共和国的民主制,等等。但是,作为一种普遍存在或被普遍追求的政治制度、公共权力的运行模式或者公共权力的制约机制,民主政治是典型的现代性的规定性和重要维度。我们可以这样来理解问题,从民主自身的规定性来说,民主的最基本的含义是平等的多数人实行统治的一种政治制度。按照这样的标准来看,我们以具有民主传统的西方为例,在古代社会或传统社会,不仅民主制的实行不够普遍,而且由于公民资格的严格限制、等级制的普遍存在,以及教会神圣权力的控制等各种因素,即使已经实行的民主制,也有很大的局限性,并没有充分体现出平等的多数人统治的原则。我们以雅典民主制为例,它一直被推崇为古代社会民主制的楷模。这是一种直接民主制,而且是一种平民政体,强调平民群众具有最高权力,大多数人的意志就是正义。雅典民主制所实行的投票选举制、抽签制、陪审员与法律制度、公民大会制等,至今还是各种民主政治模式可资借鉴的重要制度。① 然而,雅典民主制还是有很大的局限性,不仅因为它是在一个人口不到30万的城邦中实行的小规模的城邦民主制,而且因为,在"男人就是城邦"的雅典中,据各种资料显示,刨除女人、奴隶、外乡人等,真正能够享受雅典公民待遇的不过十分之一左右。至于其他的民主体制,由于等级制和教会权力等因素的限制,其局限性就更大了。例如,在古罗马共和国,平民经过了近两个世纪的抗争才获得了一定的政治权力,即便如此,那里的"民主制"也是以贵族为主导的。相比之下,现代社会的最大进步之一是废除了等级制,由此导致了公民资格和公民权的逐步扩大和普及化,这构成现代民主制的重要基础。在等级制的基础上很难建立起普遍的民主制,"等级制度实际上就是一个社会不平等的制度,每个等级在这种不平等中有着不同的权利和机遇。每个人、每个等级基本上都被归纳

---

① 参见(英)保罗·卡特里奇主编:《剑桥插图古希腊史》,郭小凌、张俊等译,山东画报出版社2005年版,第134~158页。

进了固定划分的等级中"①。因此,现代性生成的很重要结果就是夷平这种等级制,而这一任务是十分艰巨的,"近代早期的社会被看做是一个等级社会,是一个按照等级来划分和划分了等级而形成了制度的社会。这个等级社会是在中世纪形成的,随着早期现代国家和市场的发展和扩大而发生了分化,直到18世纪末期因为公民社会的形成而解体"②。正因为如此,有的学者甚至断言:"民主制实际上是在19世纪后几十年中形成的,无论就这个词的政治意义还是社会意义而言,都是如此。"③应当说,民主制的形成是一个十分复杂的过程,其中包裹了现代性生成中的很多要素。很多因素伴随着或促成了等级制的解构,例如,近现代自然科学的飞速发展和知识的快速积累、教育的普及和大学的出现、普遍的阅读和大众传媒的发展、家族共同体的原始共产制度的瓦解和经济活动中个体能力的增长,乃至公共领域的形成,等等,这些因素同时为真正意义上的现代民主制夯实了地基。

在这种意义上,作为现代性的重要的制度性维度的民主,就具有了十分丰富的内涵,无论是实行直接民主制,还是实行代议民主制,民主本身所奉行的多数人统治或"人民主权"都有可能得到最大限度的推广和普及。应当说,无论是等级制的政治制度还是民主制的政治制度,都不是所属时代的某一枝节性的规定或者简单的工具,而是一种根本性的社会运行机制和人的生存方式。等级制不只是人与人之间的某些具体侧面的差异,"'等级'是一个集体,一个生活的共同体",它不仅关系到每一个人的物质生活,而且还是一个重要的文化范畴,"关系到一个荣誉的生活",每个人的社会价值和境况并不取决于他个人的记忆和他的能力,而是取决

---

① (德)里夏德·范迪尔门:《欧洲近代生活 村庄与城市》,王亚平译,东方出版社2004年版,第207页。

② (德)里夏德·范迪尔门:《欧洲近代生活 村庄与城市》,王亚平译,东方出版社2004年版,第196页。

③ (美)罗兰·斯特龙伯格:《西方现代思想史》,刘北成、赵国新译,中央编译出版社2005年版,第405页。

于他所在的等级,"他的名誉就是他的等级"。① 进而,在西方的语境中,这种等级制同时获得了神圣的含义和宗教的规定性,"每个等级都把这个制度看做是由上帝为了维护其秩序而制定的,每个人都必须承担上帝给定的职务,这些职务是有区别的,是不平衡的"②。与此情形相类似,民主制的政治制度同样包含着重要的文化内涵。一方面,民主是现代社会公共权力的基本的制度安排或运行机制,它包含着代议制度、政党制度、政府制度、司法制度、舆论制度等一系列制度,包含着权力制约原则、讨论原则、妥协原则、多数原则等一系列基本原则,以及选举等方法;另一方面,民主是现代人的基本生存方式,它的核心文化精神是维护每一独立个体的平等和自由,防止任何力量对个体自由和尊严的损伤,它通过坚守自由原则、平等原则、个体的尊严原则、公民权利原则、人民主权原则等核心价值来保障公民的社会参与权利、约束和批评公共权力的权利等。③ 可见,公共权力的民主制度充分体现了所包含的个体化、理性化等基本内涵和基本精神。

民主政治体制的确立是同法治密切相关的,或者说,民主和法治必然是现代性背景下公共权力得以运行的制度框架不可分割、同为一体的两个侧面。民主,作为一种政治制度,作为一种公共权力的运行机制,无论是对自由个体或公民的权利和地位的保护,还是对公民通过合理参与而形成民主的决策或者对公共权力的限定,都需要通过理性化的规则体系,即法的形式来加以规范和确立。一方面,通过法律面前人人平等的基本原则的确立,来保证现代公民和自由个体的各种基本权利的实现;另一方面,通过把个人、群体、团体、政党、国家等所有存在形式或组织的活动和

---

① (德)里夏德·范迪尔门:《欧洲近代生活 村庄与城市》,王亚平译,东方出版社2004年版,第202、200页。
② (德)里夏德·范迪尔门:《欧洲近代生活 村庄与城市》,王亚平译,东方出版社2004年版,第199页。
③ 当我们如此描述民主的内涵和规定性时,并非简单地断言,民主在任何时候都与自由是同质的,任何时候都是自由的保护神。实际上,民主与自由的冲突,是现代性危机的重要表征,对此,我们将在后面的分析中展开,而在这里,我们的任务主要是描述现代性的各个维度的基本特征。

运行都纳入法治的契约化约束之中,来防止公共权力的自律和非人道的膨胀,也防止多数人的无约束的民主变成非理性的盲动和破坏力量。因此,民主和法治的相辅相成的关系在理论上和实践上历来得到许多思想家的高度关注。例如,对于雅典民主制的建立发挥十分关键作用的克里斯提尼在推行改革时,就倾向于用法的术语来表达合理的民主的含义。这一事件是具有重要启示意义的:

> 起初,克里斯提尼改革(公元前 507 年或 508 年)开创的新政体事实上并不叫"民主制"。相反,用以替代的词是 isonomia ("伊索诺米亚"),意思更像是"所有公民在法律面前权力平等",很重要的一个原因是这个词避开了"民众"(demos)一词暗含的争议。民众,除了指作为一个整体的公民集体意义上的人民之外,还可以在阶级意义上仅仅解释为群众,即大多数人、穷人、一般人、乌合之众。①

我们在这里不需要花费更多的笔墨来阐述民主和法治之间不可分割的内在关系。在某种意义上说,没有这种互为表里的法治和民主,现代性根本不可能确立。从现代社会的发展趋势来看,也是如此,民主的范围越拓宽形式越复杂,法——从实体法到程序法——也就越发达。同时,正是民主和法治越来越紧密的结合,充分地体现了现代性的理性化特征。对于民主和法的关系、民主和法的理性本质等问题,启蒙时代的思想家就已经有了深刻的认识。孟德斯鸠在著名的《论法的精神》中分析了人类社会的演变过程,他认为,在进入社会状态之前,人类主要是依靠从人类自然本性中派生出来的自然法而生存在自然状态之中。人类进入社会状态后,由于维护社会治安的需要而产生了政府,由此就必须在统治者和被统治者之间制定保障人的自由平等权利的法律,即"人为法"。这种意义上的法律在本质上是理性的。"一般地说,法律,在它支配着地球上所有人

---

① (英)保罗·卡特里奇主编:《剑桥插图古希腊史》,郭小凌、张俊等译,山东画报出版社 2005 年版,第 142 页。

民的场合,就是人类的理性;每个国家的政治法规和民事法规应该只是把这种人类理性适用于个别的情况。"①我们在前面分析理性化和契约化的公共文化精神时曾分析了卢梭的"公意"理论。公意理论是他的社会契约思想和人民主权的民主思想的核心。在他看来,公意永远是正确的,永远是公正的,而且永远以公共利益为依归,因此,人民服从公意就是服从自己的意志,而体现公意的契约就是合法的契约,是公民间的平等的契约。公意的力量和体现公意的契约是通过法律来体现的,因此,民主是要通过法律来体现和实现的。我们可以用卢梭的一段典型的论述来概括他关于公意、民主、法律和自由的论述:

> 我们无须再问应该由谁来制定法律,因为法律乃是公意的行为;我们既无须问君主是否超乎法律之上,因为君主也是国家的成员;也无须问法律是否会不公正,因为没有人会对自己本人不公正;更无须问何以人们既是自由的而又要服从法律,因为法律只不过是我们自己意志的记录。②

从上述阐释不难看出,民主和法作为理性化的和契约化的精神、机制和体制,在现代社会是普遍化和一般化的现象,存在或渗透到经济交往、商品流通、行政管理、公共活动组织等各个方面,但是,必须看到的是,它们首先和最主要地体现为公共权力的理性化和契约化运行机制和体制,因此,民主政治和法治政治首先是关于国家体制的问题,是涉及国家公共权力运行的根本问题。需要指出的是,并非任何意义上的国家,都能够实现公共权力的理性化和契约化,我们在分析葛兰西等人的观点时,曾概括一些理论家的基本观点,即同主要以强制和暴力为特征的传统国家相比,现代国家具有文化的特征、伦理的特征、理性控制的特征,等等。哈贝马斯、吉登斯等政治哲学家倾向于把这种体现公共权力理性化和契约化的

---

① (法)孟德斯鸠:《论法的精神》(上册),张雁深译,商务印书馆1987年版,第6页。
② (法)让-雅克·卢梭:《卢梭文集——社会契约论》,何兆武译,红旗出版社1961年版,1997年印刷,第68页。

现代国家称之为民族国家。哈贝马斯在探讨现代性问题时,十分重视民族国家问题,这突出表现在他对欧洲著名的"三十年战争"的历史地位的理解。按照曹卫东先生的说法,哈贝马斯在《现代性的哲学话语》中强调"现代"的发生有四个标志性的历史事件,即文艺复兴、宗教改革、法国大革命以及德国古典哲学,而到了20世纪90年代,他把现代性政治话语的起源从法国大革命向前追溯到了"三十年战争"(1618—1648年)和作为战争结束标志的《威斯特法伦和约》(1648年)。哈贝马斯这样做的原因是"三十年战争"的结束带来了一个现代民族国家体系。① 哈贝马斯在《包容他者》中明确断言:"西北欧传统的民族国家是在既有的领土国家(Territorial staat)基础上建立起来的。它们是1648年《威斯特法伦和约》(Westfälischcher Frieden)中确立的欧洲国家系统的一个部分。"② 哈贝马斯认为,"三十年战争"以及法国大革命和美国资产阶级革命之后形成的民族国家是典型的现代产物和现代性的重要标志,现在这种民族国家已经遍布世界,当今国际社会就是由诸多民族国家组成的。吉登斯也明确阐明民族国家和现代性的本质关联,他指出:

> 现代"社会"是立存于民族-国家体系中的民族-国家(nation-states),而传统国家(traditional states),即我称之为"阶级分化的社会"(class-divided societies),在其内部特征及其相互之间的外部关系方面,均与现代社会有着非常本质的区别。③

如果按照吉登斯的说法,民族国家出现的意义实际上是为现代社会奠定了重要的基础,那么,现代民族国家同传统国家的区别也就构成了现代社会同传统社会的本质区别,这也自然是现代性的根本性标志之一。吉登斯、哈贝马斯等理论家从不同侧面对民族国家进行了多视角的透视,从我们把握现代公共权力的理性化和契约化问题的意图出发,可以重点

---

① 参见曹卫东:《曹卫东讲哈贝马斯》,北京大学出版社2005年版,第71~72页。
② (德)尤尔根·哈贝马斯:《包容他者》,曹卫东译,上海人民出版社2002年版,第125页。
③ (英)安东尼·吉登斯:《民族-国家与暴力》,胡宗泽、赵力涛译,三联书店1998年版,第2页。

概括其中的两方面的思想。一是他们从不同侧面强调民族国家的理性化特征。我们知道,葛兰西基于市民社会的分析,已经指出西方发达社会的国家职能具有两方面的特征,这就是既有暴力的特征,还具有基于市民社会的文化领导而形成的"同意"的特征。这实际上已经体现出现代国家以社会契约精神为基础而突出理性控制和理性管理的特征。吉登斯在分析民族国家时,特别强调了它的理性控制的特征。他分析了现代民族国家所实行的高度密集的科层管理(行政管理)、行政调解、理性化的和反思性的监控、非暴力的调节和妥协(绥靖)、对暴力的垄断限制,等等,在此基础上形成了高度理性化的,而非传统赤裸裸的暴力性的控制机制。例如,他在分析资本主义发展同现代国家的关系时,分析了这种理性化的监控体系的特点。"民族-国家的监控强度达到以前的社会秩序类型无可比肩的程度,其条件是:信息的生产与控制、通讯和交通的发展,再加上对'越轨'的监管。它们直接受到资本主义扩张的各种影响,然而,自其存在以来,民族-国家再一次既不能还原为资本主义,也不是非资本主义而不能成立。资本主义的出现刺激了阶级体系的发展,使得统治阶级不再基于对暴力手段的直接控制,使得暴力从劳动契约中被排除出去,从而强化了现代国家的一些关键趋势。"①二是他们强调民族国家的文化内涵和文化精神。现代民族国家的形成是同具有自觉的民族意识和民族认同的现代民族的形成密切相关的,例如,哈贝马斯曾详细分析了具有相同起源、共同语言和风俗习惯的民族,围绕着现代意义上的主权、公民权、平等的和契约的文化精神等形成了自觉的民族意识,这些都赋予了现代国家以重要的文化特征和文化内涵,并进一步强化了现代国家的契约化、法治化和民主化特征。哈贝马斯指出:

> 现代意义上的"国家"是一个法学概念,具体所指是对内对外都代表着主权的国家权力,而空间上则拥有明确的领土范围,

---

① (英)安东尼·吉登斯:《民族-国家与暴力》,胡宗泽、赵力涛译,三联书店1998年版,第362~363页。

即国土,社会层面上指的是所有从属者的结合,即全体国民。国家统治建立在成文法的形式上,而国民是在一定的国土范围内通行的法律秩序的承载者。在政治学术语中,"民族"和"国民"有着同样的外延。但在法律界定之外,"民族"还指具有共同起源,至少具有共同语言、文化和历史的政治共同体。①

哈贝马斯对民族国家的分析涉及很多方面,他充分肯定了民族国家的历史成就,例如,体现在促使社会、文化和经济现代化,由平等的积极的公民而形成的新的社会团结和社会整合,对公民权利和公民资格的法律确认,以及文化民族的归属感的形成,等等。② 同时,哈贝马斯还深刻分析了民族国家的理性化所带来的问题和危机,例如,伴随着民族国家而形成的民族主义同共和主义之间的冲突、民族国家概念所包含的普遍主义和特殊主义之间的紧张等。③ 其他理论家也对民族国家所带来的双重历史效应进行了各种分析,例如,许多批评家强调,现代发达国家的民主和法治存在着很多的限制性条款,并常常出现摆脱自律的公共领域的监督走向集权的倾向,等等。但是,无论如何,人们也认识到,民主、契约、法治的确是现代性的本质属性,很多学者充分意识到民主和法治的不可替代和不可或缺的价值。例如,东欧新马克思主义代表人物赫勒曾认真分析了资本主义的形式民主的内涵和价值。她认为,形式民主的含义并不是说不具备实质内涵,而是指它是一种法律化、程序化的政治体制,其主要内容有人权、多元化、契约制、代表原则,等等。它使国家从单纯的阶级统治工具转变为社会总体自我调节的工具,成为社会总体的"受托管理人"(trustee)。形式民主承认自由的公民权,由此而形成了个体全面和自由发展的观念,并促进政治平等。赫勒概括道:

---

① (德)尤尔根·哈贝马斯:《包容他者》,曹卫东译,上海人民出版社2002年版,第127页。
② 参见(德)尤尔根·哈贝马斯:《包容他者》,曹卫东译,上海人民出版社2002年版,第128~134页。
③ 参见(德)尤尔根·哈贝马斯:《包容他者》,曹卫东译,上海人民出版社2002年版,第134~137页。

市民社会的相对独立与自律本身是具有双重内在逻辑(双重机制)的存在形式。它保证私人经济领域的相对独立性。相应地,它的逻辑之一是市场、私有财产的专有特征、不平等和统治的普遍化。同时,它建立了消极的但却是平等的个人自由,这样,它的第二重逻辑是这一自由(人权)在权力的民主化、平等化和非集中化的过程中的发展与加强。①

当然,必须看到,当公共权力彻底理性化,现代性在制度性维度上也容易趋于整合,一体化为总体性力量。这一总体化和同一化的公共权力如果与意识形态化的社会历史叙事相结合,就可能导致现代性最可怕的风险性后果,即启蒙理性的"自我毁灭"。因此,以民主、法治和民族国家等体现出来的公共权力的理性化和契约化特征,是现代性的制度性维度的最集中的体现。它一方面在现代性的众多的精神性维度和制度性维度中最鲜明地展示出现代性的理性化精神和机制的无所不在和统摄一切的特征,最深刻地改变和创新人类社会的运行机制和运行方式,另一方面也最直接地展示出现代性危机特征所可能具有的深度和广度,因此是我们探讨现代性问题无法回避的根本性问题。

从上述关于经济运行的理性化、行政管理的科层化、公共领域的理性化和自律化、公共权力的民主化和契约化等四个方面的分析,可以清晰地看出现代性的制度性维度的丰富和复杂的内涵。然而,这种分析还只是关于现代性的制度性维度的比较宽泛的、一般性的分析,如果我们借用微观政治学、微观经济学、微观社会学等领域的文献和成果,还可以继续深入分析现代性更为复杂和细微的制度性维度,如不同类型经济组织、政治组织和社会组织内在的机制分析、社会治理和非政府组织的内在机理分析、不同类型团体和组织的内在制度分析、各种社区共同体和家庭单元的内在自治机理的分析,等等。而随着分析层次的深化,我们会发现,现代社会的"理性沉积层"的结构越来越复杂,不同维度之间的交错关系也越

---

① Agnes Heller, *A Theory of History*, Routledge and Kegan Paul, 1982, p.284.

来越多样化和差异化,理性化的微观权力网络越来越复杂和纠结,面临的问题也会越来越多,也因此使我们愈发不可能形成关于现代性的笼而统之的、简单的、一义性的宏观认识。限于篇幅,我们不可能在这里继续作这种越来越深的细微的分析,但是,我们可以通过对现代性不同维度在历史演变中的复杂路径的"知识考古",以及对不同类型不同层面的现代性维度之间的复杂关联和张力结构的揭示,来继续深化我们关于现代性维度的认识。

第五章　现代性维度的"知识考古"

在本书的"引子"中，我就强调自己的研究思路是从关于现代性的价值争论中暂且抽出身来，把关于现代性的是非取舍等价值判断问题暂且悬搁起来，静下心来专注于对现代性作细致的事实判断。当然，按照解释学原则，纯而又纯的事实判断是不可能的，但是，我在前面关于现代性多重的精神性维度和制度性维度的分析中，还是尽量不直接进入关于每一维度的价值判断，而是致力于其"是什么"的具体描述和解析。

然而，把关于现代性的是非取舍等价值判断问题暂时悬搁起来，并非完全不进行关于现代性的价值分析，而是要在关于现代性多重维度的现象描述的基础上，具体地、历史地开展关于现代性的价值判断。必须看到，同样是关于现代性的价值判断，其内涵和意义会有相当大的差异。假如我们不对现代性进行具体的和微观的维度分析，而是把现代性一般地理解为一个无所不包的理性化的整体或总体，那么，我们关于现代性的价值判断只能局限于关于现代性的是非取舍的一般的、笼统的判断，很难从福柯所反对的"'支持或者反对启蒙'的智性敲诈"中解放出来；而在关于现代性的多重的、微观的、具体的，并且包含着内在差异和多样性的维度解析基础上开展关于现代性的价值判断，那么，其内涵和结论肯定是具体的、微观的、多样性的，而不是笼统的、一般的和抽象的。因此，虽然前文关于现代性维度的现象描述只是初步的，远远没有完成，还可以作更为细致的和微观的分析，但是，我们在这里可以先行转向关于现代性的多重维度的具体的和微观的价值判断，而且这种价值判断对于我们更为历史地和全面地理解现代性，与关于现代性的现象描述具有同等重要的地位。

关于现代性多重维度的具体的和微观的价值判断，同样是一个十分庞大的课题。我在这里想借用福柯的"知识考古"、本雅明和阿多诺等人的"星丛"①两个概念对现代性的多重维度作出"历时的"和"共时的"两个方面的价值判断：一方面，通过现代性维度的"知识考古"（而不是历史逻辑的分析），从发生学或历时的维度揭示出现代性内在的差异性和异质的特征，揭示出现代性多重维度的多元差异的生成路径，以及所包含的无数跳跃性和断裂性，由此说明现代性的生成和演化并不是一种必然的线性决定论的进程，而是一种文化选择、摸索、融合、交流、碰撞、冲突的结果；另一方面，通过对于现代性多重维度之间所形成的复杂"星丛"的具体分析，从共时的视角说明，看似一个"铁板一块"的理性整体的现代性，实际上是一个包含着许多内在差异、张力和冲突的复合体，是包含着无数叠加的、交错的、断裂的、非连续的沉积层（维度），其内在的各种维度之间呈现出相互支撑、相互交织、相互制约、相互冲突等多种关系，相应地，现代性的危机也具体体现为各种维度不同的局限性或者不同维度之间的张力或冲突所形成的危机。

通过对现代性多重维度的张力结构或张力机制作历时的和共时的双重具体的价值判断，无论对我们历史地、具体地把握现代性的危机特征，还是深入地、具体地把握现代性的内在反思机制和自我超越的解放潜能和创新潜能，都具有重要的意义。我们在本章中先以"现代性维度的知识

---

① 必须向读者表示歉意，我在这里又要借助于一些比较流行的理论术语或者研究范式。而实际上，以我自己的学术功底和功力，很难轻车熟路地、得心应手地驾驭这些方法论或理论研究范式，当然也无法在这些思想家严格规定的意义上建构具体的理论分析。但是，我想，如果我们能够谨慎地、谦虚地借用这些研究范式，应该不至于造成严重的理论"硬伤"，同时肯定会对我们所开展的关于现代性的具体的价值判断有很大的帮助。

考古"为主题展开关于现代性维度的历时的张力机制的分析。

从微观权力批判或微观政治学的角度来看,知识考古学在福柯全部理论中占据十分重要的地位,是贯穿于他的全部理性批判之中的基本方法论。我们在论述现代性研究的方法论时,曾经指出,福柯《知识考古学》一书的核心思想是充分肯定断裂和非连续性,把非连续性作为"历史分析的基本成分之一"。

福柯的知识考古学关于断裂和不连续性的分析特别强调采用档案话语系统,他指出,文献并非了无生气、毫无价值的遗迹,而是历史分析的基础,"历史的首要任务已不是解释文献、确定它的真伪及其表述的价值,而是研究文献的内涵和制定文献:历史对文献进行组织、分割、分配、安排、划分层次、建立序列、从不合理的因素中提炼出合理的因素、测定各种成分、确定各种单位、描述各种关系。因此,对历史说来,文献不再是这样一种无生气的材料,即:历史试图通过它重建前人的所作所言,重建过去所发生而如今仅留下印迹的事情;历史力图在文献自身的构成中确定某些单位、某些整体、某些序列和某些关联"[1]。与知识考古学密切相关的是福柯的谱系学,其基本精神是完全一致的,用他十分精练的话来概括,就是:"谱系学枯燥、琐碎,是项极需耐性的文献工作。它处理各种凌乱、残缺、几经转写的古旧书稿。"[2]在这里不难看出,福柯之所以强调知识考古学和谱系学的文献工作,主要是反对在历史分析之初就预设某种线性决定的必然性,而是充分肯定各个历史层面和历史运动的复杂多样性和差异性。他所使用的档案话语系统强调只是试图弄清楚知识的可能条件,以及是推论性理性得以形成的规则,记录建构的踪迹,描述形成的过程,强调修改的可能性和复杂多样的事件所呈现出的无数可能路径。在这里所揭示出来的规则并不具有普遍性和永恒性,相反,知识考古学揭示的是历史深层的"沉积层"(sedimentary strata)中的各种"非连续性"、"断裂"、

---

[1] (法)米歇尔·福柯:《知识考古学》,谢强、马月译,三联书店2003年版,第6页。
[2] (法)米歇尔·福柯:《尼采、谱系学、历史》,载(法)米歇尔·福柯:《福柯集》,杜小真编选,上海远东出版社2003年版,第146页。

"分割"。总之,知识考古学和谱系学所强调的非连续性原则,从根本上是要反对那种追求隐藏在话语后面的深层真理或寻求阐释主体意义图式的解释学;反对全面的、整体的、还原论的历史观。我们可以引用福柯在《知识考古学》中关于历史分析的一段比较长的概括来说明他的知识考古学所包含的微观政治学视域:

> 如此历史分析将要面临的——正面临的——重要问题也就不再是弄清连续性是通过什么样的途径建立起来的;某种惟一的,同样的意图是通过什么方式得以维持并对众多的不同的和连续的思想构成一种独一无二前景;什么样的行为模式和什么样的支点包含着转让、回收、遗忘和重复的游戏;起源是怎样在其自身之外扩大其统治并且达到这种前所未有的完美的。这不再是传统和印迹的问题,而是分割和限界的问题;不再是基础遭到破坏的问题,而是导致基础的创造和更新的转换的问题。因此,我们可以看到一大堆展开的问题,其中有些是我们所熟知的,而历史的这种新形式正是要试图通过这些问题制订它自己的理论:如何阐述那些使人联想到不连续性的各种不同的概念(界限、决裂、分割、变化、转换)?以什么样的标准区分这些我们涉及的单位:什么是科学?什么是作品?什么是理论?什么是概念?什么是本文?怎样使我们可以涉身的层次多样化?这些层次中的每一个都具有自己的断裂和自己的分析形式:什么是形式化的合理的层次?什么是解释的层次?什么是结构分析的层次?什么是因果性的确定层次?①

我们在这里不必更多地解读福柯知识考古学和谱系学的思想内涵,而是要对我们是在何种意义上借鉴福柯的研究范式加以限定。首先,我们在这里并不是完全照搬福柯的微观政治学的研究方法,也不是对他所

---

① (法)米歇尔·福柯:《知识考古学》,谢强、马月译,三联书店2003年版,第4页。

揭示的微观权力现象和权力结构情有独钟。① 实际上,这不是一个理论研究的偏好问题,而是各种微观权力结构,尤其是理性化和知识性的微观权力结构处处存在并且对社会历史进程发挥着重要的作用,我们不能对这些现象视而不见。正如福柯指出的那样,"不连续性的概念是一个悖论的概念:因为它既是研究的工具,又是研究的对象,它确定自己成为其结果的领域"②。其次,关注微观权力现象和权力结构的研究,并非要停留于对这些现象和结构的描述,从而否认任何规律性的和机制性的要素的存在,而是要基于对这些微观现象和结构的具体认识,来丰富我们关于人类社会历史运行的宏观的和总体性的把握,形成微观与宏观相结合的历史视野。我们都清楚地记得恩格斯《在马克思墓前的讲话》中的断言,马克思在关于具体的经济现象、政治现象、历史现象的分析中,揭示了规律性的东西,"正像达尔文发现有机界的发展规律一样,马克思发现了人类历史的发展规律"③。我们强调微观政治分析和文化批判,并非要使我们的历史认识回到复杂的和具体的现象的杂乱描述,而是反对那种脱离具体的历史分析而抽象地建构社会历史规律,并用这种抽象的和普遍的规律或必然性去剪裁历史和强制未来社会发展道路的意识哲学做法。具体说来,在关于现代性的认识中,如果我们不深入对现代性的具体维度的历史丰富性和文化丰富性的具体认识,我们只能抱着抽象的现代性概念去作一些"取"和"舍"的概念推演,而实际上,无论对于现代性本身的认识,还是对发展中国家的现代性的具体生成,都没有什么实质性的帮助。因此,我们在这里借用福柯的知识考古学和谱系学方法,是为了能够真正进入现代性的具体的历史维度之中。具体说来,关于这一问题的分析,我们可以先是对作为理性化进程的现代性的历史生成的总体特征加以把握,然后选取现代性的某一重要维度作一些历史发生学的透视。

---

① 而且我必须承认,即使想照搬福柯的知识考古学来具体地对现代性的各个维度进行历史分析,本人也没有这种知识储备和分析能力,实际上,我只能是对有关重要问题的现存的各种主要观点加以借鉴并形成比较分析,来建立自己的理解。
② (法)米歇尔·福柯:《知识考古学》,谢强、马月译,三联书店2003年版,第9页。
③ 《马克思恩格斯选集》第3卷,人民出版社1995年版,第776页。

第一节 理性化进程的非连续性、曲折性和跳跃性

通过前面关于现代性的维度的各种分析,已经不难看出,如果我们想从总体上概括一下现代性的最基本的特征,特别是从历史发生学的角度来把握现代性的总体特征,唯一可以使用的概念一定是"理性化进程",因为,包括我们经常使用的个体化进程、世俗化进程等概念,从根本上都离不开理性化的基本内涵。那么当我们对现代性的一些基本的维度作了描述之后,必然提出的问题就是:作为现代性的典型形态[①],西方的理性化进程是一个连续的不间断的进程,还是一个充满跳跃性和间断性的历史进程?如果是一个连续的历史生成过程,它是某种含有必然性的线性决定论的生成过程,还是一个充满了各种偶然性的不断选择、碰撞、摸索、融合的进程?如果是一个包含间断性和跳跃性的历史进程,它对人类历史的演进及其社会历史观的建构会带来什么样的影响?还可以提出许多类似的问题,这些是我们对现代性进行"知识考古"首先要回答的问题。

要回答这样的问题,显然是令人头疼的,很难确定问题域或问题的边界。但是,我们可以选取一个特殊的视角,围绕着古希腊理性主义在西方现代性的生成,即西方理性化历史进程中的命运和地位,来切入这一复杂问题。尽管现代性并不是人类历史与生俱来的现象,而是过去几百年的社会机制和特征,但是,大概没有什么人会否定现代性同古希腊理性主义的本质关联。不同的研究者无论是强调西方文明是以古希腊理性精神和希伯来精神为主要来源,还是认为西方文明包含着更多的历史源头,古希腊理性精神都是分析西方现代性的历史生成机制和基本内涵所不可或缺的方面。甚至可以断言,在古希腊理性精神和西方现代性之间存在着本

[①] 尽管我们反对像韦伯那样,把现代性作为西方的特殊专利,但是还必须承认,迄今为止,作为典型的理性化进程是由西方发达国家和地区的历史进程提供的,我们这里只能以西方的理性化进程作为典型来展开关于现代性的历史分析。

质的关联这一问题上,没有什么人会持完全否定的观点。然而,当我们涉及古希腊理性主义是如何演变到我们置身于其中的现代性时,问题就无比复杂了,我们马上面临着各种不同的见解。我想在这里描述和介绍两种虽然不能说是截然对立的,但是的确存在着重大差别的观点:一种是强调从古希腊理性主义到现代社会精神结构或现代性本质精神的连续的、线性决定的必然进程;一种是强调从古希腊理性精神到现代社会精神结构或现代性精神之间所经历的各种跳跃、间断,以及内涵上的差异。

我们先来看正题,即关于西方理性化进程是一个服从内在必然性的连续进程的观点。这应当是学术界中相对而言占主导地位的一种观点,而且,无论是一般地探讨西方的理性发展史,还是揭示现代性的起源,很多学者都坚持从古希腊到现代理性启蒙是一个必然的思想演进的过程。"光荣属于希腊"、"言必称希腊"等断言,在今天依然有很大的市场。对于雪莱那句"我们都是希腊人"的名言我们都不陌生,在他看来,现代西方的法律、艺术、文学和宗教皆根源于希腊。王尔德也毫不犹豫地断言,"我们现代生活中的一切都受惠于希腊人,而所有不合时宜的东西都应归咎于中世纪"。类似的观点在文学家、艺术家、思想家的著述中并不少见。

当然,我们不能仅仅借用一些诗人和文学家充满激情的只言片语来构造我们的理论推导。相比之下,关于西方理性化进程是一个服从内在必然性的连续进程的观点比较集中地体现在哲学领域。这一点不难看出,中外的哲学史研究,大多把西方哲学的发展描绘成为一个从古希腊理性主义到德国古典哲学的逻辑演进进程,这是一个理性不断丰富、不断展示出自身的丰富性,并且服从于严格的逻辑和必然性的理性化进程。[①]当今,许多在哲学层面上反思现代性的学者,也倾向于按照这一理性化进程来阐述现代性的生成和发展逻辑。在这方面,我们可以列举一个最典型的例子,这就是黑格尔的泛理性化和泛逻辑化的理性主义哲学体系对

---

① 稍加比较不难发现,各种版本的哲学史教科书论述西方哲学发展历史中所包含的理性化进程时,基本的阶段划分和逻辑框架结构大多是一致的,而且大多都刻意突出这些发展阶段内在的理性必然逻辑。

于哲学史的理解。

在谈到古希腊在人类思想史上的地位和作用时,即使黑格尔这位典型的理性化身的大哲学家也不免充满着激情和情感。很多人常常引证黑格尔关于古希腊的一句名言:"一提到希腊这个名字,在有教养的欧洲人心中,尤其在我们德国人心中,自然会引起一种家园之感。"① 黑格尔强调,"思想的自由"是哲学和哲学史起始或开端的必要条件,而"我们第一次在希腊人里面发现这种自由,所以哲学应自希腊开始"②。当然,黑格尔作为理性普遍主义的代表人物,他在这里所强调的思想的自由,不是个体的自由或个体的主体性,而是普遍的、理性的思想自由。在这种意义上,他认为,哲学史就是普遍理性的发展进程,而且这是一个不间断的、必然的逻辑进程。"哲学史只有作为以理性为基础的现象的连续,本身以理性为内容,并且揭示出这内容,才能表明它是一个理性的历史,并表明它所记载的事实是合理性的。"③ 不仅如此,黑格尔已经把从古希腊开始的西方理性化进程提升到排除了任何偶然性的,绝对必然的、线性决定论的进程。这突出表现在他关于历史和逻辑相统一的思想之中。他断言:"历史上的那些哲学系统的次序,与理念里的那些概念规定的逻辑推演的次序是相同的。我认为,如果我们能够对哲学史里面出现的各个系统的基本概念,完全剥掉它们的外在形态和特殊应用,我们就可以得到理念自身发展的各个不同的阶段的逻辑概念了。反之,如果掌握了逻辑的进程,我们亦可从它里面的各主要环节得到历史现象的进程。"④ 正是基于这样的考虑,黑格尔基本上否认或淡化个别历史人物或偶然性在理性化进程中,以及在世界历史进程中的作用,甚至像拿破仑这样的世界历史人物也不过是世界精神的表现工具,是"骑在马背上"的世界精神,而真理一定是具有普遍的必然性,它甚至会在时间到来时按照理性的内在逻辑和必然

---

① (德)黑格尔:《哲学史讲演录》第 1 卷,贺麟等译,商务印书馆 1959 年版,第 157 页。
② (德)黑格尔:《哲学史讲演录》第 1 卷,贺麟等译,商务印书馆 1959 年版,第 99 页。
③ (德)黑格尔:《哲学史讲演录》第 1 卷,贺麟等译,商务印书馆 1959 年版,第 35 页。
④ (德)黑格尔:《哲学史讲演录》第 1 卷,贺麟等译,商务印书馆 1959 年版,第 34 页。

性而自动涌出。黑格尔明确强调,这种普遍的理性是世界的主宰,也正因为这种普遍的理性的作用,世界历史是一种合理的过程。"'理性'统治了世界,也同样统治了世界历史。对于这个在本身为本身的、普遍的、实体的东西——其他一切万有皆居于从属的地位,供它的驱策,做它的工具。"①

毫无疑问,20世纪以降,中外许多哲学研究者批判和超越黑格尔这种泛理性化和泛逻辑的体系所带来的"理性专制",并自觉地把黑格尔的理性主义视做现代性在思想层面或精神层面上的危机的突出展现。然而,虽然人们在价值判断上开始倾向于批判这种泛理性和泛逻辑的统治,但是,在关于现代性的精神溯源上,还是倾向于把现代性在发生学的意义上理解为一个从古希腊理性主义开始按照内在的必然性和严密逻辑而逐步展开的总体性结构。特别是在关于西方理性演变过程的必然的连续性方面,许多哲学研究者还是继续固守,甚至在探讨现代思想,即现代性的精神结构时,也不愿意使用"断裂"或"革命"的字眼。例如,美国著名思想史家罗兰·斯特龙伯格在《西方现代思想史》中,就曾断言:"在思想史上,革命比我们想像的要少,而连续性比我们想像的要多。"②美国学者理查德·塔纳斯(Richard Tarnas)于1991年发表的《西方思想史》③,就以希腊人的世界观、古典时代的转变、基督教的世界观、中世纪时代的转变、现代世界观等几个部分的描述,为我们提供了一条西方理性延绵不绝的连续性进程。而且,作者还对这一连续性作了高度概括,大加渲染:

  我们以希腊人为起点。正是在大约25个世纪前,希腊世界

---

① (德)黑格尔:《历史哲学》,王造时译,上海书店出版社2006年版,第23页。
② (美)罗兰·斯特龙伯格:《西方现代思想史》,刘北成、赵国新译,中央编译出版社2005年版,第2页。
③ 原书名为 The Passion of the Western Mind,准确讲,应当译为《西方心灵的激情》或《西方思想的激情》。中译本将之译为《西方思想史》(上海社会科学院出版社2007年版),这样翻译应当说并没有什么实质性问题,但是,作者使用"Passion"一词,还是有特别的考虑,他不是一般地描述西方思想或西方哲学的各个发展阶段,而是想突出展示西方理性从古希腊时代一路气势磅礴奔涌到现代世界的不可抗拒的历程。

产生了标志着西方文明起始的极度繁荣的文化。由于天生具有看来像是原始的思维明晰与创造力,古希腊人为西方思想提供了不少东西;现已证明,这些东西长期以来一直是真知灼见、灵感和复兴的源头。现代科学、中世纪神学、古典人本主义——这一切全都深深地受惠于古希腊人。希腊思想对哥白尼和开普勒以及奥古斯丁和阿奎那来说,如同对西塞罗和彼特拉克来说一样,是极其重要的。现在,我们的思维方式就其基本逻辑而言仍是极为希腊式的,以致我们必须先仔细察看希腊人思想的特点,然后才有可能开始抓住我们自己思想的特点。希腊思想在其他方面对我们来说也始终是极其重要的:希腊人好奇、富有革新精神、善于批评、极其关注生与死、追求秩序和意义,却又对传统的真理表示怀疑,因此,他们是理性标准的创始人;这些标准在今天如同在公元前5世纪一样适用。①

我们在这里大段引证理查德·塔纳斯的论述,并不想就这些论述加以具体的分析和评论,而只想指出,实际上,他这种关于西方现代性从理性源头到现代生成的连续性的思想是很多哲学研究者依旧坚持的研究范式。至今我们还经常看到,一些哲学研究的基本样式为:无论对于现代性的捍卫还是批评拒斥,或者在关于当代人类思想和理性的一些重大问题的思考中,很多研究者的基本做法是在希腊理性主义中找到科学、技术、技艺、自由、人文、实践、目的论、理念等基本范畴,然后通过这些范畴的考据来论证当代的思想在哪些方面丰富和展开了希腊的理性规定性,哪些方面丢失、遗忘或遮蔽了希腊的理性规定性,哪些方面偏出或背离了希腊的理性规定性,等等。似乎,做完这些范畴和理性的考据工作,哲学研究的任务也就完成了。由此,我们不难看到哈贝马斯反复批评的意识哲学范式的根深蒂固。

---

① (美)理查德·塔纳斯:《西方思想史》,吴象婴、晏可佳、张广勇译,上海社会科学院出版社2007年版,"引言"第2页。

我们先不对这种固守理性生成的历史连续性的观点加以评价,而是展开与此相反或具有根本差别的观点,即强调西方理性化进程的断裂性或跳跃性的观点。我们发现,面对着同样的历史演进,面对着同样的西方理性化进程,当一些思想家强调其连续性时,另一些思想家则看到了断裂和非连续性,看到了历史生成过程的偶然性和跳跃性。我们继续以古希腊理性主义同现代性的关系为例,来从总体上了解一些思想家从西方理性化的总体进程中所找到的许多断裂、跳跃、偶然和分支。我们发现一个虽不是绝对的,但的确是不容忽视的现象,即坚持西方理性化进程之连续性的大多是典型的或纯粹的哲学家,特别是意识哲学范式的坚守者,而坚持西方理性化进程之断裂性或跳跃性的大多是历史学家,包括思想史和文化史学家。这显然是一个耐人寻味的现象,至少说明,哲学家们常常缺少关于历史丰富性的微观分析,因此,在他们视野中生成的大多是被理性思维建构起来的总体性的、同质化的、宏大的历史"连续统"或者思想"连续统"。

在这方面,我们先看一下法国年鉴学派的著名代表人物布罗代尔的观点。如前所述,年鉴学派史学观的本质特征可以用微观史学来加以概括,特别是作为年鉴学派第二代主要代表人物的布罗代尔,明确反对停留于宏观历史现象和政治权力的史学分析方法,反对通过一般的宏观概括而简单地得出普遍性的规律的做法。他主张对于文化、地理环境、日常生活结构等"长时段"历史现象的微观分析,具体展示历史本身的丰富内涵。布罗代尔在《地中海考古》中围绕着"希腊奇迹"曾设想了两种对立的观点,并用一些研究者的思想来具体阐述这两种不同的观点。探讨"希腊奇迹",有一种说法就是"永恒的希腊"。布罗代尔指出,关于这一说法,有两种对立的观点,一种持肯定态度,一种持否定态度,具体说,就是一种观点相信希腊的永恒,另一种观点则根本不相信这一点。布罗代尔指出,持肯定态度的人对古希腊有一种无条件的爱,他沉醉于古希腊之中,感觉不到古希腊与现实时代有什么隔阂。在这种观点看来,古希腊始终是有生命力的,古希腊人是一部分尽管年代轮转但思维却变化不大的基础人类的代言者。古希腊式思维流传至今,并像那些通过尤利西斯的自我牺牲而重返生命的死魂灵一样得以再生。而持否定观点的人则认为,任何想把当今西方与古希腊文明混为一谈的企图都只能是某种自我陶醉、自我杜撰的戏剧游戏,实际上,古希腊人的严谨就像是一个自我封闭的世界,根本无法真正闯入。① 在构想了这两种对立的观点之后,布罗代尔没有直接评价这两种观点的是非得失,但是,从他的微观史学的视角出发,他显然不赞成笼统地断言古希腊理性主义同今天的精神世界的无差别的连续性。在描述了那种认为古希腊同当今的现实时代没有什么隔阂的观点之后,他说了一段意味深长的话:

> 不过,真正把我们与希腊式思维连结起来的是在脑子里固有的学识、理智和自尊。余下的事情靠的是我们的激情和幻想。为什么会存在对"希腊奇迹"的眷恋?对我们西方人来说,它是否出于一切现代文明和人群对选择各自起源和虚构理想祖先的需要呢?看来除此之外,再也不会有别的答案了。②

如果想把古希腊世界同现代世界的真实关联完全梳理清楚,显然是一个十分复杂的历史课题。我在这里阐述这一问题的基点,绝非是否认希腊文化对于西方世界发展,特别是现代性生成的多方面的深刻的影响,只是说,这种影响是通过多种渠道,采取各种不同方式,而并非体现为一个线性的决定论的进程,即是说,希腊理性文明并没有那种征服一切,排除一切障碍而使理性化成为一种不可阻挡、不可抗拒的历史进程的力量,更没有使西方理性化进程变成一个希腊文化不间断地发展和展开的进程。我们可以列举与"希腊化"密切相关的两种类型的历史实例来说明这一点:一是希腊理性文化在东方古老文明中推广所遭遇的命运;二是希腊理性文化在中世纪西方社会,特别是罗马帝国的实际境遇。

---

① 参见(法)费尔南·布罗代尔:《地中海考古》,蒋明炜、吕华、曹青林、刘驯刚译,社会科学文献出版社2005年版,第197~198页。
② (法)费尔南·布罗代尔:《地中海考古》,蒋明炜、吕华、曹青林、刘驯刚译,社会科学文献出版社2005年版,第198页。

第一种类型的历史实例,我们可以接着借用布罗代尔在《地中海考古》中所探讨的亚历山大的"希腊化"对中东殖民地的广泛影响和后来的历史命运。布罗代尔指出,从亚历山大大帝在中东强行推行"希腊化"开始,在某种意义上开始了希腊在中东的殖民史。众所周知,亚历山大每到一处,都热衷于通过图书馆、博物馆、希腊式雕塑和建筑等传播希腊文化,形成了"希腊化"浪潮。如果把罗马帝国接替希腊人统治中东的时间也算上,这段"希腊化"的殖民历史持续了大约10个世纪,一直到公元7世纪穆斯林打败罗马人为止。应当说,希腊理性文化在中东地区的这一传播进程,无论从强度上还是时间持续长度上,都具有不容忽视的分量。然而,在布罗代尔看来,这么长时间和这么大强度的"希腊化"并没有为希腊理性文化在这些地区开辟出一条必然的道路。相反,布罗代尔为我们描述了一种耐人寻味的历史情形:

> 10个世纪相当于"确立法国几乎全部历史所需的"时间。然而,"在这10个世纪后的某一天,随着阿拉伯人战刀的落下,一切均在一夜间突然崩溃……而且一去不再复返;希腊人的语言和思想,西方的官员等都在瞬间化为灰烬;在这一局部,千年的历史似乎从未发生过。一千年的时间仍不足以让西方人在东方这片沃土上埋下自己的一丁点根基。语言和社会环境只不过是墙上的装贴面,或是不牢靠的面具。所有这些像雨后春笋般从尼罗河畔到兴都库什山脉崛起的希腊移民城市……种种对艺术和思想的表面或真实的影响,难道在一夜间都被风刮走了吗?"①

布罗代尔对历史学家所描述的这种现象进行解释时,借用了当今一些历史学家所使用的关于征服者与被征服者之间的文化张力或文化冲突来说明。"一千多年后的今天,历史学家根据对欧洲在伊斯兰土地上推行

---

① (法)费尔南·布罗代尔:《地中海考古》,蒋明炜、吕华、曹青林、刘驯刚译,社会科学文献出版社2005年版,第222页。

殖民运动的经历总结认为,任何一个征服者的文明都不可能在原拥有古老文化的国家里得到发扬光大。因为那儿总有某种不透水的'隔板'阻碍着思想意识的同化。也因为历史上的文明古国所能对外开放的只能是祖先的遗产。"①我们先不去争论这种否认文化之间融合的可能性的观点是否能够立足,而是换一个角度来论述问题。我想说的是,实际上,从历史上来看,在整个东方文化中,中东地区的文化同古希腊理性文化之间的隔阂并没有那么大。一方面,很多研究者都关注到希腊文化的东方源头②,例如,布罗代尔曾把美索不达米亚和埃及文明的兴起称为"地中海的双生",并强调其对古希腊文明的兴起的影响③;另一方面,如前所述,亚历山大帝国时期的"希腊化"在中东地区的影响的确十分深刻,埃及的亚历山大里亚一度成为希腊文化和科学的中心。然而,即使有这些历史源流和历史积淀,希腊理性文化在中东地区也没有能够形成连续发展的历史进程。

现在我们转向与"希腊化"相关的第二种类型的历史实例,即与古希腊关系最为密切最为直接的罗马帝国时代和紧接着的中世纪的历史进程。如果说,希腊文化同中东文明无论有什么样的渊源关系或交互影响关系,毕竟它们是两种不同的文明,那么,希腊与罗马的关系则不同,在人们通常的理解中,希腊罗马文明原本就是一回事儿,是同一个历史进程。我们首先要承认,希腊理性文明对于罗马共和国和罗马帝国的影响的确是多方面的,例如,"早在公元前8世纪的大殖民时代,活跃在地中海各地的希腊人就深深影响着罗马人,那时希腊人在意大利南部和西西里岛建立了殖民地"④。而到了亚历山大帝国时代,罗马同中东等地区一样,经历了"希腊化"进程。即使到了罗马帝国以大规模军事扩张征服了希腊

---

① (法)费尔南·布罗代尔:《地中海考古》,蒋明炜、吕华、曹青林、刘驯刚译,社会科学文献出版社 2005 年版,第 222 页。
② 参见陈恒:《希腊化研究》,商务印书馆 2006 年版,第 425~426 页。
③ 参见(法)费尔南·布罗代尔:《地中海考古》,蒋明炜、吕华、曹青林、刘驯刚译,社会科学文献出版社 2005 年版,第 41 页。
④ 陈恒:《希腊化研究》,商务印书馆 2006 年版,第 427 页。

各地后,罗马也继续在许多方面受到希腊文化的影响。布罗代尔分析这一段历史进程时指出,随着古希腊在整个地中海的原有势力都被并入罗马帝国的版图,"在地中海的每个地域,陆续有从意大利派遣来的人。他们在那儿定居,从事管理、统治,封杀旧城邦的自由和喧闹,打击老王国的傲气的使命。于是,在优越的生活条件中,在潜在的危险中及在'难以忍受和单调的罗马式安宁中',一切都被平息,甚至被麻痹。但随着希腊移民源源不断地向罗马迁居,世界的首都在逐渐希腊化。战败者在进行报复"①。除此以外,在理论化的精神层面,希腊哲学的某些思想通过基督教神学在罗马帝国时代和中世纪产生着影响,例如,亚里士多德在某种意义上成为"中世纪的最高理性权威",同时,希腊理性哲学的其他一些思想也在中世纪发挥着影响,例如,"新柏拉图主义对早期基督教神学家,特别是奥古斯丁有着重要影响;并且因着奥古斯丁,一直到中世纪,新柏拉图主义思想都处于基督教的核心"②。

关于希腊文明对于罗马文明及其后来历史进程的深刻影响,我们不需要提供更多的论据,这是一个不容置疑的历史事实。问题在于,罗马人通过各种方式向希腊人的学习和借鉴,或者说,希腊文明对于罗马文明的多重影响并没有形成一个"铁板一块"的希腊罗马文明,更没有像有的思想家断言的那样,罗马人在文化上只是模仿希腊人的"二道贩子"③。实际上,罗马文化在许多方面不是或主要不是希腊文化,例如,在制度文化的层面上,罗马帝国在一个庞大国度中而不是在一个狭小的城邦共同体中所实施的法律体系、各个城市的普遍公民权、公民教育体系,等等④,都与希腊文明有重大差别,同时在精神层面和价值层面上,在罗马帝国后期

---

① (法)费尔南·布罗代尔:《地中海考古》,蒋明炜、吕华、曹青林、刘驯刚译,社会科学文献出版社 2005 年版,第 223 页。
② (英)乔纳森·希尔:《兴奋时代的欧洲 1600—1800》,李红译,北京大学出版社 2007 年版,第 12 页。
③ 参见(英)理查德·詹金斯编:《罗马的遗产》,晏邵祥、吴舒屏译,上海人民出版社 2002 年版,第 2 页。
④ 参见陈恒:《希腊化研究》,商务印书馆 2006 年版,第 433 页。

和中世纪更具影响力的是起源于希伯来精神的基督教文明,而这也正是我们在研究现代性的多重维度时,必须充分考虑罗马法对于现代性的制度性维度的重大影响的原因之所在。在这里,我们可以看出,即使在罗马帝国时代和中世纪,在同属于西方范畴的理性文明体系之中,希腊理性文化也只是作为一种重要的因素或要素而以不同方式影响着罗马文化,而没有作为一个整体的历史进程在中世纪为自己开辟一条不间断的历史决定论进程,而在中世纪,西方基督教世界的主要地区在相当长时期内几乎完全遗忘了希腊文献和希腊文化。

对于上述观点,我们可以提供一点历史分析来加以说明。我在这里想借用一些历史学家的研究成果,说明一个问题的两个方面:一方面,在中世纪的相当长的历史时期,甚至在罗马帝国的后期,希腊古典理性文化作为整体在西方的主流历史进程中中断了,甚至差不多被遗忘了;另一方面,中世纪并非像一些历史学家和理论家所描述的那么黑暗和停滞不前,而是经历着自己的发展进程,其中的一些成果对于现代性的生成和现代社会的发展是具有建设性的价值的。为了使我们的阐述简洁明快,这里我想找两个方面的典型例子来说明这一观点:一是关于"文艺复兴"的问题,二是关于这一时期的科学进展的问题。

谈到"文艺复兴"大概人们的第一反应都集中于 15 世纪的文艺复兴,即 14 世纪末从意大利开始并进而在欧洲主要国家普遍展开的,以希腊理性文化复兴为特征的人文主义思想运动和艺术复兴运动。但是,实际上,文艺复兴之前并非完全的黑暗时代,突然被复兴的希腊文化所照亮。例如,美国学者查尔斯·霍默·哈斯金斯在《十二世纪文艺复兴》中就明确反对把中世纪从整体上定义为停滞不前的"黑暗时代"的说法,同时反对把 15 世纪文艺复兴描述为与中世纪彻底断裂的说法,他认为,中世纪是一个十分复杂的历史时代,它兼具连续性和变化的双重特征。在人们所关注的 15 世纪文艺复兴之前,中世纪就发生过几次文艺复兴:

> 历史的连续性否定在前后相继的时期之间存在如此明显而强烈的反差;现代研究也表明,中世纪没有我们以前认为的那么

黑暗和停滞不前,文艺复兴也没有我们以前认为的那么光明和突然。中世纪展示了生命、色彩和变化,表现出对知识和美丽相当热切的追求,在艺术、文学和制度上取得了颇具创造性的成就。意大利文艺复兴之前存在多次类似的影响较小的复兴。①

查尔斯·霍默·哈斯金斯提及了被称为是"欧洲的第一次觉醒"的加洛林文艺复兴,即发生在8—9世纪由查理大帝开始的一次以鼓励和支持教会文化教育事业、规范基督教教义和宗教活动、改革拉丁文为主要内涵的文艺与科学的复兴运动。② 当然,他在《十二世纪文艺复兴》这本书里重点要探讨的是12世纪欧洲的文艺复兴或称之为中世纪的文艺复兴。在他看来,12世纪的文艺复兴与后来15世纪的文艺复兴具有同样的特征,对欧洲后来的历史同样产生了重要的影响。这场以修道院、图书馆,以及新兴起的大学等为知识中心的文艺复兴运动涉及面十分广泛,包括拉丁古典著作的复兴、罗马法的复兴、科学的复兴、哲学的复兴等许多方面。由此,12世纪文艺复兴构成了西方早期最重要的文化复兴:

> 这个世纪,正是圣贝尔纳骑在骡背上的世纪,一个在许多方面充满活力、生机勃勃的时代。这是十字军的时代、城镇兴起的时代、西方最早的官僚国家形成的时代。这一时期,罗马式建筑步入顶峰,哥特式建筑开始兴起,方言文学开始出现,拉丁古典著作、诗歌和罗马法走向复兴,吸收了阿拉伯人成就的希腊科学和大量的希腊哲学得到了恢复,并且诞生了第一批欧洲大学。在高等教育、经院哲学、欧洲法律制度、建筑和雕塑、礼拜剧(liturgical drama)、拉丁诗和方言诗等诸多方面,12世纪都留下

---

① (美)查尔斯·霍默·哈斯金斯:《十二世纪文艺复兴》,张澜、刘疆译,上海三联书店2008年版,"序言"第1页。
② 参见(美)查尔斯·霍默·哈斯金斯:《十二世纪文艺复兴》,张澜、刘疆译,上海三联书店2008年版,第9页。

了自己的印记。①

显而易见,我们在这里的侧重点不是具体陈述中世纪发生的几次文艺复兴的具体内涵和历史意义,对于这些社会历史文化现象的评价,肯定存在着很大的分歧和争议。但是,其中一个一直吸引着我们的兴奋点在于:至少我们可以判断,这几次文艺复兴不是或者不完全是以希腊理性文化为主要支撑点的,换言之,在中世纪的很长的历史时期,希腊理性文化非但没有形成一个连续的和自觉的历史进程,而且在很大程度上已经被西方世界所遗忘。具体说来,直到 12 世纪的文艺复兴,欧洲人才通过把重要的阿拉伯文献翻译成拉丁文而重新认识和了解了希腊文明。而且,即使如此,12 世纪的文艺复兴从根本上说还是属于拉丁文化的复兴,很难断言希腊文化已经在其中起到根本的作用。这样说,并不否认希腊文化对中世纪的各种不同形式的影响,而是强调希腊文化没有在这里形成一个连续性的理性化的通道。因而,查尔斯·霍默·哈斯金斯在分析 12 世纪的中世纪文艺复兴时充分估计到希腊文化的影响,因为文艺复兴是从意大利南部,即与希腊和阿拉伯世界具有直接联系的地区开始的。但是,他认为,"尽管希腊和阿拉伯文明在拉丁文化复兴的过程中发挥了重要作用,但是很难追述清楚它们在这个时代早期所发生的影响"②。

如果我们进一步分析中世纪的科学状况,可以进一步印证我们的上述观点。在西方社会的历史进程中,科学总是理性化发展的一个重要的组成部分,一个重要的侧面,或者说是一种标志性的表征,而且,科学的发展往往最能体现出连续性和进步性。为了从科学发展的侧度来探讨从古希腊理性文明到现代理性文明之间是否形成一个连续的发展进程,我在这里首先确定两个基本的事实:一是现代社会的建构或者说现代性的生成,需要多种因素支撑,而现代科学,特别是现代实验科学和技术的发展

---

① (美)查尔斯·霍默·哈斯金斯:《十二世纪文艺复兴》,张澜、刘疆译,上海三联书店 2008 年版,"序言"第 1~2 页。

② (美)查尔斯·霍默·哈斯金斯:《十二世纪文艺复兴》,张澜、刘疆译,上海三联书店 2008 年版,第 12 页。

则是必不可少的。例如,雅斯贝尔斯指出,"自中世纪结束以后,西方在欧洲产生了现代科学;18世纪结束后,西方又靠现代科学产生了技术时代,它是自轴心期以来在精神领域或物质领域的第一次全新发展"①。二是古希腊时代,特别是希腊化时期,理性科学已经有了相当程度的发展,而且从基本精神上讲,希腊科学的理性精神对近现代的科学技术也有很大的影响。当然,希腊科学从总体上偏重数学、几何学等围绕着思想自由和理性沉思而展开的理性的或推理的科学,而缺少实证性,"希腊科学始终没有发展出一种方法,即为了证实一种理论是否具有真理性而精心设计一些方法来证明它"②。但是,同哲学水乳交融的希腊科学是以自然哲学为基本理论前提的,"认为人们能够借助理智而无需求助超自然的东西,就能弄清楚主宰世界万物的力量"③,因此,医学、天文学等具有经验性质的学科在希腊古典晚期还是逐步发展起来了。特别是在希腊化时期,许多领域的科学,特别是具有经验主义、实用主义、工程学特征的学科普遍发展起来,例如,在以欧几里得、阿基米德等著名科学家为代表的亚历山大里亚科学学派中,数学、物理学、天文学、地理学、化学、植物学、动物学、医学、机械学等,都不同程度地发展起来,有些学科还达到了相当的发展程度。④

现在要提出的问题是:在希腊科学和近现代科学之间是否存在着一个连续的、线性的发展和演进的历史过程?二者之间的内在关联是否是本质性的?关于这一问题,研究者的意见是有差别的,我们可以列举两种不同的观点。有的学者强调希腊科学,特别是希腊化时期的科学对近现代科学的直接的影响,"可以说希腊化时代在自然科学方面取得的进步超

---

① (德)卡尔·雅斯贝尔斯:《历史的起源与目标》,魏楚雄、俞新天译,华夏出版社1989年版,第31页。
② (英)保罗·卡特里奇主编:《剑桥插图古希腊史》,郭小凌、张俊等译,山东画报出版社2005年版,第274页。
③ (英)保罗·卡特里奇主编:《剑桥插图古希腊史》,郭小凌、张俊等译,山东画报出版社2005年版,第275页。
④ 参见陈恒:《希腊化研究》,商务印书馆2006年版,第354~357页。

过了17世纪以前任何别的时期。正如本杰明·法林顿所说:'希腊化时代的科学发展已步入近代世界之开端,近代科学从16世纪开始发展,是以那时的基础为起点的'。实际上,假如没有亚历山大里亚、叙拉古、帕迦马和希腊化世界其他大城市里科学家的发明与发现,现在的许多成就也许是不可能的"①。但是,也有与此不同的见解,例如,雅斯贝尔斯在谈到现代科学的发展时指出,"我们时代全新全异的因素,就是现代欧洲的科学和技术,它不仅与亚洲的产物迥然不同,甚至与希腊的成果也不是一脉相承的"②。当然,上述两种观点并不是截然对立的,因为它们说的问题不完全属于一个层面的,思考问题的角度也不尽相同。我们不去具体评判这些问题,而是先作一点历史考据,把我们的问题集中到这样一点:假设近现代科学同希腊科学在本质精神上是一致的,那么近现代科学是古希腊理性科学通过一个不间断的历史进程连续发展至今的结果,还是通过其他方式形成了二者之间的精神关联?

我们可以借用历史学家关于中世纪科学发展史的专门研究成果来回答上述问题。美国学者爱德华·格兰特所著的收录到《剑桥科学史丛书》之中的《中世纪的物理科学思想》,对于这一问题为我们提供了非常清晰的研究成果。他在描述中世纪的科学发展状况时有一段基本的概括描述:

> 自公元前第2世纪和第1世纪希腊的哲学和科学开始渗入罗马版图起,迄至现在,其间有一个无庸置疑的事实:公元500年—1000年间,科学在西欧处于最低潮;直到12世纪及13世纪早期,古希腊和阿拉伯科学珍品的涌入带来了崭新的科学文献,西欧的科学才逐渐上升。③

---

① 陈恒:《希腊化研究》,商务印书馆2006年版,第346页。
② (德)卡尔·雅斯贝尔斯:《历史的起源与目标》,魏楚雄、俞新天译,华夏出版社1989年版,第95页。
③ (美)爱德华·格兰特:《中世纪的物理科学思想》,郝刘祥译,复旦大学出版社2000年版,第1页。

按照爱德华·格兰特在本书中的研究成果,我们可以看到,他所说的从公元500年至1000年西欧科学的"最低潮",从另一个方面看,实际上是希腊科学在西欧的中断,而且至少是历时500年的中断。换言之,他实际上是承认现代科学与希腊科学之间的本质性关联,但是,他认为,在欧洲,特别是构成现代欧洲的核心部分的西欧,希腊科学并没有形成一个连续发展持续进步的理性化过程。那么近现代科学对希腊科学的继承,也是12世纪希腊科学通过东方重新回到西欧,才形成的科学发展的高峰。用爱德华·格兰特的话说:"就其最根本的意义而言,中世纪科学的历史,也就是古希腊科学从拜占庭帝国传到伊斯兰世界,随后又传到西欧的过程中,古希腊科学的传播、消化和修正的历史。"①

那么,是什么原因导致希腊科学在罗马帝国晚期和中世纪的相当长的历史时期在意大利和西欧中断?爱德华·格兰特主要是从基督教的兴起和逐步在西欧占统治地位这一历史进程来说明希腊科学中断的原因。他认为,到4世纪前后,随着基督教的胜利,"至500年,基督教会攫取了绝大多数有才华的人来为它服务,包括传教、组织管理事务、教义探讨及纯粹的思辨活动,荣耀不再来自客观和科学地理解自然现象,而是来自实现教会的目标"②。与此相适应的是,在科学领域只剩下水平不高的拉丁文献。本来在罗马帝国早期,一些懂希腊文的罗马人可以直接借用希腊的百科全书和科学成果,但是,很快,希腊文献逐步被遗忘,罗马人开始编撰自己的科学工具书,而且也出现了一些有影响的科学工具书和百科全书。但是,从总体上看,这些拉丁成果远远低于希腊科学的水平:"这些著作加在一起,实际上包容了早期中世纪的全部科学知识。在希腊和阿拉伯科学传来之前,后继作家所遇到的正是这么一大堆凌乱混杂、自相矛盾

---

① (美)爱德华·格兰特:《中世纪的物理科学思想》,郝刘祥译,复旦大学出版社2000年版,"序言"第1页。
② (美)爱德华·格兰特:《中世纪的物理科学思想》,郝刘祥译,复旦大学出版社2000年版,第4页。

的东西,其上任何新东西都不能成长。"①因此,他断言,那一时期在西欧科学处于最低潮,是因为希腊科学传统中断了,而且他断言:"如果不深入到希腊科学的坚实核心,西方世界就不会超出拉丁百科全书作家的水平。"②正因为如此,爱德华·格兰特高度重视我们前面分析的 12 世纪的文艺复兴中的翻译运动,把它看做西方科学史上的"一个真正的转折点",他认为,"革新西方科学思想并决定其后几个世纪科学命运的翻译活动发生在 12 世纪。1125 年—1200 年之间,一个真正的翻译浪潮将希腊和阿拉伯科学的重要部分译成了拉丁文,13 世纪翻译得更多。自 9 世纪及 10 世纪早期大量希腊科学被译成阿拉伯文以来,科学史上没有任何事件可与之媲美"③。

我想,在这里我们不需要作更多的历史考证和印证,通过上述关于中世纪的文艺复兴和中世纪的科学状况的分析,至少我们可以得出一个观点:希腊理性文化无论在东方的异类的古老文明中,还是在以罗马为代表的同一类理性文明中,都没有形成一种完整的、连续的、线性的理性化历史进程。一些学者所阐释的从古希腊理性主义到现代性的线性决定论的、连续的理性化进程,按照布罗代尔的说法,或许是"出于一切现代文明和人群对选择各自起源和虚构理想祖先的需要"。即使在最具自觉性的哲学中,从古希腊理性主义哲学到德国古典哲学的演变也不是理性按照内在的必然性一环扣一环地展开自己的逻辑结构的连续的、线性的发展过程,实际上其中同样存在着许多断裂、跳跃、曲折、迂回,是不断分流又不断有支流汇入的复杂的过程,是有文化传承更有文化创新和变革的过程。西方哲学的理性化历史,与其说是理性的必然的和决定论的发展进程,不如说是处在不同时代在各自的文化语境和现实诉求中一代又一代

---

① (美)爱德华·格兰特:《中世纪的物理科学思想》,郝刘祥译,复旦大学出版社 2000 年版,第 10 页。
② (美)爱德华·格兰特:《中世纪的物理科学思想》,郝刘祥译,复旦大学出版社 2000 年版,第 14 页。
③ (美)爱德华·格兰特:《中世纪的物理科学思想》,郝刘祥译,复旦大学出版社 2000 年版,第 17 页。

哲学家的智慧和思想的理性堆积和沉淀。在这个历史进程中,作为西方哲学起点的希腊理性精神与其说是一种先定的决定性力量,不如说是后人常常以不同方式,出于不同的需要加以回忆、解释、解读、吸取的精神资源。

这里,我们丝毫没有否认希腊理性文化对后来西方历史发展,直至对西方的现代化进程和现代性的生成的重大影响。但是,一种文化以什么样的途径来影响后来的文明,这是不可忽略的重要的历史因素,其中蕴涵着差异颇大的历史运行机制,并可以据此形成具有本质性差别的历史观。具体说来,假如像希腊理性文化这种至今还在散发着诱人的魅力,对后来历史产生了重大影响的文化模式,能够在不同时代不同地域的各种不同的文明中保持自身的连续性,作为一个完整的理性化进程为自己开辟一条不间断的历史通道,那么,人类历史的演进可能表现为按照某种不可抗拒的历史规律和必然性运行的、服从于自然科学式的决定论逻辑的连续的、线性的理性进程;而如果历史现实不是如此,那么这种理性文化对后来依旧可以产生巨大影响,但是,其内在的机制和影响途径则不再服从于自然规律的线性决定论,而是服从于文化的学习、选择、模仿、交流、对话、碰撞、交汇等文化传播机制和文化交往机制,这其中显然包含着偶然性和人的创造性的巨大空间。这里显然可以在某种意义上从一个侧面论证我们前面所述文化的非决定的、选择的、微观的特征,以及这些基本特征对于社会历史进程和社会历史观不容忽视的影响。

在对理性化进程的非连续性、曲折性和跳跃性作出总体上的描述之后,现在我们转换一个视角来进一步分析现代性的历史生成机制和途径问题。如果说,我们上述分析的结果证明了不存在从古希腊理性文明直至现代理性文明的直接的、连续性的理性化通道,那么,我们把视域再集中一些,在典型的现代社会的范畴中分析中世纪解体后真正意义上的现代性的生成状况。在这里想集中讨论现代性的生成本身的历史进程和基本样态,具体想提出这样的问题:现代性是作为一个大一统的理性化实体和整体在个体生活和社会生活的各个层面上同时地、同步地、同质地生成,还是作为一个既整合又离散、既统一又异质的,具有多元差异特征的理性的堆积过程或沉积过程? 我认为,现代性的具体生成呈现出多元差异和弥散化的特征、多态性的特征和多重历史通道的特征,是一个逐步的、多层次的、多维度的,而不是一次性完成的沉积和堆积过程。

对于这一判断,我想,可以从两个方面加以展开和论证:一是从历史进程来看,现代性的不同维度在西方的生成并不是同步的;二是这些在不同历史时段生成的差异化的现代性维度并不是同一地域同一国度同一个理性化进程的分步展示和布展,而是通过不同地域不同国度的差异化的、多样态的沉积过程,是通过多种历史通道而生成的。

第二节 现代性维度历史生成的非同步性

关于现代性的不同维度在西方历史进程中的非同步生成问题,我们可以首先从一些著名思想家关于现代性生成的时间和标志性事件的判定入手。不少思想家在整体上倾向于把现代性的生成时间定为17、18世纪。例如,吉登斯作为一个社会学家,更多地强调现代性的制度性维度,他把现代性理解为一种制度安排,认为,"'现代性'指大约从17世纪开始在欧洲出现,此后程度不同地在世界范围内产生影响的社会生活或组织模式"[1]。哈贝马斯则把现代性在人类历史发展进程中所代表的"断裂"时间定为18世纪末,他指出,"最初,或者说在18世纪末,曾经有过这样的一个社会知识和时代,其中预设的模式或者标准都已经分崩离析,鉴于此,置身于其中的人只好去发现属于自己的模式或标准。由此看来,'现代性'首先是一种挑战"[2]。从这些论述来看,似乎这些思想家把现代性的生成视做一种在某一个历史时期整体性完成或展现的历史现象,也就是说,吉登斯和哈贝马斯这里所说的现代性的生成,是指在整体上或总

---

[1] Anthony Giddens, *The Consequences of Modernity*, Stanford University Press, 1990, p.1.
[2] (德)哈贝马斯:《现代性的地平线——哈贝马斯访谈录》,李安东、段怀清译,上海人民出版社1997年版,第122页。

体上已经成熟的现代性,或者说是已经发展起来作为整体的现代性,而且,他们还特别把这种意义上的现代性的生成时间定位于西方社会整体上完成从传统社会向现代社会的转变或变革时期。

但是,如果我们再作一些更为细致的分析,就会发现,吉登斯和哈贝马斯虽然在这里探讨的是整体上或总体上已经成熟的现代性,但是,这种表述并不意味着他们把现代性的所有方面和所有维度作为在某一个历史时期一次性完成的一个整体,实际上他们只是在"回溯"现代性的生成历史时的一种总体性的概括和描述。特别需要指出的是,哈贝马斯关于现代性的生成问题的分析,并没有停留于上述总体性判断,相反,他是把现代性的生成放到一个比较长的历史时期展开的。关于这一问题,我们可以从哈贝马斯关于标志着现代性生成的一些重要历史事件的分析来加以把握。如前所述,哈贝马斯在20世纪80年代所写的《现代性的哲学话语》中认为,"现代的发生有四个标志性的历史事件,即文艺复兴(人文主义)、宗教改革、法国大革命以及德国古典哲学(主体性哲学)",而到了20世纪90年代,哈贝马斯在《包容他者》等著作中,进一步强调民族国家的生成对于现代性的重要意义,因此,"他把现代性政治话语的起源从法国大革命向前追溯到了'三十年战争'(1618—1648)和作为战争结束标志的《威斯特伐伦和约》(1648)"①。我想,对于这一问题作一些分析,有助于我们所提出的问题的解决。需要稍加限定的是,哈贝马斯在探讨现代性时,比较集中地从作为"时代意识"的文化精神方面理解现代性,用现代性来表达一种新的时间意识或时代意识。因此,在《现代性的哲学话语》中他通过黑格尔哲学来集中探讨现代的时代意识的生成或自我确证。在他看来,"黑格尔不是第一位现代性哲学家,但他是第一位意识到现代性问题的哲学家。他的理论第一次用概念把现代性、时间意识和合理性之间的格局突显出来"②。哈贝马斯认为,黑格尔在现代性的自我确证问

---

① 曹卫东:《曹卫东讲哈贝马斯》,北京大学出版社2005年版,第71页。
② (德)于尔根·哈贝马斯:《现代性的哲学话语》,曹卫东等译,译林出版社2004年版,第51页。

题上的重要性就在于他系统地表述了现代性的主体性原则,这一原则突出了作为一种新的时间意识或时代意识的现代性。从这种意义上来说,哈贝马斯并没有断言,直到18世纪末才形成了现代性的时代意识,而是说,到了18世纪末,这一意识才在哲学的层面上,特别是在黑格尔哲学中得到系统的理论自觉和自我确证。如果从历史的进程来看,作为一种新的时间意识或时代意识的现代性的生成或展示实际上贯穿于中世纪解体以来的很长的历史时期。我们可以先引述哈贝马斯关于这一问题的几段话语。

在阐述现代性作为一种时间意识或时代意识的内涵时,哈贝马斯指出:

"现代"一词在欧洲被反复使用,尽管内容总是有所差异,但都是用来表达一种新的时间意识。要想与刚刚成为过去的时代拉开距离,就必须诉诸古代或任意一个其他的"古典"时期;所谓"古典"时期,就是值得效仿的时期。我们一般把文艺复兴看作是"现代"的开始,而文艺复兴就是通过上述方式而与古希腊接上联系的。①

在考据黑格尔所使用的"现代"概念时,哈贝马斯指出:

黑格尔起初把现代当作一个历史概念加以使用,即把现代概念作为一个时代概念。在黑格尔看来,"新的时代"(neue Zeit)就是"现代"(moderne Zeit)。黑格尔的这种观念与同期英语"modern times"以及法语"temps modernes"这两个词的意思是一致的,所指的都是大约1800年之前的那三个世纪。1500年前后发生的三件大事,即新大陆的发现、文艺复兴和宗教改革,

---

① (德)尤尔根·哈贝马斯:《后民族结构》,曹卫东译,上海人民出版社2002年版,第178页。

则构成了现代与中世纪之间的时代分水岭。①

在阐述黑格尔在现代性的自我确证方面的作用和地位时,哈贝马斯指出:

> 黑格尔是使现代脱离外在于它的历史的规范影响这个过程并升格为哲学问题的第一人。当然,在批判传统的过程中——这种传统批判地吸收了宗教改革和文艺复兴的经验,也是对现代自然科学发端的一种反应——近代哲学(从后期经院派直到康德)亦已提出了有关现代的自我理解的问题。但是,直到十八世纪末,现代性要求确证自己的问题才十分突出,因之,黑格尔才会把它作为哲学问题,甚至作为其哲学的基本问题加以探讨。②

在阐述黑格尔把主体性视为现代的原则时,哈贝马斯指出:

> 贯彻主体性原则的主要历史事件是宗教改革、启蒙运动和法国大革命。自马丁·路德开始,宗教信仰变成了一种反思;在孤独的主体性中,神的世界成了由我们所设定的东西。③

通过这些引述,不难看出,哈贝马斯在分析黑格尔的现代性思想时所确证的,或者至少所认同的作为现代性生成或"现代"的发生的标志性历史事件实际上比较多,除了文艺复兴、宗教改革、法国大革命、德国古典哲学,以及"三十年战争"(民族国家产生),还有新大陆的发现、近代自然科学发端、启蒙运动等。另外,哈贝马斯作为德国哲学家难免有某种德国语境的"偏好"的问题,从这样的视角思考,我们还可以把英国工业革命也作为现代性生成的标志性历史事件之一。我在这里引证这些论述,着眼

---

① (德)于尔根·哈贝马斯:《现代性的哲学话语》,曹卫东等译,译林出版社2004年版,第5~6页。
② (德)于尔根·哈贝马斯:《现代性的哲学话语》,曹卫东等译,译林出版社2004年版,第19页。
③ (德)于尔根·哈贝马斯:《现代性的哲学话语》,曹卫东等译,译林出版社2004年版,第21页。

点不在于具体分析哈贝马斯的这些论述是否完全合理,其具体内涵应当如何阐述等问题。我们的兴奋点在于,我们可以从中得出两点重要的启示:

第一点启示,如果我们把这些重要的历史事件加以排列,就会发现,它们实际上横跨了从 15 世纪直至 18 世纪末,甚至延伸到 19 世纪初很长的历史阶段,或者说覆盖了从 1500 年地理大发现以来的现代历史的大部分时间。这说明,现代性的不同方面不同维度并非一次性地、同步地、整体地在某一个历史时刻生成。我们在这里可以找一个小例证,引用德国学者里夏德·范迪尔门的《欧洲近代生活》一书中的有关论述提供一点佐证。《欧洲近代生活》是一套系列丛书,从"家与人"、"村庄与城市"和"宗教、巫术、启蒙运动"几个方面描述近代早期,即 16—18 世纪欧洲(主要是德国)的文化与日常生活。其中有不少地方的论述都在某些侧面可以为我们所提出的现代性不同维度不同方面在历史生成过程中的非同步性和断裂性的论点提供某种佐证。例如,从文艺复兴时代起,理性精神、个体精神和主体意识就已经成为现代社会在某种意义上强调和张扬的文化精神,但是,即使在城市居民中真正的个性精神和个体地位的确立也是一个比较晚近的历史现象。里夏德·范迪尔门指出:"事实上,近代早期城市社会的特点恰恰就在于,没有人可以作为一个有个体权利的个人生活,每个人都被归纳在各个群体之中,群体的权利和特许权都非常不同。这些群体和阶层有他们自己的、得到其他众人同意的生活。"[1]他进而概括了近代早期的这种文化特征,即在精英层面上和管理或治理中的理性化并没有在社会生活中具有同样的变化和结构转变,"城市的公共生活并没有随着理性交际的扩大、启蒙运动文化的发展发生根本性的改变,传统的格局和特点一直保持到了 18 世纪末期。近代早期的文雅文化与现代

---

[1] (德)里夏德·范迪尔门:《欧洲近代生活 村庄与城市》,王亚平译,东方出版社 2004 年版,第 85 页。

城市的文化有着本质的区别"①。再如,宗教改革于16世纪就发生了,而且在欧洲产生了深远的影响,但是,与此相关的世俗化进程并非一次性完成的历史现象,而是经历了不少断裂的一个历史过程。里夏德·范迪尔门认为,"世俗化的过程并不是连续的,而是在一个很长的时期内分阶段进行的,而且不是同时涵盖所有社会的和精神的领域,是以不同的程度,且不是同时发生的"②。在里夏德·范迪尔门《近代欧洲生活》那里,以及在其他历史学家、社会学家和文化史学家的相关著作中,我们还可以发现不少关于现代性生成问题的相关论述,这些可以作为我们的观点的佐证,在这里不一一赘述。

第二点启示,我们还可以进一步推论,现代性的不同方面不同维度不仅不是一次性地、同步地、整体地在某一个历史时刻生成,而且也没有表现为同一个具体的理性化进程或历史运动在不同时期逐步展示出来或产生的结果,而是分散化的、差异化的累积过程或积淀过程。对于现代性维度起源所作的这种发生学的历史考证,进一步证明了现代性的不同维度不同方面的多样态性,及其内在差异性和张力。实际上,对新大陆的发现、文艺复兴、近代自然科学发端、宗教改革、英国工业革命、民族国家形成、启蒙运动、法国大革命、德国古典哲学等这些按照哈贝马斯或其他人的观点可以作为现代性生成的标志性的历史事件稍作比较分析,就不难发现,这些历史事件都以某种方式对现代社会的理性化、个体化、世俗化等历史进程发生某种作用,但是,它们并不构成内在一致的、同质的、整体性的历史运动总体。具体说来,这些历史事件或者分属不同的历史时期,或者分属不同的地域或国度,或者分属不同的社会阶层或团体,或者影响社会生活的不同领域或层面,或者影响不同的社会阶层或团体的价值取向和文化精神,因此,它们之间存在许多历史的和结构的张力和差异,甚

---

① (德)里夏德·范迪尔门:《欧洲近代生活 村庄与城市》,王亚平译,东方出版社2004年版,第133页。
② (德)里夏德·范迪尔门:《欧洲近代生活 宗教、巫术、启蒙运动》,王亚平译,东方出版社2005年版,第297页。

至某种意义上的冲突。

第三节 现代性维度历史生成的多样态性和多通道性

关于上述第二点启示的分析，实际上已经涉及我们在前面所提出的关于现代性具体生成机制研究的第二个问题，即现代性维度的历史生成的多样态性和多通道性。既然我们通过对现代性生成的一些标志性历史事件的比较分析，可以清楚地看出，现代性维度并不是同一地域、同一国度、同一个理性化进程的分步展示和布展，而是通过不同地域不同国度的差异化的、多样态的沉积过程和多通道的历史生成过程，那么，我们可以选择其中某一个或某几个历史事件，解释它们同现代性的具体维度之间的关系，来充分说明上述论点。

在这里我们可以重点分析文艺复兴在现代性的生成中的重要性和历史限度，因为，文艺复兴被人们公认为现代历史的重要开端，同时从宏观史学、宏观政治哲学和意识哲学的分析视角看，文艺复兴在中世纪之后，重新肯定了理性的价值、感性的价值、个体的价值和世俗的价值，因此，它全面地影响了现代社会。对于文艺复兴在西方历史上和现代化进程中的巨大历史影响力是不应当有任何质疑的，但是，这种影响力的具体表现和限度（具体的和直接的影响范围）则是需要我们作历史的和具体的考证的。

我想首先从美国学者玛格丽特·L.金的《欧洲文艺复兴》一书关于文艺复兴的分类入手，来具体展开关于文艺复兴对于塑造现代社会的作用和地位的分析。作者在这本书中指出，瑞士历史学家 J. 布克哈特 1860 年在著名的《意大利文艺复兴时期的文化》中把 15 世纪意大利文艺复兴定义为欧洲历史上的一个关键时期，这一观点在历史学界和思想界产生了广泛而深远的影响。然而，她认为，并非所有人都完全赞同布克哈特的这一结论，当代许多研究者对于文艺复兴提出了各种不同的理解。玛格丽特·L.金把这些关于文艺复兴的不同的观点概括为"小型的"、"中型的"和"大型的"文化复兴。她指出,按照这三种类型的文化复兴的划分,对于文艺复兴的历史地位的评价是很不相同的:"第一种观点认为,文艺复兴构成了古典形式和思想的再生;第二种观点认为,文艺复兴包含了一场规模较大的文化复兴运动;第三种观点认为,文艺复兴是位于中世纪和现代世界之间的、跨度长约两至三个世纪的一个历史阶段。"①具体说来,第一种观点所界定的"小型的"文艺复兴,是把文艺复兴严格限定在意大利对于古典艺术和人文思想的复兴;第二种观点所说的"中型的"文艺复兴,含义要更为宽泛,除了包括古典艺术和人文主义思想的再生外,还包括对于拒斥基督教,强调个人尊严和改造社会与国家的意识,由此推动新的、世俗的政治的发展;第三种观点描述的"大型的"文艺复兴,则把文艺复兴的内涵从艺术和思想领域,进一步拓展到政治、经济和社会领域,从而把文艺复兴理解为一个综合社会历史进程。②

显而易见,这三种关于文艺复兴的理解范畴对于现代性维度问题的分析具有极其不同的关联度。按照"小型的"文艺复兴范畴,文艺复兴在严格的意义上主要指意大利对于古典艺术和人文思想的复兴,因此,它主要涉及我们所分析的"基于个体自由和主体性的自我意识",而且,还必须指出,即使对于这一现代性维度,文艺复兴也带有精英性质,更多地是社会的上层人文主义者的精神追求。按照"中型的"文艺复兴范畴,文艺复兴还应当包含关于改造社会与国家的新的政治意识等内涵,因此,除了"基于个体自由和主体性的自我意识"外,文艺复兴还涉及"超越性的和进步性的时代意识"、"理性化的和契约化的公共文化精神"等现代性维度。而按照"大型的"文艺复兴范畴,文艺复兴是一个全面塑造现代社会的综合社会历史进程,因此它几乎涉及我们所论述的现代性的所有的精

---

① (美)玛格丽特·L.金:《欧洲文艺复兴》,李平译,上海人民出版社2008年版,"导论"第2页。
② 参见(美)玛格丽特·L.金:《欧洲文艺复兴》,李平译,上海人民出版社2008年版,"导论"第2~4页。

神性维度和制度性维度,而且其中还可能蕴涵着一个历史推论,即现代性是古希腊理性文化的必然的决定论的历史后果。不难看出,弄清楚这三种文艺复兴范畴中的哪一种更符合历史现实,对于我们能否顺利地开展关于现代性的文化哲学分析和微观政治哲学分析,具有十分重要的意义。我想,在这里,首先概述玛格丽特·L.金的观点,她在区分了上述三种文艺复兴范畴后,显然是反对过分放大文艺复兴的内涵和影响面的。她指出,当代一些历史学家不仅反对过分放大文艺复兴对于现代社会的影响,甚至反对使用"文艺复兴"这一概念,近年来一些历史学家把中世纪和16、17世纪所代表的现代之间的这一历史时段,不是称之为"文艺复兴",而是称之为"前现代"。① 在作了这些铺垫之后,玛格丽特·L.金有两段观点十分鲜明的论述:

> 考虑到这个时代(1300年到1700年)的许多发展即使被设想成艺术和知识的革新过程中的一个插曲,它们也的确是与文艺复兴无关的,因而避免使用"文艺复兴"的术语而偏爱"前现代"这个词语是可以理解的。学校和大学的发展经历,为这些机构服务的书籍交易,以及从15世纪发展起来的印刷技术就是佐证。文艺复兴并不是造成任何这些现象的原因。类似地,大众文化的发展、妇女角色的转换、礼仪习俗的改变等,所有对这些领域的研究者来说重要的课题,也都与文艺复兴无关。
>
> 新教和宗教改革也是不同于文艺复兴的运动,近代民族国家——完全的君主政体——的发展、16和17世纪的科学革命也是如此。所以同样地,对新世界的探索和征服,欧洲打入亚洲和非洲的市场,早期的工业化发展,以及欧洲从地中海地区到西北部地区的伟大的城市化转换,都是与文艺复兴同时发生的事情,而且是自律的。如果所有其他这些构成了"前现代"经历的

---

① 参见(美)玛格丽特·L.金:《欧洲文艺复兴》,李平译,上海人民出版社2008年版,"导论"第4页。

变革仍在进行着,那么按我们对过往历史的了解,文艺复兴似乎就不应当把自己的范围拓得太宽。①

我以为,玛格丽特·L.金的这些分析和断言,对于我们关于现代性的微观解析,具有十分重要的借鉴意义。对于15世纪意大利文艺复兴的范围和影响的限度的清醒认识,至少可以防止人们把现代性的所有维度和所有方面简单地视做同一历史运动的线性决定的直接产物,同时,在深层次上,它也说明,并非现代性的所有维度和所有方面都是从希腊理性文化精神中衍生出来的。其实,在作这些论断时,丝毫不否认文艺复兴及其希腊文化对于现代社会的全方位的影响,但是,在微观的历史运行机制上看,这种影响并非是一种连续的、线性的决定过程,而是表现为通过其他历史事件和历史通道而形成的社会价值、文化精神、社会机理、制度安排以某种"回溯的"、"回忆的"、"再生的"方式对希腊理性文化的交流、对话、学习、模仿、选择、重塑等等,而且其中的影响并非是希腊理性文化及其文艺复兴精神对其他历史运动和社会发展的单向度的影响,而是复杂的相互学习、相互制约、相互选择的双向或多向进程。实际上,玛格丽特·L.金对此也有清醒的认识,她在作了关于文艺复兴的限度的分析之后,紧接着就进入了对于文艺复兴与其他历史运动和社会进程的相互作用机制的分析,并明确断言,这是"文艺复兴穿越'前现代'历史"。她指出:"然而,即使在开始的时候是自律的,这些现象也不可能完全独立于文艺复兴之外。印刷术是在德国大陆从手工艺传统中发展起来的,但是很快就在意大利的文艺复兴运动中被用来出版拉丁文、希腊文的著作,以及当时人文主义者的作品和文学作品。文艺复兴并没有导致妇女角色的变化,但是妇女的地位和能力成了文艺复兴文学的重要主题。在这个时期,大众文化之所以不同于精英文化,主要是因为精英社会采用了文艺复兴时期新的教育方法和培养合适行为而设立的新标准。尽管文艺复兴并没

---

① (美)玛格丽特·L.金:《欧洲文艺复兴》,李平译,上海人民出版社2008年版,"导论"第4页。

有引发宗教改革或者反对这种改革,但是主要的新教徒和天主教的护教者……都是一些经过专门训练的人文主义者。同时,学校和大学的课程也是改革家们根据人文主义原则加以设计的。最后,影响巨大的人文主义的文艺复兴的理性氛围不仅给改革以动力,而且帮助了改革的传播。"[1]在这里,我想对玛格丽特·L.金关于文艺复兴的观点再作两点延伸性分析:一是回到我们前面已经提及的话题,即12世纪的文艺复兴,试着说明,这一非希腊文明性质的文艺复兴与现代性的具体维度之间的特殊的历史通道;二是比较一下15世纪的文艺复兴和16世纪的宗教改革对于现代性的精神性维度的不同的影响。

关于12世纪文艺复兴,查尔斯·霍默·哈斯金斯作了比较全面的分析,在他看来,这一西方早期最重要的文艺复兴,包括拉丁古典著作的复兴、罗马法的复兴、科学的复兴、哲学的复兴等许多方面,而且这一并未直接以希腊文化为前提的文艺复兴在欧洲具有很大的普遍性,是多个国家共同推动的,包含多重内涵的文艺复兴运动。他将中世纪这次文艺复兴同9世纪的加洛林文艺复兴、15世纪的意大利文艺复兴作了对比:"与加洛林文艺复兴不同,12世纪文艺复兴不是一个宫廷或一个王室的产物;而且与意大利文艺复兴也不一样,它并非始发于哪一个国家。如果说意大利在其中起了作用,比如罗马法和教会法规以及希腊著作的翻译方面(但法学领域除外),那么它也不是决定性的因素。法国凭借它的僧侣和哲学家,它的以新生的巴黎大学为其发展顶峰的大教堂学校,它的哥利亚蒂诗歌流派和方言诗人以及它在新的哥特式建筑艺术上的中心地位,在这场复兴中发挥了更重要的作用。英国和德国也值得关注,虽然它们只是传播来自法国和意大利的文化而不是进行原创……西班牙的作用是充当基督教世界与伊斯兰世界之间学术联系的主要纽带。"[2]

---

[1] (美)玛格丽特·L.金:《欧洲文艺复兴》,李平译,上海人民出版社2008年版,"导论"第4~5页。

[2] (美)查尔斯·霍默·哈斯金斯:《十二世纪文艺复兴》,张澜、刘疆译,上海三联书店2008年版,第5~6页。

我想,就我们的研究主题而言,重要的不是具体分析上述各国对中世纪文艺复兴的具体贡献,而是研究当时欧洲几个主要国家的社会发展状况,从而找到支撑着 12 世纪文艺复兴的特殊历史要素,并由此发现这一文艺复兴同后来的现代社会之间可能的内在关联,并且基于此,找到现代性的某个或某些具体维度的历史生成通道。查尔斯·霍默·哈斯金斯在分析 12 世纪文艺复兴时,明确指出,导致这场运动的前期情况和社会历史原因,是十分复杂的问题。如前所述,他否认了希腊文明的直接影响,尽管在复兴的后期希腊古典文明通过阿拉伯文献和希腊文献的翻译已经开始进入意大利和其他地区,但是,希腊理性文化显而易见不能构成这场文艺复兴的原因,这场复兴本质上是拉丁古典文化的复兴。那么,是否还可以从其他方面寻找历史原因或历史背景?查尔斯·霍默·哈斯金斯注意到了当时在西欧,意大利地区"贸易和商业的迅速发展",特别是"城市生活的加速",但是,他比较谨慎,不同意以此作为 12 世纪文艺复兴的根本的社会历史解释要素。① 不过,我倒是以为,从我们分析现代性的生成的角度,这是不容忽视的历史要素。我想在这里简要地分析一下在 12 世纪前后欧洲的两大经济区,即意大利和尼德兰的经济贸易和城市文明的发展,来把握 12 世纪文艺复兴所包含的特殊的历史内涵。

我们先来看意大利 12 世纪前后的社会发展状况。玛格丽特·L. 金在《欧洲文艺复兴》一书中对这一时期意大利的经济和城市发展格外关注。她认为,"作为古代地中海帝国的后继者,罗马是一个伟大商业网络的中心——尽管罗马人自己无论在生产还是贸易方面都没有什么创造"②。在公元前 500 年至约公元 1300 年,即从罗马共和国到"第二共和国"期间,玛格丽特·L. 金特别关注"从 11 世纪一直持续到 13 世纪的意大利城市复兴",她认为,由于商业和海洋工业的发展,意大利在这一时期开始了大规模的贸易活动和城市复兴,并出现了市民阶层和公社革命,这

---

① 参见(美)查尔斯·霍默·哈斯金斯:《十二世纪文艺复兴》,张澜、刘疆译,上海三联书店 2008 年版,第 6 页。

② (美)玛格丽特·L. 金:《欧洲文艺复兴》,李平译,上海人民出版社 2008 年版,第 16 页。

是十分重要的历史现象：

　　11世纪和12世纪北部意大利的经济复苏，导致了一个新的社会阶层——市民精英——的产生，这个阶层由富裕的商人和城市化了的贵族组成，他们被双方各自的利益和婚姻联盟捆绑在一起。这个新的社会团体发起了一场"公社革命"，这场革命改写了意大利的政治版图，并且与后来欧洲的发展有着很大的关系。①

从1080年到1138年，意大利先后形成了比萨、卢卡、米兰、帕尔马、罗马、帕维亚、皮亚琴察、阿雷佐、热那亚、皮斯托亚、维罗纳、博洛尼亚、锡耶纳、佛罗伦萨等14个有影响的公社。② 公社的目的在很大程度上是为了摆脱主教和皇帝的统治，保护市民的安全和发展商业，公社政府和管理机构的形成和运行体现了自治、民主、法治等重要特征：

　　公社政府是按照我们今天称之为共和主义的模式来运作的。政府中有一个或几个选举出来的执政官（"consul"，这个称呼出自共和国时期的罗马宪章）。公社有一个全民会议，人们偶尔会被召集起来以批准由选举出来的富豪们制定的议会的决定（选举活动的程序通常是：从一个由特别委员会细察过的袋子中抽取名单）。那时还有数以百计的常设和"特别"议会及委员会，比如"四十人审判团"、"好战八人"、"十二好人"、"盐税委员会委员"、"八绅士"（负责天黑以后的街道治安）。他们有书记官负责记录议会和委员会的审议结果、起草条约或给竞争城市的官方信件。他们还有一大群小官员、公证人和雇员。③

---

① （美）玛格丽特·L.金：《欧洲文艺复兴》，李平译，上海人民出版社2008年版，第21页。
② 参见（美）玛格丽特·L.金：《欧洲文艺复兴》，李平译，上海人民出版社2008年版，第21、22页。
③ （美）玛格丽特·L.金：《欧洲文艺复兴》，李平译，上海人民出版社2008年版，第22～23页。

虽然这些公社的命运比较曲折和坎坷,经历着共和与暴政之间的多次冲突,此后并没有固化为稳定的和常设的社会管理和政府管理机制,但是,这种以比较发达的城市和市民阶层为基础的公社制度显然带有浓重的现代性的特征,并在此后的历史进程中以各种新的形式不断出现,从而形成一种历史传统。例如,紧接着公社革命,13世纪在意大利就出现了"波波洛"(POPOLO)商业行会。新的商业行会的突出特点是带有平民特征,或带有新兴市民的特征,具体说,经历11、12世纪的经济繁荣的商人和手工艺人自称为"波波洛",即"人民",他们开始提出自己的政治主张,要求在政治系统中拥有一席之地。玛格丽特·L.金认为,"这些由一定行业的从业人员组建起来的职业行会,是近代欧洲的第一批行会"①。这种新的商业行会,体现了人民自治的原则,并建立起"共和政体"的城市政府,在佛罗伦萨曾一度建立起"第二人民共和"政府。②

在对12世纪前后意大利的公社革命和商业行会的历史意义作出评价之前,我们再看一下同时期尼德兰的发展状况。谈到现代性生成和资本主义发展的一些重大历史事件,人们可能比较多地关注文艺复兴、启蒙运动和法国大革命等,而对尼德兰革命关注不够。近年来,越来越多的学者开始关注尼德兰革命的世界历史意义,把尼德兰革命视做资本主义时代的旭日,界定为人类历史上第一次获得胜利的资产阶级革命,或者强调尼德兰革命代表着世界历史发展的重大转折点,构成世界近代史的开端,等等。实际上,马克思早就对尼德兰革命给予了特别的关注,他把尼德兰革命、英国革命和法国大革命并列为近代三次最重要的资产阶级革命。他指出,"1789年革命仅仅以1648年革命作为自己的榜样(至少就欧洲来说是如此),而1648年革命则仅仅以尼德兰人反对西班牙的起义作为自己的榜样"③。

---

① (美)玛格丽特·L.金:《欧洲文艺复兴》,李平译,上海人民出版社2008年版,第26页。
② 参见(美)玛格丽特·L.金:《欧洲文艺复兴》,李平译,上海人民出版社2008年版,第27~28页。
③ 《马克思恩格斯选集》第1卷,人民出版社1995年版,第317页。

为什么尼德兰这样一个狭小的地域能够具有如此大的历史能量？为什么尼德兰反抗西班牙的起义就能转化为具有世界历史意义的现代革命？尼德兰的地域确实很小，即使恢复历史上作为"低地国家"的尼德兰的历史原貌，即包括今天的荷兰、比利时、卢森堡和法国东北部的一部分，算起来也不是一个很大的国家。然而，如果我们回到历史中了解一下从中世纪后期开始，尼德兰的发展和地位，我们就会理解它的独特性。这块原本是没有人烟的海洋、湿地和湖泊的低地，从11世纪起获得了特殊的发展，很快成为与意大利并驾齐驱的欧洲两大经济区域之一。"从中世纪开始，尼德兰和意大利南北两大经济区域逐渐形成，整个欧洲都处在南北两大中心的包围之内。其特征是以城市为中心，这些工商业城市在周围的乡村中崛起，依靠道路、市场、工场和积累的财富缓慢地开始了欧洲的前工业化浪潮。在这场城市崛起的过程中，布鲁日、伦敦、里斯本、热那亚、威尼斯和东方的大马士革等地形成了广泛的交换关系。欧洲的经济世界就在这些城市网中不断扩张。"[1]其中，首先是南部尼德兰城市布鲁日的诞生，形成了欧洲的毛纺织业中心，使尼德兰这个欧洲的天涯海角一跃成为欧洲经济中心。

从11世纪中叶开始，陆续有人在布鲁日定居。1200年，布鲁日和伊普尔、图鲁和墨西拿组成弗兰德交易会。在这里诞生了羊毛纺织业，与此相关的工业生产非常活跃。它与英格兰和苏格兰建立了联系，从英国取得羊毛供本地使用，转手就向弗兰德其他毛织业城市出口。这在一定程度上也刺激了北方的兴盛发展，在多德雷赫特这个集散地，也从英国进口羊毛发展纺织业。而莱顿从法国的加来进口羊毛，成为整个尼德兰的纺织业中心。后来安特卫普的繁荣所形成的世界贸易中心和金融中心、阿姆斯特丹依托波罗的海所形成的世界重货物集散地，以及其他许多城市的工场手工业和商贸业，奠定了尼德兰在资本主义早期经济发展中的独

---

[1] 中央电视台《大国崛起》节目组编著：《荷兰》，中国民主法制出版社2006年版，第10~11页。

特地位。不过,我想,关于尼德兰的历史发展,我们在这里还不仅要关注它作为当时的欧洲和世界经贸中心的特有的历史辉煌,我们还要特别注意其中对于现代性的生成和发展的十分重要的因素。我们可以先列举历史学家们关于尼德兰的两段描述:

> 13、14 世纪,尼德兰兴起了大量的市镇:根特、布鲁日、伊普尔、乌特勒支、莱顿、哈勒姆等等。在这些市镇中,兴起了有一定独立主权的市政府和一个受过良好教育的市民阶级。①
>
> 14 世纪以后,这一区域出现了很多城市。很多人居住在城市里,当时世界上再没有别的地方比这里的城市生活的人更多了。②

从这两段论述中我们得到了我们在分析 12、13 世纪意大利时得到的两个同样的关键词或核心术语:城市和市民。具体说,按照单位面积计算,尼德兰是当时世界上城市最密集的地区,而且拥有比世界上任何地方都多的城市人口。特别值得注意的是:这些密集的城市和城市人口拥有"有一定独立主权的市政府"和"一个受过良好教育的市民阶级"。我认为,城市及具有独立主权的市政府和受过良好教育的市民阶级是决定尼德兰革命的世界历史意义和决定尼德兰对现代性生成的特殊贡献的两个主要因素,其独特意义在于,这种意义上的市民可以成为真正承载现代性的现代主体,换言之,在这种社会条件下,理性化和契约化的观念是作为现代市民的公共文化精神在社会的基础层面上扎根,并逐步演化为民众的普遍的精神要素,而不像文艺复兴中的理性精神,仅仅由作为少数知识分子精英,如人文主义者或启蒙运动思想家的精英意识外在地"灌输"或"强加"给普通民众。

我们可以简单比较一下史学家所强调的中世纪后期和现代性开端时期欧洲两大经济中心或经济区域,即意大利和尼德兰的情形。毫无疑问,

---

① (英)H.G. 韦尔斯:《世界史纲:生物和人类的简明史》(下卷),曼叶平、李敏译,北京燕山出版社 2004 年版,第 597 页。
② 中央电视台《大国崛起》节目组编著:《荷兰》,中国民主法制出版社 2006 年版,第 5 页。

这两个国度是对现代性的生成和资本主义的发展最早作出突出贡献的两个区域，它们都以工场手工业的发达、重要的贸易中心、活跃的人文精神等为特征。大批城市、大量市民、大量城市人口、大量世界性商人、四通八达的旱路水路商贸交通网络、具有自治特征的市政管理机构等历史因素，必然对社会组织和管理方式提出新的要求，使传统的地域性的、习惯性的天然共同体不再行之有效，而代之以奠基于权利让渡和共同契约之上的自由市民的有机社会体。具体说来，12、13世纪这些地区城市的发展和市民阶层的兴起对于后来现代性的生成具有直接的和深刻的影响。一方面，在社会结构和组织方式的这种深层变化中，作为现代性的重要的精神性维度之一的理性化和契约化的公共文化精神得以生成和展开，而且这种文化精神从一开始就是在城市市民和城市中下层阶级中产生的[①]，后来在启蒙运动中升华为重要的理性文化精神。另一方面，特别需要强调的是，贸易体系、公社革命、商业行会、具有自治性质的市政管理等，为后来的现代性的重要的制度性维度，例如，经济运行的理性化、行政管理的理性化、公共领域的理性化和自律化、公共权力的民主化和契约化等，奠定了重要的历史文化基础。特别是这些地区特有的法治传统，对于现代社会的制度安排和制度理性，产生了深远的影响。例如，意大利具有绵延不断的罗马法传统，尼德兰地区也不乏这种法律传统，在地理大发现和航海时代开始后，正是荷兰的格劳秀斯成为国际法学的创始人和社会契约理论的重要倡导者。不难发现，罗马法在12世纪文艺复兴和其他的复兴运动中一再成为核心要素，正如查尔斯·霍默·哈斯金斯断言的那样，"与其说罗马人是一个哲学家和文学家的民族，毋宁说他们是一个统治者

---

① 当然，这种关于意大利和尼德兰现代性生成特点的分析或许具有局限性，还需要更多的历史史料的考据来加以证明，但是，的确已经有很多学者倾向于把尼德兰作为早期理性化和契约化的公共精神的主要生成地。无论如何，在社会基层，即社会的中下层阶级中挖掘现代性，特别是公共理性文化精神的根基的这种探索，还是十分有意义的，它有助于防止我们在抽象的理论研究中把现代性当做外在于社会进程的抽象的普遍精神。而克服现代性研究的"精英化"问题，是我们关于现代性的维度研究的一个特别的着力点。

和法学家的民族"①,因此,我们应当像重视希腊理性主义一样,高度重视罗马法传统在精神层面和制度层面上对于现代性的生成所具有的特别的意义:

> 罗马的法律对世界的最终征服是一种精神征服,其发生于罗马帝国灭亡及其军队土崩瓦解之后。没有任何事物能够像它的法律那样充分体现罗马人的睿智特征,也没有任何事务能够像它的法律那样拥有持久而广泛的影响,因此,可以说,罗马法的复兴是任何罗马文化复兴中不可或缺的组成部分。这种复兴既属于知识发展史的范畴,也属于制度史的范畴。在这一点上,二者很难加以区分。罗马帝国灭亡后,罗马法不仅为罗马人沿用,而且逐步复兴并扩展到北欧地区,之后又伴随现代殖民运动跨越大洋传播到魁北克、路易斯安娜、西属美洲以及好望角等等这些古罗马人从未梦想到达过的地区。②

上述分析对于我们研究现代性的历史生成问题的重要意义在于,我们为现代性的一些精神性维度和制度性维度的生成找到了特殊的历史通道,这一通道或这些通道既不是由遥远的希腊理性文化直接决定的,也不是15世纪前后轰轰烈烈的以希腊文化为底色的文艺复兴的直接产物。这里并不否认西方各种地域文化之间,以及作为现代性生成的标志性历史事件之间的相互影响、相互制约和相互促进,但是,现代性的不同维度和不同的层面的确在历史上经历着不同的生成通道,因此,也必然呈现出许多差异性和表现为不同的样态。

在这里,我们不必具体地解析新大陆的发现、文艺复兴、近代自然科学发端、宗教改革、英国工业革命、民族国家形成、启蒙运动、法国大革命、德国古典哲学等历史事件对于现代性的不同维度和不同层面的生成的直

---

① (美)查尔斯·霍默·哈斯金斯:《十二世纪文艺复兴》,张澜、刘疆译,上海三联书店2008年版,第136页。
② (美)查尔斯·霍默·哈斯金斯:《十二世纪文艺复兴》,张澜、刘疆译,上海三联书店2008年版,第136~137页。

接的或间接的作用,对我们而言,重要的是弄清楚现代性生成的具体的历史机理,而不是对所有维度进行详尽的历史考据。在这里,作为上述观点的补充,我们还可以再从特定的方面对文艺复兴和宗教改革加以比较,由此来说明,现代性生成的多通道性和多样态性不仅体现在不同的维度之间,甚至在同一个维度的生成上,如在基于个体自由和主体性的自我意识这一精神性维度的生成上,我们也可以在不同的社会阶层那里发现重要的差异。

个体自由和主体性毫无疑问是现代性的核心精神之一,也是理性化和世俗化努力追求的价值目标。那么,现代性的这一重要的精神性维度是如何生成的?是通过何种具体的历史通道而生成的?对于忽略历史具体性的意识哲学或宏观社会历史理论而言,这一问题似乎并不重要,人们可以在抽象的、宏大的历史尺度上描绘出一种理性化的逻辑必然性,具体说来,在讨论现代人的自由和主体意识问题时,很多研究者倾向于强调文艺复兴的重要历史地位。应当说,作出这种宏观的理论推论,并不奇怪,也并非毫无道理。的确,我们必须承认,15世纪意大利文艺复兴所形成的人文主义精神,对现代性的生成,特别是对个体自由和主体性所代表的现代性的重要的精神性维度的生成,作出了特殊的贡献。文艺复兴通过文学的、艺术的、哲学的等各种手段,通过呼号和呐喊,极力张扬人的生存价值、人的个性自由、人的主体性。这种人文主义精神对于现代化进程中人的个性化发展具有重要的推动意义。

然而,越来越多的研究者和思想家在强调文艺复兴的重大历史影响时,也开始发现文艺复兴运动的限度。正如一些思想家强调的那样,文艺复兴本质上属于一种知识分子的精英运动,是一些思想解放、勇于创新的人文主义者通过对古希腊理性主义和人文主义传统的恢复和弘扬,推动形成的一种冲破传统观念和精神世界,具有现代意义的思想解放运动。因而,文艺复兴对于普通民众精神世界和行为方式的影响和触动远不如宗教改革那么深刻,宗教改革对于世俗生活的认可和对个性的承认则对平民的启蒙发生了更为深刻更为广泛的影响。例如,弗洛姆就注意到了

这一点,他指出:

> 文艺复兴和宗教改革这两种文化的主要区别在于:文艺复兴时期代表的是一种工商业资本主义发展相对较高阶段的文化;它是一种由少数富有权贵统治的社会。他们是哲人和艺术家的社会基础,后者表达的是这种文化精神。另一方面,宗教改革基本上是一场城市中下层阶级和农民的宗教运动。德国也有自己的富商,像福格尔家族,但他们并非新教义所吸引的对象,更非现代资本主义赖以发展的主要基础。正如马克斯·韦伯所言,西方世界现代资本主义发展的中坚是城市中产阶级。由于这两个运动的社会背景几乎完全不同,文艺复兴的精神与宗教改革的精神不同,当在意料之中。在探讨路德和加尔文的神学时,其间的一些差别亦是显而易见的。我们将集中注意力探讨个人摆脱束缚是如何影响了城市中产阶级的性格结构问题;我们欲表明,新教和加尔文主义在表达一种新自由感的同时,也开始逃避自由之累。①

我们知道,弗洛姆在《逃避自由》中讨论宗教改革问题,重点不是全面论述宗教改革对现代社会的影响,而是揭示在宗教改革所确立的现代人的自由感和独立感之中,内在地包含着那种无能为力感和焦虑感,特别是逃避自由的心理机制。但是,他对宗教改革和文艺复兴所作的比较还是很有价值的,他特别分析了宗教改革时代的自由的内涵和特点。弗洛姆强调,中世纪教会也强调人的尊严和意志自由,但主要是从人的得救的角度来突出人的努力的作用。路德的宗教改革的作用是"赋予人在宗教事务中的独立性;他剥夺了教会的权威,将它转给个人"②。他同时还强调了加尔文宗教改革对于现代人的职业精神的培育作用,新的教义精神

---

① (德)埃里希·弗洛姆:《逃避自由》,刘林海译,国际文化出版公司2007年第2版,第37~38页。
② (德)埃里希·弗洛姆:《逃避自由》,刘林海译,国际文化出版公司2007年第2版,第53页。

强调道德努力的重要性和圣洁的生活,把职业方面的努力、公正地经商及其生意上的成功作为上帝恩典的标志。我们在这里不去具体分析宗教改革所带来的具体的精神内涵,以及具体判定弗洛姆的断言是否合理,但是,可以肯定的一点是,就基督教在欧洲的深远的文化历史影响来看,的确如弗洛姆所言,宗教改革所形成的新教伦理和世俗化的职业精神对于现代人的精神气质的影响要比文艺复兴的人文主义的影响更为深刻,更为广泛。对此,很多学者持同样的见解:

> 宗教改革是正在形成的现代社会文化所不可或缺的,被视为最强大的力量。宗教改革既受到中世纪晚期虔诚和恪守教规的影响,是其产物,同时也引起了宗教文化的彻底转变。不能把这种转变解释为是统一教会的解体、普世天主教文化的终结,这种观点是不充分的。宗教改革,尽管它只是想革新老的教会,但却产生了新的宗教信仰和精神,以及民众对信仰的理解和宗教的个人主义……宗教改革开始之后触及每一个地区和领地,同样也触及每一个等级,每一个农民、市民和贵族,没有人能躲避这个挑战,至少有时不得不有意识地对其进行解释。[①]

总之,我们关于理性化进程的非连续性、曲折性和跳跃性,以及对现代性维度历史生成的非同步性、多样态性和多通道性的分析,虽然还具有初步的特征,但是,它的确有助于我们在历时的维度上,以微观视角和宏观视角相结合的方式,打破那种把现代性视做一个同质的、一次性完成的、大一统的理性化整体的看法,从一个重要的侧面展示出现代性众多维度内在的差异性和复杂的历史关联。

[①] (德)里夏德·范迪尔门:《欧洲近代生活 宗教、巫术、启蒙运动》,王亚平译,东方出版社2005年版,第8页。

第六章 现代性维度的
内在张力结构

上述关于现代性的"知识考古",实际上已经从一个侧度,即历时的维度揭示了现代性的不同维度和不同方面之间的复杂的张力结构,但是,这些分析主要是从现代性维度的具体的历史生成路径及其相互关系来涉及这一张力机制。而在这里,我们想转换一下视角,从共时的侧度来分析现代性的不同维度和不同方面之间的复杂的张力结构。即是说,我们要具体解析作为理性的历史"沉积层"的现代性的内在结构。如前所述,按照福柯的知识考古学,历史的深层结构是一个具有"非连续性"、"断裂"、"分割"等特征的"沉积层"(sedimentary strata),从表面上看起来似乎是一个统一的、同质的、无所不包的整体和总体的现代性,实际上是多重叠加的、交错的、断裂的、非连续的理性沉积层。我们不能停留于现代性的表面或表层的整体性或总体性特征,而是要深入其内在的不同维度,即各种理性沉积层,去发现现代性的内在的差异性的、异质的结构或机制,来尽可能具体描述现代性维度这些错综复杂的理性"沉积层"所形成的复杂无比的"星丛"。

我们使用"星丛"的概念是要突出现代性内在的多重叠加的、错综的理性沉积层,即各种维度之间的相互关联、相互吸引,又相互制约、相互冲突的复杂关联。借用物理学的"张力结构"或"张力机制"是要说明现代性的这些不同的沉积层、不同的维度之间既相辅相成,又相反相成的复杂关联和结构。这些维度之间呈现出复杂的关联形式,例如,相互之间的引力,以及相互补充和相互确证;相互之间的压力,以及相互制约和相互压制;相互之间的斥力,以及相互逃脱又相互拉扯;等等。这种复杂的张力结构或张力机制使现代性的不同维度呈现为复杂关联的"星丛",它既是现代性的内在的驱动力和超越性机制,又是现代性的各种危机特征的内在根源和重要的生成机制。因此,有必要对现代性维度的张力机制或张力结构作专门的探讨。

使用"星丛"这一概念本身已经表明,现代性的维度、理性的沉积层本身有极其复杂多样的关联,因此,我们无论如何做,都无法穷尽"星丛"内在的复杂的关联,而且,如果方法不当,重点不突出,会把这种解析和论述变成"一地鸡毛"。我想,我们可以采取类型化的分析方法,在几个主要层面上选取现代性维度之间的几种主要的关联类型,来相对全面地描述现代性维度的张力结构。可以考虑选取三个层面:第一,在较大的尺度上,一方面选取最典型的现代性维度,即典型的理性化精神维度和理性化制度维度,另一方面选取与这些典型的现代性维度紧密交织的制约性维度或交叉性维度,来分析它们之间的张力结构,具体说,就是分析典型的理性化维度同宗教和价值的维度之间的张力机制,因此,可以称之为"神圣与世俗、宗教与理性的张力结构";第二,在下一个层面上,揭示现代性的两个较大的代表性维度,即精神性维度和制度性维度之间的张力结构;第三,在更加微观的层面上,具体分析现代性的制度性维度或精神性维度各自内在的更为具体的维度之间的复杂的张力结构。

第一节 神圣与世俗、宗教与理性的张力

这里要探讨的是研究西方现代性,以及研究西方社会历史的许多重

要问题均无法回避的一个重要方面。宗教在人类社会历史中的特殊地位使之成为历史研究绕不开的话题。有的学者断言:"但凡为人所知的社会,宗教必曾于其中扮演过一定的角色,且往往起着决定性和独创性的作用。"[①]而在所有宗教中,基督教的社会影响,特别是对欧洲的影响,是非常突出的。在相当长的历史中,"欧罗巴这个并未真正成为地理概念的词语,事实上是一个世界观"[②],这个统一的文化共同体在很大程度上是由基督教塑造的。而且,基督教不但在前现代社会中构成欧洲重要的文化内蕴,而且,在经历了文艺复兴、现代科学兴起、启蒙运动、法国大革命等一系列重大的历史事件和现代化进程之后,还依旧在西方社会中散发着重要的影响。因此,如果不引入关于宗教维度的分析,对西方现代性所作的封闭分析肯定会存在着重大缺陷。

换一个角度说,我们在这里引出宗教问题,并非简单为了弄清楚基督教在西方现代社会中的命运,而是为了在宏观与微观相结合的视角上尽可能深入地把握现代性复杂的内在维度。按照我们前面的分析思路,文艺复兴、新大陆的发现、近代自然科学发端、宗教改革、英国工业革命、民族国家形成、启蒙运动、法国大革命、德国古典哲学等这些重大的历史事件以及所代表的历史进程,在不同历史时期和不同地域,彼此分离地或相互交织地、多渠道地形成了现代性的理性沉积,表现为个体自由和主体性、进步性的时代意识、理性化和契约化的公共文化精神、科学化的世界图景、经济运行的理性化、行政管理的理性化、公共领域的理性化和自律化、公共权力的民主化和契约化等重要的现代性维度。这是一种关于现代性生成的一种基本的历史描述。如果我们从另一个方面,还可以概括出现代性生成中的一些重要的趋势。例如,现代化进程或现代性的生成,从总体上主要表现为理性化的进程;从个体的生存状态来看,主要表现为

---

① (英)约翰·布克主编:《剑桥插图宗教史》,王立新、石梅芳、刘佳译,山东画报出版社2005年版,第14页。

② (荷)彼得·李伯庚:《欧洲文化史》(上卷),赵复三译,上海社会科学院出版社2004年版,第103页。

个体化进程;从社会的组织方式和制度安排来看,主要表现为民主化进程等。除了这些人们比较熟悉的历史进程外,就西方的现代化转型而言,这里还要特别提及两个演化趋势:一是西方传统社会由于贵族阶层的存在而形成的等级制的治理结构在现代社会转折进程中所经历的社会平等化过程;二是西方传统社会由于基督教无所不在的影响而形成的精神控制和社会控制在现代社会转折过程中所经历的世俗化过程。

应当说,平等化和世俗化这两个历史进程对于现代性生成具有特别重要的意义,这是因为,在欧洲中世纪,以及近代早期①,欧洲的基本的社会构成是由僧侣、贵族和平民三个主要阶层构成的。僧侣和贵族这两个占人口比重不大的阶层,却成为社会的主要控制力量。僧侣阶层通过教会控制着欧洲的文化和政治,而贵族阶层通过所占有的土地、财产和特权影响和控制着社会的经济和政治,二者共同形成了对平民的统治和对社会的总体控制,形成了等级制的社会构成。现代社会转型或现代化进程体现在社会构成和社会控制方面,在很大程度上是要消除这两个阶层的特权和统治,推进社会的平等化和政治经济运行的世俗化。在这里需要进一步分析的是,社会的平等化和政治经济运行的世俗化这两个进程存在着重要的差别,具体说来,社会平等化进程随着贵族特权地位的消除,即随着等级制的解体最终成为一个完成的历史事实,而世俗化进程在消除了僧侣阶层的特权和教会对社会经济政治的直接控制之后,基督教作为一种文化的维度并没有随之消解,而是一直作为现代社会的有机组成部分而延续。

这样一来,我们在西方现代化进程的语境中探讨"神圣与世俗、宗教与理性的张力结构",就具有特别重要的理论价值。这种分析在一定意义上可以说是关于现代性维度与其他制约因素或现代性之外的其他文化资源之间关系的分析,因为现代性的理性化和世俗化规定性必然使它的生

---

① 我们在本书中多次使用历史学家的"近代早期"或"现代早期"这一概念,主要是指15—18世纪这一段历史时期,大约从15世纪后期中世纪解体和文艺复兴运动开始,到18世纪启蒙运动或启蒙运动之前这一段历史时期,是欧洲现代化的早期或前期。

成表现为对传统基督教的神圣性和禁欲主义的突破。但是,这种分析也可以说是关于现代性自身的一种重要维度的揭示,因为基督教的宗教改革和世俗化本身就构成了西方现代化进程的内在组成部分,并且这种改革和世俗化的结果不是基督教的完全"退场",不是简单的"理性战胜宗教"或者"科学战胜神学",而是基督教所代表的文化价值资源构成现代性内在的重要维度之一,成为现代性内在的价值约束性维度,结果是出现"文化的上帝"和"理性的科学"二者并存,甚至相互制约相互支撑的特殊文化景观。换言之,一些思想家和理论家之所以断言现代性的潜能远远没有发挥出来,其根本的原因就在于,他们认为现代性并非只是工具理性或者技术理性的化身,而且包含着重要的价值理性。在西方的语境中,道德的、伦理的、文化的要素和资源,一直具有深刻的宗教底蕴,基督教宗教改革和世俗化的一种重要的历史后果,就是它通过自身的现代化和世俗化转型建构起西方现代性的内在的价值约束维度。我们在前文曾把现代性的基本维度或主要维度划分为三:精神性维度、制度性维度、伦理维度或价值约束维度。我们已经分别探讨了现代性的精神性维度和制度性维度,这里关于"神圣与世俗、宗教与理性的张力结构"的讨论,在一定意义上可以理解为是关于伦理维度或价值约束维度的特殊分析。这样我们就可以结合西方社会在现代化进程中所经历的平等化和世俗化,来进一步深化我们关于现代性维度的具体认识。

为了衬托出宗教问题或神圣问题在西方文化和西方社会历史进程中的特殊性和复杂性,我们先简要地概述一下西方现代化过程中贵族的历史命运。贵族是欧洲各国历史上普遍存在的特殊的社会阶层,并且是深刻影响着欧洲历史进程的阶层。"从中世纪早期到我们这个时代的开端,欧洲社会一直为一小群人所统治。这些人就是贵族,在大多数国家里他们占人口的1%或2%,但是。他们占有的社会财富的份额、政治权力和尊敬却大得多。"①关于这一贵族阶层在欧洲现代化进程中的命运问题，法国著名历史学家阿历克西·德·托克维尔早在1835—1840年所写的著名的《论美国的民主》中就作出过断言，他认为，贵族的逐步衰落和平民地位的不断上升，是欧洲民主化进程的主要内涵：

> 如果我们从十一世纪开始考察一下法国每五十年的变化，我们将不会不发现在每五十年末社会体制都发生过一次双重的革命：在社会的阶梯上，贵族下降，平民上升。一个从上降下来，一个从下升上去。这样，每经过半个世纪，他们之间的距离就缩短一些，以致不久以后他们就汇合了。而且，这种现象并非法国所独有。无论面向何处，我们都会看到同样的革命正在整个基督教世界进行。人民生活中发生的各种事件，到处都在促进民主。②

美国学者乔纳森·德瓦尔德专门研究了欧洲1400—1800年间的贵族演变的历程。他认为，贵族在近代早期经历了一系列历史冲击或打击，如英国工业革命、法国大革命等，但是，"贵族是一个具有惊人复原力的统治集团，他们能够一次又一次地抵挡住貌似不可抗拒的历史力量"，由此形成了"近代早期欧洲各国贵族社会体制的持久生命力"③。从表面看，乔纳森·德瓦尔德的观点同托克维尔的断言有很大的不同，但是，乔纳森·德瓦尔德所强调的近代早期贵族阶层和贵族社会体制的稳定性和持久性实质上表现为贵族和贵族体制的深刻变化上，这种变化最终导致贵族融入到平民社会中，导致等级制的贵族社会体制的解体和消失，为平民化的和平等化的民主体制所取代。在近代早期，贵族阶层经历着各种变化，其成员也处于流动和变化之中，其中具有决定性意义的变化有两点：

---

① （美）乔纳森·德瓦尔德：《欧洲贵族1400—1800》，姜德福译，商务印书馆2008年版，第1页。
② （法）托克维尔：《论美国的民主》，董果良译，商务印书馆1988年版，第7页。
③ （美）乔纳森·德瓦尔德：《欧洲贵族1400—1800》，姜德福译，商务印书馆2008年版，第4、6页。

一是贵族的知识化和官僚化,"一个全新的社会阶层,一个经过大学学习的行政官员阶层"加入到贵族队伍中来,改变了贵族阶层的成员构成,并对社会管理产生越来越大的影响①;二是贵族的城市化或都市化,贵族不再留恋乡村的地产和自然风光,越来越集中地定居到城市,其服装、风尚、举止、语言、生活方式越来越与城市中产阶级趋同。② 这两个变化所带来的最深刻的变化在于:决定一个人的社会地位的主要因素越来越从血统、出身、身份转向后天的成就,贵族和其他阶层之间的等级逐渐被夷平。"这些社会变迁——如贵族的都市化、贵族日益官僚化——逐渐模糊了贵族与社会上其他人的区别。17、18 世纪,一系列新的社会组织和观念也发挥着类似的作用。它们创立了社会优势的另外一种样式;有教养的、优雅的绅士,凭借的是自己的能力,其家世背景与其地位毫不相干。逐渐地,似乎一个人没有贵族血统也能成为一名绅士,而且也没有必要成为一名贵族。"③由此可见,欧洲贵族在近代早期通过改变、调整、适应城市文明和现代社会而实现的延续,实际上是贵族阶层和贵族化的等级社会的另一种意义的终结。"通过使自己适应生活于其中的社会,通过放弃组成其特殊身份的因素,欧洲贵族生存了下来。因此,在贵族史上出现了一个最终的悖论:通过这种放弃的过程,这个集团变得更强大了,与此同时,它日益融入了近代社会。"④

在这种意义上,我们可以得出结论:西方现代化的确彻底地取消了贵族阶层的特权,消除了基于血统和身份的等级制,比较好地完成了社会平等化进程,逐步建立起平等化的、平民化的、理性化的、民主化的社会体制。这是从社会构成的视角透视现代性生成的一个历史侧度,也是"现

---

① 参见(美)乔纳森·德瓦尔德:《欧洲贵族 1400—1800》,姜德福译,商务印书馆 2008 年版,第 42 页。
② 参见(美)乔纳森·德瓦尔德:《欧洲贵族 1400—1800》,姜德福译,商务印书馆 2008 年版,第 55 页。
③ (美)乔纳森·德瓦尔德:《欧洲贵族 1400—1800》,姜德福译,商务印书馆 2008 年版,第 58~59 页。
④ (美)乔纳森·德瓦尔德:《欧洲贵族 1400—1800》,姜德福译,商务印书馆 2008 年版,第 229 页。

代"比较彻底地取代"传统"的一种历史进程。然而,涉及现代化转型过程中欧洲社会构成变革的另外一个侧度,即在中世纪占重要地位的僧侣阶层、教会组织、宗教文化或神圣文化,情况则复杂得多。应当说,在文艺复兴、启蒙运动、法国大革命等标志着现代性生成的重大历史运动中,以及在近现代自然科学的发展和社会日趋理性化的进程中,僧侣阶层、教会组织和基督教文化同贵族阶层和贵族体制相比,所经历的冲击无论在深度还是广度上都有过之而无不及,其自身所经历的变革和调整也非常大,但是,作为现代化进程和现代性生成的重要方面的世俗化进程,并没有导致基督教的终结。相反,基督教在现代西方社会,特别是现代西方文化中依旧具有不可忽视的影响。这就要求我们不能一般地笼统地描述近现代的西方世俗化进程,而应当从神圣与世俗、宗教与理性(科学)的张力结构的视角来更深入、更具体、更微观地认识现代性及其维度。

我们首先简要地描述一下基督教在欧洲历史中的特殊地位。严格说来,欧洲最初不是作为一个明确的地理概念出现的,而是一个文化共同体,一种世界观,它的形成和自觉,与基督教的形成和传播密切相关。"基督教本来是犹太教中分化出来的一个小教派,经过3个世纪,发展成遍布罗马帝国全境的基督教会,连罗马皇帝都看到它的重要性而极力拉拢,又赏赐土地,又免除神职人员的徭役。"[①]基督教由于其起源时就具有的平民性和不受地域局限的特征,很快就对日常生活和社会生活的各个方面产生了深刻影响。"罗马帝国灭亡之后,基督教会在许多方面成为罗马帝国的继承人。基督教会早已形成一套类似帝国的组织结构,这使得基督教会有巨大的组织力量。在罗马帝国灭亡后,基督教会又承担起教化蛮族的使命,不仅教导蛮族人识字,还要教导他们守法;在守法的基础上建立起中央集权的制度;同时还有得救永生的应许。"[②]此后,基督教不断向

---

① (荷)彼得·李伯庚:《欧洲文化史》(上卷),赵复三译,上海社会科学院出版社2004年版,第103页。

② (荷)彼得·李伯庚:《欧洲文化史》(上卷),赵复三译,上海社会科学院出版社2004年版,第114页。

外扩张,远远超出了罗马帝国的疆域,逐步扩展到后来的整个欧洲的范围,"形成一个新的文化空间",正是在这一过程中,"基督教和欧洲缓慢而确实地结成了'一体'"。① 在这里,我们不必详细谈论中世纪基督教会的权威和地位,即使到了近代早期以及后来,基督教对于欧洲社会生活的影响也是无所不在的。我们可以引证里夏德·范迪尔门在《欧洲近代生活 宗教、巫术、启蒙运动》一书中的一段话来形象地了解这一点:

> 近代早期的生活秩序基本上是由宗教来决定的,这不仅仅关系到给予物质和经济保证,也不仅仅关系到在已经确定了的框架中的生活的社会组织。所给定的宗教意识、宗教辩解,尤其是被纳入宗教教会的社会形式,其实都对共同生活起到了决定性的作用。不仅中世纪是宗教的和虔诚的,近代早期的社会也同样是这样。即使是在启蒙运动时期,宗教和教会的能量也都没有枯竭。因宗教改革而重新活跃起来的基督教,在18世纪末期的启蒙运动的世俗文化中留下了它的印迹。宗教的和笃信虔诚的势力不仅是建立在每个人的个人利益的基础上,而且宗教的思维和行为还都是任何人都无法回避的一种公共事务。一方面,宗教与住户的生活、与团体和等级社会的生活密切相关;另一方面,它也同样影响着决定时代所有文化的进程,形成了每种统治形式的重要基础,尤其是早期现代国家的制度。不存在一个没有宗教的空间,没有宗教确认的合法性,诸侯就无法行事。手工业同业公会也是由宗教确定的联合体,三十年战争是作为宗教战争而被写进历史之中,甚至启蒙运动也认为宗教是每个社会的基础。②

我想,在这里,重要的不是去具体验证里夏德·范迪尔门的这些断言

---

① (荷)彼得·李伯庚:《欧洲文化史》(上卷),赵复三译,上海社会科学院出版社2004年版,第114页。
② (德)里夏德·范迪尔门:《欧洲近代生活 宗教、巫术、启蒙运动》,王亚平译,东方出版社2005年版,第1页。

在细节上是否正确或准确,而是沿着他的思路,去讨论一个涉及现代性的内在的结构和机制的重要问题,即现代性视域中的神圣文化与世俗文化的关系问题,或者具体说,是宗教与理性的关系问题,宗教与科学的关系问题。如果对这一问题再加以诠释的话,我想思考这样的问题:按照通常的理解,宗教作为一种价值观,作为一种文化,其本质特征是信仰,甚至是非理性的,而理性和科学通常被视做反宗教的和无神论的世界观或文化价值观,那么,在里夏德·范迪尔门讨论的近代早期,经历过文艺复兴、宗教改革,特别是以现代科学和理性精神为本质特征的启蒙运动的冲击,基督教的命运如何?如上述所言,虽然随着现代性的生成和成熟,基督教不再具有中世纪时期的特权和权威,但是,基督教在欧洲,在西方并没有终结于现代化进程中,相反,它在现代西方社会,特别是现代西方文化中依旧具有不可忽视的影响。现在的问题是,现代基督教精神同以理性精神为特征的现代性是一种什么样的关系:是作为现代性的外在的反对力量,还是作为现代性的内在组成部分,或者是作为现代性的一种特殊的维度,与理性精神构成既相互拒斥又相互支撑的,不可或缺的制约性的张力结构?为了搞清楚这一问题,我们需要从两个方面切入:一是探讨宗教与理性、神圣与世俗之间的对抗关系;二是揭示二者之间的补充和支撑的关系。

就宗教与理性、神圣与世俗之间存在着对立和对抗关系这一方面,我们不需要罗列很多历史事实来加以证明,这是不可否认的、基本的历史事实。尤其在以18世纪为轴心的启蒙运动时期,现代实验科学的发现、理性批判精神的张扬、法国大革命的战斗锋芒,都以各种方式形成了对基督教的批判、冲击甚至是打击。可以说,基督教在启蒙运动中遇到了前所未有的挑战,从英国经验论比较温和的自然神论、德国调和理性和信仰的理性批判理论,到法国的激进的宗教批判,直至无神论观点,或是根本否认基督教的合法性,或是严格限定基督教信仰的有效范围,或是极力推动宗教理性化,虽然它们存在很大差异,但都形成了对基督教的冲击、批判和打击。对于这些问题,不需要我们再作更多的阐释和描述。我认为,重要的是通过具体的和历史的分析,弄清楚一个问题:各种宗教批判的主要矛头是一般地笼统地指向基督教总体,还是特别集中地指向基督教的某些方面?我倾向于后一种解释,历史上的各种批判往往有其特殊的所指,而且与基督教会的运行方式、控制方式,与基督教会及其僧侣阶层在社会上的特权地位和活动方式等有着特别的关系。我们可以简要地提及基督教在近现代历史进程中受到质疑和批判的几个主要方面。

一种重要的批判是指向基督教内在的文化精神,许多宗教批评者主要是从理性启蒙的立场批判和拒斥宗教,指责基督教的非理性或反理性的特征,以及宗教对人的个体意识和自由理性的压抑。在某种意义上,近代早期以来,许多自然神论者或无神论者对宗教批判的基本出发点,是强调理性精神。正如我们已经引证的那样,康德后来对这种理性启蒙作了概括,他是在个体主体性和自由理性的意义上定义启蒙。他强调,"启蒙就是人类脱离自己所加之于自己的不成熟状态"。所谓的"不成熟状态,就是不经别人的引导,就对运用自己的理智无能为力"[1]。在一些人文主义或启蒙思想家看来,宗教的弊端正在于反对人的理性,使人处于这种不成熟的状态。例如,法国启蒙思想家伏尔泰曾经把宗教视做理性的大敌,在《哲学通信》中他用"谎言"和"欺骗"等词句来批判天主教。在这里,我们要特别提及法国无神论者霍尔巴赫对基督教的批判。他的基本出发点是强调人的理性,他认为,人和动物的根本区别"就在于人有理性、智力,这理性、智力使人高于一切动物。因为动物只有在绝对无理性参加的生理刺激的影响下才进行活动"[2]。从这种意义上讲,霍尔巴赫强调,宗教最大的弊端是反理性,是对人的理性本质的压抑。他指出,"自古以来宗教的唯一作用就在于:它束缚了人的理性,使它无法认识人的一切正确的社会关系、真正的义务和实在的利益"[3]。其实,说到这一点,我们应当特别提到马克思在《〈黑格尔法哲学批判〉导言》中对宗教的批判。从现代

---

[1] (德)康德:《历史理性批判文集》,何兆武译,商务印书馆1991年版,第22页。
[2] (法)霍尔巴赫:《健全的思想》,王荫庭译,商务印书馆1966年版,第92页。
[3] (法)霍尔巴赫:《健全的思想》,王荫庭译,商务印书馆1966年版,第217页。

性的视域来看,马克思对人的理解同启蒙思想家的理解是比较接近的,他批判宗教的一个基本出发点也是为了维护人的自我意识和自由理性,后来他把人的这种本质规定性同实践结合起来,把人的活动理解为自由的自觉的活动。因此,他对宗教的批判直接指向宗教的内在文化精神,"宗教是还没有获得自身或已经再度丧失自身的人的自我意识和自我感觉"①。正是在这种意义上,他把宗教比做消解人的自我意识的"鸦片":

> 宗教里的苦难既是现实的苦难的表现,又是对这种现实的苦难的抗议。宗教是被压迫生灵的叹息,是无情世界的心境,正像它是无精神活力的制度的精神一样。宗教是人民的鸦片。②

同上述关于基督教的精神层面的理论批判相比,西方现代化进程中对于宗教的批判,即对于基督教的批判更多的是指向制度层面,指向基督教会的活动方式、社会地位和社会历史影响方面。我们对基督教的历史作用是要作具体的和历史的分析的。应当说,基督教从最初的一种主要流行于下层民众的、受迫害的宗教,经过公元4世纪罗马帝国的君士坦丁大帝发布的停止对基督徒进行迫害的"米兰赦令",逐步发展成为罗马帝国的国教,进而逐步成为统治欧洲大部分地区的世界性宗教,这是经历了巨大的历史变化的。其中,最大的变化是基督教的组织迅速发展,逐步形成了庞大的和复杂的教会组织机构和控制网络,相应地,基督教的重心也从早期的精神层面(内在信仰层面)转向制度安排和社会控制方面。这种变化是不容忽视的,早期基督教作为一个平民性的反抗团体,具有特殊的历史品质。恩格斯在1894年写的《论原始基督教的历史》一文中,强调了基督教产生时的平民性质,他认为,原始基督教和社会主义这两种伟大的运动,都是"群众运动",具有重要的共同点,具有进步的历史意义。

> 原始基督教的历史与现代工人运动有些值得注意的共同点。基督教和后者一样,在产生时也是被压迫者的运动:它最初

---

① 《马克思恩格斯选集》第1卷,人民出版社1995年版,第1页。
② 《马克思恩格斯选集》第1卷,人民出版社1995年版,第2页。

是奴隶和被释奴隶、穷人和无权者、被罗马征服或驱散的人们的宗教。基督教和工人的社会主义都宣传将来会从奴役和贫困中得救;基督教是在死后的彼岸生活中,在天国里寻求这种得救,而社会主义则是在现世里,在社会改造中寻求。两者都遭受过迫害和排挤,信从者遭放逐,被待之以非常法:一种人被当作人类的敌人,另一种人被当作国家、宗教、家庭、社会秩序的敌人。虽然有这一切迫害,甚至还直接由于这些迫害,基督教和社会主义都胜利地、势不可挡地为自己开辟前进的道路。基督教在产生300年以后成了罗马世界帝国的公认的国教,而社会主义则在60来年中争得了一个可以绝对保证它取得胜利的地位。①

然而,随着基督教地位的合法化,它不仅在欧洲和其他地区拥有越来越多的信徒,以一个文化共同体的形式塑造了欧洲,而且逐步发展起来一个凌驾于世俗领域之上,并严格控制着世俗领域的,由复杂的教会网络构成的地上的"神圣领域",以及由僧侣阶层组成的特殊的"神圣家族"。这种社会地位的变化也不可避免地带来基督教的规定性和品质的重要变化。"基督教社会地位上升的过程中,无可避免地丧失了原有的一些品质。从1世纪起,近东地区的各种宗教都对人处在心和物、善和恶的斗争中,强调内心的灵悟(gnosis);它强调个人的责任,排斥宗教团体在其中能起什么作用。现在,基督教的组织大大发展了,信徒内心的灵悟就愈来愈不重要了。"②正如我们上述引证彼得·李伯庚在《欧洲文化史》中所描述的那样,基督教会已经形成一套类似帝国的组织结构,有巨大的组织力量。在欧洲中世纪,基督教会不仅控制着宗教生活,也控制着日常生活和社会生活;不仅控制着教会的领地,也控制着全部社会领域;不仅控制着人们的精神,而且控制着社会的政治运行和权力的更迭,奉行"君权神授"的原则。在这种社会统治结构中,基督教既在许多历史时期发挥了文

---

① 《马克思恩格斯选集》第4卷,人民出版社1995年版,第457页。
② (荷)彼得·李伯庚:《欧洲文化史》(上卷),赵复三译,上海社会科学院出版社2004年版,第87页。

化整合和社会稳定的作用,更在很多历史时期施行了宗教迫害、异端审判、宗教战争等罪过,同时,教会内部的腐败现象也是屡禁不止。正因如此,基督教会成为人文主义思想家、启蒙思想家的批判对象,也成为宗教改革直接抨击和打击的目标。

对于异端的排斥,甚至迫害,是各种宗教的共同特征,在这一点上,基督教也不能幸免。一方面,基督教是一种世界性宗教,随着它取得合法性地位并成为罗马帝国的国教,信徒数量越来越多,范围越来越广,其文化包容性比其他宗教要大得多,其中包容了古希腊罗马文化的成分、犹太教的文化基因,以及一些其他宗教的成分,但是,另一方面,随着教会的地位和权威的不断提升,它对各种异端的迫害也在不断加剧,充分反映出宗教的反理性特征。"由此形成世界史上前所未有的一种局面:围绕地中海周围的广大地区,连同欧洲的一大部分,都信奉一种宗教。这种宗教还不是多神教而是信奉一位看不见的人格神。它所强调的不是理性而是信仰。人手所发明的任何事物,如果教会领袖认为它与信仰冲突,便被判为'异端',加以禁止、取缔。"①结果是,基督教取得了全面的胜利,而"一切背离正统基督教的思想都遭受压制"②。在这方面,我们无须具体考证,众所周知,基督教发展的历史就一直伴随着教会与异教徒或宗教异端的冲突,到了宗教改革时期,这种冲突空前激化,特别残酷地展示为天主教和新教之间的冲突,演化为惨烈的天主教对新教徒的大屠杀或者新教对异端的迫害③。而宗教审判所以判处异端的名义,对科学家布鲁诺、社会思想家莫尔等人的处死④,更是集中表现出基督教敌视理性和人性的本质。

---

① (荷)彼得·李伯庚:《欧洲文化史》(上卷),赵复三译,上海社会科学院出版社 2004 年版,第 89 页。

② (荷)彼得·李伯庚:《欧洲文化史》(上卷),赵复三译,上海社会科学院出版社 2004 年版,第 90 页。

③ 参见(美)玛格丽特·L. 金:《欧洲文艺复兴》,李平译,上海人民出版社 2008 年版,第 240、265 页;(英)斯图亚特·J. 布朗:《宗教与欧洲启蒙运动》,载赵林、邓守成主编:《启蒙与世俗化》,武汉大学出版社 2008 年版,第 5 页。

④ 参见(美)玛格丽特·L. 金:《欧洲文艺复兴》,李平译,上海人民出版社 2008 年版,第 218、235 页。

与此密切相关的是基督教会在内部和外部所存在的弊端和所犯下的罪行。教会内部的腐败是中世纪后期愈演愈烈的事实。例如,最有影响的基督教人文主义者伊拉斯谟在《愚人颂》中,从建立纯净的基督教,倡导真诚的、非神秘化的基督徒生活道德观出发,揭示和批判了围绕着基督教会所产生的各种罪恶和腐败现象,例如,自我纵欲的修士、自负的学校教师、无知的神学家、所谓"神圣"的事情(如献身上帝并相信宗教神秘)等。[1] 再如,宗教改革家马丁·路德对发售教皇免罪券运动,以及天主教烦琐的宗教仪式、圣餐制度、登记制度、教义等问题的批判[2],等等,都深刻揭露了当时基督教会内部的腐败现象。同时,基督教会不仅存在严重的内部腐败,而且也是中世纪和近代早期许多战争的策划者或发动者,例如,十字军东征、欧洲三十年战争,等等。虽然我们可以对各次战争的起因、后果,以及教会在其中的作用作具体的分析,但是,这些战争所带来的动荡、灾难和浩劫则是显而易见的。应当说,正是基督教会对世俗社会的这种全面的统治、引发的战争和罪恶,以及内部的腐败等问题,成为基督教招致批判和反对的重要理由。尤其到了近代早期,一方面是基督教内部的反对派(新教)对于教会的改革,另一方面是启蒙运动对于基督教的各种批判和冲击,加之近现代科学的快速发展、民众的教育和知识水平的普遍提升等因素,基督教受到前所未有的挑战和打击。在这种背景下,基督教会统治地位的变化和贵族阶层等级制的瓦解相伴随,的确标志着现代化进程中的世俗化演变。对于这一世俗化进程,有的学者倾向于强调其彻底性,例如,著名历史学家汤因比就认为,从17世纪末开始的西方社会世俗化进程具有普遍性和彻底性的特征:

> 17世纪初叶,西方基督教宗教战争此起彼伏,西方基督教狂热主义甚嚣尘上。而到这个世纪末,技术——经验科学发现

---

[1] 参见(美)玛格丽特·L.金:《欧洲文艺复兴》,李平译,上海人民出版社2008年版,第230页。

[2] 参见(美)玛格丽特·L.金:《欧洲文艺复兴》,李平译,上海人民出版社2008年版,第240页。

的实际运用——代替了宗教而成为西方社会精英人物追求的至高目标。在这个世纪结束时,西方态度和精神方面的这一革命性变化无疑仍然局限在少数人范围,不过值得注意的是,即便为数不多,他们还是在很短的时间里走出了很远,还使社会其他人群起而效之。从18世纪初到1956年的250余年里,世俗化因素和技术热情,从西方社会的一个阶层传播到另一个阶层,竟至弥散于整个社会。①

但是,必须指出,世俗化无论如何彻底,并没有导致基督教的消失或退出西方人的文化世界和生活世界。如上所述,近现代来自不同方面的宗教批判,往往指向基督教会的社会统治和各种社会后果,包括许多历史罪恶,而不是一般地笼统地指向作为文化价值的基督教。因此,同贵族阶层的等级制的坍塌情形不同,基督教虽然在现代化进程中也经历了社会统治力和控制力被严重削弱的问题,但是,基督教在现代西方生活世界和文化价值世界中的特有的文化整合力并没有完全消失。对此,我们可以将我们生活的时代中基督徒的数量作为一个层面加以说明:"当今时代,比以往任何时候都有更多从事实际业务的基督徒——如果我们把那些(有时候)尝试着祈祷,尽管不相信所有传统的教义都是正确的,但却按照基督教的道德标准生活的人也包括进去的话,那么在2000年这一年,就几乎有二十亿人。无论对新教徒还是天主教徒来说,19世纪都是一个教会生活和传教活动充满活力的时代,而全世界基督徒的人数在20世纪增长了三倍。然而,现代性也给教会带来了极大的挑战,人们对此存在很多争论,但它本身就是一个信号——宗教信仰仍葆有活力。"②

对于19世纪和20世纪基督教传教活动和教会生活的活跃,特别是

---

① (英)阿诺德·汤因比:《一个历史学家的宗教观》,晏可佳、张龙华译,四川人民出版社1990年版,第204页。
② (英)约翰·布克主编:《剑桥插图宗教史》,王立新、石梅芳、刘佳译,山东画报出版社2005年版,第266页。

教徒人数的进一步增长这一现象的分析,我们还需要强调一个背景因素,即这种现象是在现代科学技术不断取得突破性进展,理性的力量不断增强的背景下出现的。换言之,这里似乎出现了宗教与科学并存,与理性同步增长的趋势。如何解释这一历史现象? 在这里,我们不去一般地探讨宗教和理性及科学的关系,而专门在西方的语境中考虑这一问题,即具体分析基督教同理性的关系。从有关史料和我们的理解来看,我想,顺理成章的解释应当是:就西方基督教的情形来说,在西方现代化进程中,在现代性的生成过程中,宗教与理性、神圣与世俗之间不仅存在着外在的对抗关系,而且还存在着内在的融合关系,存在着某种意义上相互补充和支撑的关系。在这里,我想借助著名史学家布罗代尔在《文明史纲》中的一段精彩的概括:

> 西方基督教过去是、现在依然是欧洲思想主要的组成部分。其中包括理性主义思想,它虽然攻击基督教,但也发端于这一宗教。在欧洲的整个历史上,基督教一直是其文明的中心。它赋予文明以生命,即便在它听任自己被这种文明占领或被这种文明曲解时也是这样;它包含了这种文明,即便在做出各种努力逃避这种文明时也是这样。因为要想反对某个人,就要停留在他的轨道上。一个欧洲人,即使他是无神论者,也仍是深深植根于基督教传统的一种道德伦理和心理行为的俘虏。①

我们先不去具体争辩布罗代尔的这一概括和推论是否有夸大和极端的成分,但是可以肯定,其中包含着对于我们理解现代性维度的内在张力具有积极借鉴意义的思想。我想,应当从两个方面理解和把握宗教与理性、神圣与世俗之间,即基督教和现代性之间在一定限度内一定范围内的融合关系:一是基督教并非彻头彻尾的、完全的非理性主义,更不是彻底的反理性主义,相反,它对西方理性主义文化精神的发展是作出独特的贡

---

① (法)费尔南·布罗代尔:《文明史纲》,肖昶、冯棠、张文英、王明毅译,广西师范大学出版社 2003 年版,第 311 页。

献的,因此,布罗代尔曾经断言,甚至那种攻击基督教的理性主义本身在一定意义上"也发端于这一宗教";二是基督教不仅与理性主义相互交织发展,而且还从价值和道德的维度对理性主义,特别是技术理性主义形成一种制约和补充,所以,布罗代尔断言,在欧洲,甚至一个无神论者,"也仍是深深植根于基督教传统的一种道德伦理和心理行为的俘虏"。这两个基本的方面,形成了基督教和现代性的某种相互支撑和相互补充的关系。

关于宗教同理性的关系,特别是基督教同理性的关系问题,一直是许多学者关注的问题。很多人倾向于认为,二者之间并不是非此即彼的对立关系,而是相互融合相互交织的关系,一些学者甚至强调二者的不可分的内在联系。例如,美国学者乔治·桑塔亚纳把宗教视做"理性的化身"。他作为20世纪上半叶的理性主义赞美者,充分肯定理性的普遍价值,强调理性在个体生活和社会生活中无所不在的特征。他的著名的"理性的生活"系列丛书,分别探讨了常识中的理性、社会中的理性、艺术中的理性、科学中的理性、宗教中的理性等。他不但强调宗教中包含着理性因素,而且认为理性的终极价值只有通过宗教才能实现。他强调"理性的生活是一切终极价值之根基",他认为,人类历史证明,既崇高又强烈的精神只有在面临宗教时,并且在宗教的意义上才能获得最高快乐的快乐,"既然理性生活的种种目标都是借助于宗教才得以实现的,因此,宗教似乎应该是理性的生活的载体或者元素",宗教和理性一样,具有道德和价值的内涵,具有解放的功能,"理性的生活应该是某种统摄世间万物的理想;它在所有地方建立起道德的分界线,永远把正确从错误中区分出来,宗教所为也与之相同。它作绝对的道德决断,它认可、统一以及改变伦理的标准。因此,宗教行使着理性的生活的某些功能。并且这两者共有的进一步的功能都是:把人从个别的局限性中解放出来"[①]。

显然,乔治·桑塔亚纳是在泛化的意义上讨论宗教和理性的一致性,

---

① (美)乔治·桑塔亚纳:《宗教中的理性》,犹家仲译,北京大学出版社2008年版,第6页。

他的观点无疑具有极端性或偏激性,忽视了宗教本身不可避免的非理性特征,以及宗教与理性和科学之间某种不可避免的冲突。实际上,任何宗教,包括基督教在内,都由于其奠基于信仰之上而具有不可否认的非理性特征。这一点不需要特别的论证,从西方早期的教父哲学到后来的经院哲学,在处理信仰和理性(理解)的问题上,一个基本的原则就是理性必须服从于信仰,理性不能同信仰发生矛盾,例如,明确要求哲学成为"神学的婢女",要求科学为宗教服务,等等。但是,需要指出的是,我们虽然不同意乔治·桑塔亚纳把宗教视做"理性的化身"的做法,但是,必须承认,基督教强调理性服从于信仰,是一种具有非理性特征的,但不是完全反理性主义的文化精神。具体说来,在基督教那里,信仰和理解、非理性和理性是相互交织的,基督教不仅具有一定程度的理性内涵和规定性,而且,如果我们回到西方的历史进程中就会发现,基督教对西方的理性化进程还作出过特殊的贡献。

从历史的源头讲,基督教同其他宗教相比具有比较明显的理性特征或理性内涵。这一点要追溯到它的前身犹太教的历史,主要是希腊化时代犹太人的"希腊化"经历。犹太人的希腊化过程中特别重要的事件是希腊化高峰时期在亚历山大里亚城的一批犹太上层人士,他们对犹太文化的希腊化起到很大的推动作用,希腊语也成为犹太上层的通行语言,特别重要的是,《圣经》被译成希腊文,产生了著名的《圣经》"七十人译本"①。有的学者认为,犹太人的希腊化达到了相当的深度,"到公元前2世纪间,犹太人上层中大部分人都已接受希腊文化"②。正是由于这种历史背景,中世纪的教父神学家和经院哲学家经常运用柏拉图、亚里士多德

---

① 《圣经》"七十人译本"或称"七十士译本",即 Septuagint,该词取自拉丁文 septuaginta,即"七十",是指公元前三世纪托勒密二世下令 70 名犹太学者翻译的《圣经》希腊文本,这是《圣经》的第一个译本。参见(美)约翰·布克主编:《剑桥插图宗教史》,王立新、石梅芳、刘佳译,山东画报出版社 2005 年版,第 193 页;(英)伯特兰·罗素:《西方的智慧》,亚北译,中国妇女出版社 2004 年版,第 156 页。

② (荷)彼得·李伯庚:《欧洲文化史》(上卷),赵复三译,上海社会科学院出版社 2004 年版,第 76 页。

等人的理性论来为上帝的存在作论证。① 在这里,我们的任务不是去具体考证在犹太文化和基督教中有哪些具体的希腊文化成分,我想强调的是,前文我们提出,西方的理性化进程并非是希腊文化的连续不间断的线性发展过程,而是充满断裂和跳跃的、多通道、多层面、多时段的沉积过程,对于历史进程,我们不应当局限于纯粹的理性、科学本身的发展来阐释,还应当引入基督教的维度。可以说,正是基督教同理性文化的特殊的交织关系和张力结构,强化了现代性维度在历时的形态和共时的形态上的复杂的张力机制。

从演化的历史来看,可以在一定意义上断言,基督教在自己的传播和发展过程中,直接或间接地、有意或无意地促进、补充或影响了西方的理性化进程。之所以在这里使用了"直接或间接地"、"有意或无意地"的限定,是要说明,基督教作为一种宗教形式,无论如何,都不会自觉地以社会的理性化和个体的自由为目标和宗旨,但是,它在自身的发展过程中的许多做法的确从某一个层面推动和强化了理性化进程。为了说明这一观点,我们可以讨论一下基督教的异端审判和镇压,以及修道院、大学、罗马法等重要问题。可以说,清除异端是贯穿于基督教发展过程中的持续的运动,在许多时刻,对异端的审判、清除和镇压是大规模的和十分残酷的,并常常引发战争。不可否认,不同历史时期对于不同的异端派别的审判和镇压,往往有具体的历史背景,并且同教会之间、教会内部的争权夺利,以及教会同世俗权力的冲突等有密切关系。我想强调的是,贯穿于这些异端审判和镇压历史进程中的一条线索不可忽略,它同现代性的生成密切相关,这就是:同各种异端的这些斗争在精神内涵上往往与基督教防止和拒斥一些神秘的、非理性的文化因素有关,因此,这些斗争的结果往往强化了基督教的理性特征。基督教起源于地中海世界的东部,它不仅吸

---

① 当然需要指出的是,对于犹太教和基督教的这种希腊化背景不能夸大,教父神学家和经院哲学家也不是在继承和传承希腊理性文明的意义上使用柏拉图和亚里士多德的观点,这一点从他们更加偏重于带有某种神秘主义特征的新柏拉图主义,并受古代地中海东部地区希腊文化圈中的诺斯替哲学的影响等,可以看出问题之所在。

收了希腊文化成分和犹太教的道德规范和价值体系,而且也包容了一些带有东方神秘主义色彩的文化。到了后来,以罗马为核心的基督教文化实际上长期面对着伊斯兰文化、拜占庭基督教文化、欧洲以及古老欧洲社会的一些文化。其中,罗马教会之所以同拜占庭基督教会常常处于紧张和冲突之中,除了其他的各种原因外,与罗马教会反对拜占庭帝国的东方文化渊源和特征有很重要的关系。因此,一些学者非常重视基督教清除和镇压异端运动中对于东方神秘主义和各种非理性文化的"清洗"。例如,弗里德里希·希尔强调,5至10世纪的古典传统、古老的民间文化、东方文化等与基督教教化混合在一起,如果不经过强有力的清洗,很难形成基督教的独特文化传统。他指出这一任务的艰巨性和长期性:"古老的欧洲社会与地中海地区的希腊化知识分子之间,显然还有很宽阔的中间地带。使多种古代的异端、迷信、星象学、诺斯替派思想以至古老的异教仪式得以原封不动地长期保留着,有些甚至延续到20世纪初。于是,坚持一元化的国家教会产生了长期扑灭这些不顺从国教者的使命……对无论是右翼或左翼的基督教群众运动。都往往把它们与非基督教性质的群众运动统统称做异端,不加区别地一概予以镇压。"①在这种意义上,弗里德里希·希尔非常重视11世纪格列高利七世所开展的"灵性改革与革命"。当时,格列高利七世一是强烈谴责教会内部的腐败,例如当时流行的买卖神职和神职人员婚娶,要求保持基督教的纯洁和灵性,二是坚持教皇权力至高无上,反对世俗君主操纵主教续任权,极力争取保持教会的独立性和权威性。在弗里德里希·希尔看来,格列高利七世灵性改革运动的重要性在于加强了基督教对后来的欧洲文化的影响。他认为:"近代欧洲历史十分重要的一个事件是教皇格列高利发动的改革……这项改革导致了教廷形式的教皇制以及民族国家的形式、贵族的改革、十字军运动、人道的城市文明、经院哲学的产生,更孕育了近几个世纪中的近代欧洲神

---

① (奥地利)弗里德里希·希尔:《欧洲思想史》,赵复三译,广西师范大学出版社2007年版,第119页。

秘主义和灵性主义、哲学上的理性主义和唯物论。欧洲的神学和历史哲学,以及由13到19世纪的各种改革与革命运动,追根溯源,都与格列高利运动有不可分的关系。"①弗里德里希·希尔认为,通过这些运动和神学家的努力思考,逐步使基督教具有了理性特征,成为欧洲文化的重要基础,或者我们可以说,是为后来的现代性的生成作了重要的资料准备:

> 欧洲神学是2世纪护教学家们调和基督教与希腊诺斯替派哲学,在亚历山大城的诲道学校中孕育出来的,这是欧洲思想史的奇特的序曲。当时,为从理论上说明上帝是元始之首(Godhead)和宇宙,说明基督是救主和基督徒的生命,这种初期神学几乎把基督教信仰化为理性主义,成为自然与精神思辨的一种机械论,也就是变成了道德、文化和教育。这些神学家的思考过程就为欧洲的人本主义者、道德学家、无神论者、圣经研究学者和自然主义者准备了他们所需要的一切资料,把基督教转化为人的内心生活的伦理。②

在基督教的发展过程中,除了与异教和异端的斗争通过强调灵性培养和教会纯净等活动而强化了基督教的理性特征外,还有很多历史现象或要素以直接的或间接的,甚至是曲折的方式对理性化的某一方面产生促进作用。限于篇幅,我们只能简要地枚举其中一二。我们先从西方的法传统谈起,关于罗马法在西方社会历史进程中的特殊地位,以及它对现代性的生成的重要影响,已经为大家所周知,不需要赘述,这里仅提及基督教同罗马法的特殊关系。一方面,随着基督教地位的提升,它的文化精神和道德规范对社会各个方面的影响不断加大,也影响到罗马法的内容,例如,查士丁尼修编的《罗马民法大全》就"将基督教精神引进了法典中,强调了信仰的作用和做一个好的公民应该遵守的一切行为道德准则;他

---

① (奥地利)弗里德里希·希尔:《欧洲思想史》,赵复三译,广西师范大学出版社2007年版,第72页。
② (奥地利)弗里德里希·希尔:《欧洲思想史》,赵复三译,广西师范大学出版社2007年版,第4~5页。

也十分关注教会问题,积极为教会和修道院制定相应的管理规章"①;另一方面,随着基督教成为世界性宗教,它在传播罗马法方面也作出了特殊的贡献,虽然教会法同罗马法有很多差异,但是,无论对于教会法的起源还是其发展,罗马法都起到了非常重要的作用,"教会法中含有许多罗马法的成分",不仅如此,"作为普世性教会的法律,教会法传播到了罗马法所能进入的那些地区如德国,也传播到后者无法进入的地区如英国,从这方面来看,教会法成为它所吸收的罗马法和新法学方法的一种传播工具"②。这里要提及一下基督教会的另一种组织形式,即修道院的作用,用来祈祷、默想、劳动、学习神学、阅读灵修材料的修道院自然以宗教知识为主,但是,它也带来了促进文明、教育和文学等发展的"副产品"。在中世纪的相当长的时间内,欧洲各地能够读书识字,具有较高教育水准的人员大部分集中于基督教会和修道院③,因此,这些神职人员一方面对世俗社会的管理起到重要的作用,另一方面在文化传承方面也发挥了重要的作用。"整个中世纪早期,主要文化中心一直是修道院。它们犹如矗立在无知野蛮海洋中的岛屿,使学术在西欧幸存下来,而当时没有其他力量为此目的发挥强大作用。"④不仅如此,甚至有的学者强调,修道院内部不允许院长独断专行,而要求院长必须征求长老和修士们的意见,有助于从一个侧面传承西方古代的民主传统。⑤ 谈到修道院,就必须进一步讨论大

---

① 徐家玲:《拜占庭文明》,人民出版社 2006 年版,第 54 页。
② (美)查尔斯·霍默·哈斯金斯:《十二世纪文艺复兴》,张澜、刘疆译,上海三联书店 2008 年版,第 153 页。
③ 参见(荷)彼得·李伯庚:《欧洲文化史》(上卷),赵复三译,上海社会科学院出版社 2004 年版,第 181 页。
④ (美)查尔斯·霍默·哈斯金斯:《十二世纪文艺复兴》,张澜、刘疆译,上海三联书店 2008 年版,第 19 页。
⑤ 参见(奥地利)弗里德里希·希尔:《欧洲思想史》,赵复三译,广西师范大学出版社 2007 年版,第 29~30 页。

学同基督教会的独特关系。大学诞生于 12 世纪①,接着在后来的几个世纪中不可逆地发展起来,这里要强调的是,"早期大学源于修道院和大教堂学校"②。有趣的是,大学后来的发展趋势超出了教会设立大学或推动高等教育发展的初衷。弗里德里希·希尔曾敏锐地指出,"孕育了托马斯主义经院哲学的大学可以认为是极端自由和严重迫害交相作用下的产物",这是因为,教会建立大学最初的用意是想把那些在宫廷、城堡、城市、市场到处漫游,到处散布影响而又飘忽无定的知识分子抓住,画地为牢,把他们圈在大学里,对他们进行监管和审查,但是,其结果则是逐步形成了新的、自由的学术中心和思想交流中心,推动了大学的独立、思想的解放和科学的发展。因此,"正如每一个有机体内部一样,进步和反对的作用相互较量,往往十分复杂"③。类似的实例还可以举出一些,在此不再赘述。

由此可见,基督教同现代性的关系,同理性、科学、法律等等的关系的确十分复杂,二者之间不是简单的此消彼长或你死我活的对立关系,而是既相互冲突又相互促进的张力关系。正因为如此,在近现代,当文艺复兴的人文主义,特别是启蒙运动、法国大革命等对基督教构成严重挑战时,基督教并未僵化地、僵硬地与世俗文化精神对抗并被赶出历史舞台,而是开始了自我修正、自我反思的改革运动,这才产生了基督教新教的著名的宗教改革,以及天主教内部的人文主义改革思潮。这种现象被有的学者概括为"基督教启蒙运动",这一运动一方面推动了基督教的世俗化和理性化进程,另一方面也加快了社会理性化的进程。我们可以引用英国斯图亚特·J.布朗的一段概括来说明这一点:

---

① 我们通常说"大学诞生于 12 世纪",是以法国巴黎大学和英国牛津大学的建立为标志的。当然,也可以说"大学诞生于 11 世纪末",人们通常认为意大利博洛尼亚大学(Università di Bologna,又译波隆纳大学、博罗尼亚大学)为世界上最早建立的大学,尽管该大学的章程最早制定在 1317 年,但事实上在 11 世纪末于博洛尼亚就已经出现了第一个法律学院。

② (美)查尔斯·霍默·哈斯金斯:《十二世纪文艺复兴》,张澜、刘疆译,上海三联书店 2008 年版,第 260 页。

③ (奥地利)弗里德里希·希尔:《欧洲思想史》,赵复三译,广西师范大学出版社 2007 年版,第 151 页。

到 18 世纪晚期,在受过教育的人的心目中,欧洲启蒙运动已经对基督教构成严重的挑战。不过,这只是说对了一半。正如当今的历史学家们所意识到的,启蒙运动并非是整齐划一地反对基督教。启蒙运动实际上是一个纷繁多元的运动,而且在欧洲的不同地方呈现出不同的表现形式。法国的启蒙运动对基督教进行了严厉批判,而在欧洲的其他地区,启蒙思想家们却支持基督教,而且教职人员也在启蒙运动中起到重要作用。正如詹姆斯·布拉德利和戴尔·范·克利所言:一个"具有明显新教特色的启蒙运动",如同一轮新月,从苏格兰和英格兰倾斜插进信奉新教的荷兰和德国西部,最后停止于瑞士的日内瓦和洛桑两城。除此之外,还有天主教的启蒙运动。实际上,在整个欧洲,启蒙思想的许多方面都曾经得到过基督徒的支持。他们期待通过科学和科学方法来解释自然世界和支配宇宙万物的自然法则,承认人类理性有巨大潜力,能够实现世界的进步,主张宗教宽容、教育、文学和科学活动的普及,并且倡导人类的公共道德。他们还充满信心地认为,理性和科学不但不会颠覆基督教的启示,反而会肯定基督教启示的基本教义。简而言之,他们就代表了基督教的启蒙运动。①

当讨论宗教改革,及其基督教的启蒙运动在现代性生成的过程中所形成的基督教的世俗化和理性化趋势时,我们应当进一步拓宽视野,在更为丰富的侧度上来理解基督教和现代性的复杂关联。具体说,宗教改革及基督教的启蒙运动的意义不仅限于从一个侧面促进和支持了近现代社会的理性化进程,而且更为重要的是,代表了我们上述所提到的基督教和现代性之间在一定限度内一定范围内的融合关系的第二个重要方面,即基督教不仅与理性主义相互交织发展,而且还从价值和道德的维度对理

---

① (英)斯图亚特·J. 布朗:《宗教与欧洲启蒙运动》,载赵林、邓守成主编:《启蒙与世俗化》,武汉大学出版社 2008 年版,第 14~15 页。

性主义,特别是技术理性主义形成一种制约和补充。并且这种制约和补充并不停留于对现代性或纯粹理性文化的某种外在的制约,而是在一定意义上构成了现代性的一个重要的内在维度,即道德和价值约束的维度。

关于这一问题,我们前面介绍弗洛姆《逃避自由》中关于宗教改革问题的论述已经涉及其中的重要内容,例如,他论述了路德宗教改革对于个人在宗教事务中的独立性的恢复、关于加尔文宗教改革对于现代人的职业精神的培育作用,还特别指出,新的教义精神强调道德努力的重要性和圣洁的生活,把职业方面的努力、公正地经商及其生意上的成功作为上帝恩典的标志。应当说,关于这一问题的最具权威性的论述来自著名社会学家韦伯,他在阐述经济运动的理性化和可计算性、公共行政管理的科层化等现代性重要维度时,并没有单纯地突出技术理性或工具理性的价值和作用,相反,他明确提出工具理性的普遍的"宰制"的危险性和破坏性后果,因此,他突出强调经济合理性的确立依赖于内在的文化精神,一种从宗教改革产生的世俗化的和理性化的经济伦理,即新教伦理。

应当说,对于韦伯关于新教伦理的基本观点的概括,人们都比较熟悉。我想,在这里,重要的是从基督教与现代性的特殊关系的角度来展开这一问题,我们可以结合韦伯的《新教伦理与资本主义精神》和英国学者著名经济学家 R. H. 托尼的《宗教与资本主义的兴起》[1]的观点来探讨基督教,特别是新教如何在现代性中建立起重要的道德约束和伦理层面。韦伯是从理性化在现代社会中的普遍化入手来探讨问题的,他认为,理性化涉及社会的方方面面,如理性化的经济生活、理性化的劳动组织方式、理性化的技术、理性化的科学研究、理性化的行政机关、理性化的法律,等等。他认为,这种意义上的理性化是西方社会特有的产物,有其深刻的文化根基,他把这种理性化等同于理性资本主义,因此,他所讨论的新教伦

---

[1] 一些研究者倾向于夸大托尼与韦伯的分歧,并渲染托尼对韦伯的质疑。但是,实际上,两人的理论并没有本质性的差别,托尼的确对韦伯关于资本主义企业与宗教改革之间的因果关系的论述、关于加尔文主义的概括等方面的思想提出了批评,但是,他充分肯定了韦伯的主要观点。我以为,托尼的质疑更多地表现为对韦伯观点的订正、充实和补充。参见(英)R. H. 托尼:《宗教与资本主义的兴起》,赵月瑟、夏镇平译,上海译文出版社 2006 年版,第 208~209 页,"第四章注释"32。

理与资本主义精神的关系,在宽泛的意义上也是基督教与现代性的关系问题。我们首先从韦伯关于资本主义的规定性、内涵或基本精神入手来分析问题。提到资本主义,通常的观点,特别是无神论的世俗化的观点往往关注两点:一是彻底的理性化所带来的高效率和快速发展;二是资本主义经济发展的高效率是由获利的欲望,甚至是贪欲来驱动的。因此,资本主义和理性化似乎是同唯利是图、贪婪、挥霍无度等联系在一起的。这也正是人们批判资本主义的不道德,批判技术理性对自然的无休止的征服等问题的重要聚焦点。但是,按照韦伯和托尼的观点,这并不是资本主义的本质规定性,与资本主义没有本质性关系:

> 获利的欲望、对营利、金钱(并且是最大可能数额的金钱)的追求,这本身与资本主义并不相干。这样的欲望存在于并且一直存在于所有的人身上,侍者、车夫、艺术家、妓女、贪官、士兵、贵族、十字军战士、赌徒、乞丐均不例外。可以说,尘世中一切国家、一切时代的所有的人,不管其实现这种欲望的客观可能性如何,全都具有这种欲望。在学习文化史的入门课中就应当告诉人们,对资本主义的这种素朴看法必须扔得一干二净。对财富贪欲,根本就不等同于资本主义,更不是资本主义的精神。倒不如说,资本主义更多地是对这种非理性(irrational)欲望的一种抑制或至少是一种理性的缓解。①

韦伯对上述结论作了限定,他关于贪欲和逐利"与资本主义并不相干"的断言,并非说资本主义的经济运动不包含获利和功利的动力和动机,相反,他在得出上述结论之后马上明确指出,"资本主义确实等同于靠持续的、理性的、资本主义方式的企业活动来追求利润并且是不断再生的利润。因为资本主义必须如此:在一个完全资本主义式的社会秩序中,任何一个个别的资本主义企业若不利用各种机会去获取利润,那就注定要

---

① (德)马克斯·韦伯:《新教伦理与资本主义精神》,于晓、陈维纲等译,三联书店1987年版,第7~8页。

完蛋"①。显然,任何时代任何企业都要利用各种机会获取利润,都不可避免地具有贪婪的特征,资本主义更是如此,在他看来,这一点不是问题,问题在于:一方面,资本主义或理性化不等于简单地追逐利润,更不是无限定地放纵物欲,而是把这种获利动机限定在合理的限度之内,使之符合基本的价值和道德伦理要求;另一方面,即使我们退一步讲,不考虑职业道德和伦理规范,放弃对经济行为的道德约束,资本主义或理性化的经济体系实际上无法单凭对财富的欲望和对利润的追逐而建立和发展。关于后一方面,韦伯举了一个令人深思的例子,即关于"计件工价制"的问题。近代雇主出于时限的要求(如农业收割季节)和提高劳动生产率的目的,常常使用计件工价制,给劳动者以机会来挣取更多的工资。但是,雇主却常常遇到一个奇特的,而且发生频率很高的困难,即提高计件工价常常导致这样的后果:雇工在同一时间内做完的活儿不是多了,而是少了,因为劳动者对工价提高的反应不是增多而是减少其工作量。例如,某个人按每英亩1马克的价钱一天收割了2.5英亩地,从而挣得2.5马克,现在,工价提高到每收割1英亩得1.25马克,本来他可以轻而易举地收割3英亩地,从而挣得3.75马克,但他往往并不这样做,他只收割2英亩地,这样他仍然可以挣得他已经习惯得到的2.5马克。劳动者并不考虑如果尽力去做,能够多挣多少钱,而是考虑他要做多少活儿,才能挣到以前挣的2.5马克。②托尼也发现了类似的情形。这些分析说明,现代理性化的经济和社会运行如欲保持健康高速、高效率的发展,就必须合理地运用并有效地限制获利的欲望,同时,并不能指望单纯的经济和功利手段可以充分调动起劳动者的敬业精神和创新意识。与利润动机和财富欲望相比,更为重要的是对理性的运行建立起有效的职业道德和伦理规范,其核心是对劳动本身的价值认同,用韦伯的话来说,"劳动必须是被当作一种绝对

---

① (德)马克斯·韦伯:《新教伦理与资本主义精神》,于晓、陈维纲等译,三联书店1987年版,第8页。
② 参见(德)马克斯·韦伯:《新教伦理与资本主义精神》,于晓、陈维纲等译,三联书店1987年版,第42页。

的自身目的,当作一项天职来从事"①。这显然就涉及韦伯突出强调的一个观点,即经济合理性的确立依赖于内在的文化精神,或者说,作为现代性的理性化应当包含着自身的价值维度或伦理维度。

上述论述已经清楚地表明,理性化经济行为的动力并非不受约束的物欲,而是一种既肯定现代经济的追逐利润的动机,又坚持节俭,禁止欲望过分膨胀和放纵的职业精神和伦理道德。现在的问题是,作为理性化过程的现代性是从哪里获得的这种伦理维度和价值维度?韦伯对此有非常明确的回答:

> 在构成近代资本主义精神乃至整个近代文化精神的诸基本要素之中,以职业概念为基础的理性行为这一要素,正是从基督教禁欲主义中产生出来的。②

这是韦伯《新教伦理与资本主义精神》的核心思想和核心命题。他认为,基督教具有一贯的禁欲主义传统,而在近现代,这种传统经过世俗化而同理性化精神融为一体,成为现代性的重要维度,一种既肯定世俗经营活动和获取利润的行为,又强调节俭反对放纵物欲的职业精神和伦理规范。韦伯认为,"早在中世纪,甚至在古代的某些形式中,禁欲主义在其西方的最高形式里便有一种明确的理性特征。西方修行生活的巨大历史意义(与东方修行生活相对而言),正是以这种理性特征为基础的"③。托尼也认为,"在中世纪初期,禁欲主义的倾向占主导地位",其中,最突出的生活是宗教隐修生活,因为"它放弃世俗生活所珍视的一切诱人之物"④。他在《宗教与资本主义的兴起》中还用了不少篇幅分析了中世纪

---

① (德)马克斯·韦伯:《新教伦理与资本主义精神》,于晓、陈维纲等译,三联书店1987年版,第44页。
② (德)马克斯·韦伯:《新教伦理与资本主义精神》,于晓、陈维纲等译,三联书店1987年版,第141页。
③ (德)马克斯·韦伯:《新教伦理与资本主义精神》,于晓、陈维纲等译,三联书店1987年版,第90页。
④ (英)R. H. 托尼:《宗教与资本主义的兴起》,赵月瑟、夏镇平译,上海译文出版社2006年版,第11页。

直至近代早期基督教会对于世俗经济活动的态度,虽然教会或神职人员在对待世俗经济活动方面是存在着差异的,甚至教会也会卷入高利贷的丑闻之中,但是,教会的禁欲主义态度对于尔虞我诈、相互倾轧、攫取个人私利、贪得无厌的高利贷等,还是持谴责的态度,并推动为经济行为赋予伦理含义和道德约束。[①] 然而,虽然韦伯和托尼都注意到中世纪基督教禁欲主义对于维护社会灵性生活和伦理精神的积极意义,但是,他们都充分意识到中世纪的禁欲主义是一种"出世的"禁欲主义,它对世俗经济活动和交换活动的否定态度如果不加以改革,会成为理性经济活动发展的阻滞力。正是在这种意义上,他们强调经过宗教改革而形成的新教伦理对于现代性的生成,对于理性化健康发展的极端重要性。新教伦理继续传承了中世纪基督教的禁欲主义传统,但是,这是一种世俗化了的、"入世的"禁欲主义,它抑制过分膨胀的贪欲,主张节俭和道德的生活,但是充分肯定世俗经济生活的价值和意义,并赋予世俗经济活动以"荣耀上帝"的神圣意义和道德内涵。韦伯充分肯定了路德在宗教意义上对"职业"概念的解释,以及加尔文通过命定论把基督徒的全部精力都引向在尘世活动中的做法,并指出,宗教改革所形成的新教伦理的核心是既具有宗教意义又充分理性化和世俗化的职业思想或文化精神:

> 职业概念中包含了对人们日常活动的肯定评价,这种肯定评价的某些暗示早在中世纪、甚至在古希腊晚期就已存在,这的确也是真实的。这一点我们以后再谈。但是,至少有一点无疑是新的:个人道德活动所能采取的最高形式,应是对其履行世俗事务的义务进行评价。正是这一点必然使日常的世俗活动具有了宗教意义,并在此基础上首次提出了职业的思想。这样,职业思想便引出了所有新教教派的核心教理:上帝应许的唯一生存方式,不是要人们以苦修的禁欲主义超越世俗道德,而是要人完成

---

① 参见(英)R. H. 托尼:《宗教与资本主义的兴起》,赵月瑟、夏镇平译,上海译文出版社2006年版,第14~20页。

个人在现世里所处地位赋予他的责任和义务。这是他的天职。①

托尼也充分肯定了路德和加尔文宗教改革对于具有宗教意义的经济伦理的确立所具有的特别的意义。他认为,在宗教改革的不同派别中,加尔文主义对于现代社会是一种积极的、激进的力量,它的影响渗透到生活的各个方面,加尔文教义的核心是"强调个人的责任、克制和禁欲,要求形成客观地体现基督徒品质的社会制度"②。由此,托尼认为,加尔文宗教改革为奠定现代性的伦理基础提供了两大重要的要素,"加尔文主义一方面对商业企业的生活给予完全的认可,对这一点,大多早期道德学家表示了怀疑态度;同时又用审判官般的约束对它加以限制"③。托尼还特别重视由加尔文主义传入英国后形成的清教运动对于具有宗教意义的经济伦理的建立所起到的重要历史作用。④

通过上述分析,我们简要地勾勒了现代性的一个十分特殊的维度,即由基督教自身的世俗化而形成的现代性的道德价值维度和伦理约束维度。⑤ 当然,严格说来,这不单纯是或不简单是现代性的一种维度,而是在现代性之外和现代性之内复杂交织的一种张力结构,其中既包含着宗教对现代性的阻碍和对理性的排斥,包含着导致现代性的危机的内在根据,也包含着对现代性的某种道德完善和伦理规范,包含着对单纯技术理性或工具理性的某种修正和补充。我们不能夸大宗教,特别是基督教在

---

① (德)马克斯·韦伯:《新教伦理与资本主义精神》,于晓、陈维纲等译,三联书店1987年版,第59页。

② (英)R. H. 托尼:《宗教与资本主义的兴起》,赵月瑟、夏镇平译,上海译文出版社2006年版,第67页。

③ (英)R. H. 托尼:《宗教与资本主义的兴起》,赵月瑟、夏镇平译,上海译文出版社2006年版,第140页。

④ 参见(英)R. H. 托尼:《宗教与资本主义的兴起》,赵月瑟、夏镇平译,上海译文出版社2006年版,第117~165页。

⑤ 最初在构思本书时,我曾经准备在第三章"现代性的精神性维度"和第四章"现代性的制度性维度"之后,单独设立第五章,题目可以考虑为"现代性的伦理维度"或"现代性的德性维度",但是,考虑到基督教同西方社会特有的本质关联、世界不同地区不同国度宗教与世俗关联情况的极其复杂性,以及基督教与现代性之间关系的极其复杂性,最终还是决定在讨论现代性维度的张力结构时展开这一问题。

现代性生成中的历史作用和现实影响，但是，在西方的语境中讨论现代性，离开了基督教及其自身的改革和变迁，是万万不成的。特别是考虑到基督教从产生之初就具有的平民性质和在西方的普遍影响，这一点尤其重要。韦伯曾强调，在西方，特别是欧洲，"工商界领导人、资本占有者、近代企业中的高级技术工人、有其受过高等技术培训和商业培训的管理人员，绝大多数都是新教徒"①。

其实，当我们肯定这一点时，并不是对于宗教，特别是基督教的颂扬，并不是把基督教视做现代性生成的自觉的推动力量，而是说，无论我们愿意与否，现代性的生成历史就是这样复杂地同基督教的发展史和改革史不可分地交织在一起。在这一问题上，韦伯特别清醒，他指出："我们必须永远记住，伦理观念的改革从来就不是任何宗教改革家……所关心的中心问题。他们既不是道德文化团体的创立者，也不是人道主义的社会改革或文明理想规划的倡导者。灵魂的救赎，而且仅仅是灵魂的救赎才是他们生活和工作的中心。他们的道德理想及其教义的实际效果都是建立在这一基础之上的，而且是纯宗教动机的结果。因而，我们不得不承认，宗教改革的文化后果在很大程度上，大概在我们重点研究的这些方面，是改革家们未曾料到的，甚至是不想达到的。这些结果往往同他们本人所想要达到的目的相去甚远，甚至相反。"②

的确，关于宗教同理性、基督教同现代性的复杂关系和张力结构的分析，进一步印证了我们所强调的必须对现代性进行历史的、具体的、微观的分析的基本见解的正确性。这一点，韦伯的上述概括极其重要和经典。假如我们不是历史地、具体地、微观地分析现代性的各个方面和各个维度，而是按照自己的框架或理论前见去取舍历史问题和现实问题，那么我们所得到的现代性在很大程度上会是想象的产物，至少是抽象化的产物。

---

① （德）马克斯·韦伯：《新教伦理与资本主义精神》，于晓、陈维纲等译，三联书店1987年版，第23页。
② （德）马克斯·韦伯：《新教伦理与资本主义精神》，于晓、陈维纲等译，三联书店1987年版，第66~67页。

不仅如此,通过基督教变迁与现代性生成的内在关联和外在关系的复杂分析,通过对西方现代性的道德的或价值约束维度的特殊表现形态,即宗教伦理的分析,还从一个侧面展示了现代性与本土文化的复杂关联。换言之,尽管发端于西方的启蒙运动和现代性的生成体现出一种很强的普遍化特征,但是,现代性在任何国度和地域的生成都不可避免地把本土文化的特质,特别是价值内涵整合到自己的内在机制中,形成复杂的和交错的制约性维度,即是说,现代性在世界范围内的运动必然面临着与不同的本土文化资源相互对话、相互碰撞和相互融合的课题。这样一来,现代性无论具有如何强的普遍性和整合性,都不可能像自然科学所揭示的那种排除了任何差异和特殊性的普遍规律和必然性那样,在世界的所有地域所有文化中简单地复制,而是会在不同文化的借鉴、学习、碰撞、冲突、修正、创新的过程中,使自身逐步成为一种包容性的文化"星丛"。这样的具体认识对于后发国家的现代化具有重要的理论意义。

第二节 制度性和精神性的张力

在对主要由基督教的文化精神构成的,西方语境中现代性特有的价值约束维度或者德行维度与现代性内在的典型的理性化维度之间的张力机制和复杂关系作了分析之后,我们再进一步走向微观,转回到作为现代性最为典型的理性化维度本身的内在张力的分析。这一分析集中于"制度性"和"精神性"这两个概念之间,也即集中于现代性的制度性维度和精神性维度之间。

应当说,"精神性"和"制度性"是深刻分析文化功能的核心范畴。通常人们对文化的"精神性"规定性没有什么质疑,而对于文化的"制度性"规定性则认识不够充分,一些研究者呈现出把文化限定在"精神性"范畴之内的倾向。在这一问题上,如前所述,以马林诺夫斯基为代表的一些文化人类学家、社会学家反对在狭义上把文化限定为纯粹精神领域的做法,他在探讨文化的功能时越来越倾向于把文化主要理解为制度的倾向,他明确断言:"制度结构普遍存在于所有文化"、"制度乃是文化分析的真正单元"。[1] 对于这些断言,他有许多论证,作为文化的个体如何组成社会,是每一社会都面临的重要问题,即是说,个人必须通过某种方式进入到"有目的活动的组织化系统"。马林诺夫斯基指出,"人是出生在或进入到先期形成的传统群体中的。否则,他们自己也会尽早组织或构成这样的群体。我将把人类组织起来或进入已经存在的组织所追求的价值体系定义为制度的宪纲。我将把制度的人员定义为依据确定的权威原理、功能分工原理和权利与义务的分配原理组织起来的群体。一个制度的规则或规范则是由其成员所接受或被强加的后天习得技能、习惯、法律规范和伦理指令"[2]。从这些论述可以看出,马林诺夫斯基作为功能论者,他有时过分地强调给定的文化对于个体的约束性和强制性,而对文化的内在自由精神和创新精神强调不够。但是,他的理论还是抓住了文化功能或文化内在结构的一个重要问题,即一种文化所包含的或倡导的文化精神,或者说,一个时代个体所追求的精神和价值,必须通过制度化的方式才能在社会生活和社会运行中发挥作用,成为该社会占主导地位的文化模式或生存方式;同样,一个社会的经济、政治、法律、公共管理等制度都内在地包含着特定的文化精神和文化价值。正是在这种意义上,我们把文化定义为历史地凝结成的生存方式,是社会的经济、政治等运行的内在图式和机理。

上述是我们关于文化的制度性维度和精神性维度相互依存关系的一般性描述和概括。然而,在对具体文化模式的分析中,我们不能停留于这种一般性的结论,必须看到,文化的具体的精神性维度和制度性维度之间的关系不是简单的、同质的和一维的,而是复杂的、异质的和多维的,由此构成了文化模式内在的张力机制和动力机制。具体说来,当文化的精神

---

[1] (英)B.马林诺夫斯基:《科学的文化理论》,黄剑波等译,中央民族大学出版社1999年版,第65页。

[2] (英)B.马林诺夫斯基:《科学的文化理论》,黄剑波等译,中央民族大学出版社1999年版,第64页。

性维度与制度性维度内在地结合,或者说,当具体的文化精神或文化价值"制度化",既可能出现具体的机制、机理和制度为特定文化精神作用的发挥搭建平台提供规范,从而促进文化创新活力的倾向,也可能出现具体的机制、机理和制度抑制和压抑特定文化精神,从而形成制约文化创新的僵化机制,甚至出现导致文化精神危机或者特定优秀文化精神走向反面的情形。有的思想家甚至断言,文化的"制度性"和"精神性"二者之间存在着必然对立的关系,例如,美国著名学者乔治·桑塔亚纳就持这种观点。他在分析宗教改革时断言:"改革的活动是一些意义不明确的事情。一般说来,他们的成功是与他们的适应能力成正比例的,也与他们在自身内部重新吸收他们反对的东西成比例的。一千次改革留给世界的是与从前一样腐败,因为每次成功的改革都建立了某种新制度,而且这种新的制度同样滋生新的、却与过去同类的弊端。"①乔治·桑塔亚纳的这一断言显然是过分极端化了,不过,我们的确不能低估文化现象和文化模式的制度性维度和精神性维度的错综复杂的张力关系。

按照文化哲学的这一思路,具体到现代性的精神性维度和制度性维度之间的关系上,我们可以看到其中异常复杂的内在关联和内在张力。作为现代性的理性精神,无论是个体的自由、主体意识、超越精神,还是公共的契约精神和平等意识,都必须通过特定的理性化制度来行使功能,例如,通过经济运行的理性化机制、科学高效的科层化管理机制,特别是民主制度和法律制度来实现。然而,在这里,"制度性"和"精神性"之间的关系并不简单并不单一,在理性精神的制度化过程中,理性化的机理和制度在很多情形下的确激发了文化创新的活力,发挥了个体的自由和创造性,为个体提供了平等参与社会公共事务和社会管理,保障公民权利的制度框架和机制平台,但是,我们同样不难看到相反的情形:高效的科层化管理在提高效率的同时却扼杀了创新,使管理变成了例行公事;民主和专

---

① (美)乔治·桑塔亚纳:《宗教中的理性》,犹家仲译,北京大学出版社2008年版,第75页。

制常常仅一步之遥,甚至互为因果,等等。这正是现代性危机的深层机制性根源。人们通常把现代性视做一个同质化的整体,把现代性的危机视做所有理性力量的齐心协力"齐步走"的后果,而实际上,这些危机的内在根源同现代性的制度性维度和精神性维度的内在张力密切相关。这一方面的实例很多,我们可以结合启蒙运动、法国大革命等历史事件,围绕着民主和自由之间的复杂的张力结构,来简要地说明这一问题。

在现代性的生成进程中,17世纪末和18世纪的欧洲启蒙运动占据特别重要的地位,可以说,现代性的各个维度的生长、各个层面的历史沉积,都在这一时期得到了明显的展示和显现,因此,很多研究者,包括哈贝马斯、吉登斯等,都断言,现代性产生于这一时期。我们在这里对于启蒙运动的关注点在于:正是在现代性得以比较充分地显现和展示的启蒙运动(包括它的爆发式运动,即法国大革命)时期,现代性内在的制度性维度和精神性维度之间的张力和冲突也已经开始清晰地显现。尽管围绕着启蒙运动一直是争论不断,评价不一,甚至在启蒙运动方兴未艾之时,直接受启蒙影响,甚至作为启蒙的一种发展的浪漫主义思潮,就展开了对启蒙运动的理性化特征的拒斥和批判[1],但是,作为现代性生成的最重要的标志性历史事件,启蒙运动对于欧洲和西方历史进程的影响,乃至对世界其他地区历史进程的不同程度的影响,一直持续到今天。"启蒙运动是欧洲第一场提出了涵盖社会各个领域的全面的有改革纲领的运动,19世纪乃至20世纪的所有改革人士都是以这些纲领为依据。"[2]关于启蒙运动的内涵、成就、社会影响和历史贡献,学术界有许多种概括,我们在这里不就这个问题去展开讨论,我想借用德国学者里夏德·范迪尔门的一段相对集中的概括来加以说明:

> 启蒙运动在全欧洲无疑是一场知识分子的运动,因此与其

---

[1] 参见(美)罗兰·斯特龙伯格:《西方现代思想史》,刘北成、赵国新译,中央编译出版社2005年版,第195~196页。

[2] (德)里夏德·范迪尔门:《欧洲近代生活 宗教、巫术、启蒙运动》,王亚平译,东方出版社2005年版,第294页。

把它与宗教改革比较,不如与人文主义相比较。它促进了科学的发展,广泛地传播了知识,使所有人的思想领域都服从于理智。认识和真理是启蒙运动的理想和目的,但也并没有只是停留在学识丰富和善于思考的认识上。此外,启蒙运动旨在彻底地改革社会的现状和人的生活。简而言之,从迷信和传统中解放出来,从依赖和不受法律保护中解放出来,有利于一个由理性领导的社会制度。这个社会制度保障了人的权利,保障了人的幸福,当然并不是有意识地针对专制国家和等级社会的社会基础结构,而是进行司法改革,发展商业和农业。此外,启蒙运动通过克服迷信和无知、通过发展教育机构和学校,以及通过在家庭和教区的社会伦理来追求人的完美。由理智支配的有道德的人成为一种理想。①

关于启蒙的历史成就和社会影响的这一概括或许并不是最经典的和最全面的概括,但是,即使在这一概括中我们已经可以看到启蒙运动所引起的社会各个方面的重大变化。从现代性的生成的角度来看,这里的确包含许多重要的方面和内容,包含着理性对个体的生存和社会的运行等各个方面的影响,就大的方面着眼,一是包含着现代性的精神性维度,例如,关于人的权利、人的幸福,用康德的话来说,包含着人的成熟,凭借着理性知识而理智地生存,另一方面包含着现代性的制度性维度,例如,理性的社会制度、司法改革、商业和经济体制等。然而,当我们谈到启蒙运动对现代社会的影响之广泛和深刻时,马上要指出,它所遭受的质疑和批判也是广泛的和深刻的。关于理性危机、启蒙危机的话题在20世纪成为全球学术界的热门话题,而其中,关于启蒙反思和批判最具代表性的著作无疑是霍克海默和阿多诺的《启蒙辩证法》。虽然他们并不倾向于把启蒙局限于17世纪末和18世纪的欧洲启蒙运动,但是,从他们关于启蒙所

---

① (德)里夏德·范迪尔门:《欧洲近代生活 宗教、巫术、启蒙运动》,王亚平译,东方出版社2005年版,第236页。

作的基本概括来看,他们所批判的启蒙主要地还是以这一典型的历史事件为蓝本的。我们可以在这里引用霍克海默和阿多诺关于启蒙的一段最经典、最简练的概括性批判:

> 就进步思想的最一般意义而言,启蒙的根本目标就是要使人们摆脱恐惧,树立自主。但是,被彻底启蒙的世界却笼罩在一片因胜利而招致的灾难之中。①

按照这一批判性纲要,霍克海默和阿多诺对启蒙进行了多方面的批判。在他们看来,启蒙的主旨是人类通过理性知识和技术力量从根本上改变迄今为止受自然和神话奴役的历史,走向成熟,真正成为自然和历史的主人。但是,在现实历史进程中,启蒙精神并没有完全实现自己的承诺。启蒙精神在极大地改变了人类的生存条件,并创造了前所未有的物质财富和精神财富的同时,也在悄悄地走向自己的反面,走向了"启蒙的自我毁灭",在理性普遍统治的世界中,"人类没有进入真正的人性状态,反而深深地陷入了野蛮状态"②。启蒙的"自我摧毁"有许多具体表现,比如,启蒙以消除神话为己任,意欲以知识来代替想象;但是,在现实中,实证化的启蒙理性却走向了反面,走向了新的迷信,退化为神话。再比如,启蒙理性的宗旨是确立人对自然的无限的统治权,然而,人征服自然的结果并没有使人成为自然的主人,也没有使自然成为属人的存在,相反,人对自然的统治导致人与自然关系的破坏,导致自然对人类的报复。而且这种破坏的后果将是毁灭性的,"如果人类已经筋疲力尽,他们的破坏力就会变得越来越大,继而进行一次彻底的扫荡。人们要么相互摧残,使自己粉身碎骨,要么把地球上的所有动物和植物一扫而光;假如地球的生命还很年轻的话,那么,用一句名言来说,万事万物就必须从更低的阶段重

---

① (德)马克斯·霍克海默、(德)西奥多·阿道尔诺:《启蒙辩证法》,渠敬东、曹卫东译,上海人民出版社2003年版,第1页。
② (德)马克斯·霍克海默、(德)西奥多·阿道尔诺:《启蒙辩证法》,渠敬东、曹卫东译,上海人民出版社2003年版,"前言"第1页。

新开始"①。进而,在完全被技术理性统治的世界中,不但人与自然相异化,而且人与人也相互异化,人普遍物化,人在普遍异化的世界中相互冲突。"人们不仅彼此完全疏离开来,同时也远离了自然,因此,他们所有人都只知道他们自己的要求和伤害。每个人都已经变成了一个要素,这种要素可能是某种实践的主体或客体,也可能是不值一提的东西。"②

霍克海默和阿多诺的启蒙辩证法是20世纪最有影响的文化批判理论之一,他们的上述观点对于当代的启蒙理性批判和现代性批判起到了重要的助推作用,提供了重要的理论资源。然而,在微观政治哲学的视域看来,他们的批判也有其局限性:一是他们关于"启蒙的自我毁灭"的分析还是偏重于理性和技术异化所造成的后果,例如,对自然生态的毁灭性破坏,导致人的物化和异化等,而且,世界大战及其法西斯主义"大屠杀"的特殊背景使得他们对技术理性或启蒙理性的危机后果的描述带有某种渲染的色彩;二是他们的启蒙批判还是把理性化或现代性视做一个同质的总体或整体,去分析和批判其造成的总体性理性统治的后果,而没有深入分析启蒙的内在的张力机制和具体的危机机制,因此,这种批判带有不加分析不加区分地"一棍子打死"的特征,而从我们的微观政治哲学或文化哲学的视角来看,导致启蒙呈现出危机特征的主要根源是启蒙内在的张力机制,即现代性的精神性维度和制度性维度之间的冲突或者背反,而且,这种危机或背反一定是具体的、复杂的,而不是笼统的和总体的。

从精神性或精神气质上来看,启蒙作为用理性之光来消除迷信和神话的运动,内在地蕴涵着对人的独立性、成熟性、自主性,特别是人的自由和人的权利的承认和维护,而这样一种精神性维度是需要选择一种制度化的途径来保证所有公民所有人的自由和平等,而这也正是启蒙运动的

---

① (德)马克斯·霍克海默、(德)西奥多·阿道尔诺:《启蒙辩证法》,渠敬东、曹卫东译,上海人民出版社2003年版,第254页。
② (德)马克斯·霍克海默、(德)西奥多·阿道尔诺:《启蒙辩证法》,渠敬东、曹卫东译,上海人民出版社2003年版,第289页。

特殊的高峰法国大革命的旗帜,即自由、平等、博爱。从逻辑上讲,启蒙的这样一种精神气质,必然要导致以民主作为其根本的制度选择。这是毫无疑问的,实际的历史进程也在不断朝着这一方向努力,并因此使自由和民主的关系,一直成为现代性在理论上和实践上的关注焦点。不过,必须看到问题的复杂性和历史的曲折性,我们发现,在围绕着启蒙或现代性的自由精神所作的制度选择方面,情况颇为复杂,其中有两种民主和自由之间形成了悖论的情形:一种情形是启蒙运动的理性诉求并不一定指向民主,而可能由于理性的普遍性要求和理性控制的机制而走向某种形式的专制;另一种情形是,启蒙运动(特别是法国大革命)在主观上是要建立民主制度,或者在实际上也建立了某种形式的民主制度,但是,这种民主制度并没能够行使保护公民自由和权力的功能,而是走向了反面或者导致了负面的、危机的后果。在这两种情形中,我们都可以清晰地看到现代性的精神性维度和制度性维度之间既相互依存又相互矛盾冲突的张力机制。

我们先分析一下第一种情形,可以通过了解启蒙运动当时所进行的制度化选择的情形来加以说明启蒙运动并没有直接走向民主的情形。从表面上看,启蒙运动高扬理性的旗帜,用理性来塑造一个时代的精神和制度,它本身是同一的,没有内在矛盾,其主要的敌人都是外在的贵族等级制和宗教的或世俗的专制统治,而实际上,现代性在最初生成的时候就已经不可避免地包含着内在的张力。具体说来,启蒙运动虽然以自由和平等为主要的精神诉求和价值导向,但是,启蒙运动深受自然科学的普遍化思维方式和实证化精神的影响,强调用普遍的理性知识和理性手段作为实现自由和平等的基础,因此,受同样理性精神和原则影响的制度,往往侧重于对人的行为和社会活动的理性规范和控制。这种制度选择的价值取向与17、18世纪以路易十四为代表的绝对君主政体,以及民族国家政体具有一致性①,由此导致启蒙运动时期的制度安排并非是民主政体和民主体制。有的学者认为,启蒙运动同文艺复兴一样,其批判思想和价值思想很少触及到农村和城市的平民阶层②,更多的是精英阶层运用普遍的理性法则对社会运行和社会生活的批判、规范和控制。正是在这种意义上,美国学者罗兰·斯特龙伯格甚至断言,"启蒙运动带有强烈的反民主色彩,这么说是因为它怀疑大众的智慧,进而怀疑用多数表决而不是理性来做出决策的智慧"③。他特别分析了法国大革命时期启蒙思想家的态度和在制度选择方面的价值取向,"事实上,几乎所有启蒙思想的幸存代表(那一代的伟大人物大多已经去世)从一开始就对革命感到惊骇。说到底,他们是主张通过思想启蒙而不是通过暴力革命来实现合乎理性的进步;他们大多蔑视民众,寄希望于某种开明专制。他们信奉合乎理性的秩序与合乎科学的方法,而这些却在革命时期的狂欢动乱和胡言乱语中遭到践踏"④。对于启蒙运动折射出现代性制度性维度和精神性维度的内在张力、矛盾和冲突,我们可以借用德国学者里夏德·范迪尔门的一段比较深刻的概括来描述:

> 启蒙者们虽然寄希望于理性的胜利上,希望这个胜利能解决很多问题,但启蒙运动的过程同时也揭示了一系列的不可调和的矛盾,一些启蒙者已经指出了这些矛盾,或者此后使这些矛盾公开化。首先,由于强制一切都要以理性为基础,就可能既会产生所有人的平等,也会造成一个群体占有优势地位;以理性为指导不排斥专制的乃至集权的要求。启蒙运动最终没有作出是

---

① 参见(美)罗兰·斯特龙伯格:《西方现代思想史》,刘北成、赵国新译,中央编译出版社2005年版,第77~80页。
② 参见(德)里夏德·范迪尔门:《欧洲近代生活 宗教、巫术、启蒙运动》,王亚平译,东方出版社2005年版,第155页。
③ (美)罗兰·斯特龙伯格:《西方现代思想史》,刘北成、赵国新译,中央编译出版社2005年版,第275页。
④ (美)罗兰·斯特龙伯格:《西方现代思想史》,刘北成、赵国新译,中央编译出版社2005年版,第207页。

民主还是"专制"的决定。关于法国大革命的讨论及只要求坚持理性的光照会的秘密协会都极为清楚地说明了这一点。其次,以理性为基础的开明公民的道德坚决反对日常生活中的暴力行为和民众的粗鲁,同时也建立了具有"清教主义"的新的监督体系。清教主义与欧洲那些大的传统的宗教团体没有本质的区别。公民的道德不比传统手工业者的文化更严厉。启蒙运动在各地促进知识的传播,这既有助于解放,从传统的束缚中自我解脱出来,而且也用知识建造了一个权势,把人变成了工具。启蒙运动渴望自由——思想自由,废除农奴制度或者职业自由——以此唤醒自我发挥的能力,通过报刊、学校和新的法律制造了统治人的新的工具。但某些自由导致了新的不自由。启蒙运动支持所有人的平等,但这里指的只是市民与贵族的法律平等,有平等的价值,这可以增强市民的权势,与其说是减小了不如说是加深了学者与民众、富人与穷人之间的鸿沟。平等的要求没有很清楚地包括民主思想和行为。①

里夏德·范迪尔门的这一段概括很深刻、很细微地分析了启蒙运动的内在的各种张力,并指出现代性的各种制度性和精神性维度的交互作用和相互冲突所导致各种可能的后果,这对于我们深刻理解"制度性"和"精神性"之间的复杂的张力机制具有重要的启示。对于这一段概括性论述,我们不再具体分析,而是在这里,接着开始对法国大革命进行某一个小视角的透视,以说明启蒙运动在民主制度方面所导致的另一种情形,即作为启蒙运动的一个特殊高峰,法国大革命在主观上是要建立民主制度,以实现自由、平等、博爱的价值目标,但是,实际上,法国大革命所实行的民主并非真正保护公民自由和权力的民主,而是在某种意义上或在某些方面走向了民主和自由的反面。这里要特别提及的是备受争议的雅各

---

① (德)里夏德·范迪尔门:《欧洲近代生活 宗教、巫术、启蒙运动》,王亚平译,东方出版社 2005 年版,第 294~295 页。

宾专政,它从追求彻底的革命和普遍的直接民主而走向了非理性的群众性暴行和专制,导致了与自由、平等、博爱相悖或相反的后果。①

我们首先非常简要地描述一下法国大革命的进程。在某种意义上,我们可以说,作为启蒙运动的特殊高峰,法国大革命在自己的演进过程中关于制度选择的突出特点是明确强调走向民主,例如,革命初期,虽然是君主立宪派占据了主导地位,但是,那时候已经把自由和民主作为重要的价值,革命爆发后很快就由制宪会议通过《人权与公民权宣言》,确立人权、法制、公民自由和私有财产权等基本原则,也就是自由、平等、博爱的原则;到了1792年吉伦特派掌权,大革命开始实行共和,强迫贵族退还非法占有的公有土地,并将没收教会的土地出租或出售给农民,主张经济自由主义,反对政府控制贸易和物价等;1793—1794年雅各宾派的统治,更加倾向于保护平民的权利,把逃亡贵族的土地一律没收,分配或低价卖给农民,并且推广教育,提倡宗教自由,这里追求的实际上是一种普遍的直接民主;即使到了1794年热月政变后,代表大资产阶级利益的热月党人也没有放弃革命的目标,而是从资产阶级的立场进入维护大革命成果的时期,他们释放大批嫌疑犯,废除全面限价法令,恢复经济自由,进一步维护共和制。从上述描述可以看出,无论大革命经历了什么样的转折和波折,自由和民主是其一直没有放弃的目标。

然而,从另一个侧面来看,我们又发现,这一从君主立宪走向共和政体,不断追求民主制度,甚至是追求民众普遍的直接民主的过程,同时伴随着血腥、恐怖、专制和大屠杀,伴随着对生命和自由的随意剥夺和消灭。尤其在雅各宾专政期间,直接的民主变成了普遍的暴民行动,恐怖的专制和残酷的屠杀已经不限于指向国王路易十六和贵族等革命的对象,而是扩大到革命的同路人、革命中的不同政见者、无辜的群众等等。例如,著

---

① 全面评价法国大革命,的确是我们尚无力驾驭的课题,它不仅牵涉到复杂的历史事实的考据,而且还面临着200年来关于法国大革命的各种彼此冲突的评价观点。我们在这里只是从启蒙及其现代性内在的制度性和精神性维度的冲突和张力的角度来触及一点有关法国大革命的历史文献和研究资料。

名化学之父安东尼·拉瓦锡本来是支持改革、强调出版自由和主张向贵族收税的革命者,只因为他曾担任过旧政权的火药局长和收税官,就被革命的法庭推上了断头台。[①] 英国史学家 H. G. 韦尔斯曾这样描写雅各宾专政时期革命法庭进行的大屠杀:"在 1794 年 6 月之前的 13 个月内,共有 1 220 人被处死,这此后的 7 个星期内共处决了 1 376 人。断头台的发明迎合了这种狂热情绪。王后被处斩,罗伯斯庇尔的对头大多被斩首;顽固坚持没有最高之主的无神论者被砍了脑袋;丹东也因为说断头台设得太多而被砍了头。一天又一天,一星期又一星期,这种恶魔一样的新机器不停地运行着,头颅越砍越多。好像罗伯斯庇尔的统治是依靠鲜血来滋养的,而且它需要的鲜血越来越多,如同抽鸦片的人抽得越多越想抽一样。"[②]

上述关于法国大革命走向民主和走向专制的两种历史形象的描述,刚好构成了 200 年来法国大革命史研究中的争论的焦点和分歧的焦点之所在。法国大革命的赞美者强调大革命的自由、平等、博爱和民主的崇高价值,甚至涉及雅各宾专政,也强调其革命的平民性和彻底性的意义和价值,而把革命过程中的残暴和专制视做偶然的和附带的历史现象;而法国大革命的批判者则因为雅各宾专政的恐怖和屠杀而否定革命本身,在当代的启蒙反思和现代性批判中,这种否定从革命运动本身一直延伸到理性本身和现代性本身,形成了激进的反对现代性的倾向。我在这里既不想具体地评价这两种对立观点的是非曲直,也不想简单地为自己确定一个价值定位。我想,对于法国大革命这一深刻标志现代性生成和本质的重大历史事件,必须作具体的和历史的分析。一方面,我们无论如何都不能也无法否定法国大革命在人类历史或者世界历史(按照黑格尔的说法[③])中的特殊地位,不能也无法否认法国大革命的自由、平等、博爱的旗

---

① 参见(美)彼得·盖伊:《启蒙时代》,汪定明译,中国言实出版社 2005 年版,第 25 页。
② (英)H. G. 韦尔斯:《世界史纲:生物和人类的简明史》(下卷),曼和平、李敏译,北京燕山出版社 2004 年版,第 674 页。
③ 参见(德)黑格尔:《历史哲学》,王造时译,上海书店出版社 2006 年版,第 422 页。

帜和价值精神,我们看到,连黑格尔这样的理性化的严肃夫子在谈到法国大革命时都为之动容为之动情,"这是一个光辉灿烂的黎明,一切有思想的存在,都分享到了这个新纪元的欢欣"①;另一方面,我们必须看到法国大革命的限度,这一革命本身并没有直接导致完善的民主制度和法律制度,它对后来不同国度不同地区历史进程的影响更多的是一种文化精神上和价值上的鼓舞,而不是提供一种已经完成的可以复制的社会制度安排,甚至,今天人们对法国大革命的追忆和理解中的不少闪光的东西是我们关于理想社会构想的向回投射。在这里,我想提及一下许多有建树的法国大革命史学家之中的一位——法国学者弗朗索瓦·傅勒1978年发表的曾引起过许多争议的《思考法国大革命》的观点。尽管他关于法国大革命的许多分析和评价是值得商榷和批判的,但是,他的一些观点很有启示。弗朗索瓦·傅勒指出,法国大革命史研究中有一种"纪念性史学"的错误倾向,这种史学研究从为当代、为自己的民族、为自己的革命寻找一个起源性的出发点的角度,拒斥对法国大革命的局限性的批评,为法国大革命人为地投射了许多光环,从而为当代的许多历史事件和进程提供一种起源和历史连续性、历史必然性意义的合法性。在他看来,法国大革命在某种意义上成了"一个世界的想像的镜子",一种"关于起源的伟大叙事"②,此后历史发展中关于自由、平等、民主、契约等等,都通过这个镜子而加以折射,都在法国大革命这一伟大的历史事件中找到了起源和完成了的原型,"1789年也成了一个新世界的诞生之年,亦即建立在平等之上的新世界元年"③。弗朗索瓦·傅勒从不同方面提出了关于法国大革命的一些论断,例如,他认为,事实上,法国大革命并没有同旧制度构成断然的"中断";没有提供后来可以直接复制、搬用的民主制度,在雅各宾专政期间,所谓"民众参与共和国的管理"是根本不存在的④;相应地,实际

---

① (德)黑格尔:《历史哲学》,王造时译,上海书店出版社2006年版,第418页。
② (法)弗朗索瓦·傅勒:《思考法国大革命》,孟明译,三联书店2005年版,第4、5页。
③ (法)弗朗索瓦·傅勒:《思考法国大革命》,孟明译,三联书店2005年版,第5页。
④ 参见(法)弗朗索瓦·傅勒:《思考法国大革命》,孟明译,三联书店2005年版,第111~112页。

上也没有形成一条从法国大革命开始按照线性决定论原则不断前进的必然的历史进程,因此,在某种意义上说,"法国大革命结束了"①。但是,在这里,弗朗索瓦·傅勒并没有否定法国大革命的特殊历史意义,实际上,他形象地把法国大革命定义为民主的首次试验:

> 要理解这一点,只需真率,愿意从概念的中心来考察大革命,而不是执意要把大革命稀释到某种泛泛的演化论观点里去,以期给革命行动者们的德行增添些许尊严的光彩。给当代法国带来原创性的,并不是因为她经历了从绝对君主制向代议制的过渡,或者是经历了从贵族世界向资产阶级社会的过渡:欧洲没有革命,没有雅各宾,不也照样走完了相同的道路吗?——尽管法国的事件在这里那里加快了演变并造就了一些效颦者。然而法国大革命并不是一个过渡,而是一个起源和关于起源的幻想。这就是它身上创造了历史价值的独一无二的东西,正是这种"独一无二"后来成了普适的价值:民主的初次试验。②

对法国大革命作了上述分析评述之后,我们还是把问题集中到关于现代性维度的内在张力的分析上。法国大革命的进程比启蒙运动本身更加鲜明地展示出在现代性生成的过程中"走向民主"和"走向专制"两条线索的纠缠和交织。现在我们需要对这一历史现象再作一些原因或根源的分析,可以肯定,这是一个十分复杂的历史课题,涉及的原因是多种多样的,并且肯定是无法穷尽的,例如,革命力量的对比、革命队伍内在观点的分歧、外国敌对势力和国内反动势力的相互交织、革命组织者的准备不充分及其频繁更替、革命环境的残酷形成的压力、民众的盲动倾向、不同阶层在革命进程中利益诉求的冲突、革命本身的失控,等等,所有这些都会对于民主制度建构过程中出现偏差甚至走向反面这一历史现象产生某

---

① 参见(法)弗朗索瓦·傅勒:《思考法国大革命》,孟明译,三联书店2005年版,第1、87、109、118页。
② (法)弗朗索瓦·傅勒:《思考法国大革命》,孟明译,三联书店2005年版,第118页。

种影响,但是,无论这些外在的历史因素多么复杂或者多么强大,我们都不能否认理性启蒙和现代性内在的张力机制在其中的特殊作用。有一点是肯定的:如同我们前述关于启蒙运动内在矛盾的分析一样,在法国大革命的进程中,理性的精神(自由)和理性的制度(民主)并没有自发地或自觉地变成同质的、相互融合的力量和进程,而是在普遍的和带有强制色彩的理性力量的驱使下走向异质、矛盾、冲突的关联之中。

关于法国大革命进程中理性的精神(自由)和理性的制度(民主)之间的张力的具体分析,我想借助著名的"卢梭问题"来展开。可以说,"卢梭问题"是评价启蒙运动、法国大革命和现代性危机问题的一桩未了的公案,其主要争议的焦点是卢梭的"公意"理论是否应当为法国大革命中的某些专制倾向和现代性的危机负责。有一点是肯定的,在启蒙思想家中,卢梭的思想对法国大革命的影响是最直接的,大革命的很多组织者自觉地、有意识地运用的理论就是卢梭的社会契约思想,特别是他的"公意"理论。从核心价值理念上看,卢梭关于"人是生而自由的"论断直接构成了法国大革命的主导价值,众所周知,大革命所通过的《人权和公民权宣言》的第一条就强调人是生而自由平等的,而且始终是自由平等的。进而,从制度选择来看,卢梭强调的"人民主权"原则和社会契约民主直接构成法国大革命的制度安排,《人权和公民权宣言》第二条紧接着就强调,任何政治结合的目的都在于保存人具有的"自由、财产、安全和反抗压迫"的自然的和不可动摇的权利。这样,自由和民主实际上就已经勾勒了现代性的精神性和制度性维度的核心内容。现在的问题是如何建立起保护个人自由和平等的民主制度,即如何能够建立起每一位公民平等参与,理性地作出合理的决策的民主体制。正是在这个核心节点上,法国大革命的组织者接受了卢梭社会契约论的核心思想,即"公意"理论。我们在讨论现代性的制度性维度时曾经介绍过卢梭的"公意"理论,在他看来,公意是公共利益的代表,"公意永远是公正的,而且永远以公共利益为依归"①,所谓民主,实际上就是通过契约而建立起来的以公意为主权的政治共同体。进而,既然公意永远是公正的,所以公意是神圣的、绝对不可侵犯的主权,每个人都要服从公意,服从公意就是服从法律,就是服从自由。"任何人拒不服从公意的,全体就要迫使他服从公意。"②在这种意义上,人民服从公意就是服从自己的意志,而体现公意的契约就是合法的契约,是公民间的平等的、有益的、稳定的契约。

从逻辑上讲,以及从表面上看,卢梭的理论是合理的和内在首尾一致的,在这里,自由、人民主权、公意、契约、法律、民主构成一个理性的精神和理性的制度相结合的现代社会的基本机理和图式。具体说来,公意在这里是民主的核心,如果能够确保公意是一种代表人民的最高的、普遍的共同意志,那么,通过理性的契约和个体权力的让渡而形成的制度应当是能够保障每个公民的自由和平等的民主制度。然而,现在的问题是,如何能够或者什么东西能够保证公意真正是人民的最高的共同意志? 正是在这个构成民主的核心问题上,我们发现了卢梭"公意"理论的内在暧昧和可疑之处,以及外在地导向制度上的"非民主"的可能性。按照通常的理解,作为民主的前提或核心的公意一定是公民或民众普遍同意的意见,但是,如何形成这种普遍同意的公意? 或许答案是,只有通过全体民众依照人民主权原则而平等参与的民主程序才能形成这种代表人民的最高的共同意志的公意,但是,这样一来,我们就处于一种循环之中,民主又成了形成公意的前提。必须指出的是,卢梭不是在这一循环之中解决这一问题,实际上,他赋予了"公意"某种给定的、绝对的、先在的地位。他虽然也强调平等的讨论、协商和契约,但是他否认公意是一般意义上的众人意见的总和或共识,而且根本就不认为,公意是所有人的意见通过民主程序集中

---

① (法)让-雅克·卢梭:《卢梭文集——社会契约论》,何兆武译,红旗出版社1997年版,第55页。
② (法)让-雅克·卢梭:《卢梭文集——社会契约论》,何兆武译,红旗出版社1997年版,第40页。

的结果,相反,他强调那种所有人的意见总和意义上的意见是"众意"而不是"公意"。具体说来,按照他的理解,公意永远是公正的,永远以公共利益为依归,但是,这并不意味着人民的考虑"永远有着同样的正确性",相反,"众意与公意之间经常总有很大的差别;公意只着眼于公共的利益,而众意则着眼于私人的利益,众意只是个别意志的总和。但是,除掉这些个别意志间正负相抵消的部分而外,则剩下的总和仍然是公意"①。应当说,卢梭意识到他强调的公意在形成过程中的困难,他分析了不同的情况:如果人民能在充分了解情况并没有任何勾结的情况下进行讨论,那么从大量的小分歧中是可以产生公意的;但是,如果形成了派别,形成了以牺牲大集体利益为代价的小集团时,集团的"公意"对于国家来说则成为"个别意志",由此而缺乏公意;而当其中的一个集团占有压倒性的优势时,"就不再有公意"②。

我们必须承认,卢梭的社会契约理论十分细心地构造了现代性的民主制度模式,而且他认真地思考了可能出现的各种复杂情况,因此,这一理论对于法国大革命的组织者以及现代社会的各种革新运动的制度选择都具有很大的诱惑力。正如奥地利学者弗里德里希·希尔评价卢梭时所说的那样:"他的声誉笼罩了他的那个世纪。他被尊崇为先知和圣徒,甚至康德也把卢梭看做是良心的真实声音。对于欧洲受过教育的人之中大部分来说,卢梭代表一种蒙神悦纳的生活的新希望。无论在好的方面或不好的方面,他的影响都是十分巨大的。"③从根本上说,卢梭心目中的楷模应当是雅典的直接民主制,一种体现人民主权原则的,由全体自由的公民平等地讨论并进行统治的政体。但是,如果深入分析,围绕着"公意"而产生的歧义和矛盾还是没有完全消除,一方面,即使能够保证公民普遍

---

① (法)让-雅克·卢梭:《卢梭文集——社会契约论》,何兆武译,红旗出版社 1997 年版,第 55 页。
② 参见(法)让-雅克·卢梭:《卢梭文集——社会契约论》,何兆武译,红旗出版社 1997 年版,第 55~56 页。
③ (奥地利)弗里德里希·希尔:《欧洲思想史》,赵复三译,广西师范大学出版社 2007 年版,第 424 页。

平等地通过讨论达成共识,形成共同的意见,那就能够保证这种"公意"永远正确与合法吗?就能保证这种"公意"真正以公共利益为依归吗?我们先不论雅典直接民主制的许多缺陷,只要想一下"苏格拉底之死"这一民主决策就值得人们的深思和深刻反思。另一方面,同雅典这样一个小城邦共同体相比,现代民族国家,如法国,无论在规模上还是社会构成上都复杂无比,如何能保证在这里不出现各种利益集团,能保证公民杜绝勾结,不受私利影响地形成公正的"公意"?显而易见,在这种意义上,卢梭以自由和平等为核心价值的人民主权的理性原则具有"小国寡民"的性质,在现实的制度选择层面上的确遭遇十分棘手的难题。而卢梭的理想民主共同体又必须以这种绝对的公意为前提和核心,这样问题就复杂而危险了,这种"公意"的来源及其"普遍公正性"和"永远正确性"都面临着"合法性危机"。

正是因为理论的内在缺陷或不确定性,及其外在的制度安排方面的缺乏可操作性,卢梭的理论一直成为人们讨论现代性问题时争论的焦点问题之一。尽管人们都不否认卢梭关于自由、平等和人民主权等思想的重要性,但是,对于他的公意理论和契约思想的内在缺陷、矛盾和张力却始终是人们反思的主题。一是有些批评者强调,卢梭的契约思想和公意理论带有国家主义的色彩,"卢梭强调,一个公民从摇篮到坟墓,要时刻以祖国为重","国家的意志是全社会的意愿"[①]。受启蒙时代的科学思想和普遍理性精神的影响,卢梭虽然反复强调人是生来自由的,但是,当他强调"我们每个人都以其自身及其全部的力量共同置于公意的最高指导之下"[②]时,却带有用普遍的理性(外在于个体的公意、普遍意志)和绝对的国家(国家的意志被认为是全社会的意愿)来否定个人的权利的倾向,"《社会契约论》包含着大量的国家主义和社会主义思想。卢梭号召用一

---

① (奥地利)弗里德里希·希尔:《欧洲思想史》,赵复三译,广西师范大学出版社 2007 年版,第 426 页。
② (法)让-雅克·卢梭:《卢梭文集——社会契约论》,何兆武译,红旗出版社 1997 年版,第 33~34 页。

种全新的社会组织、一个新的社会契约来取代骗人的旧契约。他鼓吹平等和民主政体,但是他几乎废黜了个人的所有权利。因为这个新社会把所有的权力都寄托给共同体,把公众的意志变成一种公意。公意是一种集体意志,但不是个人意志的总和"①。二是在另一些批评者看来,这种并非是公众意见或意志总和的绝对的公意往往带有神秘色彩,在一定情况下,完全可能变成个别人的意志的体现。虽然卢梭本人极力反对公意变成个别集团或个人的意志,虽然他极力维护个体的自由和价值,但是,在一定条件下,这种来源不明的"公意"的确可能在实质上成为少数具有超强感召力和集权人格的个人的意志的体现,"《社会契约论》是一部复杂的、有时令人感到不安的书。它主张一个好的社会需要一种社会宗教,一种所有人要么赞同、要么被驱逐的信条。它也提出,'公共意志'事实上可以是少数人、甚至是一个人的表达。这样的观念在后来的批评家看来是十分可疑的,特别是对那些经历过专政或受权威操纵的公共意见之恐怖的人来说"②。说到这里,我们大概都不难想起雅各宾专政时期的罗伯斯庇尔等狂热的历史人物。正是这种国家主义的普遍理性同极具煽动力和感召力的个人狂热的结合,煽动起一种直接民主的理想渴望和普通民众的盲动冲动相结合的历史狂热,导致了法国大革命在一定时期出现了失控状态③,走向了一种民主和专政相结合的、奇特的历史悖论。美国学者罗兰·斯特龙伯格有一段论述很好地揭示了卢梭理论的内在冲突,他认为,卢梭反对霍布斯的利维坦式的国家专制,但是,他的契约理论还是难逃国家主义的命运:

> 卢梭批驳霍布斯的说法,认为人类绝不会自愿地把自己交给利维坦式国家,让它来奴役自己。国家确实应该起源于契约,

---

① (美)罗兰·斯特龙伯格:《西方现代思想史》,刘北成、赵国新译,中央编译出版社2005年版,第158页。
② (美)彼得·盖伊:《启蒙时代》,汪定明译,中国言实出版社2005年版,第66页。
③ 毫无疑问,不仅仅是这一种因素,还有其他许多复杂的因素也在其中交叉和交互起作用。

但是迄今还没有一个真正的契约;一些强大而较少顾忌的人完全是靠着欺骗和暴力来推行他们的意志。群众原来一直是很轻信的,但是他们将要觉醒了。为了确保他们的自由,人们将要在平等的基础上制定一个契约。他们将不会再把一个国王推上宝座,而会把自己确立为自己的统治者。他们的主权者就是公意。这是全体的意志。它是全体人民的政治意志。但是,在卢梭的许多批评者看来,他刚把人民解放了,旋即使人民重新受到奴役——使人民屈从于这种抽象的公意。因为公意不是个人意志的总和,而是一种理念,表示人民应该有的意志,而且必须是正确的意志。此外,个人要把自己的全部权利交给国家;与洛克所主张的社会契约(受到大多数法国启蒙哲学家的欢迎)不同,这里没有给个人保留任何"自然权利"。卢梭认为,离开了社会,不可能有任何"权利";人在自然状态中没有"权利",而只有强权。①

我们在这里应当特别提到的是,130年前恩格斯在《社会主义从空想到科学的发展》中已经探讨了卢梭的理性国家同法国大革命雅各宾专政的"恐怖时代"之间的复杂关系。恩格斯指出,依据卢梭社会契约思想所设想的"理性的国家",不过是"资产阶级的理想化的王国",也就是资产阶级的关于民主的设想,"理性的国家、卢梭的社会契约在实践中表现为,而且也只能表现为资产阶级的民主共和国"②。恩格斯肯定了这一理论设想的进步性,但是,他明确指出,这一"理性的国家"的理想一旦付诸实践,就非但不是绝对合乎理性的,而且还走向了反面,走向了破产。恩格斯显然把这种设想的理论局限性以及它在实践中的局限性同资产阶级的局限性联系起来。恩格斯关于这一问题的论述今天对我们理解现代性的"精神性"和"制度性"维度之间的张力,也具有十分重要的启发意义,而

---

① (美)罗兰·斯特龙伯格:《西方现代思想史》,刘北成、赵国新译,中央编译出版社2005年版,第159页。

② 《马克思恩格斯选集》第3卷,人民出版社1995年版,第720页。

且,恩格斯的这些论述今天读起来依然具有特别的感染力和理论穿透力:

> 我们在《引论》里已经看到,为革命作了准备的 18 世纪的法国哲学家们,如何求助于理性,把理性当作一切现存事物的唯一的裁判者。他们认为,应当建立理性的国家、理性的社会,应当无情地铲除一切同永恒理性相矛盾的东西。我们也已经看到,这个永恒的理性实际上不过是恰好那时正在发展成为资产者的中等市民的理想化的知性而已。因此,当法国革命把这个理性的社会和这个理性的国家实现了的时候,新制度就表明,不论它较之旧制度如何合理,却绝不是绝对合乎理性的。理性的国家完全破产了。卢梭的社会契约在恐怖时代获得了实现,对自己的政治能力丧失了信心的资产阶级,为了摆脱恐怖时代,起初求助于腐败的督政府,最后则托庇于拿破仑的专制统治。早先许诺的永久和平变成了一场无休止的掠夺战争。[①]

在这里,我们绝非要非历史地苛求卢梭,正如我们没有这样苛求启蒙运动和法国大革命。并且,上述关于恩格斯思想的阐述,也提醒我们要从更宽阔的视野和更复杂的历史关联,来审视这些问题。我们讨论卢梭理论同雅各宾专政及其罗伯斯庇尔等人之间的历史关联,并非要卢梭替大革命期间的一些残暴现象负责,更不是像一些学者那样,要求卢梭为 20 世纪的法西斯主义的兴起在理论上负责。正如有的研究者历史地分析的那样,卢梭的理论的确自觉不自觉地带有国家主义的色彩(尤其这一理论的实践后果),但是,从理论的初衷来看,"卢梭当然无意于支持一种极权主义国家;实际上他也不可能知道自己的理论会意味着什么。他甚至没有预料到,就在自己去世(1778 年)后不久爆发了法国革命,在革命期间狂热的独裁者们会那样利用他的公意理论"[②]。显然,这样的评价是历史

[①] 《马克思恩格斯选集》第 3 卷,人民出版社 1995 年版,第 606 页。
[②] (美)罗兰·斯特龙伯格:《西方现代思想史》,刘北成、赵国新译,中央编译出版社 2005 年版,第 159 页。

的和公正的,我们也不应当再作出卢梭应当为专制和法西斯直接负责这样的非历史的论断。但是,我们这里需要反思的一个问题是,的确存在着一个"卢梭与卢梭在打架"的现象,即"浪漫主义和个人主义的卢梭与极权主义和国家主义的卢梭在打架"的现象。① 我想表达的一个基本的观点是:卢梭理论的这种悖论不仅仅是他的思想的悖论,甚至也不仅仅是启蒙运动和法国大革命等历史运动的悖论,而首先是现代性的内在张力和悖论,是现代性内在的"制度性"和"精神性"之间的张力和冲突。而且,在普遍的理性化的背景下,理性的精神和理性的制度、自由和民主之间一定程度的张力和冲突是不可避免的。因而,我们可以走出启蒙运动、法国大革命和卢梭理论的具体语境,一般地分析一下自由和民主之间的张力。

如果我们按照弗朗索瓦·傅勒的说法,法国大革命只是"民主的初次实验",并没有建构起后来可资模仿和借鉴的成型的民主体制,那么,法国大革命至今已经200多年了,随着现代性的不断发展,民主制度是否已经变得成熟?现代性是否已经摆脱了"制度性"和"精神性"的冲突和张力?坦率地讲,民主作为现代性的根本性的制度性维度,在过去200多年的现代性历史中,不仅在西方发达国家中成为基本的制度安排,而且在全球范围内发挥着越来越大的影响,但是,围绕着民主的争论却一刻也没有停止,因为民主和自由的内在的张力依旧是现代性的内在规定性之一。

关于当今世界的民主制度的现状及其争论的分析,我们首先需要确定一个基本的出发点,即参与讨论的理论家无论如何分析和批评具体的民主形式的缺陷和弊端,但是,从根本上都充分肯定民主的不可替代的价值,特别是在维护个体自由,保障公民的权利和平等方面的不可替代的价值。在这方面,美国学者罗伯特·A.达尔的一段概括很有代表性,他认为,民主制度具有三个方面的重要价值:"民主进程与其他可行的统治人民的方式相比至少在三个方面是优越的。首先,它可以促进自由的发展,

---

① (美)罗兰·斯特龙伯格:《西方现代思想史》,刘北成、赵国新译,中央编译出版社2005年版,第159页。

而其他方式都不能：促进个人和集体自决形式的民主，它鼓励并允许在道德自治水平上的自治，它促进更多其他和更特殊的自由，这些民主内在于民主进程，或者是其存在的必要前提，或者因为那些支持民主进程思想和实践的人们也常常赞同其他自由（这是一个简单的历史事实）的存在。其次，民主进程促进人的发展，不仅仅发展实践自决的能力、道德自治和为自己选择负责的能力。最后，它是人们得以保护和促进与别人共享的利益和好处的最确定（如果不是完美的方式的话）的方式。"①显然，这里所强调的民主的三个方面的优越性都指向现代性的精神性维度，即民主在维护个人的自由、平等和公民权利等方面的重要价值。因此，这种关于民主的评价虽然也涉及民主实践，但是更多地停留在精神和价值的层面，而一旦进入关于民主的实践和民主的制度的分析时，争论就不可避免地展开了。在关于民主的缺陷和问题的争论中，最常见的是围绕着直接民主制和代议民主制两种基本的民主形式而展开的，而且在这些问题的评价方面，常常出现针锋相对的观点。

从表面上看，直接民主制更符合本来意义上的民主，是通过所有公民直接进行选举并参与决策的纯粹的民主形式。直接民主制的历史原型应当是古希腊时期的雅典民主制，而它所体现的核心价值正是卢梭等启蒙思想家所追求的人民主权思想。在一定意义上，高举自由、平等、博爱旗帜的法国大革命在其激情燃烧的狂热时期，所追求的也是这种直接的、纯粹的、所有人直接参与的民主制度。不可否认，雅典人用投票、抽签、陪审制度、法律、公民大会等构造了今天看起来也令人叹为观止的直接民主制，一种理想的民主制度的典范。然而，正如我们在分析现代性的制度性维度时指出的那样，这一民主制在当时就存在着不容忽视的局限性，例如，把女人、奴隶、外乡人等排除在公民之外。而且，这种在一个城邦共同体中实现的"小国寡民"式的民主即使在雅典也没有很长的寿命，对于后

---

① （美）罗伯特·A. 达尔：《民主及其批评者》，曹海军、佟得志译，吉林人民出版社2006年版，第443页。

来的规模很大的民族国家,就更不具有可以直接模仿和搬用的价值了。很多研究者发现了民主的这种"古今差异",即今天的民主同雅典民主的差异,在某种意义上也是代议民主制与直接民主制的差异。有的学者强调,按照古希腊的标准,今天的民主并不完全符合民主的规范,"差别如此之大,以至于,如果我们假想的雅典式公民以某种方式出现在我们中间,他必定会认为,现代民主根本就不是民主"①。也有的学者站在今天的民主实践的立场上,分析雅典民主的局限性,"假如我们某个早晨醒来时已置身古代雅典,我们很可能会发现那里的民主是侵略成性(要远甚于我们的竞争性市场社会)、令人窒息和不安全的(就我们早已习惯的个人权利而言);此外,我们肯定不会免于政治恐惧"②。有的学者强调,雅典的民主制实际上并不像人们所歌颂的那样,充满了自由和人性,相反,它犯下了很多非人道的罪行,例如,著名哲学家卡尔·波普尔曾指责雅典民主所犯下的致命的错误,一是对苏格拉底的不公正的审判,二是对提洛岛不分男女老幼的屠杀,而且这次"屠岛"的理由很简单,"这是大多数的共同决定"③。因此,在一些学者看来,现代民族国家中的民主制度同古希腊城邦中的民主制度之间没有太多的相似之处,充其量只能是"极其微小的相似"④。正是基于类似的分析,包括对法国大革命期间直接民主制度建构过程中出现的反民主和专制的恐惧,很多学者认为,法国大革命之后,西方发达国家中逐步形成的代议民主制更具有可操作性,更能体现出民主维护自由和平等的功能,因此,人们也称代议民主制为自由民主制,而且在实践中,代议民主制已经在各国逐步形成了基于普选权制度、议会制度等一系列比较完备的程序和制度。在许多学者看来,虽然代议民主制没

---

① (美)罗伯特·A.达尔:《民主及其批评者》,曹海军、佟得志译,吉林人民出版社2006年版,第13页。
② (美)乔·萨托利:《民主新论》,冯克利、阎克文译,东方出版社1998年第2版,第444页。
③ 参见(英)卡尔·波普尔:《二十世纪的教训》,王凌霄译,广西师范大学出版社2004年版,第98~99页。
④ 参见(美)乔·萨托利:《民主新论》,冯克利、阎克文译,东方出版社1998年第2版,第312页。

有像直接民主制强调的那样实现多数人的直接统治,但是,它在现代民族国家中是更为行之有效的民主制度。例如,著名法国思想家托克维尔在170多年前所写的名著《论美国的民主》中就对美国的代议民主制度在基本性质上作了充分肯定的论述,他强调"可以严格地说美国是由人民统治的",对于这一论断,他作了概括性论证:

> 在美国,立法者和执法者均由人民指定,并由人民本身组成惩治违法者的陪审团。各项制度,不仅在其原则上,而且在其作用的发挥上,都是民主的。因此,人民直接指定他们的代表,而且一般每年改选一次,以使代表们完全受制于人民。由此可见,真正的指导力量是人民;尽管政府的形式是代议制的,但人民的意见、偏好、利益、甚至激情对社会的经常影响,都不会遇到顽强的障碍。
>
> 在美国,也象在由人民治理的一切国家一样,多数是以人民的名义进行统治的。①

然而,并非所有人都认同代议民主制是真正由人民统治,或者代议民主制能够真正体现民主精神的论断,实际上,代议民主制所遭到的非议和批评同样很多。保守主义政治学家卡尔·施密特早在1919年写的《政治的浪漫派》一书中就对议会民主制提出了批评,指出存在着民主制的危机、现代国家的危机和议会制的危机,并认为,"在民主的历史中,一直存在着无数的专政、恺撒主义和其他更为惊人的形态"②。当代许多思想家同样涉猎这一问题,例如,著名政治哲学家哈耶克就认为,当代政治制度遭遇的危机不是民主本身存在问题,而是民主的实现形式和制度出了问题,特别是"出现了不受限制的民主"③,他还特别列举了代议民主制中议

---

① (法)托克维尔:《论美国的民主》(上卷),董果良译,商务印书馆1988年版,第194页。
② 参见(美)卡尔·施米特:《政治的浪漫派》,冯克利、刘锋译,上海人民出版社2004年版,第170页。
③ (英)弗里德里希·冯·哈耶克:《哈耶克文选》,冯克利译,江苏人民出版社2007年第2版,第370页。

会不受法律限制,没有真正实现分权的问题,"权力分立从来就没有实现过,因为自从立宪政府在近代开始发展以来,制定法律的权力(从法律这个概念所要求的含义上说)就同领导政府的权力同时集中在议会手里。结果是,在现代民主国家里,最高统治权从来就没有处在法律之下。因为它总是掌握在这样一个机构手里,它可以为自己打算承担的特定任务随心所欲地制定法律"①。类似的批评还有很多,我们不在这里一一列举。我们可以借用法国学者皮埃尔·卡蓝默在《破碎的民主》一书中对于代议民主制的内在缺陷所作的精辟的分析来形象地了解这一问题:

> 根据民主的原则,每个人在地方管理中都有发言权,并参与对共同的未来建设的决定。这个民主原则在最近几十年中经历了令人啼笑皆非的命运。从表面上看,公民自由选举其代表,由以他们的名义代表负责管理社会的这种代议制民主模式,已经胜过所有与其对立的制度,而占据了最重要的地位。如果说在事实上不完全如此,至少在理论上是这种情况。但是,政治权力的行使就其规模和运转方式而言,已经不允许普通的公民对于国家的事务——已经变成了世界性的事务——真正发挥影响了。几千个佛罗里达的选民通过只有少数公民参加的,遭到非议的选举,竟然可以逐步决定中东的战与和问题这样一个事实,与民主理想相去万里。今天,引导我们未来的一切,特别是科学和技术的重大抉择,已经脱离了公众的讨论,甚至政治舞台、政治辩论、民选代表对于定期委托他们管理权力的行使,已经与社会的技术和文化状况不相符合。大型跨国经济金融实体脱离了控制和监督,担负政治责任的候选人在电视辩论中表现出的分歧暴露在日益觉醒的公众面前,已经无法掩盖他们的短视和行动的局限,其结果是——如同一些相当一致的调查所表明的,面

---

① (英)弗里德里希·冯·哈耶克:《哈耶克文选》,冯克利译,江苏人民出版社2007年第2版,第365~366页。

对民众,民选政治家的可信性和威望丧失殆尽。在许多老牌的民主国家里,弃权选民的增加也是势在必然。民主高奏凯歌,但这是破碎的民主。①

我们之所以在这里引用了皮埃尔·卡蓝默的很长的一段论述,是因为他的这一论述十分清晰、十分形象地揭示了代议民主制所面临的困境和内在矛盾,十分出色地描绘了现代性的制度性维度的悖论和支离破碎的状态,可以说,这一论述不需作更多的解释就能帮助我们比较准确地把握民主制度的内在缺陷。在这里,我们不再停留于对具体的民主制度的形式的利弊的分析,不再围绕着直接民主制和代议民主制的优劣来讨论现代性的内在张力,可以再回到民主和自由本身的关系问题,作为我们关于现代性内在的"制度性"和"精神性"的张力分析的总结。

我们发现,当跳出民主制度的具体形式的比较分析,直接面对着民主和自由二者的关系时,还是无法得出一种内在贯通一致的、同质的共识。具体说来,在现代民主政体中和在现代社会生活中,在民主和自由的关系上的现代性的危机或悖论实质到底是什么,是民主制度的集权特征抑制了自由,还是自由的放任损伤了民主?在这样一个问题上,当代的理论家竟然会持完全相反的观点。我在这里列举两位研究政治哲学的美国学者在20世纪80年代发表的两本著作的观点:一是乔·萨托利的《民主新论》;一是本杰明·巴伯的《强势民主》,二人在这一问题上的观点可以说是完全背道而驰。乔·萨托利所关心的问题是民主制度如何能够确保个体的自由和公民的平等的权利,在他看来,只有自由主义的民主才是真正意义上的民主,而在当今的社会条件下出现了以"假人民的名义行事"的"专制主义民主",这是非常可怕的事情,"摒弃了自由主义的民主,真正能看到的不过是这个词而已,也就是用作修辞手段的民主,因为某种杜撰出来的人民支持,可以赞助最横暴的奴役。坦率地说,这就意味着,无论

---

① (法)皮埃尔·卡蓝默:《破碎的民主——试论治理的革命》,高凌瀚译,三联书店2005年版,"引言"第1~2页。

我们谈论的是现代形式的民主还是古代形式的民主,也无论那是基于个人自由的民主还是仅仅要求由全体会议集体行使权力的民主,只要自由主义的民主死了,民主也就死了"①。而本杰明·巴伯眼中的问题则刚好与乔·萨托利的问题相反,不是"极权主义"的民主压制了个人的自由,而是"无节制的自由主义已经破坏了民主制度",在他看来,"西方国家中我们所拥有的为数不多的民主因素已经在自由主义的重重包围下,一再妥协退让"。②本杰明·巴伯认为,自由主义理论过分地强调了自由等个体价值,而把民主仅仅视做是实现自由的手段,结果,放任的个体自由导致了世界的"无政府状态",导致各种力量"不受任何意志和目的约束",导致"这个世界已经变得无法控制"③,特别重要的是,这种自由主义的民主并没有实现保护自由的承诺,"为了保护自由与民主,自由主义理论所作的各项设计——代议制、私有制、个人主义和各种权利,总而言之,都是代议制的——结果是既没有保卫民主也没有捍卫自由"④。针对这种情况,本杰明·巴伯提出了自己的"强势民主"(strong democracy)的构想,这一民主的表现形式是"基于参与和共享的制度安排形式",而核心思想是反自由主义的,也就是说,在强势民主中,民主优先于自由而不是相反,"自主(autonomy)不是民主的条件,然而民主却是自主的条件",他在这里想强调的是,人的自由是由民主体制来规范和塑造的,一个个体在没有参与到能够界定他们的共同生活和塑造他们的社会习俗的公共决策中去的时候,是无法作为自由的和独立的个体而存在的,因此,"自由、正义、平等

---

① (美)乔·萨托利:《民主新论》,冯克利、阎克文译,东方出版社1998年第2版,第445页。
② (美)本杰明·巴伯:《强势民主》,彭斌、吴润洲译,吉林人民出版社2006年版,"1984年版序言"第1页。
③ (美)本杰明·巴伯:《强势民主》,彭斌、吴润洲译,吉林人民出版社2006年版,"1984年版序言"第2、3页。
④ (美)本杰明·巴伯:《强势民主》,彭斌、吴润洲译,吉林人民出版社2006年版,"1984年版序言"第4页。

和自主都是公共思维和公共生活的产物,都是由民主创制的"。① 基于这种分析,本杰明·巴伯是这样来描述他所构想的"强势民主"的基本内涵的:"我认为强势民主是惟一充分地具有正当性的政治形式;正因为如此,在西方自由主义传统中,它成为了复兴那些对我们而言是至关重要的东西的条件。为了享有自由,我们必须实现自治;为了享有权利,我们必须成为公民。总而言之,只有成为公民我们才能获得自由。尽管这种强势民主的观点有时候对自由主义进行了深刻的批判,然而它却是一种为了实现自由而作出的主张。"② 可见,在他看来,这种"强势民主"的价值和意义就在于,它能够真正实现民主的本质,又能真正保护个体的自由、平等和权利。

我在这里不想介入上述两位美国学者关于自由和民主的关系,以及关于自由主义的争论,不想去具体评判二人的观点孰是孰非,一方面这是一个我目前尚力所不能及的任务,另一方面这样的分析也不是我的课题的主旨所在。我想,重要的是,通过这两位学者针锋相对的观点,进一步印证了我们上述关于启蒙运动、法国大革命、卢梭社会契约论,以及关于直接民主制和代议民主制的分析时得出的基本观点:民主在现代性生成过程中,在现代国家演变过程中所经历的许多艰难曲折,甚至是危机和灾难,毫无疑问有自己的特殊的、具体的历史背景条件和外在的原因,但是,这同时在不同的层面、不同的程度上折射出现代性维度的内在张力和冲突,特别是现代性内在的"制度性"和"精神性"的张力机制,这也是现代性的危机特征的内在根据之一。

就我们本书的研究课题而言,关于现代性内在的"制度性"和"精神性"的张力机制,分析到此也就基本上可以了。但是,从理论分析的彻底性来讲,还需要再作一点引申性的追问:在人的生存中或者在人类文化

---

① (美)本杰明·巴伯:《强势民主》,彭斌、吴润洲译,吉林人民出版社2006年版,"1984年版序言"第5页。
② (美)本杰明·巴伯:《强势民主》,彭斌、吴润洲译,吉林人民出版社2006年版,"1984年版序言"第6页。

中,这种"制度性"和"精神性"的张力机制是暂时性的历史现象,还是根植于人的生存结构的一种规定性?在这里无法详细展开关于这一问题的追问和分析,我想借用赫勒关于"自由的悖论"的分析略加说明。如前所述,赫勒在《现代性理论》中认为,"自由是现代人的基础",自由最集中地揭示出现代性精神气质的超越性特征。但是,她紧接着又深刻揭示了"自由的悖论"和"真理的悖论"的问题,而且认为,"现代性的悖论"是基于"自由的悖论"。赫勒的分析是这样展开的,首先她认为,随着现代性的生成和发展,自由成为现代社会的最根本的基础。"自由的确取得了胜利,而且它不仅仅是在几个方面取得了胜利,而是取得了完全的胜利。自由成为现代世界的基础。它是不再以其他任何东西为基础的基础。"①但是,问题就出在这里,即出在自由是"不再以任何其他东西为基础的基础",事实上,"自由作为终极原理,作为现代性的'始因',不能执行一项'始因'按理应该执行,而且在先前的历史中也一直在执行的任务。正因为如此,'根基牢固'的建筑以一种非辩证的方式被摧毁了(zu Grunde gehen)"②。

对于上述推论或者论断,赫勒基于自由的本性或规定性对于自由作为"不再以任何其他东西为基础的基础"这一命题作了这样的分析:

> 自由作为基础也就意味着一切都没有基础。它意味着——这等于是一回事——奠基工作每一次都重新开始。每一项政治行为都以自己为根据,每一种生活都以自己为基础,每一种哲学都是自我奠基的。③

赫勒还特别以"契约"的例子来说明这一点。她认为,现代政治哲学始于契约理论,"契约是一项政治协定的基础。然而,如果自由是终极基础,所有的契约也都是可以废除的。所有得到合法化的事物都可以被解

---

① Agnes Heller, *A Theory of History*, Routledge and Kegan Paul, 1982, p. 24.
② (匈)阿格尼丝·赫勒:《现代性理论》,李瑞华译,商务印书馆2005年版,第26页。
③ (匈)阿格尼丝·赫勒:《现代性理论》,李瑞华译,商务印书馆2005年版,第26~27页。

合法化(de-legitimated)"①。赫勒认为,后现代思想也是建立在自由及其悖论基础之上的,这种悖论既是对自由的一种"背反",也是自由本身的规定性,是现代性赖以生存的"基础",因此,这不是一种可以简单抛弃的"悖论",而是已经构成现代性的状况的"悖论"。在这里,我们可以引证赫勒关于"自由的悖论"和现代人生存的关系的一段概括性论述:

> 未经反思的后现代思想与经过反思的后现代思想在同等程度上是后现代的,它也同样是建立在自由之上的。自由是整体论的(holistic),在这一意义上它也是总体化的(totalizing)。它可以以各种可能的方式得到解释,这些解释往往不只是在理论上相互矛盾,而且在实践上——在判断和行动中——相互矛盾。作为基础和目的的自由是欧洲的发明,它也可以被用来反对欧洲;它还可以被用来反对现代性。现代性建立在不成其为基础的自由之上,它不单没有获得确定性,而且无法抵抗确定性(不管它们的来源如何)。那些生活没有基础的人乐于接纳没有基础的确定性,乐于接纳所有类型的基础。②

通过上述简单的引证和阐述,不难看出,其中还包含着十分复杂的问题,我们不作更多的细微分析。但是,从赫勒关于"自由的悖论"同现代性的关系的分析,我们可以获得一种启示,即以"自由的悖论"所体现出来的现代性内在的"制度性"和"精神性"的张力,在更深层上实际上折射了人的生存结构中的一种基本的矛盾或者张力,即"稳定性"和"超越性"的矛盾和张力。充分彰显的主体自由是同现代性相伴生的,但是,自由同时也是人之为人的基本规定性。人作为自由自觉的实践存在,一方面,必须通过"制度化"的途径来实现自己的内在潜能和创造性,并且把自己的文化创新通过自觉的或不自觉的"制度化"的途径来固化下来,从而取得某种程度的"稳定性";另一方面,人又必然不断通过自己的劳作和创新

---

① (匈)阿格尼丝·赫勒:《现代性理论》,李瑞华译,商务印书馆2005年版,第27页。
② (匈)阿格尼丝·赫勒:《现代性理论》,李瑞华译,商务印书馆2005年版,第29页。

而超越束缚自身进一步超越的"制度性的"存在和稳定性的东西,以防止自由被束缚。因此,基于自由的生存悖论和张力结构是人之为人的内在规定性,只不过是在现代性的机制中以淋漓尽致的方式充分发挥出来,因此,它在各个层面各个方面所展现出的一些危机特征也必然更加明显。显而易见,这样的认识有助于我们更加具体地、真实地把握现代性的内在张力和危机特征,防止出现对现代性笼而统之的"非此即彼"的外在化的取舍判断。

第三节 具体维度内在的张力

迄今为止,我们在两个不同的层面上揭示了现代性维度的不同类型的内在张力,一是现代性的价值约束维度或者德行维度与典型的理性化维度之间的张力机制;二是现代性的制度性维度和精神性维度之间的张力。现在,为了丰富我们关于现代性维度的内在张力机制或张力结构的理解,可以在更加微观的尺度上,具体分析现代性的更为具体的和微观的维度之间的张力关系。在这里,我们将面临着更为多样的复杂关联和张力关系,例如,一种类型是某一具体的制度性维度与某一具体的精神性维度之间的张力和复杂关联;另一种类型是现代性的制度性维度或精神性维度各自内在的更为具体的维度之间的张力和复杂关联;还可以有某一具体维度自身内在的矛盾结构和张力机制等等。

对于现代性的具体维度的内在张力,不需要像分析上述两个层面的张力结构那样花费那么多的笔墨,而只要列举几个典型的类型就可以了。这样限定的理由在于,这一层面的具体维度(甚至可以在更加微观的层面上划分出现代性更为具体的维度)是多种多样的和丰富多彩的,我们不可能,也没有必要通过逐一分析而穷尽这些具体维度内在的微观张力机制。即使是微观政治哲学的研究范式,也同样要采取类型化的分析方法,而不能把这种微观的理论分析或描述变成漫无边际的"一地鸡毛"。因此,我们在这一节中,简单地通过几个例子的分析来展示一下现代性具体维度的内在张力的大致情况就可以了。我想,最好是选择现代性的具体的制度性维度之一"科层制"①,即行政管理的科层化作为典型的范例加以分析,围绕着它,我们既可以分析某一具体的制度性维度同某一具体的精神性维度的张力,也可以分析两个不同的具体制度性维度之间的张力。

我们首先以科层制为例来分析具体的制度性维度同具体的精神性维度之间的复杂关系,具体说来,是要揭示行政管理的科层化对于个体生存的复杂影响,或者说,是科层化的理性管理同个体性和主体性之间的张力。显然,我们在这里不是要像讨论民主和自由的关系那样在比较宽泛的尺度上探讨现代性内在的"制度性"和"精神性"的冲突和张力,而是要从某一个具体的方面来分析问题。关于这里所涉及的"基于自由和主体性的自我意识"这一具体的现代性的精神性维度,我们主要是想强调其中包含的个体的创新和自主的能力,如同康德理解的那样,启蒙代表着人可以凭借理性的知识和理性的能力自主地作出决定和自主地生存。从这样的角度来审视科层制的影响,的确可以看到相互关联又相互冲突的两个方面。一方面,按照韦伯的观点,科层制是最具理性的行政管理方式,它通过理性化的规章和科学的分工建立起空前高效率的管理和统治,作为科层制的活动主体的人(官员),是具有特定理性知识背景的专业化人才,理性化的、精细化的、量化的管理为理性主体(理性化的人)的管理能力、管理思想、创造力和效率提供了前所未有的空间。但是,另一方面,科层制在不断完善和丰富的过程中,建立起严格而细致的规章制度、精确的分工和责任,使一切活动都服从于理性的规则和程序,结果科层制的运行越来越具有"非人格化的"特征,变成按照烦琐的公式程序例行公事的"形式主义的非人格化的统治"②,在这种情况下,"'业务上'完成任务首

---

① 我们在本书第四章分析现代性的制度性维度时已经指出,科层制(Bureaucracy)通常被译为具有单纯的否定的和消极的意义的"官僚制",而我们选择"科层制"的译法,是首先把它视做一个中性的范畴,然后再从特定的价值视角具体分析它积极的和消极的内涵。
② (德)马克斯·韦伯:《经济与社会》(上卷),林荣远译,商务印书馆1997年版,第250页。

先意味着解决事务'不看人办事',而是根据可以预计的规则"①。这样一来,服从于普遍的理性化原则的科层制又排斥了人的个性、思想和创新,形成对个体主体性和创造性的压抑。

很多研究者看到了科层制同个体主体性之间的悖论和张力。美国学者彼得·布劳和马歇尔·梅耶在著名的《现代社会中的科层制》一书中,在充分肯定科层制在现代社会管理中的价值和不可或缺性的前提下,曾从不同侧面分析了科层制的一些悖论和自相矛盾的实践后果,他们使用了一个概念,即"科层制的反功能",具体说来,"反功能"是一个社会学概念,是社会学家用来"指称社会系统中有损适应和调解的一些特性,而适应和调解是使社会系统发挥功能的能力"。他们强调,韦伯的科层制理论有一定的局限性,韦伯主要是强调科层制的"正功能",即科层制促进社会系统的协调与控制,突出表现在"获得管理的效率"②,但是实际上,科层制还具有明显的反功能,其最直接地体现出来的反功能就表现在科层制的效率上。彼得·布劳和马歇尔·梅耶指出,一般说来,科层制结构有助于提高效率,但是,在很多情况下,它也出现降低效率的反功能。他们在书中介绍了两种观点,一是默顿(Robert K. Merton)的温和观点,他认为,在科层制过分程式化和僵化的统治中,会出现低效率现象,"在许多不断发生的例子中,一些为了效率的非常操作化的设计,常常会导致仪式化的或特别刚性的行为,两种行为都有损效率"③。另一种是克罗茨(Michel Crozier)的激进观点,他认为,科层制结构应当被理解为"天生的低效率",这主要是因为科层制没有为个人的决策留下空间,具有非人格化特征,"现代科层制体现了多种价值观,包括完成大型任务、却要求非人格化和排除人际关系的影响、在科层制所追寻的稳定世界,规则可以管理所有的

---

① (德)马克斯·韦伯:《经济与社会》(下卷),林荣远译,商务印书馆1997年版,第297页。
② (美)彼得·布劳、(美)马歇尔·梅耶:《现代社会中的科层制》,马戎等译,学林出版社2001年版,第139页。
③ (美)彼得·布劳、(美)马歇尔·梅耶:《现代社会中的科层制》,马戎等译,学林出版社2001年版,第140页。

权变,并不给个人决策留下空间"①。因此,彼得·布劳和马歇尔·梅耶在科层制的高效率和低效率这一表面化的正功能和反功能的悖论背后,发现了科层制更深层的反功能,即"保守主义和对革新的抵制"。显而易见,这是问题的关键,也就是我们要分析的科层化的行政管理对于个体主体性的深层影响。他们指出,"科层制是管理的强有力工具,科层制一旦建立,便总是运用其权力维护其地位,而不是促进变迁和革新。科层制的保守性和对变迁的抵制到处都有,存在于教育组织、商业联盟、政府机构中,也存在于大型商业企业中"②。实际上,不只是当代越来越多的研究者发现了高度发达的科层制所可能出现的降低效率、抑制创新、压抑个性的负面作用(反作用),即使韦伯本人在充分肯定和积极赞扬充分理性化的科层化管理,以及其他层面的制度安排的理性化的前提下,也开始担心充分理性化的世界和社会机制可能出现的机械化和僵化的后果,他提出了无所不在的理性规则、理性机制、理性控制所形成的"铁的牢笼",对于这一"理性铁笼"的后果和影响,特别是可能的负面影响,韦伯即使没有直接地、坚定不移地予以断定和阐述,也是忧心忡忡:

> 没人知道将来会是谁在这铁笼里生活;没人知道在这惊人的大发展的终点会不会又有全新的先知出现;没人知道会不会有一个老观念和旧理想的伟大再生;如果不会,那么会不会在某种骤发的妄自尊大情绪的掩饰下产生一种机械的麻木僵化呢,也没人知道。因为完全可以,而且是不无道理地,这样来评说这个文化的发展的最后阶段;"专家没有灵魂,纵欲者没有心肝;这个废物幻想着它自己已达到了前所未有的文明程度"③。

---

① (美)彼得·布劳、(美)马歇尔·梅耶:《现代社会中的科层制》,马戎等译,学林出版社2001年版,第142页。
② (美)彼得·布劳、(美)马歇尔·梅耶:《现代社会中的科层制》,马戎等译,学林出版社2001年版,第149页。
③ (德)马克斯·韦伯:《新教伦理与资本主义精神》,于晓、陈维纲等译,三联书店1987年版,第143页。

在以科层制为例描述了具体的制度性维度和具体的精神性维度之间的张力之后,我们还以科层制为例,转换一个视角,探讨一下现代性的制度性维度中的不同的具体维度之间的张力机制和悖反的关系,即科层制和民主制之间的可能的冲突关系或张力机制。可以说,科层制和民主制同属于现代性的制度性维度,而且是两个关系非常密切的制度性维度,具体说,这两个具体的制度性维度都涉及各种类型的组织、社会活动,直至国家的理性管理和控制。一般说来,科层制更多地偏重于具体的组织和机构的机制运行和给定任务的程序化实施,而民主制更多偏重于不同领域、不同层面、不同组织机构,直至国家的理性化的决策机制和公共权力运行机制,但是,实际上,在很多场合二者是紧密地交织在一起的,是密不可分的。进而,民主化的权利运行肯定离不开科层化的高效的、程序化的理性管理。现在的问题是,这样两个有着共同的理性背景和理性基础的,又密切相关、相互交织的两个具体的现代性的制度性维度,是完全一致的或者完全同质的吗?情况看来不那么简单,彼得·布劳和马歇尔·梅耶在《现代社会中的科层制》一书的最后的"结论性的"一章,即第九章中,讨论的核心问题就是"科层制管理和民主治道的关系"问题,标题就是"科层制与民主制"。在他们看来,二者的关系十分复杂,无论是在具体的运行机制上,还是在基本的价值导向上,都无法"一言以蔽之"地得到笼而统之的简单结论。我们先看一下他们关于二者相互关系的复杂性的基本概括:

> 这并不是一种简单的关系。民主治道依赖于科层制管理平等地对待公民、主持大规模选举和建构其他民主制度。同时,科层组织的权力,无论是私有的还是公有的,都对公民控制自己生活的能力构成巨大的威胁。所以,科层制几乎是一个必然的魔鬼。如果没有科层制管理,现代国家和现代企业几乎就没有收

益,尽管科层制在某些方面与民主价值观深深地对立。①

具体分析彼得·布劳和马歇尔·梅耶的这一段论述,可以看出,其中包含着比较丰富的内容:首先,科层制和民主制是现代社会管理机制的两个密不可分的方面,都是现代知识和科学理性背景下的制度安排;其次,科层制和民主制的密不可分还进一步表现为二者的相互依赖,特别是民主制对于科层制的依赖,离开了科层制的理性化管理的效率和协调控制功能的有效发挥,民主制既无法确立更无法有效运行;再次,科层制和民主制的密不可分和相互依赖的关系还进一步包含着复杂的内涵,科层制在帮助民主制有效地运行的同时,也以新的等级制和不平等的集中管理和集权控制而压抑民主和平等、个性和创新。我们可以从正面和负面两个方面简要地概括科层制对于民主制的复杂影响。

从正面来看,科层制和民主制之所以密不可分或相互依赖,在很大程度上源自它们具有共同的理性基础和某种共同的价值取向。具体说来,科层制和民主制的运行都依赖于按照普遍的共同的理性标准而确立的理性规则体系,同时,指定和执行这些理性化的规则体系的社会主体本身都具有理性的知识背景和平等的社会身份。我们知道,民主制的确立首先要摧毁社会的特权和等级制,确立公民的平等的参与权利,而科层制的运行依赖一支经过"专业培训"、具有理性教育和知识背景的行政官员队伍,"只有证明接受专业培训者成绩合格,才有资格参加一个团体的行政管理班子,才允许被任命为'官员'"②。在这种意义上,科层化的管理从一个层级排除了出身、等级、特权等因素对于管理的干扰,因此,韦伯强调科层制具有"等级拉平化"的特征,具有同民主制一样的社会基础,具有平民化和平等化的特征。他指出,"正如官僚体制化(根据一般的、历史上可资证明的一般倾向)制造着社会等级拉平化一样,反过来,任何社会

---

① (美)彼得·布劳、(美)马歇尔·梅耶:《现代社会中的科层制》,马戎等译,学林出版社2001年版,第184页。
② (德)马克斯·韦伯:《经济与社会》(上卷),林荣远译,商务印书馆1997年版,第244页。

的拉平化都促进官僚体制化,因为社会拉平化排除了由于对行政管理物资和行政管理权力的占有而掌权的等级的统治者,并且为了'平等'之故,也排除了依仗财产而能够担任'荣誉的'或者'次要职业的'行政管理职位的人,使官僚体制成为前进中的'群众民主'的不可分离的影子"①。

然而,从负面来看,科层制具有十分复杂的本性,它在摧毁等级制和特权的同时又在管理中形成了一种新的等级制和集权的管理,形成一种"强势的集中管理"。众所周知,科层制设计的是管理职能的合理而高效运行,并不行使重要的决策功能和权力职能,因此,它依赖于一整套的理性规则体系。不难看出,一旦周详的规则和程序系统建立起来,一旦严格而清晰的分工和责任确定下来,一旦处于管理不同层次的上下级关系明确起来,剩下的大量工作都是各司其职、下级服从上级的按规则行事,这里很少有平等地讨论、民主商谈、"讨价还价"的空间,因此,科层制在对社会等级行使了"拉平化"的功能后,又在理性、高效地按既定的规则运行的过程中建立起新的不平等。彼得·布劳和马歇尔·梅耶认为,科层制能够服务于多种目标,甚至可以服务于相互冲突的目标,它同民主制的相互关系不是简单的而是十分复杂的,"一方面,为了保证所有的民主权利(不包括各种社会的初民),需要有强势的集中管理。另一方面,科层制强势又通过把个人置于组织之下而创造了不平等,无论是商业组织、政府机构、自愿性组织譬如政党和今天所说的'特殊兴趣群体'"②。正是在这种意义上,彼得·布劳和马歇尔·梅耶在面对科层制的时候带有很无奈的情绪,他们作出了"科层制几乎是一个必然的魔鬼"这样的结论。之所以说是"很无奈",是因为,科层制和民主制之间的这种张力和冲突并不是偶然的和外在的,而是现代性维度内在不可避免的悖论。进而,正是这种悖论构成了现代性维度的特殊的存在方式和交互关系,如果我们设

---

① (德)马克斯·韦伯:《经济与社会》(上卷),林荣远译,商务印书馆1997年版,第251页。
② (美)彼得·布劳、(美)马歇尔·梅耶:《现代社会中的科层制》,马戎等译,学林出版社2001年版,第186页。

想可以消除它们之间的冲突和负面的相互影响和冲突,而只保留相互之间的一致性和同质性,是根本不可能的。正是基于这样的深层思考,他们以一段深刻的概括作为他们的《现代社会中的科层制》一书的最后结语:

> 韦伯在其关于科层制的著作中也注意到了同样的问题,即科层管理既是民主自由的保护神,也是民主的障碍。如果考虑我们的期望,现在尚无科层制的简单替代品。科层组织和组织技能对保护民主至关重要。但是,过分的科层化又会妨碍民主。因此,科层制并不是为了解决存在问题的简单办法。科层制与生俱来就有一些难题和两难,既不能逃避,又不能解决。相反,一定要正面对待这些难题和两难。这不是一项简单的任务,一旦要考虑科层管理的替代,这便是唯一的选择。①

以上我们从科层制同主体性的关系、科层制同民主制的关系两个方面展示了现代性的各种具体的维度之间的错综复杂的关系和张力机制,实际上,关于科层制我们还可以继续深入分析,揭示这一维度自身内部的张力、矛盾和悖论②。例如,我们可以围绕着科层制的一个根本的特征,即理性规则体系和管理效率来展开。在前现代的自然经济和农业文明条件下,各种管理机构和社会组织并不发达,严格意义上的行政管理和公共管理也不发达,基本上属于经验式的、自然的、粗放的管理。同这种传统管理方式相比,科层制最大的优势是依据理性原则和科学知识,建立起越来越丰富、越来越细致的规则和程序体系,这使得科层化的行政管理具有前所未有的高效率。然而,"物极必反",当这种规则体系和程序体系无限复杂、无限发达时,问题又会走向另一个极端,即出现规章繁多、程序烦琐、专业分工和职能权限划分越来越细、管理层次越来越多、管理运行周

---

① (美)彼得·布劳、(美)马歇尔·梅耶:《现代社会中的科层制》,马戎等译,学林出版社2001年版,第195页。

② 当然,这种意义上的张力、内在矛盾、悖论、冲突等等,也可以在另一种意义上理解为现代性的更微观、更细小的维度之间的张力,正如我们在前文中指出的那样,关于现代性的维度的微观分析,可以是多层面的。

期越来越长、管理成本越来越高,相应地,出现了人们常常批判的人浮于事、关卡繁多、程序烦琐的"官僚主义",出现了效率低下的科层制的"反功能"。这里的情形很像英国著名学者西里尔·诺斯古德·帕金森(Cyril Northcote Parkinson)关于机构不断膨胀的"帕金森定律"。

其实,不只是对科层制可以作多维的维度之间的或内在的张力、悖论、矛盾的分析,对于现代性的其他具体维度也可以作同样的多重分析。例如,个体自由和主体性、理性化的和契约化的公共精神等现代性的精神性维度,都是以理性原则为尺度,以科学知识和科学理性为背景的,理性时代的宗旨就是要让普遍的理性原则统治世界,扫除一切等级、特权、习俗等制约个体主体性和社会平等的文化因素,为自由的个体和平等的共同体奠定基础。然而,当这种理性原则的普遍性不断增大,特别是现代科学的普遍化精神不断强化,就会越来越在普遍化的宏大历史叙事中排除了个体的地位,消除了个体自由和变革创新的可能性。实际上,西方启蒙运动时期的思想家就陷入这样的悖论,他们都以个体的自由和平等为主导价值,但是,那一时代自然科学的飞速发展对这些思想家产生越来越大的影响,因此,这些思想家不知不觉地被理性精神的普遍化原则所俘虏,自然会出现卢梭的绝对的"公意"对自由的个体的不自觉的漠视。再比如,超越性的和进步性的时代意识这一现代性的精神性维度,十分深刻地体现了现代性的不断超越不断创新的本质特征。在这种理性精神和超越意识面前,没有任何东西是固定不变的和神圣不可侵犯的,一切都处在流动之中,处在被超越之中,一切给定的东西都是被赫勒称之为"火车站"的东西。这种超越性和进步性的历史意识无疑带来了现代性的巨大进步,带来了人类社会日新月异的变革。然而,在这种"永无止境"的超越过程中,失去了所有确定性的现代人又很容易处于精神上的"无家可归"和道德价值上的"无根基"状态,出现精神上的飘忽不定和文化传承的不可能,等等。

我们还可以不断地找出许多类似的例子,来从不同层面揭示现代性维度的内在的、错综复杂的张力机制和张力结构。但是,我想,没有必要继续这样无限地分析下去了。上述从不同层面所开展的越来越微观的内在机制分析,尽管有很多不完善和不周全之处,但是,透过这种分析,我们至少可以比较形象地看到现代性多重维度的复杂的张力结构的许多交错的断面;看到现代性内在的无数叠加的、交错的、断裂的、非连续的理性沉积层;看到现代性的多重维度和错综复杂的理性"沉积层"所构成的复杂无比的"星丛"。当然,毫无疑问,可以从中看到现代性危机的很多具体的征兆,看到现代性维度的内在张力结构冲撞出来的生机和潜能。

余论　现代性的潜能

本书一开始就确定了我们反思现代性问题的视角和层面:从关于现代性的价值争论中暂且抽出身来,把诸如"现代性的危机是否已经不可救药"、"后现代性是否已经取代现代性"、"中国到底应该捍卫现代性还是拒斥现代性"等问题暂且悬搁起来,把那种围绕着价值判断的理论激情暂且平复下来,静下心来专注于现代性的细致的和微观的事实判断。在对现代性的精神性维度和制度性维度作了基本的现象描述的基础上,我们进行了现代性维度的"知识考古"和张力结构的分析。在一定意义上,可以把这种考古和分析看做是关于现代性的多重维度的具体的和微观的价值判断,然而,同学术界通常进行的现代性反思和批判中经常出现的那种对现代性是"捍卫"还是"拒斥",是"取"还是"舍"的宏大的价值争论相比,我们这种关于现代性的内在结构、机制、图式、矛盾、张力等等的揭示和描述,似乎还是属于"是什么"的事实判断,还没有真正进入关于现代性的价值判断上来。

按照一般的宏观社会历史理论的研究范式,我们似乎应当在本书最后一部分回到被我们"悬搁"起来的关于现代性的价值争论,应当一方面基于前面的分析对现代性的是非曲直和危机特征作出一般性的宏观价值判断,另一方面则应当进入中国的语境探讨全球化进程中和启蒙理性危机背景下中国的现代性价值取向。然而,我们已经没有必要,也不可能再回到关于现代性的一般性的宏观价值判断了,根本的原因在于,我们按照文化哲学的理论范式和微观政治哲学的研究方法对现代性的维度的多层次描述,以及历时的和共时的双重张力机制的分析,已经"解构"了关于现代性的抽象的和宏观的价值判断这一问题本身,使诸如"现代性的危机是否已经不可救药"、"后现代性是否已经取代现代性"、"中国到底是应当捍卫现代性还是拒斥现代性"等思辨理论哲学或纯粹意识哲学的问题变成了"伪问题"。

当我们断言关于现代性的普泛的和宏大的价值判断问题已经被"解构",并非说类似的问题已经不存在,而是说,在我们按照微观社会历史理论范式所作的现代性反思中,这种问题已经没有意义。实际上,细心的读者或许可以发现,我们关于现代性生成的跳跃性、断裂性、多通道性和多元差异性,以及关于现代性具体维度的不同层次的、复杂多样的张力结构的分析,实际上已经是一种关于现代性的价值分析,而且在某种意义上是一种更具丰富内涵,更加符合历史实际、更有理论价值和现实意义的价值判断。对于这种微观的、具体的现代性反思、现代性批判或现代性的价值判断所应得出的结论或启示,需要读者在我们进行的各种具体分析中或者类似的理论探索中具体地提炼和概括,不需要我们在这里给出宏观的考察结论,因为那样一来,我们就会又回到宏观的意识哲学的研究范式上,就会违背了文化哲学和微观政治哲学所强调的差异性和包容性的理论前提。因此,我在这里不再作系统的分析和提炼,而是基于前面关于现代性丰富的精神性维度和制度性维度的描述,以及关于现代性维度的"知识考古"和张力机制的分析,再谈几点自己的感想和体会,以作为我们本书基本分析的"余论"①,作为一种没有结论的"结语"。

---

① 当然,我之"余论",肯定不是指那种"识见广博之论"意义上的"宏论",也不是"前人传留下的言论"意义上的"余论",而是一言半语、只言片语、杂感碎语意义上的"余论",其朴素的目的是能够些许引起进一步思考和想象。之所以要把论文最后一部分称之为"余论",考虑有二:一是本书的定位是尽可能厘清现代性维度的状况,并不期待作更多的宏大的理论提升;二是现代性是一个开放性的问题域,无论什么样的探讨和见解,都不应以结论性、总结性的姿态出现。

1. 现代性毫无疑问具有危机特征,在一些条件下还具有十分严重的危机症状,甚至给人以某种不可救药的错觉,但是,现代性的危机是具体的、差异化的、多样态的,而不是整体化的和同质性的普遍危机,不是某种致命的绝症。具体说来,现代性的危机并非在某一特定发展阶段才突然出现或爆发的病症①,也不是一种无所不包的、总体化的、同质的、无内在差异的、无可救药的顽症,而是现代性与生俱来的内在局限性和规定性,现代性的危机就具体体现在它的各种维度之间复杂的张力结构、内在冲突之中。当然,现代性的危机症状在不同时期的表现程度和致病后果各不相同,但是,即使在20世纪理性危机普遍显现的时期,现代性也没有成为一种铁板一块的、总体化的、必须整体性地抛弃或超越的物化的和异化的统治力量,而是在现代性的各个不同层面、不同维度、不同方面表现出来的形态多样、性质各异的具体的和微观的危机病症。因此,可以断言,现代性的危机在很大程度上属于有机体内在的和可控的、可治的病症。

2. 既然现代性的危机是具体的、差异的和多态性的,那么,对现代性危机有效的和合理的反思和批判也必须是具体的,而不是不加区分的和笼统抛弃的。断言现代性的危机是具体的,就是说,不存在完全齐一化的、同质化的整体性危机,所谓现代性的普遍危机,不过是说,在现代性不同层次、不同侧面、不同维度之间的错综复杂的关系和张力结构中,有时会同时地且多方面地出现病症,但这是一些各不相同的病症。在现代性的危机中,既没有出现彻底泯灭人的自由和主体性的理性"铁笼",也没有出现别无选择,只能完全炸掉摧毁的理性"铁板"。实际上,现代性从来就没有完善,也永远不会完善,它从来就不缺少危机和病症,甚至不缺

---

① 纯粹意识哲学或抽象理论哲学从线性决定论的思维方式出发,往往习惯于按照黑格尔的辩证法"三段论"来构造历史发展模式,在这种理论视域中,现代性的历史也呈现为正、反、合的发展历程:最初现代性是一种维护人的自由和主体性,推动社会历史快速发展进步的积极的力量;在一定阶段和一定历史条件下,现代性成为压抑人的个性和自由,破坏人类生存基础的普遍的、总体性的物化的和异化的消极力量;现代性批判的任务似乎就是超越现代性,用一种新的积极的文化精神来形成个体自由发展和社会健康进步的存在方式和内在机理。必须看到,这种黑格尔式的"三段论"脚手架无论对于现代性的理论建构还是社会实践都是十分有害的思维范式。

少"丑陋的"、"邪恶的"因素,但是,它也从来不缺少活力,不缺少创造性的潜能,不缺少自我修复的力量。因此,对现代性的危机,正如对它的价值和潜能,必须具体病症具体诊断,具体地对症下药,既不可能用一服灵丹妙药笼而统之地、齐一化地、一劳永逸地治愈,也不用担心它会恶化到不治身亡。

在这种意义上,通常学术界关于"捍卫还是拒斥现代性"的一般性的抽象争论已经没有什么实质性的内涵,属于一个似是而非的"伪问题",例如,面对现代性复杂多样的具体维度,所谓的拒斥现代性和超越现代性是什么意思?是说抛弃理性,还是抛弃民主?是抛弃契约,还是抛弃个体自由?如果是说在整体上抛弃理性化,那么人的生存方式和社会的运行机理是凭借什么样的文化要素来建构的?实际上,当我们确定现代性是具体的,现代性的危机是具体的,我们对现代性的缺陷、弊端和危机就只能是具体地、微观地去修正、修补和诊疗,而所谓整体性、彻底地超越和抛弃现代性,只是一种堂吉诃德式的幻觉。例如,我们可以反复批判并努力克服公共管理或行政管理的"科层制"所带来的例行公事的程式化、烦琐形式主义的低效率等所谓"官僚主义"毛病,但是,面对现代社会日益分层化和复杂化的各种类型的管理,我们离开了理性化的分工、规则、档案、程序,再回到前现代的经验的、粗放的管理,这可能吗?再比如,民主是现代社会普遍的价值追求和制度选择,也是饱受争议备受指责的现行制度,因为,有很多实例证明,多数人的决定也可能出错,甚至可能导致集权和专制,然而,我们不能想象彻底抛弃了民主制度的社会和国家会是什么样,正如著名美国哲学家理查德·罗蒂曾经形象地指出的那样,民主和自由就像阿司匹林这类药物一样,它肯定不是根治百病的灵丹妙药,但确实对所有人都是有用的,甚至常常是不可离的一种药物。美国学者乔·萨托利指出,"严格说来,我们不能'证明民主',但我认为,我们可以令人信服地说明,民主更为可取"①。我们不需要再继续这种简单枚举法也可以清楚地看到,人们对现代性所进行的各种激进的、极端的、咬牙切齿的批判和摧毁,当我们用平和的和平静的心态去审视时,都不过是对现代性的某种缺陷和危机的具体的诊疗和修补。

3. 从现代性的具体性和现代性危机的具体性,我们看到了现代性在空间布局和传播中的具体性,在一定意义上,现代性的潜能的来源之一,正在于它在空间中的传播能力和在互动中的变异和更新能力。当我们在这里引入目前政治哲学中的一个时髦术语"现代性的空间布展"时,实际上我们是在更大的空间关联和地平线上,即在全球的范围来思考现代性的生成问题和张力结构。② 这是一个比前述任何一种现代性维度的关联模式都更为复杂的、多向度的、互动的张力结构。我们在这里可以从两个向度简要地展示一下现代性的空间布展对于后发展中国家现代性生成的影响,以及反过来对现代性自身的"回溯性的"影响。

一方面,就现代性从发达地区向后发展地区的传播和影响来看,关于现代性的文化哲学和微观政治哲学的研究,在一定意义上证伪了韦伯关于非西方国家无法形成真正的理性化文化模式的断言,证实了后发展国家和地区现代化的可能性,而且,20世纪历史进程的重要内涵之一正是现代性在世界范围内的传播和生成。但是,关于现代性的文化哲学和微观政治哲学研究的意义并不在于得出这样的一般性结论,而在于具体揭示出后发展中国家在现代性的引入、输入、复制、移植、模仿过程中的极端复杂性、具体性和微观性,其核心思想在于:现代性在更广泛空间的传播

---

① (美)乔·萨托利:《民主新论》,冯克利、阎克文译,东方出版社1998年第2版,第308页。

② 我在写作过程中,实际上已经清楚地意识到,关于现代性维度的分析不仅不能局限于对精神性维度和制度性维度的复杂关系的揭示,必须延伸到这些严格意义上的理性维度同道德、价值,乃至宗教等制约性维度之间的复杂关系,而且还应当进一步拓展到关于西方发达国家的原发性现代性和发展中国家正在生成中的后发性现代性复杂关系的分析,这将在更大的尺度上展开现代性维度的内在张力结构和张力机制。然而,这样的任务需要更多关于全球化背景下的发展问题,以及不同国度和地域的历史文化等问题的考据和文献分析,因此,它需要我们用专门的课题来承担,在这里,只能提及最基本的想法。

和布展不是一个线性决定论的过程,而是一个文化交流和文化选择的关系,这里强调的是文化特有的"学习机制"。具体说来,这样的理解有助于我们厘清意识哲学的抽象化研究范式在现代性问题上的两个混乱观点:一是有助于破除那种认为现代性的生成是一个普遍的必然性的历史进程,任何国家都迟早会建立起同质化的理性化文化模式的观点,实际上,我们在分析中已经看到,即使在西方,现代性的生成也不是一个线性决定的、不间断的必然过程,而是一个充满断裂、跳跃,充满文化冲突和文化选择的多通路的复杂过程;二是有助于破除那种强调现代性所包含的不可抗拒的、普遍化的理性力量和逻辑,认为任何后发展中国家的现代性选择都只能是"全盘西化"、完全复制的观点,实际上我们关于基督教所代表的宗教、价值、神性等约束因素在西方现代性生成中的特殊方位和作用的分析,已经充分说明了不同文化的特殊性对现代性选择具有不可避免和不可忽视的影响。这样一来,虽然现代性在不同地区、不同文化中的布展毫无疑问要展示出许多普遍性、共同性的要素,包括现代性的许多重要维度的"置入"或"嵌入",但是,无论如何都不会出现线性决定论意义上的全球范围内的齐一化的现代性,而必然是形成既有普遍性和共同性,具有可以相互对话和交流的可能性,又有不同的历史背景、不同的文化底色、不同的地域特色的丰富多彩的"现代性星丛"。

另一方面,从相反的向度来看,当我们强调现代性在空间传播和布展过程中的具体性和复杂性时,我们已经认可了后发展国家和地区的现代性生成对于丰富现代性本身的内涵和生命活力的重要价值和意义。既然现代性是具体的,现代性的选择和生成是具体的学习、交流、对话机制,甚至是冲撞、矛盾和斗争策略的结果,而不是简单的机械复制、全盘输入、器官移植的结果,那么在这种学习机制和选择机制中就包含了对现代性本身的反馈机制、反思机制、修复机制、修正机制等等。例如,在更广阔的全球空间中逐步生成的各具特色的现代性维度和现代性的价值诉求,可以在一定程度上抑制和抵御西方现代性的工具理性出于狭隘民族主义和本位利益而对不发达地区的掠夺和破坏;可以为常常自以为是的西方现代性的极端主义者和西方中心论者提供一个常常被西方边缘化和妖魔化的"他者"的镜子,强制西方现代性进行某种自我反思和自我修正等。这也从一个侧面展示出现代性的巨大潜能。目前我们特别要强调的一个例子,就是在西方各种怀疑的、质疑的、自我矛盾的,甚至是敌意的目光中逐步生成的以"中国道路"、"中国模式"为特征的现代性生成之路,它是对我们上述关于现代性在空间中布展和传播的复杂性的极好注释。①

4. 对于现代性维度及其复杂关联的微观透视,有助于我们防止将社会历史规律"自然科学化",在微观视域和宏观视域的交汇中真正深刻地理解把握社会历史规律的特殊性。如果严格按照本书的设计,我们只要在微观政治哲学的视域中揭示和描述现代性的维度及其复杂的关联就可以了,不必再进行理论升华,不必再提升到一般社会历史理论的层面。但是,考虑到我们在前面关于本课题研究的理论预设和方法论选择时已经把学术界关于社会历史理论争论的核心问题摆到我们的理论分析之中,所以在这里必须做一点回应的工作,从现代性维度的具体分析略作一点理论提升。我们在前文中已经表明基本的理论判断:不存在绝对的宏观解释模式或者绝对的微观解释模式,一种健全的和富有解释力的社会历史理论,一定是宏观分析和微观分析的有机结合。同时,我们强调,是否承认社会历史发展的规律,与对社会历史发展进行宏观分析还是进行微观分析,没有必然的和本质的因果关联,那种笼统地、不加分析地断言开启社会历史理论分析的微观视域必然会导致否定社会历史规律的说法,是没有根据的。但是,需要强调的一点是,宏观理论分析是否拥有扎实的和丰富的微观分析做基础,所揭示的规律的性质和所表述的宏大叙事的性质是有质的差别的,实际上并非任何关于规律的认识都适合于我们对人类社会历史运动的真实把握。具体说来,排除社会历史存在的多维性

---

① 尤其在应对全球性金融危机中,中国的特殊表现是研究现代性问题应当专题探讨的课题。但是,必须在微观政治哲学的视域中,通过对中国的地理环境、人口要素、历史进程、文化模式、心理机制、价值选择、制度设计、理论创造等作多学科的综合的、具体的分析,以及进行同世界不同地区不同国家的复杂关联的具体的、微观的比较,才能形成关于现代性反思的比较扎实的意见。

和丰富的差异性,忽视对社会历史现实作具体的微观分析,所揭示的并不是真正意义上的社会历史规律,而是与人的历史活动无关的、外在于历史进程的普遍必然性,是"自然科学化"的意识哲学的理论设计。而基于现代性维度的多样性和差异性、现代性维度内在关联和内在张力的复杂性和异质性、现代性病症和危机的具体性、现代性全球传播和布展的差异化等微观理论分析而形成的关于现代性及其社会历史运动的宏观认识,则与"自然科学化"的普遍必然性有着根本性的差别。这里所揭示的才是马克思意义上的包含着或者保存着多样性和差异性的"具体",是真正在人的实践活动中,在人的历史活动中生成的社会历史运动的内在机制和规律。

实际上,即使我们不从上述学理的层面,而仅仅从"理论策略"的层面思考问题,也可以清楚地看到关于现代性维度的微观分析的极端重要性。假如我们不对现代性的具体维度、内在机理、张力结构、危机特征、空间布展等作历史的和微观的分析,我们在全球化背景下的现代化策略就很容易落入西方发达国家的"资本的逻辑"的"必然性陷阱"之中,或是根本拒斥作为整体的、带有西方底色的现代性,或是别无选择地、无法区分地全盘接受和复制这种作为整体的、带有西方底色的现代性。而当我们以关于现代性的具体的和微观的分析为基础,我们在宏观上的现代化战略选择就会更加从容,更加符合真正意义上的社会历史规律:一方面,我们充分认识和考量现代性的历史的和现实的价值、潜能和不可逃避性,因此,对现代性的生成持一种积极开放的和包容的心态;另一方面,我们充分估计和肯定现代性维度及其运行机制的极端复杂性,特别是认识到,现代性不是一种可以一劳永逸地完成的、给定的东西,而是被各种历史因素、历史力量、历史选择所不断重铸的开放的历史进程,一种不断地选择、修正、修复、更新的,正在生成的社会历史现实。如果我们的视野不局限于欧美等西方发达国家的发展道路,而是充分观察和考虑俄罗斯等传统强国、巴西和阿根廷等新兴经济体、亚太不同国家和地区、西亚北非阿拉伯国家和地区的发展道路和发展模式,特别是他们在现代制度安排、发展道路选择等方面同现代性的复杂的"纠结状态",我们就会对社会历史理论的微观视域的价值有更加深刻而形象的认识。正是这种理论的和现实的分析,使我们能够真实地懂得社会历史规律的独特性,能够真正为人类社会和人类世界的多种发展模式、多样化的发展道路找到扎实的学理根据和现实参照。

5. 正是基于对社会历史规律的这种理解,我们在这里不去讨论现代性的"发展规律"和普遍"必然性",而是谈论现代性的"潜能"。现代性的潜能的更重要的来源根植于理性内在的、深层的和自觉的反思性(reflexivity)。这是理性固有的自我反思能力、自我批判能力、自我超越能力和自我修补能力。需要指出的是,这种反思性同样是历史的和具体的,实际上,在人类历史的任何时期,各种文化中都包含着某种程度的反思性,这是人的存在区别于其他动物的本质特征之一,而在现代性这里,这种反思性通过理性文化的本性最集中、最鲜明地体现出来。吉登斯曾使用"现代性的反思性"(the reflexivity of modernity)这一重要概念来说明现代性的内在张力机制。他对传统文化的反思性和理性文化的反思性的比较对于我们很有启发,他认为,反思性是人类活动的内在规定性,但是,由于前现代社会具有"以过去为定向"的特征,因此,"在前现代文明中,反思性在很大程度上仍然局限于重新解释和阐明传统"。而"随着现代性的出现,反思性具有了不同的特征。它被引入系统再生产的根基,由此思想和行动总是处在连续不断的彼此相互反映的过程之中"。在这种情况下,"现代社会生活的反思性在于这样的事实:社会实践总是不断地受到关于这些实践本身的新认识的检验和改造,从而在结构上改变着自己的特征。我们应当明白这一现象的性质。所有社会生活形式都部分地由行为者关于社会生活的知识所确立。维特根斯坦意义上的关于'如何继续进行'的知识对于由人的行为所制定并加以再造的惯例而言,具有实质的意义。在所有文化中,社会实践惯常地被不断地注入实践中的新发现所改变。但是,只是在现代性的时代,惯例的改变才能(在原则上)被用于人类生活的所有方面,包括对于物质世界的技术干预。人们常说,现代性以对新事物的追求为标志,但是这种说法或许并不完全准确。现代性的特征并不是为新事物而接受新事物,而是对整个反思性的确证,这当然也包括对反思自身的反思"①。通过这一段论述我们可以看到,现代性的反思性不是单纯的"枪口对外"的反思,而是包括"反思自身的反思"在内,这正是现代性能够即使在危机和困境中依旧保持生命力和不断展示其潜能的重要根据。

在这里需要强调一点的是,现代性的反思性并非某种神秘的东西,由于现代性是具体的,现代性的反思性也是具体的,实际上,反思性就内在于现代性的不同层面、不同方面、不同维度的复杂的张力结构和张力机制之中。再具体一点说,现代性的反思性不是现代性之外加诸现代性的东西,也不是现代性内在的某种外在于现代性的具体维度的东西,而就是这些维度的内在机制和规定性。借用一句人们通常的所谓"异化"和"扬弃异化"走着同一条道路的说法,可以说,现代性的动力、现代性的危机和现代性的自我反思和自我修正,走的是同一条道路,或者说,存在于同一个过程中。现代性的理性和价值性维度、制度性和精神性维度、不同区域的现代性维度、各个层面的现代性维度之间所形成的错综复杂的张力机制和相互制约关系,既可能导致某一维度对另一维度的重要价值的压抑和破坏,导致某些维度的失控和各种负面后果,也能形成各种形式的制约机制,形成对各种维度及其关系、各种维度及其历史和实践后果等等的自觉的理性反思和检讨,从而通过相互拉扯、相互掣肘、相互冲突、相互补充、相互沟通等方式,或是防止某些维度走向极端和失控,或是及时修复现代性的负面影响和消极后果,并对现代性的维度及其关系进行自我调整、自我反思和自我修复。如果考察一下第二次世界大战之后的 60 多年的世界历史,我们发现,虽然世界的局势越来越复杂,矛盾越来越多种多样,但是,人类无论是对可能的全球战争、局部战争,还是对各种贸易摩擦、贸易

---

① Anthony Giddens, *The Consequences of Modernity*, Stanford University Press, 1990, pp. 37, 38-39.

战,特别是对生态环境的状况的控制,都有很多值得称道的地方。这其中自然有很多历史因素,但是,现代性从各种历史经验教训中,以及在各种力量、各种维度的相互制约中所形成的自我反思、自我调整、自我修复能力,是不可忽略的重要因素。

6. 从现代性的自我反思性的视角来看,过去几十年风靡一时的各种宣称彻底批判、超越、扬弃、取代现代性的激进的后现代文化批判思潮,在根本上并不是现代性理性精神之外的全新的东西,而就是现代性的彻底的理性精神的极端表达和激进表征,同时,人们所"描绘"的、"宣称"的、设想的、预言的、想象的"后现代"及其后现代性,并非一个与现代及其现代性截然不同的全新的历史时期,而不过是现代性在经历深刻危机之时的一种激进的自我反思和自我批判的状态。正如赫勒所言:"后现代性并不是在现代之后到来的一个阶段,它不是对现代性的补救——它是现代的。更确切地说,后现代视角也许最好被描述为现代性意识本身的自我反思。"[1]道格拉斯·凯尔纳和斯蒂文·贝斯特也强调,"情况往往是,那些被说成是后现代的东西,其实也可以被看成是现代性的典型特征"[2]。人们都清楚地看到,过去几十年,许多激进的后现代思想家为了打碎韦伯所谓的理性"铁笼",扬言要彻底解构一切普遍的、连续的、稳定的、整体的东西。我们必须承认,这种激进的文化批判,在解构纯粹意识哲学的普遍化和抽象化研究范式,在推动现代性反思走向微观化方面,起到了十分重要的、积极的促进作用。但是,有一点需要我们清醒地指出,后现代的激进批判性实际上正来自于理性的彻底性,后现代没有也无法摆脱理性而存在,正如康德在分析理性的"二律背反"时强调的那样,理性欲把握无限的对象,但是,它并没有自己独特的认知工具,而依旧使用知性把握有限对象时所使用的"纯范畴",因此,不可避免地陷入悖论之中。同样,后现代思想家自认为已经摧毁了现代性,拒斥了理性化,但是,他们并没

---

[1] (匈)阿格尼丝·赫勒:《现代性理论》,李瑞华译,商务印书馆 2005 年版,第 13 页。
[2] (美)道格拉斯·凯尔纳、(美)斯蒂文·贝斯特:《后现代理论》,张志斌译,中央编译出版社 2001 年版,第 356 页。

有找到或发明出不同于理性和现代性的新的工具和生存平台。借用鲍曼"生活在碎片之中"的提法,我们可以说,被后现代思想家狠狠地打碎的现代性所留下的碎片也还是"理性的碎片"。在这种情况下,如果我们能够抛弃极端的、情绪化的态度,以冷静的、沉思的和平和的心态去把握后现代留给我们的无数"理性的碎片",就会看到,这种碎片化、微观化的理性存在方式在某种意义上也是现代性的具体维度及其张力机制的真实显现。在这种意义上,经过后现代急风暴雨般的批判,现代性非但不会消解,反而它的反思性和潜能会进一步增强,同时我们也看到,在当今的理论界和思想界,情绪逐步趋于平和与冷静的后现代思想碎片正在被慢慢整合到现代性的自我反思和自我超越之中。

7. 关于现代性的反思性和潜能的分析,最后应当回到"现代性的态度"上。我在本书的"引子"中曾指出,福柯曾把现代性理解为"一种态度"而不是一个历史时期,这是现代性本身包含的一种态度,一种"对我们的历史时代的永恒的批判"的态度。实际上,我们所分析的现代性内在的反思性,与福柯所理解的这种"现代性的态度"在本质上是一致的。在这里,我们不仅要用现代性的反思性来理解现代性内在的态度、精神气质和本质规定性,还要把我们"关于现代性的态度"统一到现代性本身的态度上。福柯提出"必须从'支持或者反对启蒙'的智性敲诈中解放我们自己",这是十分重要的思想。经过关于现代性维度及其张力机制的微观的、具体的分析,以及对现代性的反思性和潜能的深刻把握,我们在思考现代性时,不应当站在现代性之外或之上,成为高高在上的,对启蒙和现代性进行非此即彼式的"取舍"的审判者和仲裁者,而应当把自己降格为现代性的内在反思性的澄明者,以及现代性潜能的激发者。

具体说来,我想用"总在途中"的开放性来描述"现代性的态度"和我们关于现代性所应持有的态度。现代性说到底是人的超越性本质的自觉的和激进的表现,它不会是一个历史阶段,不会是一种可以在某一个时刻到来而在另一个时刻被超越的阶段,更不会是我们可以通过讨论来决定是捍卫还是抛弃的给定的状态。我曾用"总在途中"描述过哲学的本质特征:哲学一直与人类同行,但哲学的对象域和定位似乎总是一个开放的、无解的问题。实际上,这正体现了哲学的本性和人的生存本质:每一时代真正的哲学都是人的生存的意义的自我澄明。因此,哲学不可能固守不变的问题域和不变的定位,而是与人的生存一同自觉地扩展和显现存在的意义。哲学总在途中,是一条永远走不尽的生存之路。同样,通过关于"现代性的反思性"的分析,我们看到,无论是现代性的动力机制还是现代性的危机特征,都不是一次性给定的、完成的存在状态,不是一种无差异的整体性或总体状态,而是一种弥散的、多样态的、差异化的存在样态,因此,现代性不仅包含着危机的可能性和现实性,而且还包含着自我批判、自我超越、自我完善的内在反思性,包含着创造和解放的潜能。

由此,我想,对待现代性我们应当有一种清醒、沉实、质朴的态度,不应该因为现代性所具有的力量和活力就不加分析地宣称它将普遍地、无差别地、不可抗拒地、必然地征服世界;也不应因为现代性所表现出的危机特征就以一种怀旧的和复古的心态,简单地用我们自己想象的和理想化的那个遥远过去的 the good old times(美好的往日)来否定现代性,或者怀着非此即彼的心态,激进地用所谓的后现代来否定现代性。我们应该学会具体地、微观地分析具体的问题,学会运用文化的具体的学习机制和选择机制去平和地分享现代性的具体成果、抵御现代性的具体风险、克服现代性的具体危机、呵护现代性的反思性机制、激发现代性的更多的潜能,与现代性同行,总在途中。

我想说,这样一种清醒的和沉实的对待现代性的态度,既是我们深思熟虑的、心甘情愿的自觉选择,实际上也是我们无法拒绝、无法不选择的命运。因为,虽然在历史上,现代性曾经是各种历史可能性中由于具体的文化交流和文化选择机制而导致的一种文化精神和文化模式,但是,它一经生成,就是我们不可回避的给定的存在;它虽然并不具有铁的必然性和普遍性,但是,作为一种激发了人的创造力和超越性的文化精神和文化模式,它一旦产生,就会在各种文化的学习和选择机制中获得在更大的空间中扩张和布展的能力。因此,我们今天已经没有选择"要不要"现代性的权利了，我们只有选择如何更好地发挥现代性的潜能的空间了；我们都已经是启蒙的传人，无论我们如何强调我们的姿态与现代性不同，无论我们如何试图从现代性中彻底挣脱出来，我们实际上都只能在启蒙的地平线上，在现代性的反思性视域中思考与生存。

最后，我想用很久前在某本杂志上读到的一个小小的"补白"来相对轻松地结束我们关于现代性的"余论"和"结语"。这个或许是虚构的小故事很简单，说的是一对西方发达国家的年轻夫妇，讨厌被现代技术、信息手段等理性化成果不断干扰的生存状态，怀念传统社会自然经济条件下田园牧歌般的 the good old times：

丈夫：亲爱的，如果能够回到过去那该多好啊，我们可以不受这些讨厌的汽车、电话、广告的烦扰，静静地生活。

妻子：是啊，亲爱的，那样的话，我们就可以安安静静地坐在壁炉前看电视了。

2008 年 1 月至 2009 年 9 月完成于哈尔滨
2011 年 2 月修改于北京

参考文献

一、中文文献

(一)政治学和社会学有关文献

[1] (德)马克斯·韦伯:《新教伦理与资本主义精神》,于晓、陈维纲等译,三联书店1987年版。

[2] (德)马克斯·韦伯:《儒教与道教》,王容芬译,商务印书馆1995年版。

[3] (德)马克斯·韦伯:《经济与社会》(上、下卷),林荣远译,商务印书馆1997年版。

[4] (德)韦伯:《支配社会学》(韦伯作品集 III),康乐、简惠美译,广西师范大学出版社2007年版。

[5] (德)韦伯:《宗教社会学》(韦伯作品集 VIII),康乐、简惠美译,广西师范大学出版社2005年版。

[6] (法)爱弥尔·涂尔干:《宗教生活的基本形式》,渠东、汲喆译,世纪出版集团、上海人民出版社2006年版。

[7] (法)爱弥尔·涂尔干:《职业伦理与公民道德》,渠东、付德根

译,世纪出版集团、上海人民出版社 2006 年版。

[8]（法）爱弥尔·涂儿干:《社会分工论》,渠东译,三联书店 2000 年版。

[9]（德）西美尔:《货币哲学》,陈戎女、耿开君、文聘元译,华夏出版社 2007 年版。

[10]（德）西美尔:《现代人与宗教》,曹卫东等译,中国人民大学出版社 2005 年第 2 版。

[11]（德）西美尔:《金钱、性别、现代生活风格》,刘小枫编、顾仁明译,学林出版社 2000 年版。

[12]（德）齐美尔:《社会是如何可能的》,林荣远编译,广西师范大学出版社 2002 年版。

[13]（英）R. H. 托尼:《宗教与资本主义的兴起》,赵月瑟、夏镇平译,上海译文出版社 2006 年版。

[14]（美）彼得·布劳、（美）马歇尔·梅耶:《现代社会中的科层制》,马戎等译,学林出版社 2001 年版。

[15]（英）安东尼·吉登斯:《现代性的后果》,田禾译,译林出版社 2000 年版。

[16]（英）安东尼·吉登斯:《超越左与右》,李惠斌、杨雪冬译,社会科学文献出版社 2000 年版。

[17]（英）安东尼·吉登斯:《民族－国家与暴力》,胡宗泽、赵力涛译,三联书店 1998 年版。

[18]（英）安东尼·吉登斯、克里斯多弗·皮尔森:《现代性——吉登斯访谈录》,尹宏毅译,新华出版社 2001 年版。

[19]（德）乌尔里希·贝克等:《自反性现代化》,赵文书译,商务印书馆 2001 年版。

[20]（英）安东尼·吉登斯:《现代性与自我认同》,赵旭东、方义译,三联书店 1998 年版。

[21]（英）安东尼·吉登斯:《社会的构成》,李康、李猛译,三联书店

1998年版。

[22]（英）安东尼·吉登斯：《失控的世界》，周红云译，江西人民出版社2001年版。

[23]（美）乔治·桑塔亚纳：《社会中的理性》，张源译，北京大学出版社2008年版。

[24]（美）乔治·桑塔亚纳：《宗教中的理性》，犹家仲译，北京大学出版社2008年版。

[25]（美）乔治·桑塔亚纳：《常识中的理性》，张沛译，北京大学出版社2008年版。

[26]（法）托克维尔：《论美国的民主》（上、下卷），董果良译，商务印书馆1988年版。

[27]（法）托克维尔：《旧制度与大革命》，冯棠译，商务印书馆1992年版。

[28]（法）弗朗索瓦·傅勒：《思考法国大革命》，孟明译，三联书店2005年版。

[29]（法）皮埃尔·卡蓝默：《破碎的民主——试论治理的革命》，高凌瀚译，三联书店2005年版。

[30]（美）本杰明·巴伯：《强势民主》，彭斌、吴润洲译，吉林人民出版社2006年版。

[31]（美）罗伯特·A.达尔：《民主及其批评者》，曹海军、佟得志译，吉林人民出版社2006年版。

[32]（美）乔·萨托利：《民主新论》，冯克利、阎克文译，东方出版社1998年第2版。

[33]（美）卡尔·施米特：《政治的浪漫派》，冯克利、刘锋译，世纪出版集团、上海人民出版社2004年版。

[34]（美）卡尔·施米特：《政治的概念》，刘宗坤译，世纪出版集团、上海人民出版社2004年版。

[35]（英）弗里德里希·冯·哈耶克：《哈耶克文选》，冯克利译，江

苏人民出版社2007年第2版。

[36]（英）卡尔·波普尔：《二十世纪的教训》，王凌霄译，广西师范大学出版社2004年版。

[37]（英）佩里·安德森：《绝对主义国家的系谱》，刘北成、龚晓庄译，上海人民出版社2001年版。

[38]（英）佩里·安德森：《思想的谱系——西方思潮左与右》，袁银传、曹荣湘等译，社会科学文献出版社2010年版。

(二)历史学和文化学有关文献

[1]（英）H. G. 韦尔斯：《世界史纲:生物和人类的简明史》(上、下卷)，曼和平、李敏译，北京燕山出版社2004年版。

[2]（美）斯塔夫里阿诺斯：《全球通史——1500年以前的世界》，吴象婴、梁赤民译，上海社会科学院出版社1988年版。

[3]（美）斯塔夫里阿诺斯：《全球通史——1500年以后的世界》，吴象婴、梁赤民译，上海社会科学院出版社1992年版。

[4]（法）马克·布洛赫：《为历史学辩护》，张和声、程郁译，中国人民大学出版社2006年版。

[5]（法）马克·布洛赫：《封建社会》(上、下卷)，张绪山译，商务印书馆2004年版。

[6]（法）马克·布洛赫：《法国农村史》，余中先、张朋浩、车耳译，商务印书馆1991年版，2003年第三次印刷。

[7]（法）费尔南·布罗代尔：《地中海考古》，蒋明炜、吕华、曹青林、刘驯刚译，社会科学文献出版社2005年版。

[8]（法）费尔南·布罗代尔：《资本主义的动力》，杨起译，三联书店1997年版。

[9]（法）费尔南·布罗代尔：《文明史纲》，肖昶、冯棠、张文英、王明毅译，广西师范大学出版社2003年版。

[10]（法）费尔南·布罗代尔：《资本主义论丛》，顾良、张慧君译，中央编译出版社1997年版。

[11]（法）费尔南·布罗代尔:《15至18世纪的物质文明、经济和资本主义》第1卷,顾良、施康强译,三联书店1992年版。

[12]（法）费尔南·布罗代尔:《15至18世纪的物质文明、经济和资本主义》(全3册),施康强、顾良译,三联书店1993年版。

[13]（法）J.勒高夫等主编:《新史学》,姚蒙编译,上海译文出版社1989年版。

[14]（意）朱塞佩·格罗索:《罗马法史》,黄风译,中国政法大学出版社1994年版。

[15]（意）彼德罗·彭梵得:《罗马法教科书》,黄风译,中国政法大学出版社2005年修订版。

[16]（奥地利）弗里德里希·希尔:《欧洲思想史》,赵复三译,广西师范大学出版社2007年版。

[17]（美）罗兰·斯特龙伯格:《西方现代思想史》,刘北成、赵国新译,中央编译出版社2005年版。

[18]（美）理查德·塔纳斯:《西方思想史》,吴象婴、晏可佳、张广勇译,上海社会科学院出版社2007年版。

[19]（荷）彼得·李伯庚:《欧洲文化史》(上、下卷),赵复三译,上海社会科学院出版社2004年版。

[20]（英）乔纳森·希尔:《兴奋时代的欧洲1600—1800》,李红译,北京大学出版社2007年版。

[21]（德）里夏德·范迪尔门:《欧洲近代生活 家与人》,王亚平译,东方出版社2003年版。

[22]（德）里夏德·范迪尔门:《欧洲近代生活 村庄与城市》,王亚平译,东方出版社2004年版。

[23]（德）里夏德·范迪尔门:《欧洲近代生活 宗教、巫术、启蒙运动》,王亚平译,东方出版社2005年版。

[24]（美）查尔斯·霍默·哈斯金斯:《十二世纪文艺复兴》,张澜、刘疆译,上海三联书店2008年版。

[25] (美)玛格丽特·L.金:《欧洲文艺复兴》,李平译,上海人民出版社2008年版。

[26] (美)彼得·盖伊:《启蒙时代》,汪定明译,中国言实出版社2005年版。

[27] (美)乔纳森·德瓦尔德:《欧洲贵族1400—1800》,姜德福译,商务印书馆2008年版。

[28] (美)爱德华·格兰特:《中世纪的物理科学思想》,郝刘祥译,复旦大学出版社2000年版。

[29] (英)佩里·安德森:《绝对主义国家的系谱》,刘北成、龚晓庄译,上海人民出版社2001年版。

[30] (英)保罗·卡特里奇主编:《剑桥插图古希腊史》,郭小凌、张俊等译,山东画报出版社2005年版。

[31] (英)弗朗西斯·鲁滨逊主编:《剑桥插图伊斯兰世界史》,安维华、钱雪梅译,世界知识出版社2005年版。

[32] (英)约翰·布克主编:《剑桥插图宗教史》,王立新、石梅芳、刘佳译,山东画报出版社2005年版。

[33] (英)罗伯特·福西耶主编:《剑桥插图中世纪史》,陈志强、崔艳红等译,山东画报出版社2006年版。

[34] (英)P.J.马歇尔主编:《剑桥插图大英帝国史》,樊新志、惠春琳译,世界知识出版社2004年版。

[35] (英)科林·琼斯主编:《剑桥插图法国史》,杨保筠、刘雪红译,世界知识出版社2004年版。

[36] (加拿大)马丁·基钦主编:《剑桥插图德国史》,赵辉、徐芳、赵叙译,世界知识出版社2005年版。

[37] (英)伯特兰·罗素:《西方的智慧》,亚北译,中国妇女出版社2004年版。

[38] (德)汉斯·约阿西姆·施杜里希:《世界哲学史》(第17版),吕叔君译,山东画报出版社2006年版。

[39]（美）撒穆尔·伊诺克·斯通普夫、詹姆斯·菲泽:《西方哲学史》(第七版)，丁三东等译，中华书局2005年版。

[40]（美）托马斯·弗里德曼:《世界是平的——21世纪简史》，何帆、肖莹莹、郝正非译，湖南科学技术出版社2006年版。

[41]（美）比尔·布莱森:《万物简史》，严维明、陈邕译，接力出版社2005年版。

[42]（美）塞缪尔·亨廷顿、（美）劳伦斯·哈里森:《文化的重要作用》，程克雄译，新华出版社2002年版。

[43]（德）卡尔·曼海姆:《文化社会学论要》，刘继同、左芙蓉译，中国城市出版社2002年版。

[44]（德）卡尔·曼海姆:《意识形态和乌托邦》，艾彦译，华夏出版社2001年版。

[45]（美）克利福德·格尔茨:《文化的解释》，纳日碧力戈、郭于华等译，上海人民出版社1999年版。

[46]（英）爱德华·泰勒:《原始文化》，连书声译，广西师范大学出版社2005年版。

[47]（英）爱德华·泰勒:《人类学——人及其文化研究》，连书声译，广西师范大学出版社2004年版。

[48]（英）马凌诺斯基:《文化论》，费孝通译，华夏出版社2002年版。

[49]（英）B.马林诺夫斯基:《科学的文化理论》，黄剑波等译，中央民族大学出版社1999年版。

[50]（美）鲁尼·本尼迪克特:《文化模式》，张燕、傅铿译，浙江人民出版社1987年版。

[51]（美）本尼迪克特:《菊花与刀》，孙志民、马小鹤、朱理胜译，浙江人民出版社1987年版。

[52]赵林、邓守成主编:《启蒙与世俗化》，武汉大学出版社2008年版。

[18] (德)文德尔班:《哲学史教程》(上卷),罗达仁译,商务印书馆1987年版。

[19] (德)文德尔班:《哲学史教程》(下卷),罗达仁译,商务印书馆1993年版。

[20] (德)H.李凯尔特:《文化科学和自然科学》,涂纪亮译,商务印书馆1986年版。

[21] (联邦德国)蓝德曼:《哲学人类学》,彭富春译,工人出版社1988年版。

[22] (美)理查·罗蒂:《哲学和自然之镜》,李幼蒸译,三联书店1987年版。

[23] (美)理查德·罗蒂:《后哲学文化》,黄勇译,上海译文出版社2004年版。

[24] (美)理查德·罗蒂:《后形而上学希望》,黄勇编,张国清译,上海译文出版社2003年版。

[25] (美)道格拉斯·凯尔纳、(美)斯蒂文·贝斯特:《后现代理论》,张志斌译,中央编译出版社2001年版。

[26] (美)斯蒂文·贝斯特、(美)道格拉斯·科尔纳:《后现代转向》,南京大学出版社2002年版。

[27] (英)戴维·弗里斯比:《现代性的碎片》,卢晖临、周怡、李林艳译,商务印书馆2003年版。

[28] (美)马泰·卡林内斯库:《现代性的五副面孔》,顾爱彬、李瑞华译,商务印书馆2004年版。

[29] (美)安德鲁·芬伯格:《可选择的现代性》,陆俊、严耕译,中国社会科学出版社2003年版。

[30] (法)弗朗索瓦·多斯:《从结构到解构——法国20世纪思想主潮》(上、下卷),季广茂译,中央编译出版社2004年版。

[31] (法)雅克·德里达:《马克思的幽灵》,何一译,中国人民大学出版社1999年版。

[32]（法）雅克·德里达:《书写与差异》(上、下)，张宁译，三联书店 2001 年版。

[33]（法）雅克·德里达:《一种疯狂守护着思想》，何佩群译，上海人民出版社 1997 年版。

[34]（法）米歇尔·福柯:《必须保卫社会》，钱翰译，上海人民出版社 1999 年版。

[35]（法）米歇尔·福柯:《规训与惩罚》，刘北成、杨远婴译，三联书店 1999 年版。

[36]（法）米歇尔·福柯:《疯癫与文明》，刘北成、杨远婴译，三联书店 2003 年版。

[37]（法）米歇尔·福柯:《知识考古学》，谢强、马月译，三联书店 2003 年版。

[38]（法）米歇尔·福柯:《主体解释学》，佘碧平译，上海人民出版社 2005 年版。

[39]（法）米歇尔·福柯:《福柯集》，杜小真编选，上海远东出版社 2003 年版。

[40]（法）吉尔·德勒兹:《哲学与权力的谈判》，刘汉全译，商务印书馆 2000 年版。

[41]（法）吉尔·德勒兹、（法）费利克斯·瓜塔里:《游牧思想——吉尔·德勒兹、费利克斯·瓜塔里读本》，陈永国编译，吉林人民出版社 2003 年版。

[42]（法）利奥塔:《后现代性与公正游戏——利奥塔访谈、书信录》，谈瀛洲译，上海人民出版社 1997 年版。

[43]（法）让·博德里亚尔:《完美的罪行》，王为民译，商务印书馆 2000 年版。

[44]（法）让·波德里亚:《消费社会》，刘成富、全志钢译，南京大学出版社 2000 年版。

[45]（英）齐格蒙特·鲍曼:《全球化——人类的后果》，郭国良、徐

建华译,商务印书馆2001年版。

[46] (英)齐格蒙特·鲍曼:《流动的现代性》,欧阳景根译,上海三联书店2002年版。

[47] (英)齐格蒙特·鲍曼:《个体化社会》,范祥涛译,上海三联书店2002年版。

[48] (英)齐格蒙·鲍曼:《后现代性及其缺憾》,郇建立、李静韬译,学林出版社2002年版。

[49] (英)齐格蒙·鲍曼:《生活在碎片之中——论后现代道德》,郁建兴、周俊、周莹译,学林出版社2002年版。

[50] (英)鲍曼:《现代性与大屠杀》,杨渝东、史建华译,译林出版社2002年版。

[51] (英)齐格蒙·鲍曼:《立法者与阐释者》,洪涛译,上海人民出版社2000年版。

[52] (美)汉娜·阿伦特:《极权主义的起源》,林骧华译,三联书店2008年版。

[53] (美)汉娜·阿伦特:《人的境况》,王寅丽译,上海人民出版社2009年版。

[54] (美)汉娜·阿伦特:《黑暗时代的人们》,王凌云译,江苏教育出版社2006年版。

[55] (匈)乔治·卢卡奇:《历史和阶级意识》,张西平译,重庆出版社1989年版。

[56] (匈)卢卡奇:《历史和阶级意识》,王伟光、张峰译,华夏出版社1989年版。

[57] (匈)卢卡奇:《关于社会存在的本体论》(上、下卷),白锡堃、张西平、李秋零等译,重庆出版社1993年版。

[58] (匈)乔治·卢卡契:《审美特性》(第1卷),徐恒醇译,中国社会科学出版社1986年版。

[59] (匈)乔治·卢卡契:《审美特性》(第2卷),徐恒醇译,中国社

会科学出版社1991年版。

[60]（德）卡尔·柯尔施：《马克思主义和哲学》，王南湜、荣新海译，重庆出版社1989年版。

[61]（意）安东尼奥·葛兰西：《狱中札记》，葆煦译，人民出版社1983年版。

[62]（意）安东尼奥·葛兰西：《狱中札记》，曹雷雨、姜丽、张跣译，中国社会科学出版社2000年版。

[63]（意）葛兰西：《实践哲学》，徐崇温译，重庆出版社1990年版。

[64]（德）麦克斯·霍克海默：《批判理论》，李小兵译，重庆出版社1989年版。

[65]（德）马克斯·霍克海默、西奥多·阿道尔诺：《启蒙辩证法》，渠敬东、曹卫东译，上海人民出版社2003年版。

[66]（德）阿多尔诺：《否定的辩证法》，张峰译，重庆出版社1993年版。

[67]（德）赫伯特·马尔库塞：《单面人》，左晓斯、张宜生、肖滨译，湖南人民出版社1988年版。

[68]（德）赫伯特·马尔库塞：《爱欲与文明》，黄勇、薛民译，上海译文出版社1987年版。

[69]（德）马尔库塞：《理性和革命》，程志民等译，重庆出版社1993年版。

[70]（德）马尔库塞：《现代文明与人的困境——马尔库塞文集》，李小兵等译，三联书店1989年版。

[71]（德）埃里希·弗洛姆：《逃避自由》，刘林海译，国际文化出版公司2007年第2版。

[72]（德）E.弗洛姆：《追寻自我》，苏娜、安定译，延边大学出版社1987年版。

[73]（德）埃利希·弗洛姆：《健全的社会》，欧阳谦译，中国文联出版公司1988年版。

[74]（德）埃利希·弗罗姆:《占有还是生存》,关山译,三联书店1988年版。

[75]（德）埃利希·弗洛姆:《在幻想锁链的彼岸》,张燕译,湖南人民出版社1986年版。

[76]（德）于尔根·哈贝马斯:《现代性的哲学话语》,曹卫东等译,译林出版社2004年版。

[77]（德）哈贝马斯:《作为"意识形态"的技术与科学》,李黎、郭官义译,学林出版社1999年版。

[78]（德）哈贝马斯:《认识与兴趣》,郭官义、李黎译,学林出版社1999年版。

[79]（德）哈贝马斯:《交往与社会进化》,张博树译,重庆出版社1989年版。

[80]（德）尤尔根·哈贝马斯:《重建历史唯物主义》,郭官义译,社会科学文献出版社2000年版。

[81]（德）于尔根·哈贝马斯:《后形而上学思想》,曹卫东、付德根译,译林出版社2001年版。

[82]（德）哈贝马斯:《公共领域的结构转型》,曹卫东等译,学林出版社1999年版。

[83]（德）哈贝马斯:《现代性的地平线——哈贝马斯访谈录》,李安东、段怀清译,上海人民出版社1997年版。

[84]（德）哈贝马斯:《交往行动理论》第1卷,洪佩郁、蔺青译,重庆出版社1994年版。

[85]（德）哈贝马斯:《交往行动理论》第2卷,洪佩郁、蔺青译,重庆出版社1994年版。

[86]（德）尤尔根·哈贝马斯:《后民族结构》,曹卫东译,上海人民出版社2002年版。

[87]（德）尤尔根·哈贝马斯:《包容他者》,曹卫东译,上海人民出版社2002年版。

[88]（法）萨特:《存在与虚无》,陈宣良等译,三联书店1987年版。
[89]（法）让-保罗·萨特:《辩证理性批判》(上、下),林骧华等译,安徽文艺出版社1998年版。
[90]（法）让-保罗·萨特:《萨特哲学论文集》,潘培庆等译,安徽文艺出版社1998年版。
[91]（法）路易·阿尔都塞:《保卫马克思》,顾良译,商务印书馆1984年版。
[92]（法）路易·阿尔都塞、艾蒂安·巴里巴尔:《读〈资本论〉》,李其庆、冯文光译,中央编译出版社2001年版。
[93]（匈）阿格妮丝·赫勒:《日常生活》,衣俊卿译,重庆出版社1990年版。
[94]（匈）阿格尼丝·赫勒:《现代性理论》,李瑞华译,商务印书馆2005年版。
[95]（捷克）卡莱尔·科西克:《具体的辩证法》,傅小平译,社会科学文献出版社1989年版。
[96]（英）恩斯特·拉克劳、（英）查特尔·墨菲:《领导权与社会主义的策略》,尹树广、鉴传今译,黑龙江人民出版社2003年版。
[97]汪晖、陈燕谷主编:《文化与公共性》,三联书店2005年第2版。
[98]哈佛燕京学社编:《启蒙的反思》,江苏教育出版社2005年版。
[99]哈佛燕京学社编:《儒家传统与启蒙心态》,江苏教育出版社2005年版。
[100]刘小枫:《现代性社会理论绪论》,上海三联书店1998年版。
[101]俞吾金等:《现代性现象学》,上海社会科学院出版社2002年版。
[102]陈嘉明等:《现代性与后现代性》,人民出版社2001年版。
[103]曹卫东:《曹卫东讲哈贝马斯》,北京大学出版社2005年版。
[104]衣俊卿:《文化哲学》,云南人民出版社2001年版,2005年再版。

[105]衣俊卿:《现代化与日常生活批判》,黑龙江教育出版社 1994年版。

[106]衣俊卿:《现代化与文化阻滞力》,人民出版社 2005 年版。

二、英文文献

[1] Best, S. and Kellner, D., *The Postmodern Turn*, Guilford press,1997.

[2] Best,S. and Kellner,D.,*Postmodern Theory*, Guilford Press,1991.

[3] Cell, Edward,*Religion and Contemporary*,Abingdon Press,1967.

[4] Foucalt, Michel,*The Archaeology of Knowledge*,Routledge,2002.

[5] Giddens,Anthony,*The Consequences of Modernity*,Stanford University Press,1990.

[6] Gramsci,Antonio. *Prison notebooks*,Columbia University Press,1992.

[7] Gramsci,Antonio. *Selection from the Prison notebooks*,Lawrence and Wishart,1971.

[8] Habermas, Jürgen, *Communication and The Evolution of Society*, Beacon Press,1979.

[9] Habermas, Jürgen, *The Structural Transformation of the Public Sphere* MIT Press,1989.

[10] Habermas, Jürgen, *The Theory of Communicative Action*, Volume I&II ,Beacon Press,1984.

[11] Habermas,Jürgen,*Postmetaphysical Thinking*,MIT Press,1992.

[12] Habermas, Jürgen, *The Philosophical Discourse of Modernity*, MIT Press,1990.

[13] M. Horkheimer and T. W. Adorno,*Dialectic of Enlightenment*:*Philoso-phical Fragments*,Stanford University Press,2002.

[14] Heller,Agnes,*Everyday Life*,Routledge and Kegan Paul,1986.

[15] Heller,Agnes,*A Radical Philosophy*,B. Blackwell, 1984.

[16] Heller, Agnes, *A Theory of Modernity*, Blackwell Publishers, 1999.

[17] Heller, A. Feher, F., *The Postmodern Political Condition*, Columbia University Press, 1988.

[18] Heller, Agnes, *A Theory of History*, Routledge and Kegan Paul, 1982.

[19] Heller, Agnes, *A Philosophy of History in Fragments*, Blackwell, New York, 1993.

[20] Husserl, Edmund, *The Crisis of European Sciences and Transcendental Philosophy*, Northwestern University Press, 1970.

[21] Kolakowski, Leszek, *Freedom, fame, lying and betrayal: essays on everyday life*, Westview Press, 1999.

[22] Kolakowski, Leszek, *Modernity on Endless Trial*, The University of Chicago Press, 1990.

[23] Kosik, Karel, *Dialectics of the Concrete*, D. Reidel Publishing Company, 1976.

[24] Kosik, Karel, *The Crisis of Modernity: Essays and Observations from the 1968 Era*, Rowman & Littlefield Publishers. INC, 1995.

[25] Lefebvre, Henri, *Critique of Everyday Life, Introduction*, Volume 1, Verso, 2008.

[26] Lefebvre, Henri, *Critique of Everyday Life, Foundations for a Sociology of The Everyday*, Volume 2, Verso, 2008.

[27] Lefebvre, Henri, *Critique of Everyday Life, From Modernity to Moderni-sm*, Volume 3, Verso, 2008.

[28] Lefebvre, Henri, *Everyday Life in the Modern World*, Harper & Row, 1971.

[29] Schutz, Alfred, *The Structures of the Life - World*, Volume 1, 2, Northwestern University Press, Heinemann, 1983.

[30] Schutz, Alfred, *The Problem of Social Reality*, Nijhoff, 1973.

[31] Weber, Max, *The Protestant Ethic and the Spirit of Capitalism*,

Charles Scribner's Sons,1958.

[32] Weber, Max, *Economy and Society*, Volume I&II , University of California Press,1968.

后　记

经过多年的努力,这本《现代性的维度》终于要付梓了,几年来压着我的很沉的、很折磨人的一副担子总算从肩上卸下去了。

过去20年,我先后发表了十余部专著和教材,但是,眼下这一部的确有些特别。首先,没有哪本著作像这本这样,耗费了我如此多的精力去进行繁杂的文献研究。尤其是本书所占有的文献不仅数量很大,且大部分不属于我相对熟悉的哲学领域,它们多是来自于历史学、社会学、政治学、文化学、宗教学等其他学科。这些文献压得我透不过气来,在必须承担的行政工作之外,我挤出所有可能的时间——包括在飞机上、火车上和宾馆中,去认真阅读、学习,但还是感觉许多相关的文献没有精力去仔细钻研。其次,没有哪本著作像这本这样,让我抛开了自己原来比较熟悉的宏观的哲学理论推论的研究范式,专门为之进行了理论范式和方法论的选择与建构,并且由此把自己引入一条新的多学科交融的研究路径,一条必须努力在多岔路、多断面的历史和文化踪迹中进行摸索的微观理论分析路径。此外,也没有哪部著作像这本这样,占用了我如此多的时间进行写作和修改。我先是断断续续用了近两年的时间才完成了著作的基本写作,接着又是在自己的理论研究经历中头一次把一本自己已经完成写作的专著整整搁置了一年多的时间,拉开了一定的距离后,才开始进行一次比较大的修改。

毫不夸张地说,在我迄今为止的学术创作中,这本书是我最执著、最投入的一次理论探索,并且代表着多年来我最集中的理论追求,而且,它对我的智慧、精力和体力的吞噬,以及对我的精神"折磨"都是前所未有的。但是,今天,我并没有任何轻松、愉快的感觉,反而进入一种更加"纠结"的心态,一种很焦虑很茫然的心绪。我终于体会到了马克思在《〈政治经济学批判〉序言》中的那句名言:"在科学的入口处,正像在地狱的入口处一样。"①当我回头审视自己的这一理论探索成果时,我有一种不踏实的,甚至"心虚"的感觉。尽管多年来,我已经为自己关于现代性的微观分析设立了清晰的学术目标,并坚持不懈地朝这一目标挺近,但是,当自己完成了这一理论探索的"初次实验"时,却找不到往日完成一部专著时的喜悦。虽然不能说自己所设立的理论目标像卡夫卡的"城堡"那样依旧遥不可及,但是,自己朝向这一目标所取得的进展,无论是推进的速度还是跨越的距离,都无法令自己满意。

有两点特别让我"纠结",特别让我不能释怀的局限性。一是文献上的局限性。应当说,我尚未真正达到微观政治学和微观史学的范式要求。福柯所开展的微观政治学的"知识考古",有很多是直接向尘封的档案,即向第一手的历史文献请教,让缄默的东西说话。而我关于现代性维度的微观分析,所研究对象与福柯具体解析的对象差异较大,自己也没有专门的微观史学的训练,无法直接求教于浩瀚的中外历史档案,因此,只能向著名的历史学家、政治学家、文化学家等等的研究成果请教。当然,福柯本人除了重新揭秘一些历史档案文献,也同样借用各个学科领域的大量理论研究成果,来建构自己的微观政治学分析。但是,无论如何,我迄今为止所进行的文献分析,还有很大的局限性。二是研究范式方面的局限性。记得30年前刚刚涉猎哲学领域时,我感到宏观的理论抽象和理论

---

① 《马克思恩格斯选集》第 2 卷,人民出版社 1995 年版,第 35 页。

提炼是很难的事情,但是,现在又发现,与宏观视域相结合的微观的历史研究和理论分析,难度更大。自己在设立本课题的研究目标时,非常清楚自己要做什么,要达到什么目标,然而,在具体的写作过程中,在对历史和文化文献作微观的分析时,常常不知不觉地又回到了自己已经驾轻就熟的宏观分析、理论抽象、范畴推演、逻辑演绎的"老路"上。因此,在这本书的写作过程中,我越来越深切地体会到研究范式的重要性,体会到研究范式转换的艰巨性。

当然,这样剖析自己理论研究的弱点和局限性,并非是说自己的这一理论探索没有任何新意,更不是说自己的范式转换以"失败"告终。相反,我深知,这一次理论探索比过去 20 多年自己的任何一次理论创作所得到的收获都更大,更加刻骨铭心。最能描绘这种收获体验的是我所喜爱的泰戈尔《流萤集》(*Fireflies*, 1928)中的那句诗:"天空没有我翅膀的痕迹,但我幸福的是我已经飞过。"使我欣慰的是,我在努力按照学术研究的规范去探索,我所获得的研究结果,无论是否具有重要的理论价值,但毫无疑问"却是多年诚实研究的结果"。更使我欣慰的是,我不仅在自己所喜爱的理论天空中"飞过",而且还会坚定不移地继续"飞下去",无论是孤独的单飞,还是结伴同行的群飞。马克思断言"在科学的入口处,正像在地狱的入口处一样"时,曾借用但丁《神曲·地狱篇》中的两句话来表达自己的意志:"必须提出这样的要求:'这里必须根绝一切犹豫;这里任何怯懦都无济于事'。"① 这同样应当成为今天每一个矢志不渝地、虔诚地献身于伟大理论事业的人的座右铭。

我诚恳地期待着各种学术批评,更希望能够在这一新的理论探索中遇到更多的知音。

衣俊卿
2011 年 2 月 20 日于北京

---

① 《马克思恩格斯选集》第 2 卷,人民出版社 1995 年版,第 35 页。